스위프트로 만드는
실전강좌 !
아이폰 앱 프로그래밍

스위프트로 만드는

실전강좌! 아이폰 앱 프로그래밍

지은이 오오시게 요시유키

옮긴이 김은철, 유세라

펴낸이 박찬규 엮은이 윤가희 표지디자인 Arowa & Arowana

펴낸곳 위키북스 전화 031-955-3658, 3659 팩스 031-955-3660

주소 경기도 파주시 문발로 115 세종출판벤처타운 311호

가격 32,000 페이지 640 책규격 188 x 240mm

초판 발행 2017년 08월 22일

ISBN 979-11-5839-045-7 (93000)

등록번호 제406-2006-000036호 등록일자 2006년 05월 19일

홈페이지 wikibook.co.kr 전자우편 wikibook@wikibook.co.kr

SHOSAI! Swift3 iPhone APURI KAIHATSU NYUMON NOTE Swift3+Xcode8 TAIO
by Yoshiyuki Oshige
Copyright © Yoshiyuki Oshige 2016
All rights reserved.
First published in Japan by Sotechsha Co., Ltd., Tokyo
This Korean language edition published by arrangement with Sotechsha Co., Ltd., Tokyo
in care of Tuttle-Mori Agency, Inc., Tokyo through ENTERS KOREA CO., LTD., Seoul.

이 도서의 국립중앙도서관 출판시도서목록 CIP는

서지정보유통지원시스템 홈페이지(http://seoji.nl.go.kr)와

국가자료공동목록시스템(http://www.nl.go.kr/kolisnet)에서 이용하실 수 있습니다.

CIP제어번호 CIP2017019772

실전강좌!
아이폰
앱
프로그래밍

스위프트로
만드는

오오시게 요시유키 지음
/
김은철, 유세라 옮김

위키북스

스위프트, 프로그래밍 언어의 혁명!

기존에 없던 간결하고 빠른 개발을 함축적으로 나타내는 말이며, 뭔가 달콤한 듯한 느낌도 있습니다.

애플사에서 혁신적인 스마트폰이 출시된 지 벌써 10년 넘게 흘렀습니다. 개발자 세상의 일반적인 개발 언어와 조금은 색다른 오브젝티브 C(Objective-C)라는 언어를 사용해 iOS용 앱을 만드는 것은 윈도우 응용프로그램과 C 언어, C++ 그리고 자바, 자바스크립트 등에 익숙한 프로그래머에게 iOS 개발자로서의 진입을 어렵게 만드는 원인 중 하나였습니다.

개발의 트렌드는 점점 개발자의 능력도 중요하지만 개발 도구가 주는 막강한 편리성에 의존하게 하곤 합니다. 일반적으로 하나의 언어에 능숙하면 다른 언어로의 진입도 상식적인 수준에서 어렵지 않지만 오브젝티브 C라는 언어는 이런 물 흐르는 듯한 개발자의 진입을 독특한 방식으로 막아(?)왔으며, 전 세계의 개발자가 그런 어려움 때문에 쉽게 뛰어들지 못했습니다. 그런 결과로 한국은 스마트폰 개발자 중에 안드로이드 개발자가 90% 이상을 차지하고 있는 것이 현실입니다.

하지만 스위프트는 간단한 스크립트 기능을 포함해 객체지향 개념의 클래스, 좀 더 진보한 클래스 처리, 클로저 등을 제공하고 있으며, 객체지향에서 볼 수 있는 특징인 오버로드 또한 좀 더 막강하고 세밀하게 제공하고 있습니다. 역자는 개발자로서 30년 넘게 살아왔지만, 세상의 프로그래밍 언어에 스위프트가 비슷한 기능을 갖고 합류함으로써 능력 있는 개발자를 iOS 개발에 뛰어들게 할 것이라 확신합니다.

이 책은 아이폰 개발에 도전해봤지만 어려움을 느꼈거나 새롭게 아이폰 개발에 첫발을 내딛고자 하는 독자에게 새로운 개발 언어인 스위프트(Swift)를 기본 개념부터 실무 개발까지 하나씩 안내해 줍니다. 여러분은 이 책을 통해 1달 이내에 아이폰 개발자로 거듭날 수 있습니다. 오브젝티브 C로는 그 언어의 난해함 때문에 여러 번 포기했었다면 이제 말 그대로 쉽고 편리한 개발 언어인 스위프트와 함께 원하는 아이폰 앱이라도 개발해 보세요.

마지막으로 이 책이 나오기까지 수고해 주신 위키북스 윤가희님께 감사드리며, 사랑하는 부모님과 독자분들께 이 책을 바칩니다.

김은철, 유세라

Chapter 13 뷰와 이미지

Chapter 14 씬 작성과 이동

[예제 내려받기]

DOWNLOAD

이 책에서 사용한 예제는 위키북스 홈페이지에서 내려받을 수 있습니다. 예제 코드 외에 정오표나 관련 자료도 홈페이지에 게재합니다(http://wikibook.co.kr/).

[실전강좌! 아이폰 앱 프로그래밍 + Xcode 8.3.3/9.x 대응]
예제 프로그램 다운로드 • 지원 페이지 URL

저작권, 면책 및 주의사항

Chapter 1

Xcode 시작하기

애플 개발자 프로그램, Xcode 설치, Xcode의 기본적인 사용법 등
iOS 앱 개발을 시작하기에 앞서 필요한 정보나 지식을 간단하게 소개
합니다. 화면에 텍스트와 버튼을 표시하고 버튼을 탭하면 화면의 색이
바뀌는 간단한 앱도 만듭니다.

Section 1-1 iOS 앱 개발 준비
Section 1-2 Xcode 사용법
Section 1-3 iOS 시뮬레이터에서 테스트
Section 1-4 HelloWorld
Section 1-5 플레이그라운드에서 테스트

Section 1-1

iOS 앱 개발 준비

이 절에서는 iOS 앱 개발에 필요한 툴이나 리소스를 얻는 방법, 애플 개발자 프로그램(Apple Developer Program)에 등록하는 방법, Xcode 설치 등 iOS 앱 개발에 필요한 것을 설명합니다.

무료 툴과 리소스

Xcode를 이용하는 목적이 앱 개발을 학습하는 것이라면 개발에 필요한 Xcode나 정보를 무료로 구할 수 있습니다. Xcode에서는 iOS 앱뿐만이 아니라 Mac 앱(macOS), Apple Watch 앱(watchOS), AppleTV 앱(tvOS) 개발도 할 수 있습니다. Xcode 7부터는 애플 개발자 프로그램에 등록하지 않아도 실제 기기에서 테스트할 수 있습니다.

그림 1.1 애플 개발자 전용 리소스 페이지 (https://developer.apple.com/resources/kr/)

애플 개발자 프로그램에 등록

판매 및 배포를 목적으로 한 앱 개발은 유료인 애플 개발자 프로그램에 등록해야 합니다. 애플 개발자 프로그램에 등록하면 앱 스토어(App Store)에서 앱을 판매하거나 멤버 센터에서 앱 관리, 테스터에게 앱 배포, 베타 프로그램 개발에 참여, 기술 지원 등을 이용할 수 있습니다.

애플 개발자 프로그램은 웹 사이트의 애플 개발자 센터(Apple Developer Center)에서 등록할 수 있으며, 연간 멤버십 요금은 129,000원입니다(2017년 1월 기준, 환율 변동에 따라서 바뀔 수 있으며, 1년 후에는 만료됩니다).

> **! NOTE**
> **통합된 멤버십**
> 2015년 6월에 애플 개발자 프로그램 멤버십이 개정됐습니다. 맥 개발자 프로그램(Mac Developer Program)과 iOS 개발자 프로그램(iOS Developer Program)이 하나로 통합되어 애플 개발자 프로그램에만 등록하면 됩니다.

그림 1.2 애플 개발자 프로그램 등록 (https://developer.apple.com/programs/kr/)

두 가지 멤버십

애플 개발자 프로그램에는 [개인으로 등록하기]와 [기업으로 등록하기]가 있습니다.

개인으로 등록하려면 Apple ID로 로그인하고, 이름, 주소 등의 기본적인 개인 정보를 입력해야 합니다. 앱을 판매할 때에는 은행이나 계약 사항 등의 확인과 절차가 필요하며 판매 전까지 계약 절차는 필요 없습니다. 기업으로 등록하려면 기업을 식별하는 D-U-N-S Number가 필요합니다.

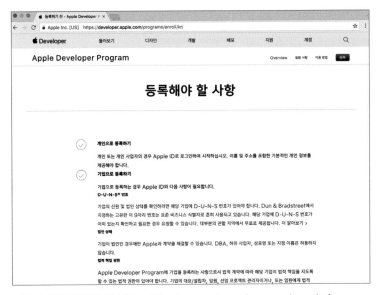

그림 1.3 등록에 필요한 정보 (https://developer.apple.com/programs/enroll/kr/)

Xcode 설치와 삭제

Xcode는 맥 앱 스토어(Mac App Store)에서 내려받을 수 있고 무료로 모든 기능을 사용할 수 있습니다. 내려받은 Xcode는 자동으로 설치되며, Xcode를 삭제하려면 앱을 휴지통에 버립니다.

Xcode 동작 환경

Xcode 8.3.3/9.x를 사용하려면 맥 OS 엘 캐피탄 10.12.5 이상이 실행되는 인텔 기반의 맥이 필요합니다. 버전은 계속 바뀌므로 자세한 것은 Release Notes를 참고하세요.

그림 1.4 Xcode 내려받기 (https://developer.apple.com/download/)

개발 자료와 예제 코드

앱 개발 자료와 예제 코드는 애플 개발자 사이트에서 자유롭게 열람하고 내려받을 수 있습니다. Xcode나 iOS는 버전 업을 중요시하므로 자료를 읽을 때는 대응하는 버전에 주의하세요. 문서는 수시로 추가되며 내용도 갱신됩니다.

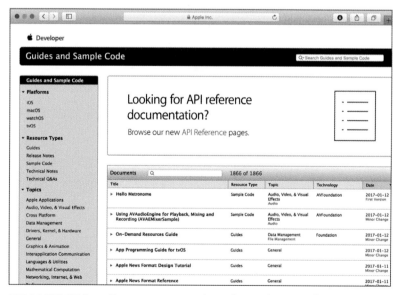

그림 1.5 개발 자료 (https://developer.apple.com/library/content/navigation/)

Section 1-2

Xcode 사용법

1개의 앱을 만들려면 여러 개의 파일이 필요합니다. Xcode에서는 필요한 파일이 자동으로 만들어지고 그것을 프로젝트로 관리할 수 있습니다. 여기에서는 Xcode를 사용해 앱을 만드는 대략적인 순서와 Xcode의 조작법을 설명합니다.

프로젝트와 템플릿

앱 개발은 프로젝트 만들기부터 시작합니다. Xcode를 실행해 [Create a new Xcode project]를 클릭합니다. [Welcome to Xcode] 윈도우 창이 표시되지 않을 때는 File 〉 New 〉 Project... 메뉴로 프로젝트를 만들 수 있습니다.

그림 1.6 신규 프로젝트 생성

템플릿을 선택한다

다음으로 iOS의 Application에서 템플릿을 선택합니다. 여기에서는 [Tabbed Application] 템플릿을 선택합니다.

1 템플릿을 선택한다

위쪽에 나열된 버튼에서 iOS를 선택하면 Application 컬럼에 iOS의 애플리케이션 템플릿이 표시됩니다. [Tabbed Application] 템플릿을 선택하고 [Next] 버튼을 클릭합니다.

1. 선택합니다   2. 템플릿을 고릅니다

3. 클릭합니다

그림 1.7 템플릿 선택

2   프로젝트 옵션을 설정한다

프로젝트명, 앱과 조직의 식별자(도메인), 디바이스, 개발 언어 [Swift] 등의 옵션을 설정합니다.

아이폰과 아이패드 둘 다 대응하는 앱을 만들려면 디바이스에서 [Universal]을 선택하고, 아이폰만 개발하려면 [iPhone]을 선택합니다.

앱 이름은 프로젝트명으로 설정되는데 배포할 때 바꿀 수 있습니다. 지금은 [MyApp]이라고 입력합니다. 팀 이름이나 조직 이름은 자신의 이름으로 해도 상관없습니다.

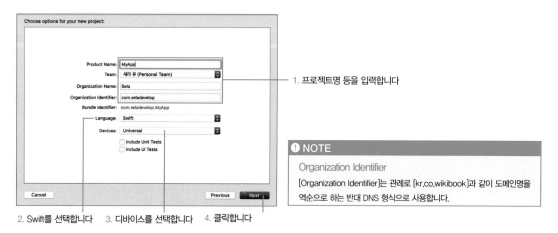

1. 프로젝트명 등을 입력합니다

> **❶ NOTE**
>
> Organization Identifier
>
> [Organization Identifier]는 관례로 [kr.co.wikibook]과 같이 도메인명을 역순으로 하는 반대 DNS 형식으로 사용합니다.

2. Swift를 선택합니다   3. 디바이스를 선택합니다   4. 클릭합니다

그림 1.8 프로젝트 옵션 설정

3   프로젝트를 저장한다

마지막으로 프로젝트를 저장할 폴더를 지정하고 [Create] 버튼을 클릭하면 프로젝트가 만들어집니다.

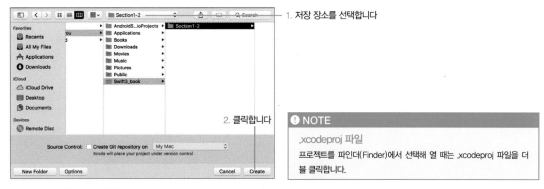

1. 저장 장소를 선택합니다

2. 클릭합니다

! NOTE

.xcodeproj 파일

프로젝트를 파인더(Finder)에서 선택해 열 때는 .xcodeproj 파일을 더블 클릭합니다.

그림 1.9 프로젝트 폴더 선택

워크 스페이스

프로젝트를 만들면 몇 개의 영역으로 나뉜 워크 스페이스가 표시됩니다. 워크 스페이스에는 위쪽에 툴 바가 있고 그 아래는 내비게이터, 에디터, 유틸리티, 디버그 영역이 있습니다. 툴 바의 오른쪽 끝 3개의 View 버튼을 클릭해 각 영역을 표시하거나 감출 수 있습니다.

툴 바

View 버튼으로 영역을 표시하거나 감출 수 있습니다.

내비게이터 영역

에디터 영역

유틸리티 영역

디버그 영역

그림 1.10 워크 스페이스

내비게이터 영역

내비게이터에는 프로젝트 이름과 파일 목록이 표시됩니다. 파일 이름을 클릭해 선택하면 파일 내용이 화면 중앙에 있는 에디터 영역에 표시됩니다. 내비게이터 영역에 이미지 파일이나 사운드 파일을 직접 드래그 앤드 드롭해 프로젝트에 포함시킬 수도 있습니다.

에디터 영역

내비게이터 영역에서 프로그램의 소스 파일을 선택하면 코드 에디터가 표시되고 코드를 편집할 수 있습니다. Xcode 메뉴의 Preferences를 선택한 후 Text Editing에서 [Line numbers]에 체크하면 줄 번호가 표시됩니다. [Code folding ribbon]에 체크하면 코드 블록을 접거나 펼칠 수 있습니다. 접힌 범위는 { ··· }과 같이 표시됩니다.

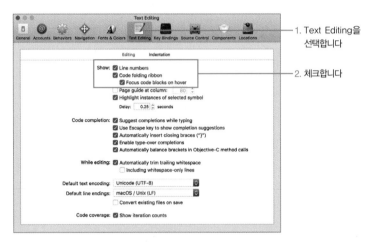

그림 1.11 줄 번호와 코드 폴딩 설정

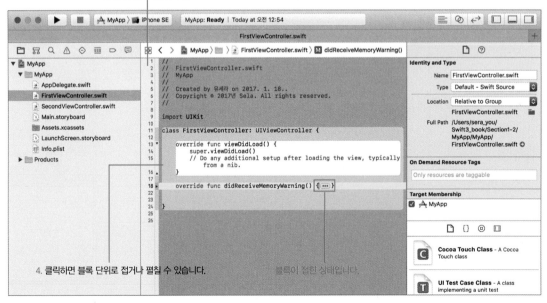

그림 1.12 워크 스페이스에 줄 번호와 코드 폴딩 표시

스토리보드

내비게이터 영역에서 Main.storyboard 파일을 선택하면 스토리보드(Interface Builder Storyboard)가 표시됩니다. 스토리보드에서는 버튼이나 필드 등을 배치해 화면을 디자인하고, 세그웨이를 사용해 씬을 설계할 수 있습니다.

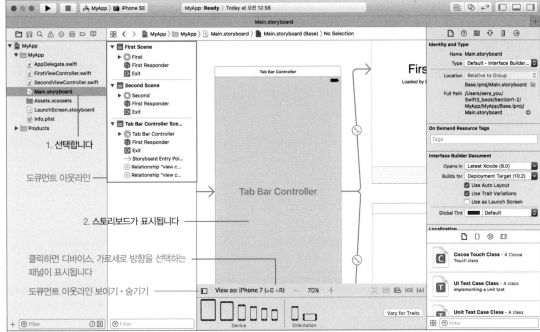

그림 1.13 스토리보드

유틸리티 영역

유틸리티 영역은 위아래 2개의 페인(영역)으로 나뉘어지는데 위의 페인에는 6종류의 인스펙터 탭, 아래 페인에는 4종류의 라이브러리 탭이 있습니다. 각 페인의 내용은 내비게이터 영역과 에디터 영역에서 선택한 내용에 따라서 바뀝니다.

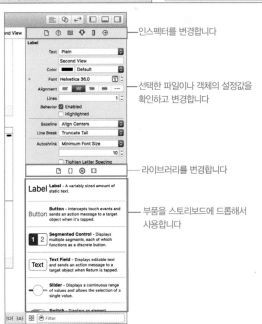

그림 1.14 유틸리티 영역

디버그 영역

실행한 코드에 오류가 있으면 동작이 중단되고 디버그 영역에 오류 메시지가 출력됩니다. 또한 동작을 확인하려고 코드에서 print() 출력 함수를 쓰거나 브레이크 포인트를 설정하면 결과가 출력 영역(콘솔, Console)에 출력됩니다(☞ P.36, 39, 40).

템플릿의 종류

iOS용 템플릿은 앱을 만드는 템플릿, 클래스 파일과 프레임워크를 만드는 템플릿, 기타 템플릿으로 분류됩니다. 템플릿에 따라서 프로그램 코드의 서식이 다를 뿐 아니라 필요한 프레임워크의 설정이나 화면 디자인 등이 달라집니다. 템플릿은 앱의 샘플 코드로써 활용할 수 있어 코드를 분석하면 많은 도움이 됩니다.

● 이용할 수 있는 템플릿과 앱 형식

템플릿 이름	작성할 수 있는 앱 형식
Single View Application	화면이 1페이지인 기본적인 템플릿입니다. 보통은 이 템플릿부터 시작합니다.
Game	SpriteKit, SceneKit, OpenGL ES, Metal 4종류를 기본으로 2D나 3D 게임 앱을 만들 수 있습니다.
Master-Detail Application	아이폰에서는 내비게이션 컨트롤러(UINavigationController), 아이패드에서는 스플릿 뷰 컨트롤러(UISplitViewController)를 사용하는 템플릿입니다. 메뉴 계층을 거슬러 올라가는 앱을 만듭니다
Page-Base Application	페이지를 넘기듯이 화면 이동을 표시할 수 있는 앱을 만듭니다.
Tabbed Application	탭 바 컨트롤러(UITabBarController)를 이용하는 템플릿입니다. 밑에 나열된 탭 버튼으로 화면을 전환하는 앱을 만듭니다.
iMessage Application	iMessage 앱 확장을 만듭니다.
Sticker Pack Application	Sticker Pack 앱 확장을 만듭니다.

⚠ NOTE

표준 코드 에디터의 편리한 단축키

프로그램 코드를 표준 코드 에디터에서 표시할 때 클래스, 메서드, 프로퍼티 등을 간단하게 알아보는 방법이 있습니다.

option 키를 누른 채로 마우스 커서를 롤오버했을 때 커서가 ?아이콘으로 바뀌며 그 키워드를 클릭하면 서식 등의 설명문(Quick Help ☞ P.46)이 팝업으로 표시됩니다.

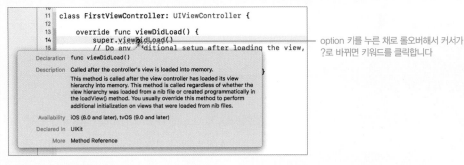

그림 1.15 Quick Help

⌘(command) 키를 누른 채로 마우스 커서를 롤오버했을 때 커서가 손가락 아이콘으로 바뀌고, 키워드를 클릭하면 키워드가 정의된 프로그램 코드가 열립니다. 그 코드를 보면 해당하는 메서드에 관련된 정보를 보다 자세하게 알아볼 수 있습니다. 열린 정의 파일로부터 에디터의 왼쪽 위에 있는 〈 버튼을 누르면 원래의 파일로 돌아갈 수 있습니다.

1. ⌘ 키를 누른 채로 롤오버해서 커서가 손가락 아이콘으로 바뀌면 클릭합니다.

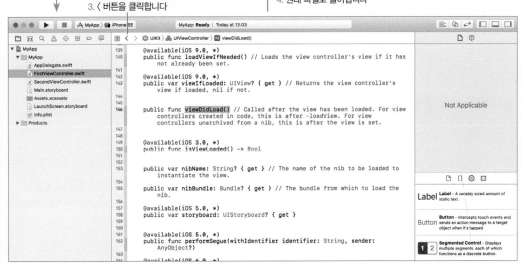

그림 1.16 정의 코드 열기

Section 1-3

iOS 시뮬레이터에서 테스트

프로젝트 테스트는 마지막에 실제 기기에서 테스트를 해야 하지만 간단하게 iOS 시뮬레이터로도 확인할 수 있습니다. 디바이스의 카메라나 센서 기능 등을 사용하는 테스트는 할 수 없으나 디바이스의 회전, 탭, 핀치 등의 핑거 액션, 기타 앱과의 연동 테스트 등은 할 수 있습니다.

iOS 시뮬레이터를 실행한다

iOS 시뮬레이터는 Xcode와는 별도의 앱입니다. 기타 앱이지만 Xcode에서 프로젝트를 빌드하면 연동되어 자동으로 실행됩니다.

1 디바이스를 선택한다

테스트할 디바이스를 scheme(스킴) 메뉴에서 선택합니다. 실제 기기를 USB로 연결하면 scheme 메뉴에서 선택할 수 있습니다.

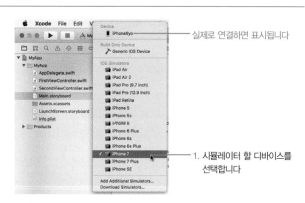

실제로 연결하면 표시됩니다

1. 시뮬레이터 할 디바이스를 선택합니다

그림 1.18 디바이스 선택

2 실행한다

실행 버튼을 클릭합니다. 빌드에 성공하면 iOS 시뮬레이터가 실행되고 iOS 시뮬레이터상에서 앱이 실행됩니다.

1. 클릭합니다

그림 1.19 시뮬레이터에서 앱 실행

2. iOS 시뮬레이터가 실행되고 앱이 열립니다

3 | 정지한다

앱을 정지하려면 Xcode로 돌아가 Stop 버튼을 클릭합니다. 그러면 iOS 시뮬레이터 앱이 중지되고 홈 화면으로 이동합니다. 홈 화면에서는 앱 아이콘이 추가된 모습을 볼 수 있습니다.

1. 클릭합니다

2. 앱을 정지합니다. 앱은 홈 화면에 추가됩니다

❶ NOTE

iOS 시뮬레이터 앱

앱은 iOS 시뮬레이터에 설치된 상태입니다. 홈 화면에서 앱 아이콘을 탭하면 다시 열어서 테스트할 수 있으나 Xcode와 연동은 안 됩니다.

그림 1.20 시뮬레이터에서 앱 정지

홈 화면과 앱 전환 화면

iOS 시뮬레이터는 실제 아이폰처럼 동작합니다. 실행 중인 앱을 종료해 홈 화면으로 돌아가거나 앱 전환 화면에서 다시 열 수 있습니다.

홈 화면을 표시한다

Hardware 메뉴의 Home을 선택하면 홈 화면이 됩니다. Option 키를 누르면서 Home을 선택하면 홈 버튼을 실제로 누른 것처럼 시뮬레이트 할 수 있습니다.

그림 1.21 홈 화면 표시

앱 전환 화면을 표시한다

홈 버튼을 누르는 단축기가 shift+⌘+H 키이므로 홈 버튼을 두 번 누르는 동작은 shift 키와 ⌘ 키를 누른 채로 H 키를 연속해서 두 번 누릅니다. 그러면 앱 전환 화면이 표시됩니다.

앱 전환 화면

그림 1.22 앱 전환하기

앱 이동과 삭제

앱을 이동하거나 삭제하려면 홈 화면에서 앱을 길게
누릅니다. 그러면 아이콘이 흔들리기 시작하고 왼쪽
위에 삭제 버튼(✕)이 표시됩니다. 이 상태에서 드래그
해 이동하거나 삭제 버튼을 클릭해 삭제합니다.

그림 1.23 앱 삭제하기

> **❶ NOTE**
>
> **화면이 검게 됐다**
>
> 화면이 검게 된 상태는 디바이스가 슬립하고 있는 상태를 시뮬레이션하
> 는 것입니다. ⌘ + L 키로 잠금 화면과 슬립 상태를 번갈아 바꿀 수 있습
> 니다.

iOS 시뮬레이터 설정

iOS 시뮬레이터 설정은 홈 화면에 있는 설정 앱에서 합니다. iOS 시뮬레이터의 초기 설정은 언어가 English이
므로 설정 앱은 Settings라고 표시됩니다. 언어는 General 〉 Language & Region 〉 iPhone Language에서
설정합니다.

그림 1.24 언어 설정

축소 표시와 디바이스 회전

시뮬레이터를 100% 사이즈로 표시할 수 없으면 축소해서 표시할 수 있습니다.

축소해 표시한다

Window 메뉴의 Scale에 100%, 75%, 50%, 33%, 25%로 표시할
수 있는 메뉴가 있습니다.

그림 1.25 시뮬레이터 화면 축소 표시

디바이스를 회전시킨다

디바이스의 회전은 Hareware 메뉴에 있습니다. Rotate Left, Rotate Right로 디바이스를 회전시킬 수 있습니다.

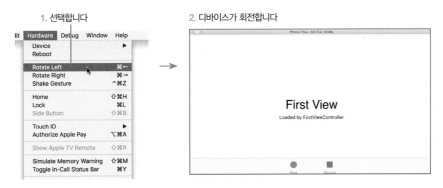

그림 1.26 디바이스 회전

핑거 액션

탭, 스와이프, 드래그는 마우스 조작의 클릭이나 드래그로 할 수 있습니다. 더블 탭은 더블 클릭입니다. 홈 화면에 있는 지도(Map) 앱을 실행해서 테스트해보겠습니다.

핀치 인 / 핀치 아웃

손가락을 두 개를 사용하는 조작은 option 키를 누르고 합니다. option 키를 누른 채로 드래그하면 핀치인/핀치 아웃이 됩니다. shift와 option 키를 누른 채로 조작하면 핀치할 장소를 이동할 수 있습니다.

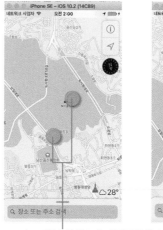

option 키를 누른 채 드래그하면 핀치 할 수 있습니다.

그림 1.27 핀치 인 / 핀치 아웃

손가락 두 개로 비틀어 회전시킨다

option 키를 누른 채 마우스를 회전시키면 손가락 두 개로 비트는 회전 조작을 할 수 있습니다.

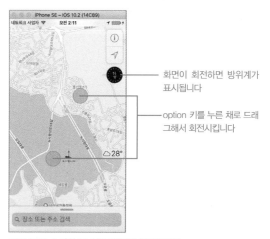

화면이 회전하면 방위계가 표시됩니다

option 키를 누른 채로 드래그해서 회전시킵니다

그림 1.28 손가락 두 개로 비틀어 회전시키기

스크린샷 찍기

iOS 시뮬레이터의 화면을 스크린샷으로 찍으려면 File 메뉴의 Save Screen Shot을 선택합니다. 단축키 ⌘ +
S로도 스크린샷을 찍을 수 있습니다. 스크린샷 이미지는 데스크톱에 저장됩니다.

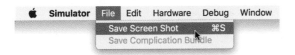

그림 1.29 스크린샷 찍기

사진 넣기

iOS 시뮬레이터에서 사진(Photos) 앱을 실행하고 파인더에서 사진 파일을 드래그 앤드 드롭합니다. 그러면 카
메라 롤에 사진이 저장됩니다.

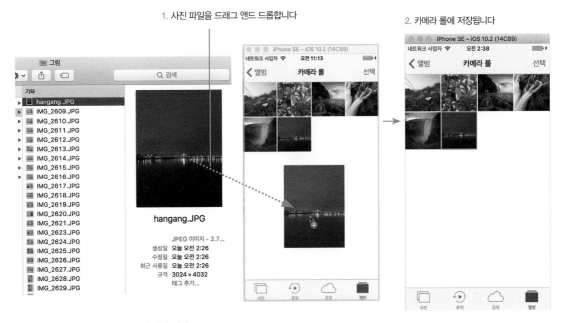

그림 1.30 시뮬레이터의 사진 앱에 사진 넣기

Section 1-4

HelloWorld

라벨을 사용해 화면에 [헬로월드]라고 표시하고 버튼을 탭 하면 화면 색이 바뀌는 앱을 만듭니다. 프로젝트의 신규 작성, 라벨 및 버튼 배치, 버튼으로 실행하는 메서드 삽입, 코드 입력, 앱 실행까지의 흐름을 살펴봅니다.

HelloWorld 앱

화면에 [헬로월드] 문자와 [녹색] 버튼이 있는 HelloWorld 앱을 만듭니다. 녹색 버튼을 탭하면 화면이 녹색으로 바뀝니다.

그림 1.31 HelloWorld 앱

HelloWorld 앱을 만든다

HelloWorld 앱을 만들어 보겠습니다. 새 프로젝트를 만드는 것부터 시작합니다.

1 | 새 프로젝트를 만들고 저장한다

File 〉New 〉Project...를 선택해 새 프로젝트를 만듭니다. 템플릿은 [Single View Application]을 선택합니다.

그림 1.32 새 프로젝트 만들기

2. Single View Application을 선택합니다.

4. 이름을 입력합니다

그림 1.33 앱 템플릿 선택

입력 예:
- Product Name : HelloWorld
- Organization Name : Sera

- Organization Identifier : com.seradevelop
- Language : Swift
- Devices : Universal

2 [헬로월드] 라벨을 배치한다

내비게이터 영역에서 Main.storyboard를 선택해 스토리보드를 표시합니다. 유틸리티 영역의 Object 라이브러리를 열고 Label을 선택해 스토리보드에 표시된 화면(뷰)의 왼쪽 위로 드래그 앤드 드롭합니다. 라벨이 배치되면 더블 클릭해서 [헬로월드]라고 입력한 다음 너비와 위치를 조정합니다.

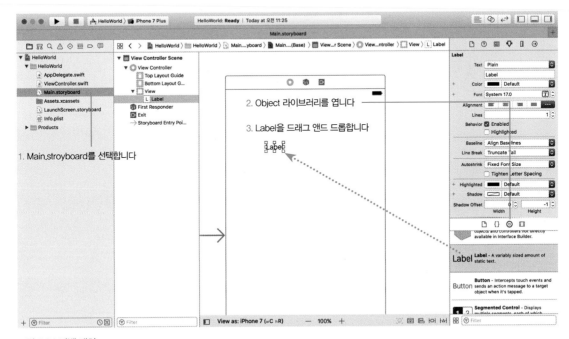

그림 1.34 라벨 배치

Chapter 1 Xcode 시작하기

그림 1.35 헬로월드 입력

3 [녹색] 버튼을 만든다

유틸리티 영역의 Object 라이브러리에서 Button을 선택하고 스토리보드 화면에 드래그 앤드 드롭합니다. 버튼이 배치되면 더블 클릭해서 [녹색]이라고 입력한 다음 너비와 위치를 조정합니다.

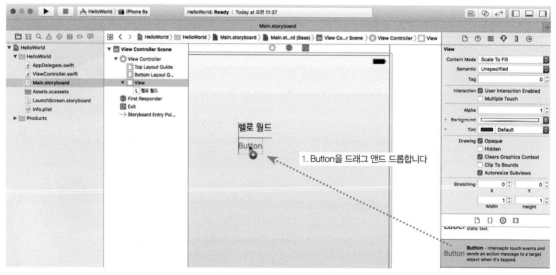

그림 1.36 버튼 만들기

그림 1.37 녹색으로 이름 바꾸기

4 어시스턴트 에디터를 연다

스토리보드를 표시한 상태에서 화면 위에 있는 툴 바에서 어시스턴트 에디터(Assistant Editor)를 선택합니다. 그러면 어시스턴트 에디터에서 ViewController.swift 코드가 열립니다. 화면이 좁으면 사용하지 않을 유틸리티 영역을 끄고 작업합니다.

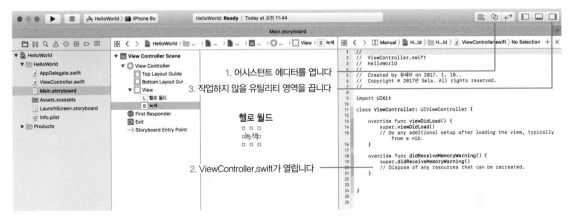

그림 1.38 어시스턴트 에디터 열기

5 [녹색] 버튼으로부터 접속선을 늘린다

[녹색] 버튼을 control 키를 누른 채로 드래그하면 [녹색] 버튼에서 접속선이 나옵니다. 접속선을 ViewController.swift 코드의 [class ViewController:UIViewController{] 행 아래로 가져온 다음 [Insert Outlet, Action, or Outlet Collection]이라고 표시되면 드롭합니다.

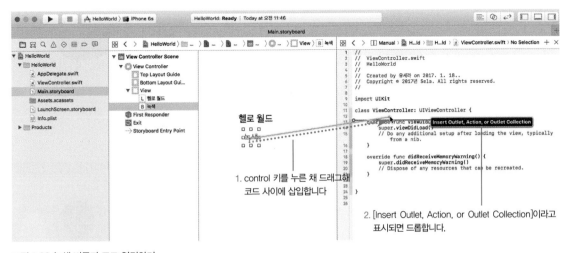

그림 1.39 녹색 버튼과 코드 연결하기

6 [녹색] 버튼으로 실행하는 tapGreen 메서드를 삽입한다

드래그를 종료하면 접속 방법을 설정하는 패널이 나옵니다. Connection에서 [Action]을 선택하고 Name에 [tapGreen]이라고 입력한 후 Connect 버튼을 클릭합니다. 그러면 삽입 위치에 tapGreen() 메서드가 삽입됩니다. 이 메서드가 [녹색] 버튼을 탭 하면 실행되는 메서드입니다.

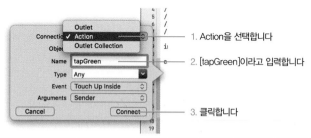

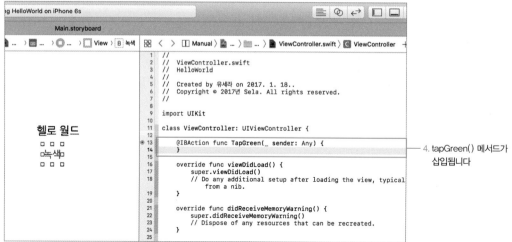

그림 1.40 tapGreen 메서드 생성하기

7 | 화면을 녹색으로 바꾸는 코드를 작성한다

tapGreen() 메서드에 화면을 녹색으로 바꾸는 코드를 작성합니다. 코드를 입력할 때는 편리한 입력 보완 기능을 이용할 수 있습니다. 표시된 후보를 목록에서 화살표 키로 선택하거나 tab 키로 입력을 옮겨가며 입력합니다. 지금 입력할 코드는 다음과 같습니다. 입력 오류가 있으면 경고가 나오므로 그럴 경우 잘 보고 수정합니다.

List 화면을 녹색으로 바꾸는 tapGreen() 메서드

《sample》 **HelloWorld/ViewController.swift**

```
@IBAction func TapGreen(_ sender: Any) {
    view.backgroundColor = UIColor.green          ──── 이 행을 삽입합니다
}
```

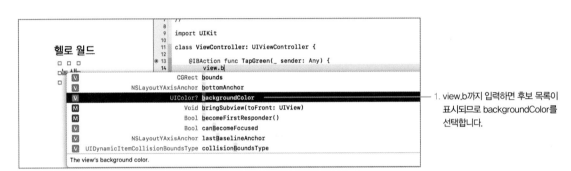

1. view.b까지 입력하면 후보 목록이 표시되므로 backgroundColor를 선택합니다.

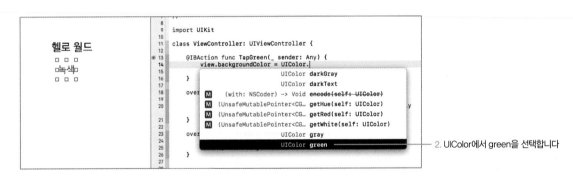

2. UIColor에서 green을 선택합니다

3. 메서드를 완성시킵니다

그림 1.41 메서드 완성 화면

8 iOS 시뮬레이터 디바이스를 선택한다

만든 앱을 확인하기 전에 iOS 시뮬레이터 디바이스를 선택합니다. 여기에서는 iPhone 6s를 선택합니다.

그림 1.42 시뮬레이터용 디바이스 선택

9 빌드해 확인한다

Run 버튼을 클릭해서 프로젝트를 빌드합니다. iOS 시뮬레이터가 실행되고(1~2분 소요) HelloWorld 앱이 열립니다. iOS 시뮬레이터가 표시되지 않으면 Xcode 뒤쪽에 가려져 있을 수도 있으므로 앞쪽으로 이동해주세요. [녹색] 버튼을 탭(클릭)해 화면이 녹색으로 바뀌는지 확인합니다.

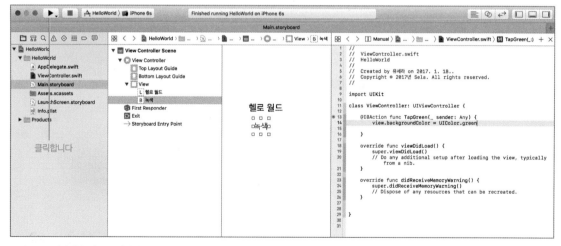

그림 1.43 화면이 녹색으로 바뀐다

10 정지한다

HelloWorld 앱 동작을 확인했으면 Xcode의 Stop 버튼을 클릭해서 iOS 시뮬레이터를 정지합니다.

3. 클릭해서 정지합니다 · 1. iOS 시뮬레이터에서 HelloWorld 앱이 표시됩니다

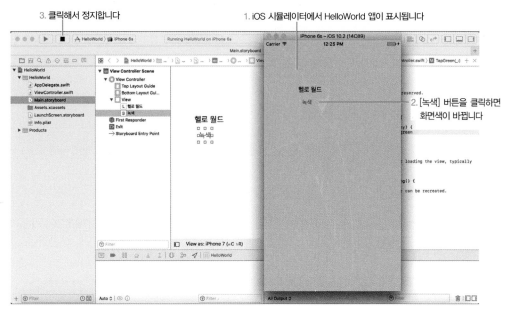

2.[녹색] 버튼을 클릭하면
화면색이 바뀝니다

그림 1.44 녹색 버튼 클릭

> **❗ NOTE**
>
> **화면을 흰색으로 되돌리는 버튼을 추가한다**
>
> 화면을 흰색으로 되돌리는 [흰색] 버튼을 추가합니다. 흰색은 UIColor.white입니다.
>
> | List | 화면을 흰색으로 변경한다 |
> | --- | --- |
>
> «sample» **HelloWorld2/ViewController.swift**
>
> ```swift
> @IBAction func tapWhite(_ sender: Any) {
>     view.backgroundColor = UIColor.white
> }
> ```

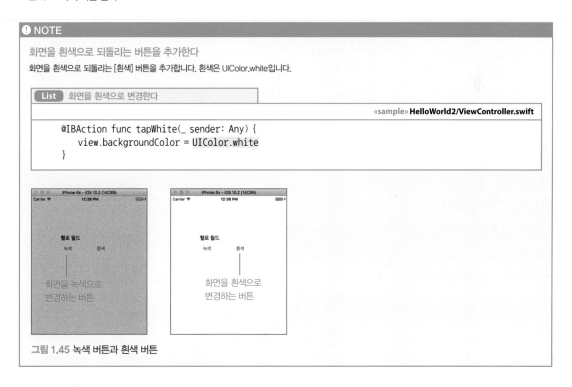

그림 1.45 녹색 버튼과 흰색 버튼

Section 1-5

플레이그라운드에서 테스트

플레이그라운드(Playground)는 스위프트 코드를 간편하게 테스트할 수 있는 환경입니다. 플레이그라운드에서 만든 파일로 앱을 만들 수는 없고 스위프트 코드를 학습하기 위해 활용할 수 있습니다. 지금부터 플레이그라운드를 사용하는 예를 소개합니다.

플레이그라운드 파일을 만든다

플레이그라운드는 iOS 앱 프로젝트와는 다른 파일입니다. 플레이그라운드 파일을 만들고 저장합니다.

1 플레이그라운드 파일을 만든다

플레이그라운드 파일은 Welcome to Xcode 화면에서 Get started with a playground를 선택하거나 File 메뉴의 New 〉 Playground에서 생성합니다.

그림 1.46 플레이그라운드 파일 새로 생성

2 파일명과 플랫폼을 선택한다

파일명을 입력하고 Platform은 iOS를 선택한 다음 Next 버튼을 클릭해 파일을 저장합니다. MyPlayground. playground라는 이름으로 파일이 만들어집니다. 다음부터는 이 파일을 열어 계속할 수 있습니다.

그림 1.47 파일명 입력과 iOS 선택

플레이그라운드를 사용한다

새로운 플레이그라운드 파일이 열리면 바로 실행 상태가 됩니다(실행이 안 되면 에러는 없는지 확인하고 플레이그라운드를 종료한 다음 다시 실행하세요). 화면은 왼쪽과 오른쪽으로 나뉘어 있는데 테스트할 코드를 왼쪽에 작성합니다. 새롭게 플레이그라운드 파일을 만들었으면 UIKit 프레임워크의 import 문에 이어서 변수 str에 "Hello, playground"를 대입한 식이 쓰여 있습니다. 그리고 오른쪽에는 식을 실행한 시점에서의 변수 str 값이 표시됩니다. 스위프트에서는 변수를 var로 선언합니다(☞ P.45).

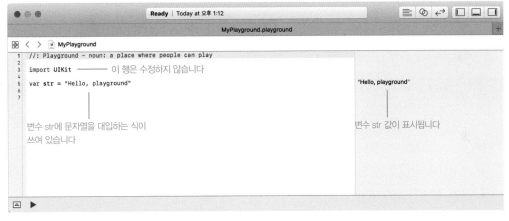

그림 1.48 str 실행

변숫값을 바꾼다

그럼 변수 str 값을 "안녕하세요"로 변경해 보겠습니다. 그러면 같은 행의 오른쪽에 "안녕하세요"라고 표시됩니다. 이는 str 값이 "안녕하세요"로 변경된 것을 나타냅니다.

그림 1.49 변숫값 바꾸기

상수를 정의한다

다음으로 상수를 정의합니다. 스위프트에서는 상수를 let으로 정의합니다(☞ P.43). 상수 who에 "지용"으로 대입하는 식 [let who = "지용"]을 추가하면 오른쪽에 who의 값인 "지용"이 표시됩니다.

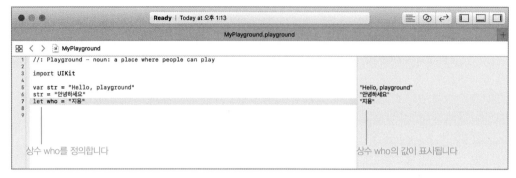

그림 1.50 상수 정의

식을 실행한다

[who + "씨," + str] 값을 변수 str에 대입하는 식을 추가해 str 값이 어떻게 바뀌는지 확인합니다. 식을 실행하면 str 값은 [지용씨, 안녕하세요]가 되며, 그 값이 오른쪽에 표시됩니다.

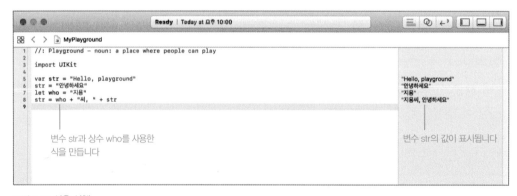

그림 1.51 식을 실행

List 간단한 식을 실행한다

«sample» **MyPlayground.playground**

```
import UIKit

var str = "Hello, playground"
str = "안녕하세요"          ──────── 변수 str 값을 [안녕하세요]로 바꿉니다
let who = "지용"            ──────── 상수 who를 선언하고 "지용"으로 입력합니다
str = who + "씨, " + str   ──────── 문자열 3개를 연결합니다
```

함수를 정의한다

플레이그라운드에서 사용자 함수를 정의합니다. 플레이그라운드는 코드를 위에서부터 순서대로 실행해 나가므로 이용할 함수가 있으면 위에 정의합니다.

함수를 정의한다

다음 예는 단가와 개수로부터 금액을 계산하는 calc() 함수를 정의합니다. 함수는 func 키워드를 사용해서 정의합니다(☞ P.92).

```
//: Playground - noun: a place where people can play

import UIKit

// calc()함수를 정의합니다
func calc(unitPrice:Int, quantity:Int) -> Int {
    let amount = unitPrice * quantity
    return amount
}
```

그림 1.52 함수 정의

그림 [단가가 2500원인 물건이 3개]일 때의 값을 calc() 함수를 사용해 계산해 보겠습니다. 그 답은 calc(unitPrice:2500, quantity:3)으로 계산할 수 있습니다.

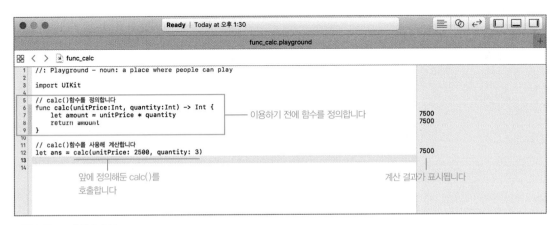

그림 1.53 calc() 함수 호출

List   calc()를 정의해 시험한다

«sample» **func_calc.playground**

```
import UIKit

// calc() 함수를 정의합니다
func calc(unitPrice:Int, quantity:Int) -> Int {
    let amount = unitPrice * quantity          ── calc()로 실행하는 식
    return amount
}

// calc() 함수를 이용합니다
let ans = calc(unitPrice: 2500, quantity: 3) ──── unitPrice를 2500, quantity를 3으로
                                                  calc() 실행 결과는 상수 ans에 대입됨
```

결과를 그림으로 확인한다

플레이그라운드에서는 값의 변화를 그래프로 확인할 수 있습니다. 식에 롤오버하면 나타나는 Show Result를 클릭하면 식 아래에 그래프가 표시됩니다. 그래프의 점을 클릭하면 그 점의 값이 표시됩니다.

다음 예는 1부터 10까지의 상수를 차례대로 변수 num에 넣은 다음 더해서 합계를 구합니다. for-in은 반복 구문으로 for num in 1...10{}은 1부터 10까지의 값을 차례대로 변수 num에 넣고 {} 안의 식을 10회 반복합니다(... ☞ P.64, for-in ☞ P.80).

print()는 식의 값을 니버싱 영역의 출력 윈도 장(콘솔, Console)에 출력하기 위한 디버깅용 메서드입니다. 출력 윈도 창에는 오류 메시지도 출력됩니다.

List   1부터 10까지 더하는 값의 변화와 결과를 확인한다

«sample» **for_in_goukei.playground**

```
import UIKit

var total = 0
// 1~10의 합계
for num in 1...10 {
    total = total + num        ── 이 식을 10회 반복합니다
    print(total)
}
```

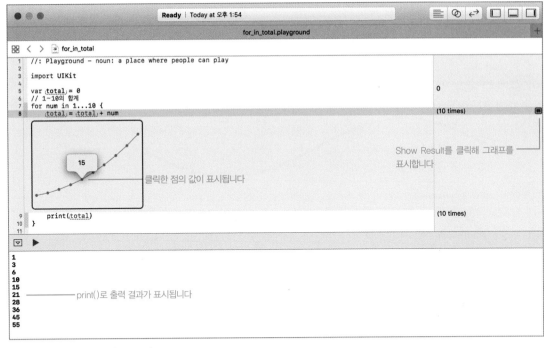

그림 1.54 출력 결과를 그래프로 표시

sin() 그래프를 표시한다

다음의 예는 sin()을 사용한 식의 값을 그래프로 나타낸 예입니다. 값의 변화를 비교해 삼각 함수의 의미를 이해하기 쉽습니다. for angle in 0..〈360은 0부터 359까지의 값을 차례대로 변수 angle에 넣고 {} 안의 식을 360번 반복합니다(..〈 ☞ P.64, for-in ☞ P.80).

List   sin() 그래프 식의 결과를 비교한다

«sample» **for_in_sin.playground**

```
import UIKit

// 반복
for angle in 0..<360 {
    let radian = Double(angle) * M_PI/180
    let y1 = sin(radian)                        ── angle을 0~359까지 반복합니다
    let y2 = sin(radian*3)
    let y3 = abs(y2)                            ── abs()는 절대값을 구하는 함수입니다
}
```

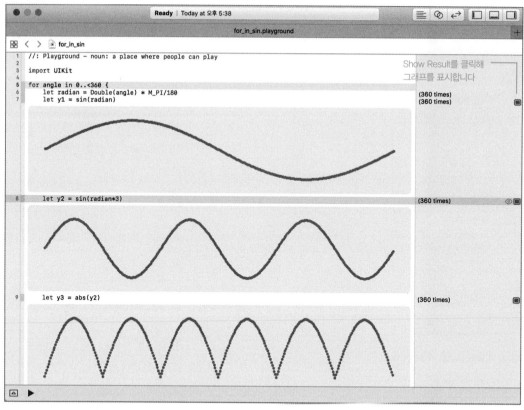

그림 1.55 sin() 그래프 표시

Chapter 2

기본 문법

프로그래밍에서 가장 중요한 기본 문법을 설명합니다. 스위프트는 언뜻 보면 일반적인 프로그래밍 언어와 비슷해 보이지만 실제로는 상당히 강력한 언어입니다. 튜플뿐만 아니라 조건 분기나 루프 처리에도 새로운 언어다운 아이디어가 있습니다.

Section 2-1

문장과 디버그 함수

이 절에서는 간단한 프로그램 코드를 테스트하는 방법에 이어서 문장 단락, 주석문, 변수 값 등을 확인하는 데 사용하는 함수를
설명합니다.

프로그램 코드를 테스트하는 방법

문법 설명에 앞서 프로그램 코드를 실제로 작성해 테
스트하는 간단한 방법을 설명합니다.

> ❶ NOTE
>
> 플레이그라운드를 사용한다
> 스위프트 코드는 플레이그라운드를 사용해 간단하게 확인할 수 있습니다
> (☞ P.26).

1   프로젝트를 만든다

Single View Application 템플릿을 선택하고 Langu
age는 Swift로 선택해 프로젝트를 생성합니다.

그림 2.1 Single View Application 프로젝트 생성

2 | ViewController.swift를 선택한다

내비게이션 영역에서 ViewController.swift를 선택하면 에디터 영역에 코드가 표시됩니다.

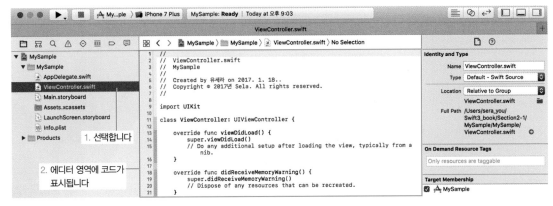

그림 2.2 ViewController.swift 선택

3 | viewDidLoad() 메서드에 코드를 삽입한다

ViewController.swift에는 viewDidLoad()와 didReceiveMemoryWarning() 2개의 메서드가 정의돼 있습니다. viewDidLoad()는 앱 화면 로딩이 완료됐을 때 자동으로 실행되는 메서드입니다. 이 메서드에 테스트할 코드를 삽입하고 앱을 빌드하면 코드를 실행할 수 있습니다. 다음 예에서 print("고맙습니다")를 실행하므로 디버깅 영역의 출력 창에 [고맙습니다]라고 출력됩니다.

> List　[고맙습니다]를 출력한다
>
> «sample» **MySample/ViewController.swift**

```
// ViewController.swift
// MySample

import UIKit

class ViewController: UIViewController {

    override func viewDidLoad() {
        super.viewDidLoad()
        // Do any additional setup after loading the view, typically from a nib.

        print("고맙습니다")     ——— 테스트하고 싶은 코드를 입력합니다

    }

    override func didReceiveMemoryWarning() {
        super.didReceiveMemoryWarning()
        // Dispose of any resources that can be recreated.
    }
}
```

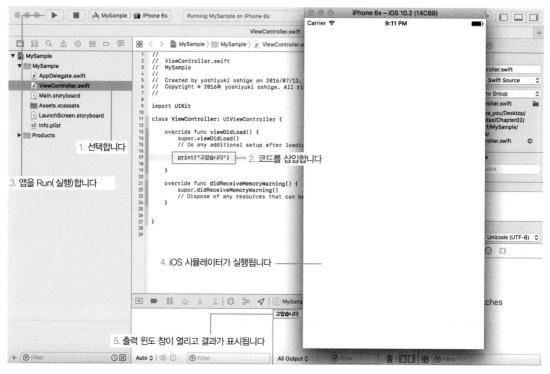

그림 2.3 앱 실행

문장 단락

일련의 절차가 여러 개의 명령문으로 구성되는 것처럼 프로그램 코드도 여러 개의 명령문으로 이뤄집니다. 이 명령문의 단위를 문장이라고 합니다. 한국어 문장의 단락은 마침표(.)이지만 스위프트 문장의 단락은 세미콜론(;)입니다.

단, 스위프트의 문장은 읽기 쉽게 도중에도 줄 바꿈을 할 수 있습니다. 그 경우 문장 단락은 자동으로 판단됩니다. 예를 들어 다음 두 개의 코드는 같은 코드입니다.

List	개행이 없는 문장

«sample» **debug_print/ViewController.swift**

```
let ans = 14 + 25 + 36
print(ans)
```

출력

```
75
```

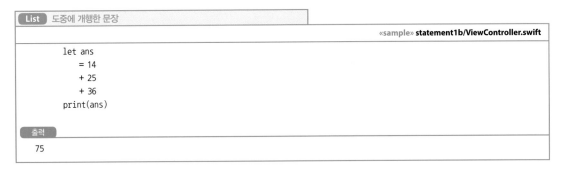

List　도중에 개행한 문장

«sample» **statement1b/ViewController.swift**

```
let ans
    = 14
    + 25
    + 36
print(ans)
```

출력

```
75
```

스위프트에서는 행 끝에 세미콜론을 붙이지 않는 것이 일반적입니다. 그러나 앞에 설명한 것처럼 세미콜론으로 문장을 구분해도 됩니다. 다음 2개 코드는 같습니다.

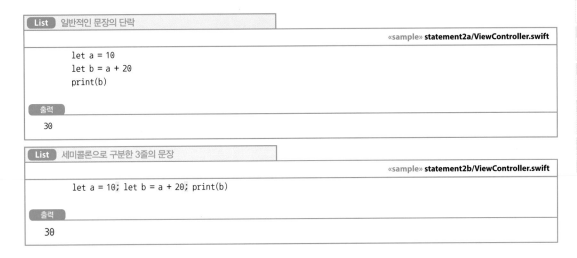

List　일반적인 문장의 단락

«sample» **statement2a/ViewController.swift**

```
let a = 10
let b = a + 20
print(b)
```

출력

```
30
```

List　세미콜론으로 구분한 3줄의 문장

«sample» **statement2b/ViewController.swift**

```
let a = 10; let b = a + 20; print(b)
```

출력

```
30
```

주석

주석은 프로그램 코드의 설명으로 사용하지만, 동작 확인을 위해 일시적으로 코드를 주석 처리해 코드를 단순화하는 목적으로도 이용합니다.

한 줄 주석

//로 시작하는 행은 주석이 됩니다. 행 도중에 있는 //는 그 뒤로부터 주석이 됩니다.

List　//를 사용한 주석

«sample» **comment_1line/ViewController.swift**

```
//주석
var msg = "좋은 아침"
//msg += " 입니다"
print(msg) //주석
```

Part 2
Chapter
2
Chapter
3
Chapter
4
Chapter
5
Chapter
6
Chapter
7
Chapter
8
Chapter
9
Chapter
10

여러 줄 주석

여러 줄 주석은 /*와 */로 감쌉니다. 이미 //로 주석이 된 행이나 /*~*/ 주석 구간을 /*~*/로 감쌀 수도 있습니다.

List /*~*/를 사용한 주석

«sample» **comment_lines/ViewController.swift**

```
/* 주석 */
var msg1 = "좋은 아침"
var msg2 /* 중간에 주석 */ = "잘 자요"

/* 여러 줄 주석
var msg3 = "식사하셨나요"
var msg4 = "안녕히 주무세요"
*/

/* 주석 중첩
/*
print(msg3)
print(msg4)
*/
print("잘 가요")
*/
```

주석 처리 단축키

⌘ ⎸ / 기로 키서기 있는 행을 주석 처리할 수 있습니다. 여러 줄을 선택하면 모든 행을 동시에 주석 처리할 수 있습니다. 주석 처리된 행은 다시 ⌘ + / 키로 주석 처리를 취소할 수 있습니다.

1. 코드를 선택합니다
2. ⌘ + / 키로 주석 처리할 수 있습니다

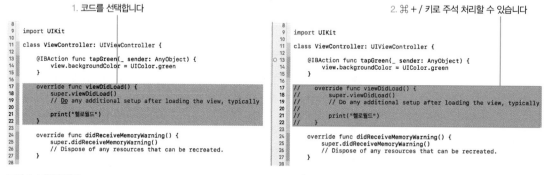

그림 2.4 주석 처리

⚠️ **중단점 (Break Point) 제거 방법**

입력한 코드에 오류가 없는데도 빌드했을 때 오류가 있는 것처럼 멈춰 버릴 때가 있습니다. 실행이 멈춘 행에 그림과 같은 파란색 화살표가 붙어 있다면 실수로 중단점을 추가한 것입니다. 중단점은 디버깅할 때 이용하며 행의 왼쪽을 클릭하면 추가되거나 취소됩니다. 중단점을 에디터 밖으로 드래그하거나 control 키를 누른 채로 클릭해 메뉴를 팝업한 후 [Delete Breakpoint]를 선택해 삭제할 수도 있습니다.

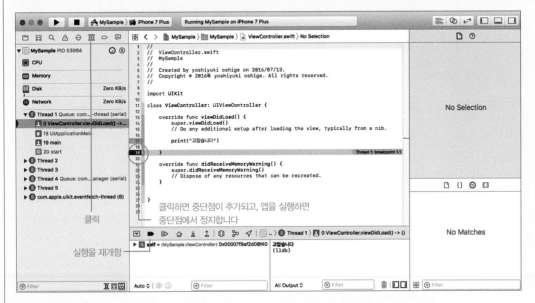

그림 2.5 중단점 추가

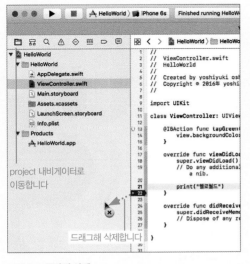

그림 2.6 중단점 삭제

대문자와 소문자 구별

대문자와 소문자는 엄밀하게 구별됩니다. 클래스명, 메서드명, 프로퍼티명, 예약어 등도 대문자·소문자를 정확히 기술하지 않으면 오류가 발생합니다. 또한 변수와 상수도 대문자·소문자를 구분합니다. 예를 들어 변수 theName과 변수 theNAME은 다른 변수로 취급합니다.

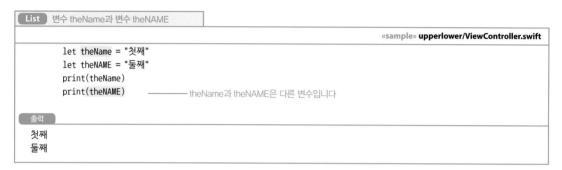

List 변수 theName과 변수 theNAME

«sample» **upperlower/ViewController.swift**

```
let theName = "첫째"
let theNAME = "둘째"
print(theName)
print(theNAME)    ——— theName과 theNAME은 다른 변수입니다
```

출력

```
첫째
둘째
```

디버그용 함수와 키워드

프로그램 코드의 정상 동작 여부를 확인하는 함수나 키워드가 몇 개 있습니다. 그중 자주 사용하는 함수와 키워드를 소개합니다.

출력 함수 print( )

이미 이용한 것처럼 print()는 변수 등의 값을 확인하고자 할 때 출력 윈도 창에 표시하는 함수입니다. print()의 서식은 다음과 같습니다. 매개변수 separator:와 terminator:는 생략할 수 있습니다.

서식 값을 출력한다

```
print(값1, 값2, ... separator:단락 문자, terminator:마지막 문자)
```

먼저 가장 간단한 print()만 사용할 때입니다. 출력한 행은 마지막에서 줄이 바뀝니다. 다음 예는 [안녕하세요]에서 줄이 바뀌고 다음 행에 [고맙습니다]라고 표시됩니다.

List 값을 출력한다

«sample» **print_item/ViewController.swift**

```
let msg1 = "안녕하세요"
let msg2 = "고맙습니다"
print(msg1)
print(msg2)
```

출력

```
안녕하세요
고맙습니다
```

출력할 값을 콤마로 구분해 여러 개의 값을 출력할 수 있습니다. 값은 공백 뒤에 이어서 출력됩니다. 다음 예는
[안녕하세요 고맙습니다 안녕히 가세요]와 같이 출력됩니다.

List 여러 개의 값을 출력한다

«sample» **print_items/ViewController.swift**

```
let msg1 = "안녕하세요"
let msg2 = "고맙습니다"
let msg3 = "안녕히 가세요"
print(msg1, msg2, msg3)
```

출력

안녕하세요 고맙습니다 안녕히 가세요

2번째 매개변수 separator:로는 값과 값 사이의 단락 문자를 지정합니다. 예를 들면 separator:"/"로 지정하면
값과 값이 "/"로 구분됩니다. 다음 예는 [안녕하세요/고맙습니다/안녕히 가세요]와 같이 출력됩니다.

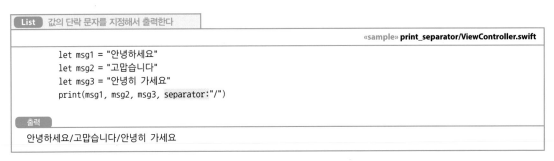

List 값의 단락 문자를 지정해서 출력한다

«sample» **print_separator/ViewController.swift**

```
let msg1 = "안녕하세요"
let msg2 = "고맙습니다"
let msg3 = "안녕히 가세요"
print(msg1, msg2, msg3, separator:"/")
```

출력

안녕하세요/고맙습니다/안녕히 가세요

terminator:를 지정하면 출력한 행의 마지막이 지정한 문자가 되고 줄이 바뀌지 않습니다. separator:를 생략
하고 terminator:만 지정할 수도 있습니다.

다음 예는 3개의 print()로 출력 결과가 [,]로 단락되고 [blue+green, yellow, red]처럼 1줄로 출력됩니다. 이
것은 1번째와 2번째 print()에서 terminator:","를 지정했기 때문입니다. 첫 번째 출력 결과가 [blue+green]
과 같이 +로 연결되는 것은 separator:"+"를 지정했기 때문입니다.

List 출력 행의 마지막 문자를 지정한다

«sample» **print_separator_terminator/ViewController.swift**

```
print("blue", "green", separator:"+", terminator:",")
print("yellow", terminator:",")
print("red")
```

출력

blue+green,yellow,red

특수한 키워드

다음 키워드를 출력하면 각각에 해당하는 값이 출력됩니다.

예를 들면 #function은 이 코드를 사용한 곳에 해당하는 메서드명을 출력합니다. 코드가 어떤 메서드를 실행하고 있는지, 출력한 변수의 값은 어느 메서드의 내부 값인지 알고자 할 때 편리합니다.

키워드	내용
#file	현재 파일명
#line	현재 줄 번호
#column	현재 컬럼 수
#function	현재 메서드 · 함수명

> ❶ NOTE
>
> 수치의 3 자릿수 구분
>
> _(언더스코어)는 수치를 읽기 쉽게 자릿수를 구분하는 데 이용할 수 있습니다. 예를 들어 12850은 12_850이라고 사용할 수 있습니다. 다만 읽기 쉽게만 하므로 1_2850처럼 자릿수가 달라도 수치로서는 12850이 됩니다.

Part 2
Chapter
2
Chapter
3
Chapter
4
Chapter
5
Chapter
6
Chapter
7
Chapter
8
Chapter
9
Chapter
10

Section 2-2

상수와 변수

상수와 변수의 선언과 값 설정을 설명합니다. 스위프트에서는 형 추론(type inference)이 도입됐습니다.

상수, 변수란?

프로그래밍에서는 상수와 변수를 이용해 식을 작성합니다. 예를 들어 [1200 * 3]으로 작성하면 이 식이 무엇을 계산하는지 모르지만 [unitPrice * quantity]라고 작성하면 식의 의미를 알 수 있습니다.

또한 상수와 변수를 사용하면 가격이나 개수의 값이 정해지지 않아도 식을 작성할 수 있습니다. 게다가 개수가 10개 이상이라면 할인하는 등의 조건 분기도 포함할 수 있습니다. 즉, 상수와 변수를 사용함으로써 알고리즘을 작성할 수 있습니다. 이것이 상수와 변수를 사용하는 가장 큰 이유입니다.

상수와 변수 선언

상수와 변수는 값을 넣어서 사용하는 상자라고 이해할 수 있습니다. 상수는 한 번 값을 결정하면 그 뒤로는 변경할 수 없으며, 변수는 계속 변경할 수 있는 차이가 있습니다.

스위프트에서 상수는 let, 변수는 var로 선언합니다. 상수와 변수에는 형이 있고 일치하는 형의 값이 아니면 대입할 수 없습니다. 예를 들면 문자열을 대입하는 상수는 String 형, 정수를 대입하는 변수는 Int 형으로 지정해 선언합니다.

상수

상수를 선언하는 서식은 다음과 같습니다. 콤마로 구분해 여러 개의 상수를 1줄에 선언할 수도 있습니다.

서식 상수를 정의한다(초깃값도 지정한다)

```
let 상수명:형 = 값
let 상수명:형 = 값, 상수명:형 = 값, 상수명:형 = 값,…
```

List 상수를 정의한다

«sample» **let_declar1/ViewController.swift**

```
let name:String = "대성"
let width:Int = 56, height:Int = 75
```

상수는 선언과 동시에 값을 설정하는 것이 일반적이지만 먼저 선언만 하고 값은 나중에 설정할 수도 있습니다. 상수는 처음 대입할 때 값을 결정하며 나중에 변경할 수 없습니다.

서식 상수를 선언한다(값은 나중에 대입한다)

```
let 상수명:형
let 상수명, 상수명, 상수명:형
```

다음 예는 price와 rate 2개의 상수를 선언합니다. 양쪽 모두 나중에 한 번만 값을 설정할 수 있습니다. price 와 같이 선언 이후에 계산식을 사용해 값을 설정할 수도 있습니다.

List 상수를 선언하고 나중에 값을 설정한다

«sample» **let_declar2/ViewController.swift**

```
let rate:Double          ───── 값을 정하지 않으므로 형을 지정해야 합니다
let price:Double
rate = 1.02              ───── 상수 rate 값을 정합니다
price = 2500 * rate
```

이 코드에서 price는 상수이므로 처음 설정한 값을 변경하려고 하면 오류가 발생합니다. 값을 변경하려면 price를 변수로 선언해야 합니다.

List 상수의 값을 변경하려고 하면 오류가 발생한다

«sample» **let_declar2_error/ViewController.swift**

```
let rate:Double
let price:Double
rate = 1.02
price = 2500 * rate      ───── 처음 대입할 때는 오류가 발생하지 않습니다
price = 1000 * rate  // 상수를 변경하려고 하면 오류가 발생함
```

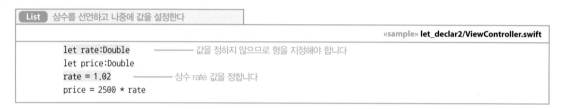

그림 2.7 상수에 대입 시 오류 발생

변수

변수의 값은 항상 변경할 수 있습니다. 변수는 상수와 같이 다음에 나타내는 서식으로 선언합니다.

Part 2
Chapter
2
Chapter
3
Chapter
4
Chapter
5
Chapter
6
Chapter
7
Chapter
8
Chapter
9
Chapter
10

> **서식** 변수를 정의한다
> ··
> **var 변수명:형 = 값**
> **var 변수명:형 = 값, 변수명:형 = 값, 변수명:형 = 값, …**

> **List** 변수를 선언하고 값을 나중에 변경한다
>
> «sample» **var_declar1/ViewController.swift**
> ```
> var name:String = "로즈"
> var level:Int = 1, point:Int = 10
> name = "수지"
> point = 50
> ```

변수도 상수와 같이 값은 정하지 않고 변수명과 형만 선언해둘 수 있습니다.

> **서식** 변수를 선언한다(값은 나중에 정한다)
> ··
> **var 변수명:형**
> **var 변수명, 변수명, 변수명:형**

다음의 예는 sum, math, science 3가지 변수를 미리 선언해두고 값은 나중에 설정합니다. sum 값은 math와 science 값을 더한 값으로 설정합니다.

> **List** 변수를 선언만 하고 값은 나중에 정한다
>
> «sample» **var_declar2/ViewController.swift**
> ```
> var language:Int        ——— 값을 정하지 않아서 형을 지정해야 합니다
> var math:Int
> var sum:Int
> language = 56           ——— 값을 대입합니다
> math = 67
> sum = language + math
> print(sum)
> ```
> **출력**
> ```
> 123
> ```

> **ℹ️ NOTE**
>
> **연산자 앞뒤의 공백 여부에 따라서 오류가 발생한다**
> 연산자 앞뒤의 공백은 [math+science]와 같이 공백을 넣지 않고 채우거나 [math + science]처럼 양쪽에 넣습니다. [math+ science]와 같이 연산자의 한쪽에만 공백이 있으면 오류가 발생합니다(☞ P.59).

이름 붙이는 법

상수나 변수명은 영문자, 숫자, 특수 문자 등의 유니코드를 이용할 수 있습니다. 일반적으로는 소문자 영문자를 사용하고 단어의 구분을 대문자로 해서 여러 개의 단어를 조합합니다(예: myColorNo).

이용할 수 없는 이름

숫자부터 시작되는 이름(예: 7eleven), 연산자가 포함된 이름(예: red-1)은 사용할 수 없습니다. 대문자와 소문자는 구별하므로 myObj와 myobj는 이름은 같지만 서로 다른 변수입니다. red_1처럼 언더스코어(_)를 이름 중간에 이용할 수 있지만 _를 단독으로 쓰는 것은 다른 기능이 있으므로 상수, 변수의 이름에는 사용할 수 없습니다. 같은 이름의 상수, 변수를 동시에 쓸 수는 없지만, 상수, 변수에는 유효 범위가 있으므로 유효 범위가 다르면 같은 이름이라도 쓸 수 있습니다(☞ P.49).

형 추론

스위프트의 상수와 변수에는 엄밀한 형 지정이 필요하지만, 선언과 동시에 값을 대입한다면 형 선언을 생략할 수 있습니다. 그때는 대입하는 값에 따라서 형이 자동으로 설정됩니다. 이를 [형 추론(type inference)]이라고 부릅니다. 스위프트에서는 선언 시에 값을 설정한다면 형을 지정하지 않고 형 추론을 사용해 형을 결정하는 방법을 권장합니다. 예를 들면 다음과 같이 형을 지정하지 않고 선언합니다.

List	형 지정을 생략한 상수와 변수 선언

«sample» **let_var_typeinference/ViewController.swift**

```
let tax = 0.08          ———— 선언과 동시에 값을 대입하므로 선언하지 않고
var count = 0                  형 추론으로 형이 정해집니다
count = 1
print(tax, count)
```

형을 알아본다

형 지정을 하지 않은 상수나 변수가 형 추론에 의해 형이 설정되면 유틸리티 영역의 Quick Help에서 형을 확인할 수 있습니다. 상수, 변수를 클릭하면 유틸리티 영역 Quick Help에 형이 나타납니다.

그림 2.8 변수 , 상수의 형 확인하기

값이 변하지 않으면 let으로 선언한다

Xcode에서는 대입된 값이 변경되지 않는 변수는 상수를 사용하도록 ⚠ 주의가 표시됩니다. 예를 들어 다음 코드에서 변수 price의 값은 선언 시에 설정한 값인 1200이 그대로 유지됩니다. 이런 경우 price는 var가 아니라 let을 사용해 상수로 정의하도록 ⚠ 주의가 표시됩니다. 다만 변수로 선언해도 문제는 없으므로 실행은 됩니다.

1. 주의가 표시된다　　　　　　　　　　　　　　　　　«sample» **var_let_fix/ViewController.swift**

```
12
13    override func viewDidLoad() {
14        super.viewDidLoad()
15        // Do any additional setup after loading the view, typically from a nib.
16
⚠17        var unitPrice = 1200
18        let price = unitPrice * 3
19        print(price)
20
21    }
22
23    override func didReceiveMemoryWarning() {
24        super.didReceiveMemoryWarning()
25        // Dispose of any resources that can be recreated.
26    }
27
```

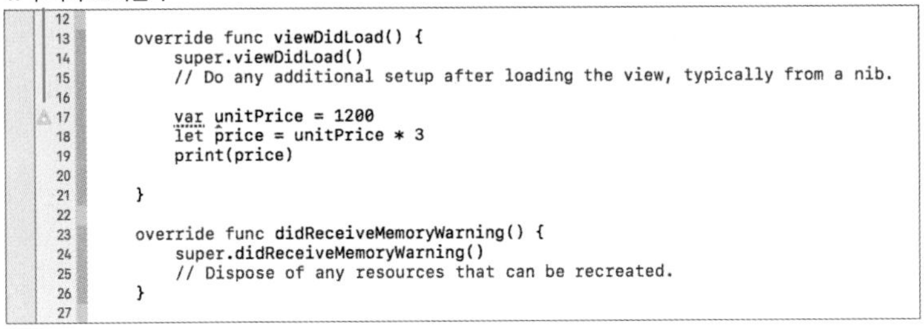

그림 2.9 변수의 값을 변경하지 않는 경우 주의 표시

⚠ 를 클릭하면 주의 표시가 나온 이유 [변수 price는 바뀌지 않는다. 상수 let으로 변경하는 것이 좋다]라는 내용의 글이 표시되고 [Fix-it Replace "var" with "let"]을 더블 클릭하면 var가 let으로 바뀝니다.

2. 클릭합니다　　　　　　　　　　　　　　　　　　«sample» **var_let_fix/ViewController.swift**

```
13    override func viewDidLoad() {
14        super.viewDidLoad()
15        // Do any additional setup after loading the view, typically from a nib.
16
17        let unitPrice = 1200          ⚠ Variable 'unitPrice' was never mutated; consider changing to 'let'
18        let price = unitPrice * 3
```

⚠ Variable 'unitPrice' was never mutated; consider changing to 'let' constant
Fix-it Replace "var" with "let" ──── 3. 더블 클릭합니다

```
23    override func didReceiveMemoryWarning() {
24        super.didReceiveMemoryWarning()
25        // Dispose of any resources that can be recreated.
26    }
27
```

```
12
13    override func viewDidLoad() {
14        super.viewDidLoad()
15        // Do any additional setup after loading the view, typically from a nib.
16
17        let unitPrice = 1200          4. var가 let으로 바뀝니다
18        let price = unitPrice * 3
19        print(price)
20
21    }
22
23    override func didReceiveMemoryWarning() {
24        super.didReceiveMemoryWarning()
25        // Dispose of any resources that can be recreated.
26    }
27
```

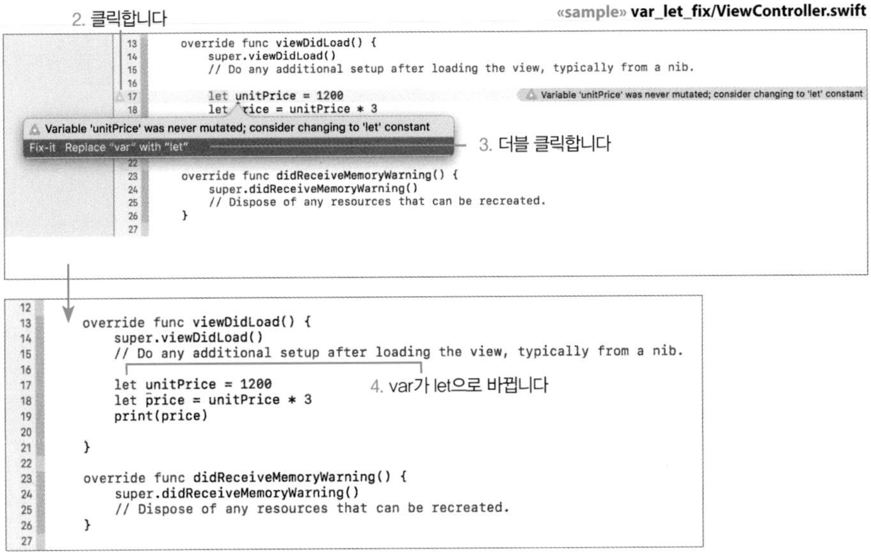

그림 2.10 변수 price를 상수 price로 변경

> ❶ NOTE
>
> **사용하지 않는 상수와 변수는 주의한다**
> 선언만 하고 사용하지 않는 상수나 변수가 있어도 ⚠ 주의가 표시됩니다.

Part 2
Chapter
2
Chapter
3
Chapter
4
Chapter
5
Chapter
6
Chapter
7
Chapter
8
Chapter
9
Chapter
10

데이터형의 종류

가전제품의 제품 번호를 보면 사양을 알 수 있듯이 데이터의 형은 데이터의 사양을 나타냅니다.

상수와 변수의 형은 사용할 값이 어떤 속성인지 나타냅니다. 이어서 기본적인 데이터형을 설명하겠습니다.

수치형(정수와 부동 소수점)

수치에는 정수와 실수가 있습니다. 실수는 정수 값을 포함하지만 정수만의 값을 Int 형으로 구별합니다. 한편, 정수가 아닌 실수, 즉 소수점이 있는 실수를 부동 소수점이라고 부릅니다. 부동 소수점으로는 Float과 Double 이 있으며, 둘의 차이는 다루는 수치의 자릿수로 구별합니다. Int형은 0부터 양의 정수만 사용하는 UInt 형과 다루는 자릿수에 따라 Int8, UInt8, UInt16, UInt32, UInt64가 있습니다.

보통은 Int나 Double을 사용하지만 함수에 따라서는 매개변수가 UInt32여야 할 때도 있습니다. 그럴 때는 경고가 표시되므로 필요한 형을 알 수 있습니다. 필요에 따라 데이터형을 변환하는(캐스트) 조작도 합니다(캐스트 ☞ P.52).

문자형과 문자열형

스위프트에서는 문자를 Character 형, 문자열을 String 형으로 구별합니다. Character는 1문자의 데이터형, String은 Character의 모임(컬렉션)으로 구성됩니다.

문자열에서 1문자씩 사용할 때는 Character 형을 사용하지만 보통 String을 사용합니다.

논리형

스위프트에서는 논리형을 Bool 형이라고 부릅니다. 논리형 값은 YES/NO, 참/거짓, 안/밖과 같이 두 가지 선택사항에서 값을 정합니다. 스위프트의 논릿값은 true나 false 둘 중 어느 한쪽의 값입니다. 많은 프로그래밍 언어에 있는 [0이 아니면 true]라는 것은 스위프트에는 없습니다.

논리형에서 중요한 규칙은 true/false 둘 중 어느 한쪽 값을 반드시 정해야 한다는 점입니다. 그러므로 true가 아니면 false, false가 아니면 true, true의 부정은 false, false의 부정은 true가 됩니다.

그 외의 기타형

Array(배열), Dictionary(사전)를 데이터형으로 취급합니다. 또한 좌표는 CGPoint, 색상은 UIColor와 같이 목적에 따라 여러 가지 형이 정의돼 있으며 구조체(struct)나 열거형(enum)을 사용해 사용자가 형을 정의할 수 도 있습니다.

클래스와 인스턴스는 다른 장에서 자세하게 설명하며 클래스는 인스턴스의 설계를 사용한 코드입니다. 즉, 클래스는 인스턴스의 형이라고 할 수 있습니다.

상수와 변수의 유효 범위

상수와 변수에는 유효 범위가 있으며, 전역 범위(클래스 범위)와 지역 범위로 구분합니다.

다음 예에서 클래스 정의나 if 문의 구조는 나중에 설명하며, 여기서 상수와 변수의 유효 범위는 선언한 장소와 같은 { } 안으로 보면 됩니다.

클래스 정의 내에서 유효

첫 번째 예는 변수 msg를 class ViewController:UIViewController{ } 안에 정의해서 ViewController 클래스 전체에서 사용하는 변수가 됩니다. 그러므로 ViewController 안에 있는 viewDidLoad(){ }에서 실행하는 print(msg)로 출력하는 변수 msg의 값은 "안녕"입니다(클래스 정의 ☞ P.184).

List ViewController 클래스 내에서 유효한 변수 msg

«sample» **let_var_focus1/ViewController.swift**

```
//
//  ViewController.swift
//  let_var_focus1
//

import UIKit

class ViewController: UIViewController {

    var msg = "안녕"

    override func viewDidLoad() {
        super.viewDidLoad()

        print(msg)
    }

    override func didReceiveMemoryWarning() {
        super.didReceiveMemoryWarning()
        // Dispose of any resources that can be recreated.
    }

}
```

변수 msg는 ViewController 클래스 내에서 유효합니다

Part 2
Chapter
2
Chapter
3
Chapter
4
Chapter
5
Chapter
6
Chapter
7
Chapter
8
Chapter
9
Chapter
10

메서드 정의 내에서 유효

다음 예는 상수 msg를 hello() 메서드와 world() 메서드 2곳에서 정의합니다. 메서드마다 { }로 닫으므로 그 안에서 정의된 상수 msg는 이름은 같아도 다른 상수입니다. hello() 메서드에 정의된 상수 lang은 world() 메서드에서는 이용할 수 없습니다(메서드 정의 ☞ P.92, P.186).

List 메서드에서만 유효한 상수 msg

«sample» **let_var_focus2/ViewController.swift**

```swift
//
// ViewController.swift
// let_var_focus2
//
import UIKit

class ViewController: UIViewController {

    override func viewDidLoad() {
        super.viewDidLoad()
        // Do any additional setup after loading the view, typically from a nib.
        hello()
        world()
    }

    func hello() {
        let lang = "Swift"
        let msg = "안녕" + lang          ———— lang과 msg는 hello() 메서드에서만 유효합니다
        print(msg)
    }

    func world() {
        let msg = "세상"                ———— msg는 world() 메서드에서만 유효합니다
        print(msg)
    }

    override func didReceiveMemoryWarning() {
        super.didReceiveMemoryWarning()
        // Dispose of any resources that can be recreated.
    }

}
```

if 문 내에서 유효

if 문 등의 { }이 있는 구조에서도 방식은 같습니다. { }마다 상수나 변수의 유효 범위가 설정됩니다. 다음 예에서 난수 값이 들어 있는 상수 num은 lottery() 내에서는 어디서나 사용할 수 있으나 if 문의 { }에서 정의된 상수 msg는 각기 { } 안에서만 유효합니다. lottery()에서도 if 문 밖에서는 msg를 사용할 수 없습니다(if 문 ☞ P.68).

Part 2
Chapter
2
Chapter
3
Chapter
4
Chapter
5
Chapter
6
Chapter
7
Chapter
8
Chapter
9
Chapter
10

List if 문에서 유효한 상수

«sample» **let_var_focus3/ViewController.swift**

```
//
// ViewController.swift
// let_var_focus3
//

import UIKit

class ViewController: UIViewController {

    override func viewDidLoad() {
        super.viewDidLoad()
        // Do any additional setup after loading the view, typically from a nib.
        lottery()
    }

    func lottery() {
        // 1~10의 난수를 만든다
        let num = arc4random_uniform(10)+1          ──── num은 이 범위에서 유효합니다
        // num 값으로 처리를 분기한다
        if num>=7 {
            // num이 7 이상일 때
            let msg = "당첨"                        ──── 여기에 있는 msg는 이 범위에서만 유효합니다
            print(num, msg)
        } else {
            // num이 7 미만일 때
            let msg = "꽝"                          ──── 여기에 있는 msg는 이 범위에서만 유효합니다
            print(num, msg)
        }
    }

    override func didReceiveMemoryWarning() {
        super.didReceiveMemoryWarning()
        // Dispose of any resources that can be recreated.
    }
}
```

형을 변환(캐스트)한다

스위프트에서는 상수나 변수의 형을 엄격하게 확인합니다. Double형 변수에 Int형 변수의 값을 대입하거나 매개변수의 형과 일치하지 않는 값을 전달하면 오류가 발생합니다. 식을 판단해서 수치를 문자열로 바꾸는 일도 없습니다. 그러므로 다음에 설명하는 형 변환(캐스트)이 필요합니다.

Int와 Double의 계산

다음 코드에서는 개수, 단가, 세금을 각각 상수 quantity, unitPrice, tax로 선언하고 요금 price를 계산합니다. 언뜻 보면 틀린 부분이 없는 코드 같지만, 실제로는 price를 계산하는 식에서 오류가 발생합니다.

> **List** 형이 일치하지 않아 오류가 발생하는 예
>
> «sample» **type_error/ViewController.swift**
>
> ```
> let quantity = 5 ————— Int 형
> let unitPrice = 2300 ————— Int 형
> let tax = 1.08 ————— Double 형
> let price = unitPrice * quantity * (1 + tax) // 이 식이 오류가 납니다
> // 값 출력
> print(price) ————— Double 형
> ```

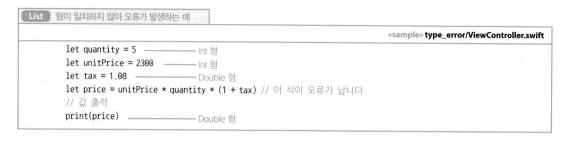

그림 2.11 Int와 Double의 조합 오류 발생

각 상수의 형은 대입된 값에 따라서 형이 추론되어 quantity, unitPrice는 Int(정수), tax는 소수점이 있는 수치이므로 Double(부동 소수점)이 됩니다. 오류가 발생하는 행을 보면 [quantity * unitPrice]는 Int 간의 곱셈이므로 결과도 Int입니다. 반면 세금 (1 + tax)의 결과는 Double입니다.

스위프트에서는 여기에서 실행하는 Int와 Double의 곱셈에서 오류가 발생합니다. 이런 경우에 Double(quantity * unitPrice)로 해서 unitPrice * quantity 결과를 Double로 형 변환합니다. 앞의 코드를 다음과 같이 변경하면 오류가 발생하지 않습니다. 계산 결과가 대입되는 price 형은 형 추론되어 Double이 됩니다.

> **List** 형 변환해서 오류를 피한다
>
> «sample» **type_error_cast/ViewController.swift**
>
> ```
> let quantity = 5 ————— Int 형
> let unitPrice = 2300 ————— Int 형
> let tax = 1.08 ————— Double 형
> let price = Double(unitPrice * quantity) * (1 + tax) // 형변환해서 형을 맞춥니다
> // 값 출력
> print(price) ————— Double 형
> ```

수치를 String으로 형 변환한다

문자열과 문자열은 + 연산자로 연결할 수 있으나 문자열과 수치를 + 연산자로 연결할 수는 없습니다. 그러나 다음과 같이 수치를 String으로 형 변환하면 문자열과 연결할 수 있습니다.

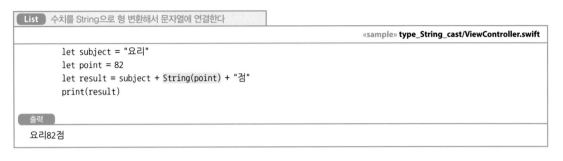

```
let subject = "요리"
let point = 82
let result = subject + String(point) + "점"
print(result)
```

출력

요리82점

> **ⓘ NOTE**
>
> 형 변환 연산자 as
>
> 형 변환 연산자 as를 사용해서 형을 변환하는 방법도 있습니다. 스위프트의 as는 클래스의 인스턴스를 서브 클래스형으로 변환하는(다운 형 변환) 연산자입니다. 자세한 내용은 실제로 사용하는 곳에서 설명합니다(☞ P.312, P.332).

기정의 상수

자주 이용하는 값은 다음과 같이 상수로 미리 정의돼 있습니다. 이는 전역 상수이므로 범위와 관계없이 어느 곳에서나 호출할 수 있습니다.

상수	값
M_E	e
M_LOG2E	log 2(e)
M_LOG10E	log 10(e)
M_LN2	log e(2)
M_LN10	log e(10)
M_PI	π
M_PI_2	π/2
M_PI_4	π/4
M_1_PI	1/π
M_2_PI	2/π
M_2_SQRTPI	2/sqrt(π)
M_SQRT2	sqrt(2)
M_SQRT1_2	1/sqrt(π)

※ sqrt( )는 제곱근을 구하는 함수입니다.

Part 2
Chapter 2
Chapter 3
Chapter 4
Chapter 5
Chapter 6
Chapter 7
Chapter 8
Chapter 9
Chapter 10

수치의 최솟값과 최댓값

수치의 최솟값과 최댓값은 Int8.min, UInt32.max와 같이 min 프로퍼티와 max 프로퍼티로 확인할 수 있습니다. 또한, INT8_MIN, INT8_MAX와 같은 상수로도 정의돼 있습니다.

프로퍼티 식	상수	값
Int8.min	INT8_MIN	-128
Int8.max	INT8_MAX	127
UInt8.min		0
UInt8.max	UINT8_MAX	255
UInt16.min		0
UInt16.max	UINT16_MAX	65535
UInt32.min		0
UInt32.max	UINT32_MAX	4294967295
UInt64.min		0
UInt64.max	UINT64_MAX	18446744073709551615

Part 2
Chapter
2
Chapter
3
Chapter
4
Chapter
5
Chapter
6
Chapter
7
Chapter
8
Chapter
9
Chapter
10

튜플

튜플을 이용하면 여러 개의 값을 하나의 값으로 다룰 수 있습니다. 하나의 변수에 값을 여러 개 넣거나 함수에서 여러 개의 값을 반환할 수도 있습니다. 튜플은 실로 다양하게 사용됩니다.

튜플 만들기

튜플(tuple)을 사용하면 여러 개의 값을 하나의 상수나 변수로 다룰 수 있고, 기타형을 조합할 수도 있습니다. 값을 변경할 수 있으나 값을 추가하거나 삭제해서 값의 개수를 변경할 수는 없습니다.

> **서식** 튜플을 만든다
> ....
>
> **(값1, 값2, …)**

List 튜플을 만든다

«sample» **tuple/ViewController.swift**

```
let product = ("Swift", 2014)
var amount = (1000, 80)
var guest = ("지용", "지드래곤", 1234)
```

튜플 값의 형

상수나 변수 선언에서는 튜플 값의 개수만큼 형을 지정합니다.

List 튜플 값의 형 지정

«sample» **tuple_type/ViewController.swift**

```
let product:(String, Int) = ("Swift", 2014)
var guest:(String, String, Int)
guest = ("지용", "지드래곤", 1234)
```

형을 지정하지 않으면 튜플은 형 추론으로 형이 설정됩니다. 다음 코드에서 변수 amount의 형은 형 추론되어 (Int, Int)가 됩니다. 그러므로 (1080, "세금")을 대입하면 형이 맞지 않아서 오류가 발생합니다.

List 튜플 값의 형 오류

«sample» **tuple_type_error/ViewController.swift**

```
var amount = (1000, 80)
amount = (1080, "세금") //오류
```

튜플 값을 읽는다

튜플을 포함하는 값은 튜플 형식으로 상수나 변수를 준비해 읽을 수 있습니다. 다음 예는 (price, tax)의 price에 1000, tax에 80을 각각 대입합니다.

List 튜플 값을 대응하는 상수로 대입한다

«sample» **tuple_item/ViewController.swift**

```
// 튜플 값을 꺼낸다
let data = (1000, 80)
let (price, tax) = data ————— 같은 형의 튜플로 받습니다
let amount = price + tax
print(amount)
```

출력

```
1080
```

와일드카드를 사용한다

와일드카드(_, 언더스코어)를 이용해 불필요한 값을 무시하고 필요한 값만 선택해서 받을 수 있습니다. 다음 예는 튜플의 첫 번째 값만 받습니다. price에는 1000이 들어갑니다.

List 와일드카드를 사용한다

«sample» **tuple_wildcard/ViewController.swift**

```
// 와일드카드
let data = (1000, 80)
let (price, _) = data ————— 이용하지 않는 값에 _를 사용해 값의 개수를 맞춥니다
print(price)
```

출력

```
1000
```

튜플 값에 인덱스 번호로 접근한다

튜플 값에는 정렬 순서인 인덱스 번호로 접근할 수 있습니다. 번호는 0부터 세며 amount의 첫 번째 값은 amount.0, 두 번째 값은 amount.1과 같이 점 연산자를 사용합니다.

List 튜플 값을 인덱스 번호로 읽는다

«sample» **tuple_index/ViewController.swift**

```
let amount = (1000, 80)
let price = amount.0  //0번 값
let tax = amount.1    //1번 값
print(price + tax)
```

출력

```
1080
```

다음 예는 인덱스 번호 1의 값인 29를 30으로 변경합니다. 튜플의 값을 변경하므로 user는 변수 var로 선언해야 합니다. let으로 선언하면 값을 변경할 수 없습니다.

Part 2
Chapter
2
Chapter
3
Chapter
4
Chapter
5
Chapter
6
Chapter
7
Chapter
8
Chapter
9
Chapter
10

List 튜플의 값을 인덱스 번호로 변경한다

«sample» **tuple_index2/ViewController.swift**

```
var user = ("소라", 29)
user.1 = 30 // 29를 30으로 변경
print(user)
```

출력

```
("소라", 30)
```

튜플 값에 라벨을 사용한다

튜플 값에 라벨을 설정할 수 있습니다. 라벨을 사용하면 하나하나 값의 의미가 명확해질 뿐만 아니라 접근하기도 쉽습니다.

서식 라벨을 사용한 튜플을 만든다

(라벨:값1, 라벨:값2, …)

다음 예는 2개의 값을 가진 튜플을 상수 amount에 대입합니다. 튜플의 값에는 price와 tax 라벨이 붙어 있습니다. 값에는 라벨을 사용해서 amount.price, amount.tax와 같이 접근할 수 있습니다.

List 튜플의 값을 라벨을 사용해 읽는다

«sample» **tuple_label/ViewController.swift**

```
let amount = (price:1000, tax:80)
let charge = amount.price + amount.tax
print(charge)
```

출력

```
1080
```

라벨을 사용한 튜플형 값을 갖는 변수는 다음과 같이 선언합니다.

서식 튜플을 값으로 갖는 변수를 선언한다

var 변수명:(라벨:형, 라벨:형, …)

List   라벨을 사용한 튜플형 값을 갖는 변수

«sample» **tuple_label_type/ViewController.swift**

```
var user:(name:String, age:Int, isPass:Bool)    ——————— 변수를 선언합니다
user.name = "민호"    ——————— 튜플의 라벨을 지정해 값을 대입합니다
user.age = 23
user.isPass = true
print(user)
print(user.age)
```

출력

```
("민호", 23, true)
23
```

Part 2
Chapter
2
Chapter
3
Chapter
4
Chapter
5
Chapter
6
Chapter
7
Chapter
8
Chapter
9
Chapter
10

연산자

연산자란 +, −와 같이 연산을 하는 기호입니다. 산술 연산자, 논리 연산자처럼 연산 대상의 형에 따라 연산자가 준비돼 있습니다. 여기서는 기본적인 연산자를 설명합니다.

산술 연산자 +, −, *, /, %

산술 연산자는 +, −, *, / 가감승제를 하는 연산자와 나머지를 구하는 %가 있습니다. 예를 들어 (a−5)는 변수 a에서 5를 뺀 값을 구하는 연산입니다. 이때 a 값은 바뀌지 않습니다. + 연산자는 문자열과 배열의 연결에서도 사용합니다(☞ P.113, P.127).

연산자	연산식	설명
+	+a	a의 값
−	−a	a의 부호를 반전한 값
+	a + b	a와 b를 더한 값. 덧셈
−	a − b	a에서 b를 뺀 값. 뺄셈
*	a * b	a와 b를 곱한 값. 곱셈
/	a / b	a를 b로 나눈 값. 나눗셈
%	a % b	a를 b로 나눈 나머지

> **❶ NOTE**
>
> **오퍼레이터와 오퍼랜드**
>
> 연산자를 오퍼레이터, 피연산자를 오퍼랜드라고 부릅니다. a + 5에서는 +가 오퍼레이터, a와 5가 오퍼랜드입니다. 연산자에는 우선순위가 있는데 식을 괄호 ( )로 감싸면 그 괄호 범위의 우선순위가 가장 높은 순위가 됩니다.

연산자의 앞뒤 공백

연산자의 앞뒤 공백은 있거나 없거나 상관없습니다. 다만 한쪽에만 공백이 있으면 오류가 발생합니다. 예를 들어 [a = 1+ 2]처럼 + 앞에는 공백이 없고 뒤에만 공백이 있는 식은 오류가 발생합니다. 또한 부호를 표시할 때의 +, − 연산자는 +a, −a처럼 공백을 넣지 않고 작성합니다.

> **List** 산술 연산자를 사용한 계산
>
> «sample» **basic_operator/ViewController.swift**
>
> ```
> // 산술연산자
> let a = 1+3*2
> let b = 10/(4-2)
> // 나머지
> let c = 5%3          ——— 5 나누기 3의 나머지는 2
> let d = -11%4
>
> // 결과
> print((a,b,c,d))
> ```
>
> **출력**
>
> ```
> (7, 5, 2, -3)
> ```

정수 계산의 주의점

3 * (10/4) 식은 정수만을 계산하며 10/4는 정수로 계산돼 2가 되고 결과는 3 * 2로 6이 됩니다.

10/4의 결과가 2.5가 되게 하려면 상수 ans의 형을 [let ans:Double]처럼 실수로 지정하거나 3.0처럼 식에 포함된 최소한 1개의 수치를 부동 소수점으로 합니다. 이에 따라 계산 결과가 7.5가 되고 상수 ans도 Double 형이 됩니다.

논리 연산자 &&, ||, !

Bool 형 값(true나 false) 연산을 하는 것이 논리 연산자입니다. 연산 결과도 true나 false 중 하나가 됩니다. ! 연산자는 !a와 같이 공백 없이 사용합니다. 논리 연산자를 사용하는 예는 if 문 등의 조건식을 참조해주세요.

연산자	연산식	설명
&&	a && b	a와 b 모두 true일 때 true. 논리곱(AND 논리)
||	a || b	a나 b 중 한쪽이 true일 때 true. 논리합(OR 논리)
!	!a	a가 true라면 false, false라면 true. 부정논리(NOT 논리)

List 논리 연산

«sample» **logical_operator/ViewController.swift**

```
let a = true
let b = false
let and = a && b
let or = a || b
let not = !a

print((and, or, not))
```

Part 2

Chapter
2
Chapter
3
Chapter
4
Chapter
5
Chapter
6
Chapter
7
Chapter
8
Chapter
9
Chapter
10

출력
```
(false, true, false)
```

❗ NOTE

!연산자가 뒤에 있는 경우

a!처럼 !연산자가 뒤에 붙어 있으면 암묵적 언랩형(Optional Value Implicitly Unwrapped)입니다(☞ P.175).

!연산자를 사용해 값을 반전시킨다

다음 예는 버튼을 탭 할 때마다 그림이 나오거나 사라지는 예제입니다. 그림이 나오거나 사라지는 이유는 「flower.isHidden = !flower.isHidden」을 실행할 때마다 flower.isHidden의 값이 !연산자에 의해 true, false로 반전되기 때문입니다. flower.isHidden은 flower, 즉 그림을 표시할 것인지 나타내는 값입니다. flower.isHidden의 값이 false일 때에는 그림이 나오고, true일 때에는 숨겨진 상태가 됩니다. 이런 앱을 만드는 방법은 Part 2에서 자세히 설명합니다.

버튼을 탭할 때마다 꽃이 나타나거나 사라집니다

사라집니다

List 보이기와 숨기기를 변환한다

«sample» **showhide/ViewController.swift**

```
@IBOutlet weak var flower: UIImageView!

@IBAction func showhide(_ sender: AnyObject) {
    flower.isHidden = !flower.isHidden
    print(flower.isHidden)
}
```
——— flower.isHidden 값(논리값)을 반전시킵니다

출력(3회 연속해서 실행한 결과)
```
true
false
true
```
——— 실행할 때마다 true와 false가 반전된 결과가 표시됩니다

비교 연산자 >, <, >=, <=, ==, !=

비교 연산자는 값 2개를 대소, 등가 비교하는 연산자입니다. 결과는 조건을 만족할 때 true, 만족하지 않을 때 false가 됩니다. >=와 <=는 자주 실수하므로 기호의 사용 순서에 주의해야 합니다. 비교 연산자를 사용하는 예는 if 문 등의 조건식을 참조해주세요(☞ P.68).

연산자	연산식	설명
>	a > b	a가 b보다 클 때 true
<	a < b	a가 b보다 작을 때 true
>=	a >= b	a가 b보다 크거나 같을 때 true
<=	a <= b	a가 b보다 작거나 같을 때 true
==	a == b	a와 b가 같을 때 true
!=	a != b	a와 b가 같지 않을 때 true

대입 연산자 =

=는 등호가 아닌 대입 연산자입니다. 등호는 비교 연산자에서 설명한 것처럼 ==입니다.

연산자	연산식	설명
=	a = b	a에 b 값을 대입한다

다음 예에서 [b = a] 식은 b에 a 값을 설정합니다. 그다음 a 자신에 1을 더하므로 결과적으로 a는 101, b는 100이 됩니다.

```
List   변수나 상수에 값을 설정한다
                                                «sample» assignment_operator/ViewController.swift
var a = 100
let b = a         —— b에 a 값을 대입합니다
a = a + 1         —— (a+1) 결과를 a에 대입합니다
print(a, b)

출력
101 100
```

> **❶ NOTE**
>
> = 연결
>
> 프로그램 언어에 따라서는 [a=b=c=0]이라는 식을 작성할 수 있으나 스위프트에서는 오류가 발생합니다.

연산자 Section 2-4

Part 2
Chapter
2
Chapter
3
Chapter
4
Chapter
5
Chapter
6
Chapter
7
Chapter
8
Chapter
9
Chapter
10

복합 대입 연산자 +=, −=, *=, /=, %=, &&=, ||=

복합 대입 연산자는 변수 자신에 대한 연산과 대입을 조합한 것입니다. 예를 들어 [a += 1]은 변수 a에 1을 더한 값을 변수 a에 대입합니다. 즉, [a = a + 1]과 같은 결과가 됩니다. 대입 연산과 마찬가지로 복합 대입 연산도 오른쪽에 있는 값들은 연산한 다음에 마지막으로 실행됩니다. 대표적인 복합 대입 연산자는 다음과 같습니다. 또한, !=는 부정의 복합 대입 연산자가 아니라 [같지 않다]는 비교 연산자입니다.

연산자	연산식	설명
+=	a += b	a에 b를 더한 값을 a에 대입한다
−=	a −= b	a에서 b를 뺀 값을 a에 대입한다
*=	a *= b	a에 b를 곱한 값을 a에 대입한다
/=	a /= b	a를 b로 나눈 값을 a에 대입한다
%=	a %= b	a를 b로 나눈 나머지를 a에 대입한다
&&=	a &&= b	a와 b의 논리곱 값을 a에 대입한다
||=	a ||= b	a와 b의 논리합 값을 a에 대입한다

ⓘ NOTE

++, −−

스위프트3에서는 ++(인크리먼트), −−(디크리먼트) 연산자가 폐지됐습니다. 변수 a에 1을 더할 때는 a += 1, 1을 뺄 때는 a −= 1을 이용합니다.

a *= b + 2는 a *= (b + 2)와 같습니다. 즉, a = a * (b + 2)를 계산합니다.

List　변수 a에 (b + 2) 값을 곱한 결과를 a에 대입한다

«sample» **assignment_operator2/ViewController.swift**

```
var a = 5
let b = 10
a *= b + 2
print(a)
```

출력

```
60
```

삼항 연산자 ? :

? :는 3개의 오퍼랜드를 가진 연산자이므로 삼항 연산자라고 부릅니다. 서식은 다음과 같습니다.

서식　삼항 연산자

조건식 ? true일 때의 식 : false일 때의 식

다음 예는 a, b 난수를 비교하고 큰 쪽의 값을 bigger에 대입합니다. 또한, 변수 값은 \(a)라고 쓰면 문자열로 변환할 수 있습니다(☞ P.122).

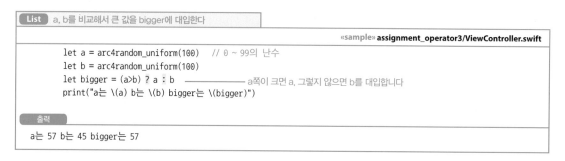

List a, b를 비교해서 큰 값을 bigger에 대입한다

«sample» **assignment_operator3/ViewController.swift**

```
let a = arc4random_uniform(100)    // 0 ~ 99의 난수
let b = arc4random_uniform(100)
let bigger = (a>b) ? a : b ————— a쪽이 크면 a, 그렇지 않으면 b를 대입합니다
print("a는 \(a) b는 \(b) bigger는 \(bigger)")
```

출력

a는 57 b는 45 bigger는 57

이 코드를 if 문을 사용해 작성하면 다음과 같습니다. bigger는 상수가 아닌 변수로 선언합니다(if 문 ☞ P.68).

List a, b를 비교해서 큰 값을 bigger에 대입한다

«sample» **assignment_operator3_if/ViewController.swift**

```
let a = arc4random_uniform(100)// 0 ~ 99의 난수
let b = arc4random_uniform(100)
var bigger:UInt32
if a>b {
    bigger = a
} else {
    bigger = b
}
print("a는 \(a) b는 \(b) bigger는 \(bigger)")
```

출력

a는 50 b는 71 bigger는 71

범위 연산자 ..<, ...

범위 연산자는 수치의 범위를 지정할 수 있는 연산자입니다. 마지막 값을 포함하지 않으면 ..<, 마지막 값을 포함하면 점 3개인 ... 입니다.

서식 범위 연산자(마지막 값은 포함하지 않는다)

시작 값..<마지막 값

서식 범위 연산자(마지막 값을 포함한다)

시작 값...마지막 값

수치가 범위 내에 있는지 알아본다

범위 연산자로 수치의 범위를 만들면 임의의 수치가 그 범위에 포함되는지 contains()로 확인할 수 있습니다.

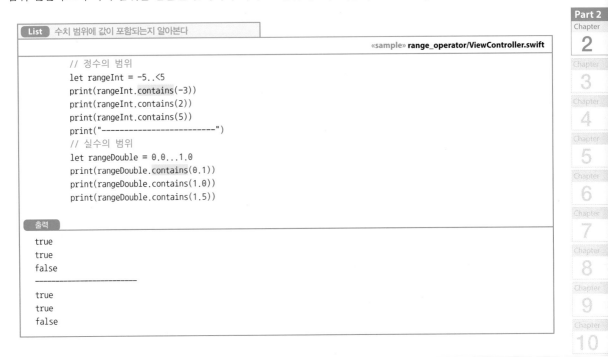

List 수치 범위에 값이 포함되는지 알아본다

«sample» **range_operator/ViewController.swift**

```
// 정수의 범위
let rangeInt = -5..<5
print(rangeInt.contains(-3))
print(rangeInt.contains(2))
print(rangeInt.contains(5))
print("----------------------")
// 실수의 범위
let rangeDouble = 0.0...1.0
print(rangeDouble.contains(0.1))
print(rangeDouble.contains(1.0))
print(rangeDouble.contains(1.5))
```

출력

```
true
true
false
----------------------
true
true
false
```

Part 2
Chapter
2
Chapter
3
Chapter
4
Chapter
5
Chapter
6
Chapter
7
Chapter
8
Chapter
9
Chapter
10

for-in 문으로 범위 연산자를 이용한다

다음 예는 for-in 문의 반복 횟수를 범위 연산자를 사용해 지정합니다. for-in 문에서는 0 이상의 정수 범위를 범위 연산자로 지정하며, 범위에서 차례대로 값을 변수에 꺼내서 { } 문을 반복합니다. 왼쪽 예는 범위가 (1..〈5)이므로 1~4, 오른쪽 예는 범위가 (1...5)이므로 1~5값을 차례대로 꺼내서 반복합니다(for-in ☞ P.80).

List 4회 반복한다

«sample» **range_for-in_2dots/ViewController.swift**

```
for i in (1..<5){
    print("\(i)번째")
}
```

출력

```
1번째
2번째
3번째
4번째
```

List　5회 반복한다

«sample» **range_for-in_3dots/ViewController.swift**

```
for i in (1...5){
    print("\(i)번째")
}
```

출력

1번째
2번째
3번째
4번째
5번째 ———— 5회 반복합니다

비트 연산자

2진수나 16진수 값을 다루는 연산자도 있습니다. 또한, 2진수 값은 0b111111처럼 접두사에 0b(숫자 0과 소문자 b), 16진수 값은 0xFFFFFF처럼 접두사에 0x(숫자 0과 소문자 x)를 사용합니다. 또한 print(0xFF)와 같이 출력하면 출력 윈도 창에는 10진수로 환산된 255가 출력됩니다.

비트 시프트

비트 시프트는 수치를 2진수로 표현했을 때 지정한 방향으로 자릿수를 시프트하는 연산입니다. 10진수 수치를 왼쪽으로 1 자릿수 시프트하면 값이 10배가 되고(예를 들어 10진수 25를 왼쪽으로 1자리수 시프트하면 250), 2진수 값을 왼쪽으로 1 자릿수 시프트하면 값이 2배가 됩니다. 왼쪽으로 2 자릿수 이동하면 4배가 됩니다.

연산자	연산식	설명
<<	a << b	a를 왼쪽으로 b 자릿수 시프트
>>	a >> b	a를 오른쪽으로 b 자릿수 시프트

비트곱, 비트합, 배타적 비트합, 비트 부정

비트곱, 비트합, 배타적 비트합, 비트 부정은 수치를 각 자릿수 비트별로 비교해서 연산합니다.

연산자	연산식	설명
&	a & b	AND, 비트곱. 각 자릿수를 비교해서 양쪽 자릿수가 1이면 1
¦	a ¦ b	OR, 비트합. 각 자릿수를 비교해서 한쪽의 자릿수가 1이면 1
^	a ^ b	XOR, 배타적 비트합. 각 자릿수를 비교해서 한쪽이 1인 자릿수만 1
~	~a	NOT, 비트 부정. 각 자릿수의 1과 0을 반전

다음 예는 16진수 #40E0D0에서 비트 자릿수와 비트 시프트를 사용해 R, G, B를 꺼낸 다음 0~255의 값으로 변환하고, 이를 255로 나누어 0~1의 값으로 뷰의 배경색으로 설정합니다.

Part 2
Chapter
2
Chapter
3
Chapter
4
Chapter
5
Chapter
6
Chapter
7
Chapter
8
Chapter
9
Chapter
10

> **List** 컬러 #40E0D0을 RGB로 분해해서 뷰의 배경색으로 설정한다
>
> «sample» **hex_decimal_RGB/**

```
// 16진수 RRGGBB를 R, G, B로 분해
let RGB: UInt32 = 0x40E0D0  // 십진수(64,224,208)
let red = (RGB & 0xFF0000) >> 16         ──── 상위 2 자릿수를 꺼냅니다
let green = (RGB & 0x00FF00) >> 8         ──── 가운데 2 자릿수를 꺼냅니다
let blue = RGB & 0x0000FF                 ──── 하위 2 자릿수를 꺼냅니다
print("red \(red), green \(green), blue \(blue)")

// 배경색으로 설정
let R = CGFloat(red)/255
let G = CGFloat(green)/255
let B = CGFloat(blue)/255
view.backgroundColor = UIColor(red:R,green:G,blue:B,alpha:1)   ──── RGBA로 색을 만듭니다
```

출력

```
red 64, green 224, blue 208
```

Section 2-5

조건으로 처리를 분기하는 if 문

if 문을 사용하면 [만약에 ~라면 A를 실행하고 그렇지 않으면 B를 실행한다]와 같이 조건에 따라 실행할 내용을 분기시킬 수 있습니다. if 문은 프로그래밍의 묘미인 알고리즘을 기술하는 데 빠뜨릴 수 없는 구문 중 하나입니다. 앞 장의 논리 연산자 및 비교 연산자와 함께 배우세요.

조건이 참일 때 실행하는 if 문

조건을 만족하는지에 따라 문장을 실행할지 말지 분기해야 한다면 if 문을 이용합니다. 다음 서식은 조건을 만족할 때만 실행하는 문장이 있는 경우의 서식입니다.

> **서식** if 문
> ```
> if (조건식) {
>     문장 A
> }
> ```

이 서식을 사용하면 조건식의 값이 true일 때 문장을 실행하고, 다음으로 진행합니다. 조건식이 false라면 문장을 실행하지 않고 다음으로 진행합니다. 조건식을 둘러싸는 ()는 생략할 수 있으나 문장을 둘러싸는 { }는 생략할 수 없습니다. 조건식은 값이 true, false가 되는 논리식이어야 하고, 1, 0 등을 대신 사용할 수는 없습니다.

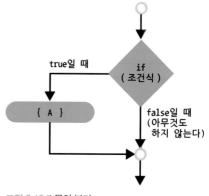

그림 2.13 if 문의 분기

다음 예는 score가 80 이상일 때 조건식이 true가 되어 [굉장해요!]라고 출력합니다. 만약 score가 85면 [굉장해요!]라고 출력한 후에 [85점입니다.]라고 출력합니다. score가 50이라면 if 문에 있는 문장은 실행되지 않고 [50점입니다.]라고만 출력합니다.

> **List** score가 80 이상일 때 [굉장해요!]라고 출력한다
>
> «sample» if_statement/ViewController.swift
> ```
> let score = 85
> if score >= 80 {
>     print("굉장해요!")          ———— score가 80 이상이면 실행합니다
> }
> print("\(score)점입니다.")
> ```
>
> **출력**
> ```
> 굉장해요!
> 85점입니다.
> ```

조건이 참이 아닐 때 실행할 처리가 있으면 if~else 문

조건을 만족할 때만이 아닌 조건을 만족하지 않을 때의 처리도 필요하면 다음 서식을 사용합니다. 이 서식으로는 조건식이 true일 때 문장 A를 실행하고 조건식이 false이면 문장 B를 실행합니다.

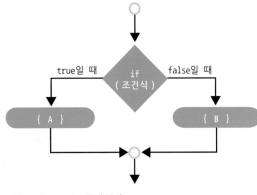

서식 if~else

```
if (조건식) {
    문장 A
} else {
    문장 B
}
```

그림 2.13 if ~ else 문의 분기

다음 예는 score가 60 이상일 때 [축하합니다! 합격입니다.]를 출력하고, 그 외 즉, 60 미만일 때 [안타깝지만, 불합격입니다.]라고 출력합니다. 마지막에는 [OO점입니다.]라고 점수를 출력합니다. arc4random_uniform(101)은 0~100 사이의 난수를 생성합니다.

List 득점에 따라 합격, 불합격 처리를 분기한다

«sample» **if_else_statement/ViewController.swift**

```
// 0 ~ 100의 난수를 만든다
let score = arc4random_uniform(101)
if score>=60 {
    print("축하합니다! 합격입니다.")
} else {
    print("안타깝지만, 불합격입니다.")
}
print("\(score)점입니다.")
```

출력 1

```
축하합니다! 합격입니다.
67점입니다.
```

1개의 값에 여러 개의 조건 분기가 있으면 if~else if~else 문

다음 서식은 조건식 1을 만족하면 문장 A를 실행한 후에 if 문을 빠져나갑니다. 조건식 1을 만족하지 않으면 조건식 2를 평가하고, 조건식 2를 만족하면 문장 B를 실행한 후에 if 문을 빠져나갑니다. 조건식 1도 조건식 2도 만족하지 않으면 문장 C를 실행합니다. else if 문은 조건의 수만큼 계속 추가할 수 있으며 마지막의 else 문은 없어도 됩니다.

서식 if~else if~else

```
if (조건식 1) {
  문장 A
} else if (조건식 2) {
  문장 B
} else {
  문장 C
}
```

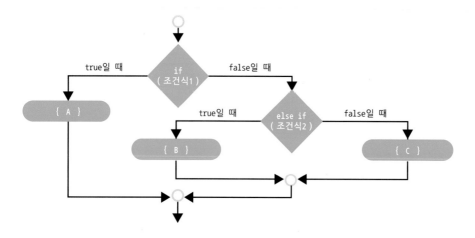

그림 2.15 if ~ else if ~ else 문의 분기

다음 예는 score가 30 미만일 때 [분발하세요], 30 이상 80 미만일 때 [합격입니다.], 그 외 즉, 80 이상일 때는 [굉장해요!]라고 출력합니다. 그리고 마지막에 [OO점입니다.]라고 출력합니다.

List 득점에 따라 3단계로 처리를 나눈다

«sample» **if_else_if_statement/ViewController.swift**

```
let score = arc4random_uniform(101)
if score<30 {
    print("분발하세요")
} else if score<80 {
    print("합격입니다")
} else {
    print("굉장해요!")
}
print("\(score)점입니다.")
```

출력 1

```
굉장해요 !
86점입니다.
```

출력 2

```
분발하세요
9점입니다.
```

출력 3

```
합격입니다.
78점입니다.
```

중첩과 논리식

if 문에서 if 문을 사용함으로써 더욱 복잡한 조건 분기를 할 수 있습니다. 이를 if 문의 중첩(Nesting)이라고 부릅니다. 다음 예는 math가 50 이상일 때, english가 60 이상인지 아닌지 판단하는 if 문을 실행합니다.

List 수학이 50점 이상이고, 영어가 60점 이상일 때 합격

«sample» **if_nesting/ViewController.swift**

```
let math = arc4random_uniform(101)
let english = arc4random_uniform(101)
// 수학이 50점 이상이고, 영어가 60점 이상일 때 합격
if math>=50 {
    if english>=60 {
        print("축하합니다! 합격")
    } else {                              ──── if 문에 if 문이 들어가 있습니다
        print("안타깝지만, 불합격")
    }
} else {
    print("안타깝지만, 불합격")
}
print("수학 \(math), 영어 \(english)")
```

출력 1

```
안타깝지만, 불합격
수학 2, 영어 56
```

출력 2

```
축하합니다! 합격
수학 50, 영어 96
```

조건식을 논리식으로 작성한다

앞서 살펴본 코드는 논리곱인 &&를 사용해 (math >= 50) && (English >= 60)과 같이 작성하면 중첩하지 않고도 작성할 수 있습니다. (math >= 50)과 (English >= 60) 양쪽이 true일 때 &&로 연결한 식이 true가 되어 [축하합니다! 합격]이라고 출력합니다.

List　수학이 50점 이상이고, 영어가 60점 이상일 때 합격

«sample» **if_and/ViewController.swift**

```
let math = arc4random_uniform(101)
let english = arc4random_uniform(101)
// 수학이 50점 이상이고, 영어가 60점 이상일 때 합격
if (math>=50)&&(english>=60){ ———— 2개의 조건을 논리곱으로 연결합니다
    print("축하합니다! 합격")
} else {
    print("안타깝지만, 불합격")
}
print("수학 \(math), 영어 \(english)")
```

출력 1

```
안타깝지만, 불합격
수학 81, 영어 54
```

출력 2

```
축하합니다! 합격
수학 70, 영어 100
```

다음 예는 논리힙인 || 연신자를 사용해 조건식을 만드는 예입니다. 수학과 영어 둘 중 한쪽이 60 이상일 때 합격입니다.

List　수학이나 영어 둘 중 하나가 60점 이상일 때 합격

«sample» **if_or/ViewController.swift**

```
let math = arc4random_uniform(101)
let english = arc4random_uniform(101)
// 수학이나 영어 둘 중 하나가 60점이상일 때 합격
if (math>=60)||(english>=60){ ———— 2개의 조건을 논리합으로 연결합니다
    print("축하합니다! 합격")
} else {
    print("안타깝지만, 불합격")
}
print("수학 \(math), 영어 \(english)")
```

출력 1

```
축하합니다! 합격
수학 25, 영어 80
```

출력 2

```
안타깝지만, 불합격
수학 4, 영어 54
```

여러 개의 조건식을 콤마로 구분해서 나열한다

논리곱 &&을 사용해서 (math >= 50) && (English >= 60)과 같이 논리식을 쓰면 여러 개의 조건을 만족하는 조건식을 쓸 수 있다고 설명했는데, 여러 개의 조건식을 콤마로 구분해서 나열해도 같은 조건식을 지정할 수 있습니다.

예를 들어 [수학, 영어 모두 50점 이상이고, 2과목의 합계가 120점 이상일 때 합격]인 조건의 if 문은 다음과 같이 쓸 수 있습니다.

> **List** 수학, 영어 모두 50점 이상이고, 2과목의 합계가 120점 이상일 때 합격
>
> «sample» **if-comma/ViewController.swift**

```swift
func judgement(math:UInt, english:UInt) {
    // 여러 개의 조건식을 콤마로 구분한 if 문
    if math>=50, english>=50, (math+english)>=120{
        print("합격", terminator: "/")
    } else {
        print("불합격", terminator: "/")
    }
    print("수학 \(math), 영어 \(english), 합계 \(math+english)")
}
```

그럼 실제로 judgement()를 확인해 보겠습니다. 1번째 줄의 [수학 53점, 영어 71점]은 수학과 영어 모두 50점 이상이고, 합계가 124점이므로 합격, 2번째 줄의 [수학 56점, 영어 62점]은 합계 점수가 118이므로 불합격, 3번째 줄의 [수학 48점, 영어 79점]은 수학이 50점 미만이므로 불합격입니다.

> **List** judgement()를 확인한다
>
> «sample» **if-comma/ViewController.swift**

```swift
judgement(math: 53, english: 71)
judgement(math: 56, english: 62)
judgement(math: 48, english: 79)
```

> **출력**
>
> 합격 / 수학 53, 영어 71, 합계 124
> 불합격 / 수학 56, 영어 62, 합계 118 ——————— 합계가 120 미만이므로 불합격
> 불합격 / 수학 48, 영어 79, 합계 127 ——————— 수학이 50 미만이므로 불합격

Part 2
Chapter
2
Chapter
3
Chapter
4
Chapter
5
Chapter
6
Chapter
7
Chapter
8
Chapter
9
Chapter
10

> **❗ NOTE**
>
> **들여쓰기를 수정한다**
>
> 입력한 코드는 {부터 }까지 코드의 구조를 알아보기 쉽게 들여쓰기가 붙어 있습니다. 코드를 작성하다가 들여쓰기가 무너졌다면 올바르게 들여쓰기할 행을 선택하고 control + i 키를 누르면 자동으로 들여쓰기가 됩니다.

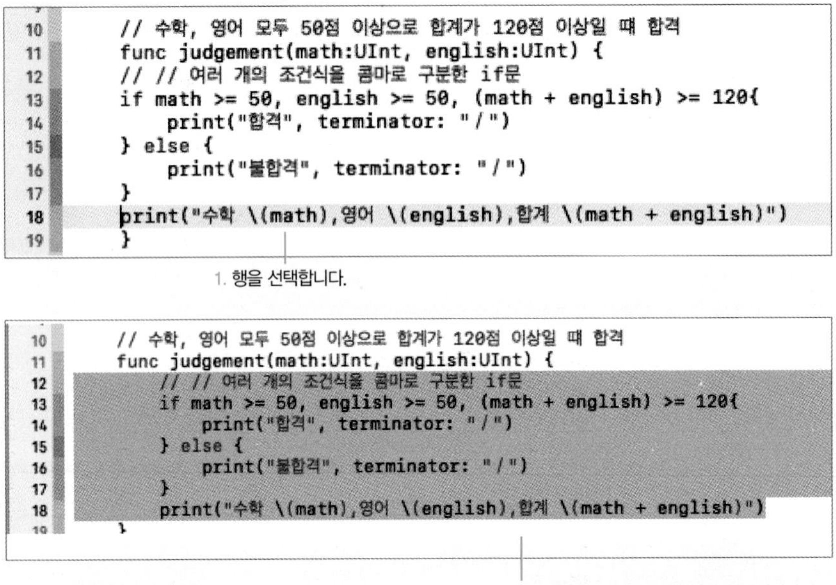

```
10    // 수학, 영어 모두 50점 이상으로 합계가 120점 이상일 때 합격
11    func judgement(math:UInt, english:UInt) {
12    // // 여러 개의 조건식을 콤마로 구분한 if문
13    if math >= 50, english >= 50, (math + english) >= 120{
14        print("합격", terminator: "/")
15    } else {
16        print("불합격", terminator: "/")
17    }
18    print("수학 \(math),영어 \(english),합계 \(math + english)")
19    }
```

1. 행을 선택합니다.

```
10    // 수학, 영어 모두 50점 이상으로 합계가 120점 이상일 때 합격
11    func judgement(math:UInt, english:UInt) {
12        // // 여러 개의 조건식을 콤마로 구분한 if문
13        if math >= 50, english >= 50, (math + english) >= 120{
14            print("합격", terminator: "/")
15        } else {
16            print("불합격", terminator: "/")
17        }
18        print("수학 \(math),영어 \(english),합계 \(math + english)")
19    }
```

그림 2.16 들여쓰기 수정

2. control + i 키를 누르면 들여쓰기가 정리됩니다

> **❗ NOTE**
>
> **guard 문**
>
> if 문과 비슷한 구조를 갖는 guard-else 구문이 있습니다. guard-else 문은 함수에서의 이용(☞P.96), 옵셔널에서의 이용(P.179)에서 설명합니다.

Part 2
Chapter
2
Chapter
3
Chapter
4
Chapter
5
Chapter
6
Chapter
7
Chapter
8
Chapter
9
Chapter
10

Section 2-6

값으로 처리를 분기하는 switch 문

조건이 아닌 식의 값에 따라 처리를 분기하려면 switch 문을 사용합니다. 스위프트의 switch 문은 자유도가 높은 강력한 구문을 이용할 수 있습니다.

값으로 분기하는 switch 문

조건이 아닌 식의 값에 따라 처리를 분기하려면 switch 문을 사용합니다. switch 문의 기본적인 형식은 다음과 같습니다. 이 서식에서는 식이 값1이라면 문장 A를 실행하고 switch 문을 빠져나갑니다. 마찬가지로 식이 값2라면 문장 B를 실행하고, 식이 값3이나 값4 또는 값5이면 문장 C를 실행합니다. 식이 값1~값5 중 어디에도 해당하지 않는다면 default에 작성한 문장 D를 실행합니다. [case 값3, 값4, 값5:]와 같이 값을 콤마로 구분해 하나의 case에 여러 개의 값을 지정할 수 있습니다.

또한 각 case의 마지막에 break가 없어도 switch 문을 빠져나갑니다. 의도적으로 처리를 다음 case 문으로 넘기려면 break 대신 fallthrough 키워드를 작성합니다(☞ P.79).

서식 switch 문

```
switch 식 {
    case 값1:
        문장 A
    case 값2:
        문장 B
    case 값3, 값4, 값5:
        문장 C
    default:
        문장 D
}
```

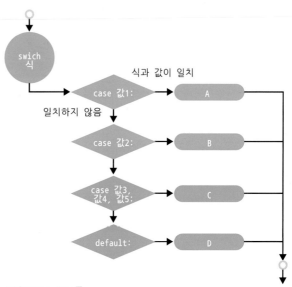

그림 2.17 switch 문

다음 코드는 theColor 값에 따라 처리합니다. 여기에서는 theColor 값을 "green"으로 설정했으므로 "녹색은 쾌적"을 출력하고 switch 문을 빠져나갑니다.

List theColor 값에 따라서 처리한다

«sample» **switch_string/ViewController.swift**

```
let theColor = "green"            ——— green을 테스트합니다
switch theColor {
    case "red","yellow":
        print("빨간색과 노란색은 주의")
    case "green":
        print("녹색은 쾌적")
    case "gray":
        print("회색은 정지 중")
    default:
        print("그 외는 순조")
}
print(theColor)
```

출력

```
녹색은 쾌적
green
```

범위 연산자를 사용해 처리한다

..〈이나 ... 범위 연사자를 사용해 어느 범위에 있는 수치인지 확인해 값을 처리할 수 있습니다.

다음 예는 num 값에 따라 처리합니다. case (10...15):는 10~15의 정수와 일치하고, case 20, (31...35), 40은 20, 31~35, 40의 정수와 일치합니다.

다음 예는 난수를 만들어 확인하는 코드를 for_in 1...20{ }을 사용해 20회 반복합니다(for-in ☞ P.80).

List 범위 연산자를 이용해 값을 처리한다

«sample» **switch_range_match/ViewController.swift**

```
// 20회 반복
for _ in 1...20 {
    let num = arc4random_uniform(50) // 0 ~ 49의 난수
    print("\(num)", terminator: "")
    // num으로 분배한다
    switch num {
      case (10...15):
        print(":교환 ", terminator: "")
      case 20,(31...35),40:                    ——— num 값으로 처리를 분배합니다
        print(":재검사 ", terminator: "")
      default:
        print(":합격 ", terminator: "")
    }
}
```

출력

```
23:합격 29:합격 0:합격 27:합격 46:합격 28:합격 32:재검사 32:재검사 31:재검사 16:합격 31:재검사 4:합격 31:재검사 29:합격
26:합격 7:합격 38:합격 34:재검사 13:교환 42:합격
```

튜플을 이용해 처리한다

switch 문으로 튜플도 처리할 수 있습니다. 범위 연산자나 와일드카드 _를 사용하면 범위나 부분적으로 값이 일치하는 튜플을 일치시킬 수 있습니다. 다음 예는 너비와 높이가 5~10 사이에 있는지에 따라 처리합니다(튜플 ☞ P.55).

List 튜플을 사용한 처리

«sample» **switch_tuple/ViewController.swift**

```swift
let size = (6, 11)          ——— 이 식을 테스트합니다
switch size {
    case (0, 0):
        print("너비와 높이 모두 0입니다")
    case (5...10, 5...10):
        print("규정 크기입니다")
    case (_, 5...10):
        print("너비 \(size.0)이/가 규정에 맞지 않습니다")
    case (5...10, _):          ——————— (6,11)이 해당됩니다
        print("높이 \(size.1)이/가 규정에 맞지 않습니다")
    default:
        print("너비와 높이 모두 규정에 맞지 않습니다")
}
```

출력

높이 11이/가 규격에 맞지 않습니다

밸류 바인딩(value binding)

함수가 매개변수 값을 받을 수 있듯이 case에서도 평가할 값을 상수나 변수로 받을 수 있습니다(밸류 바인딩). 다음 코드에서는 이전 코드에서 와일드카드 _로 받은 값을 상수에 대입합니다(밸류 바인딩의 예 ☞ P.232).

List 튜플의 밸류 바인딩

«sample» **switch_value_binding/ViewController.swift**

```swift
let size = (4, 10)          ——————— 이 식을 테스트합니다
switch size {
    case (0, 0):
        print("너비와 높이 모두 0입니다")
    case (5...10, 5...10):
        print("규정 크기입니다")
    case (5...10, let height):    ———튜플의 2번째 값을 상수 height로 받습니다
        print("높이 \(height)이/가 규정에 맞지 않습니다")
    case (let width, 5...10):      ———튜플의 1번째 값을 상수 width로 받습니다
        print("너비 \(width)이/가 규정에 맞지 않습니다")
    default:
        print("너비와 높이 모두 규정에 맞지 않습니다")
}
```

출력

너비 4이/가 규격에 맞지 않습니다

값 분배에 조건식을 사용하는 where

밸류 바인딩과 where 키워드를 사용해 값 분배에 조건식을 사용할 수 있습니다.

다음 예의 case let(width, height, _)에서는 size 튜플의 값을 (width, height, _)에 바인딩하고 width나 height 한쪽이 60 이상일 때 규정 외로 분배합니다. 그다음의 case let(_, _, weight)에서는 weight를 읽어 값이 80 이상이면 규정 외로 분배합니다.

> **List** 조건이 있는 분배
>
> «sample» **switch_where/ViewController.swift**
>
> ```
>         let size = (45, 40, 100) ——— 이 식을 테스트합니다
>         switch size {
>             ┌─── 정수로 받습니다
>             case let (width, height, _) where (width>=60)||(height>=60):
>                 print("규정 외 : 너비와 높이 어느 쪽이 60 이상")
>             case let (_, _, weight) where (weight>=80):        조건식에 맞는 width와 height를 꺼냅니다
>                 print("규정 외 : 무게가 80 이상")
>             default:
>                 print("규정 크기입니다 ")
>         }
> ```
>
> **출력**
>
> 규정 외 : 무게 80 이상

default를 생략한다

조건에 맞지 않는 값이 있다면 마지막의 default는 꼭 필요합니다. 와일드카드 _나 밸류 바인딩을 사용하면 모든 값을 받는 케이스를 작성할 수 있습니다. 그런 경우에는 default를 생략할 수 있습니다.

다음 예는 aPoint의 모든 값을 마지막의 case let(x, y)에서 처리할 수 있으므로 default는 필요하지 않습니다.

> **List** default를 생략한 switch 문
>
> «sample» **switch_default_omit/ViewController.swift**
>
> ```
>         let aPoint = (50, 100) ——— 이 식을 테스트합니다
>         switch aPoint {
>             case (0, 0):
>                 print("중심점입니다")
>             case (0, _):
>                 print("x축 위의 점입니다")
>             case (_, 0):
>                 print("y축 위의 점입니다")
>             case let(x, y):              위의 케이스로 분기되지 않더라도 반드시 이 케이스에
>                 print(" 점(\(x),\(y))입니다")        들어가므로 default는 필요 없습니다
>         }
> ```
>
> **출력**
>
> 점(50,100)입니다

폴 스루 fallthrough

스위프트의 switch 문에서는 case 마지막에 break를 사용하지 않아도 switch 문을 빠져나갑니다. 그러나 많은 프로그래밍 언어에서는 switch 문의 case 마지막에 break를 실행하지 않으면 다음 case 문이 무조건 실행됩니다. 이는 break를 실수로 작성하지 않았는지 의도적으로 break를 작성하지 않았는지 판단하지 못하므로 switch 문의 문제점으로 지적된 부분입니다. 그렇다고 해도 코드를 구현할 때는 편리하므로 스위프트에서는 fallthrough 키워드를 사용해 같은 흐름으로 실행할 수 있게 했습니다.

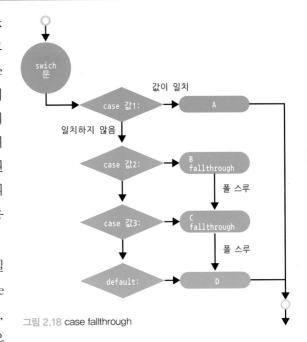

그림 2.18 case fallthrough

예를 들어 모든 case의 마지막에 fallthrough를 실행하고 적합한 case가 있으면 그 후의 모든 case를 무조건 실행합니다. 다음 예는 초깃값이 (false, false, false)인 튜플 abc를 선언하고 상수 fall 값으로 처리를 분기합니다. 코드에서는 fall 값이 "b"이므로 b를 실행한 뒤 case "c"도 실행하고 마지막에 default도 실행합니다. 결과적으로 abc 값은 (false, true, true)가 되고 그 값이 출력됩니다.

모든 case를 작성하면 "a"일 때 (true, true, true), "b"일 때 (false, true, true), "c"일 때 (false, false, true), 어디에도 해당하지 않을 때 (false, false, false)가 됩니다.

List   각 case를 폴 스루한다

«sample» **switch_fallthrough/ViewController.swift**

```
var abc:(a:Bool, b:Bool, c:Bool) = (false, false, false)
// b인 경우를 시험합니다
let fall = "b"
switch fall {
    case "a":
        abc.a = true
        fallthrough
    case "b":
        abc.b = true
        fallthrough
    case "c":
        abc.c = true
        fallthrough
    default:
        print(abc)
}
```

fall 값이 "b"이므로 case "b"부터 시작하고 폴 스루로 다음 case도 실행합니다

출력

```
(false, true, true)
```

Section 2-7

처리를 반복하는 for-in 문

같은 처리를 반복하는 반복문으로는 for-in, while, repeat-while이 있습니다. 이 절에서는 for-in을 사용하는 반복문을 설명합니다. for-in 문으로는 범위 연산자 외 튜플을 이용할 수 있는 등 지금까지는 없었던 반복 처리를 기술할 수 있습니다. 또한 반복을 종료하거나 중단할 때 라벨을 지정할 수 있습니다.

지정한 범위에서 차례대로 값을 꺼내는 for-in 범위

같은 처리를 반복하고 싶을 때 for-in 문을 이용합니다. 우선 범위 연산자 ..<와 ...을 사용하는 서식을 설명하겠습니다.

다음 서식으로는 범위 연산자로 지정한 범위의 값을 시작 값부터 종료 값까지 차례대로 변수로 읽습니다. 변수에 값을 꺼냈다면 문장을 실행하고 다음 값을 꺼내서 다시 문장을 실행하는 루프를 반복합니다. 이때 변수를 var로 선언하지 않는 점에 주의하세요.

서식 for-in 범위(마지막 값을 포함하지 않는다)
| ```
for 변수 in 시작 값 ..< 마지막 값 {
    문장
}
``` |

서식 for-in 범위(마지막 값을 포함한다)
| ```
for 변수 in 시작 값 ... 마지막 값 {
    문장
}
``` |

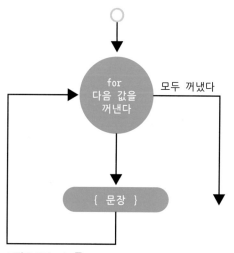

그림 2.19 for-in 문

다음 예는 5부터 9까지의 범위에서 수치를 차례대로 변수 num에 꺼내고, 2를 곱한 값을 출력합니다.

| List | 5부터 9까지 값을 차례대로 꺼낸다 |

«sample» **for-in_range/ViewController.swift**

```swift
for num in 5...9 {
    let value = num * 2
    print(value, terminator:",")
}
```

| 출력 |

```
10,12,14,16,18,
```

Part 2
Chapter
2
Chapter
3
Chapter
4
Chapter
5
Chapter
6
Chapter
7
Chapter
8
Chapter
9
Chapter
10

지정 횟수만큼 반복한다

처리를 반복하고 싶을 뿐 변수에 꺼낸 값을 사용하지 않는다면 변수 대신에 와일드카드 _를 지정합니다. 다음 예는 난수를 만드는 처리를 15회 반복하지만 1...15의 범위에서 꺼낸 값을 사용하지는 않습니다.

| List | 15회 반복한다 |

«sample» **for-in_wildcard/ViewController.swift**

```swift
// 15회 반복
for _ in 1...15 {
    let num = arc4random_uniform(100)
    print(num, terminator: ",")
}
```

| 출력 |

```
91,76,55,46,41,16,30,24,50,44,97,18,48,16,54,
```

for-in 중첩

for-in 문에 for-in 문을 넣어 행과 열을 다루는 반복을 할 수 있습니다. 다음 예는 for-in의 중첩을 사용해서 (x, y) 값을 만듭니다.

| List | for-in 문을 중첩한다 |

«sample» **for-in_nesting/ViewController.swift**

```swift
for i in 0...2 {
    for j in 0...2 {
        let point = (5*i, 10*j)
        print("\(i)-\(j)번째 \(point)")
    }
}
```

—— 바깥쪽 루프 i로 안쪽 루프 j를
3회 반복합니다

> **출력**
>
> ```
> 0-0번째 (0, 0)
> 0-1번째 (0, 10)
> 0-2번째 (0, 20)
> 1-0번째 (5, 0)
> 1-1번째 (5, 10)
> 1-2번째 (5, 20)
> 2-0번째 (10, 0)
> 2-1번째 (10, 10)
> 2-2번째 (10, 20)
> ```

컬렉션의 값을 차례대로 꺼내는 for-in 컬렉션

for-in 문은 컬렉션(배열, 딕셔너리 등)에서 값을 한 개씩 차례대로 꺼낼 수 있습니다. 렌지에서 값을 차례대로 꺼내는 것과 같은 방식입니다. String에서도 한 문자씩 꺼낼 수 있습니다.

> **서식** for-in 컬렉션
>
> ```
> for 변수 in 컬렉션 {
>     문장
> }
> ```

배열에서 값을 꺼낸다

다음 예는 배열 numList에서 차례대로 수치를 변수 num에 꺼낸 다음, 변수 sum에 더하여 값의 합계를 구합니다. 기타 사용 예는 배열의 설명에서 소개합니다(배열 ☞ P.136).

> **List** 배열 값의 합계를 구한다
>
> 《sample》 **for-in_array/ViewController.swift**
>
> ```swift
> let numList = [3,2,6,5,8,7,9]
> var sum = 0
> for num in numList {          ——— 배열 numList로부터 값을 순서대로 취해 반복합니다
>     sum += num
> }
> print("합계 \(sum)")
> ```
>
> **출력**
>
> ```
> 합계 40
> ```

딕셔너리에서 아이템을 꺼낸다

딕셔너리(Dictionary, 사전) 형은 [키:값, 키:값, ...] 형식을 가진 데이터입니다. 이 형식의 데이터에서도 for-in 문을 이용해 값을 차례대로 꺼낼 수 있습니다. 자세한 것은 딕셔너리의 설명에서 합니다(딕셔너리 ☞ P.150).

건너뛰어 반복하는 for-in stride( )

stride( ) 함수를 이용하면 for-in 문에서 하는 반복을 [3, 6, 9, 12]와 같이 건너뛸 수 있습니다.

> **서식** for-in stride( )
>
> ```
> for 변수 in stride(from:시작 값, to:마지막 값, by:간격){
>     문장
> }
> ```

다음 예는 10에서 30까지 3씩 증가하는 수치를 출력합니다. 마지막 값이 30이므로 30을 넘기 직전인 28까지 출력됩니다.

> **List** 10부터 30까지 3씩 증가하는 수의 값을 꺼낸다
>
> «sample» **for-in_stride**
>
> ```
> for num in stride(from: 10, to: 30, by: 3) {
>     print(num, terminator: ",")
> }
> ```
>
> **출력**
>
> 10,13,16,19,22,25,28,

스트링에서 순서대로 한 글자씩 꺼내는 for-in 문자열

for-in 문을 사용해 문자열에서 한 글자씩 꺼낼 수 있습니다. 그 경우는 String의 characters 프로퍼티를 이용합니다(문자열에서 문자를 꺼낸다 ☞ P.125).

> **List** 문자열에서 한 문자씩 꺼낸다
>
> «sample» **for-in_strings/ViewController.swift**
>
> ```
> let message = "초대합니다"
> for char in message.characters {
>     print(char)
> }
> ```
>
> **출력**
>
> 초
> 대
> 합
> 니
> 다

Part 2
Chapter
2
Chapter
3
Chapter
4
Chapter
5
Chapter
6
Chapter
7
Chapter
8
Chapter
9
Chapter
10

Section 2-8

조건을 만족하는 동안 반복하는 while 문

조건을 만족하는 동안 처리를 반복하려면 while, repeat-while 구문을 이용합니다. 이 2개는 조건을 검사한 다음 처리 여부를 판단하거나 처리한 다음 조건을 검사하는 차이가 있습니다.

반복 while 문

while 문에는 반복 횟수가 아닌 반복 조건을 지정합니다. 지정한 반복 조건을 만족하면 반복하고, 조건을 만족하지 않으면 while 문을 종료합니다. 반복의 조건과 처리를 잘 설정해서 무한 루프를 만들지 않게 주의하세요.

서식 while 반복문

```
while(반복 조건) {
    문장
}
```

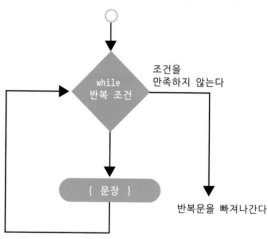

그림 2.20 while 반복문

다음 예는 변수 tickets가 1 이상이고 power가 100 미만이면 while 문의 처리를 반복합니다. 반복할 때마다 tickets를 1씩 줄이고 power에 20을 더합니다. 즉, 티켓 1장으로 파워 20과 교환할 수 있는 시스템입니다.

이 예는 tickets 초깃값이 5, power 초깃값이 30이므로 4회 반복한(티켓을 4장 사용) 시점에서 power가 110이 되어 반복문을 종료합니다. 만약 tickets 초깃값이 3이라면 3회 반복하고 나서 tickets가 0이 되어 반복을 종료합니다.

Part 2

Chapter
2

Chapter
3

Chapter
4

Chapter
5

Chapter
6

Chapter
7

Chapter
8

Chapter
9

Chapter
10

List 티켓이 있으면 파워와 교환한다

«sample» **while-loop/ViewController.swift**

```
//파워가 100 미만이고 티켓이 있으면 파워와 교환한다
var tickets = 5
var power = 30
while (tickets>0)&&(power<100){
    tickets -= 1        ———— 1씩 뺍니다
    power += 20
}
print("power \(power), 남은 티켓 \(tickets)")
```

출력

power 110, 남은 티켓 1 ———— 티켓은 1장 남았으나 파워가 100을 넘어서 종료합니다

반복 repeat-while 문

while 반복문에서는 먼저 조건을 검사하고, 조건을 만족하면 처리를 실행하지만, repeat-while 반복문은 먼저 처리를 실행한 다음 반복 조건을 검사해 반복을 계속할지 판단합니다. 즉, repeat-while 반복문은 최소한 1번은 반복 처리를 합니다.

서식 repeat-while 반복문

```
repeat {
    문장
} while( 반복 조건 )
```

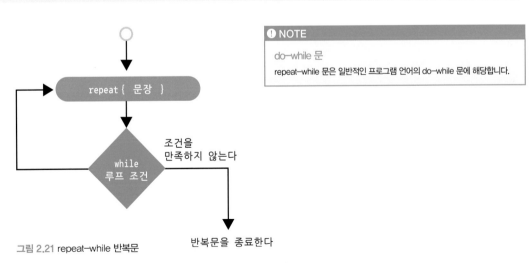

❗ NOTE

do-while 문
repeat-while 문은 일반적인 프로그램 언어의 do-while 문에 해당합니다.

조건을
만족하지 않는다

반복문을 종료한다

그림 2.21 repeat-while 반복문

다음 예는 변수 a, b, c에 각각 1~13의 난수를 넣어 그 합계가 21인지 검사합니다. 21이 아니면 21이 될 때까지 a, b, c 값을 조합해서 다시 만듭니다. 합계가 21이 되면 반복 처리를 종료하고 3개의 숫자를 출력합니다.

List 합계가 21인 3개의 수치(1~13)를 찾는다

«sample» **repeat-while-loop/ViewController.swift**

```
var a:UInt32, b:UInt32, c:UInt32
var total:UInt32
repeat {
    a = arc4random_uniform(13)+1 //1 ~ 13의 난수
    b = arc4random_uniform(13)+1
    c = arc4random_uniform(13)+1
    total = a+b+c
} while (total != 21)
print("\(a),\(b),\(c)")
```

───── 합계가 21이 될 때까지 반복합니다

출력

6,4,11

Part 2
Chapter
2
Chapter
3
Chapter
4
Chapter
5
Chapter
6
Chapter
7
Chapter
8
Chapter
9
Chapter
10

Section 2-9
반복 스킵과 중단

반복 처리 도중에 그 처리를 건너뛰거나 남은 반복을 중단할 수 있습니다. 반복 스킵과 중단은 for, while, repeat-while 반복문에서 이용합니다.

반복문에서 남은 처리를 건너뛰는 continue

continue 키워드는 반복 중인 그 회의 남은 처리를 하지 않고 다음번 반복으로 진행합니다. 다음 그림은 for 반복문이지만 while 반복문, repeat-while 반복문에서도 사용 방법은 같습니다.

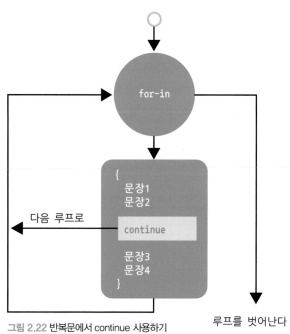

그림 2.22 반복문에서 continue 사용하기

다음 예는 배열 vlist의 값을 for-in 반복문에서 차례대로 꺼내 더합니다. 이때 값이 음수라면 더하지 않고 처리를 건너뛰고 다음 반복으로 진행합니다.

Chapter 2 기본 문법

List 값이 음수라면 건너뛰고 양수라면 더한다

«sample» **for-in-continue**

```
let vlist = [3,5,-2,6,-8,2]
var total = 0
for v in vlist {
    //음수는 건너뛴다
    if v<0 {
        continue ─────── 처리를 중단하고 다음 값으로 진행합니다
    }
    total += v
    print("\(v),")
}
print("합계 : \(total)")
```

출력

3,5,6,2,합계 : 16

반복을 중단하는 break

break 키워드는 남은 반복을 모두 중단하고 반복 처리를 종료합니다. 다음 그림은 for 반복문이지만 while 반복문, repeat-while 반복문에서도 사용 방법은 같습니다. 앞서 살펴본 continue와 비교해 보세요.

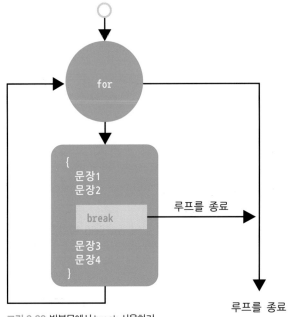

그림 2.23 반복문에서 break 사용하기

다음 while 반복문에서는 반복 조건이 true이므로 이대로는 무한 반복이 됩니다. 따라서 반복 처리에서 난수가 70보다 큰 값일 때 break를 실행해 while 반복문을 종료합니다.

Part 2
Chapter
2
Chapter
3
Chapter
4
Chapter
5
Chapter
6
Chapter
7
Chapter
8
Chapter
9
Chapter
10

List 70보다 큰 값이 나올 때까지 반복한다

«sample» **while-break/ViewController.swift**

```
var num:UInt32 = 0
//무한 반복한다
while true {
    num = arc4random_uniform(100)
    if num>70 {
        break //70보다 큰 값이 나오면 반복문을 종료한다
    }
}
print(num)
```

출력

```
71
```

반복문에 라벨을 붙인다

for-in, while, repeat-while 반복문에는 라벨을 사용할 수 있습니다. 라벨을 사용하면 continue나 break로 처리를 중단한 다음 이어서 실행할 위치를 지정할 수 있습니다.

다음 예는 for-in 반복문이 중첩돼 있으며 바깥쪽의 반복문에는 xloop, 안쪽의 반복문에는 yloop 라벨을 사용했습니다. 그리고 yloop 반복문에서 x가 y보다 작을 때 continue xloop를 실행합니다. 이 중단으로 yloop 반복문의 남은 동작을 건너뛰고 xloop 반복문이 실행됩니다. 이렇게 하면 break라고 작성한 것과 같은 동작을 하지만 continue xloop라고 작성하는 것이 코드의 가독성을 더 높입니다.

List yloop 반복문을 중단하고 xloop 반복문을 계속한다

«sample» **loop-label-continue/ViewController.swift**

```
xloop:for x in 0...3 {
    yloop:for y in 0...3 {
        if (x<y){
            print("----------")
            continue xloop ————————— yloop를 중단하고 xloop로 이동합니다
        }
        print((x,y))
    }
}
```

출력

```
(0, 0)
----------
(1, 0)
(1, 1)
----------
(2, 0)
(2, 1)
(2, 2)
----------
(3, 0)
(3, 1)
(3, 2)
(3, 3)
```

안쪽 반복문에서 바깥쪽 반복문을 중단한다

다음 예는 중첩된 for-in을 사용해 이중 배열 값을 모두 검사하고, 음수가 있으면 바로 반복문의 처리를 중단합니다. break outloop처럼 바깥쪽 반복문 라벨을 가리켜 break하므로 안쪽 반복문에서 바깥쪽의 반복문까지 한 번에 중단할 수 있습니다.

| List | 안쪽 반복문에서 바깥쪽 반복문을 중단시킨다 |

«sample» **loop-label-break/ViewController.swift**

```
let vlist:Array = [[4,2],[5],[9,8,10],[6,8,-9],[4,2],[9,3]]
// vlist를 검사한다
outloop:for alist in vlist {
    // alist를 검사한다
    inloop:for v in alist {
        // 음수가 있으면 출력하고 중단한다
        if v<0 {
            print(alist)
            break outloop ──────── inloop와 outloop 모든 반복을 중단한다
        }
    }
}
```

출력

```
[6, 8, -9]
```

Chapter 3

함수, 클로저

함수의 정의 서식, 함수 호출 방법 등을 설명합니다. 스위프트3에서는
매개변수명을 사용하는 방법이 변경됐습니다.

이 장의 후반부에서는 클로저 등 중급자를 위한 내용을 살펴봅니다.
초보자라면 우선 앞쪽에 있는 내용을 잘 이해하고 클로저는 다음에 학
습해도 됩니다.

Section 3-1

함수 정의하기

함수란 자주 이용하는 처리 순서를 1개의 명령으로 정의한 것입니다. 함수에는 매개변수가 있는 서식과 없는 서식, 결과 반환이 있는 서식과 없는 서식이 있습니다. 우선 매개변수가 없는 함수를 정의하는 방법을 설명합니다.

함수를 정의한다

함수를 정의하는 몇 가지 서식이 있습니다. 매개변수가 없고 반환값이 있는 함수 서식은 다음과 같습니다. 함수를 호출한 위치에 return 문으로 값을 반환합니다.

서식 매개변수가 없는 함수

```
func 함수 이름( ) -> 반환값의 형 {
    문장
    return 반환값
}
```

다음 dice() 함수는 1~6 사이의 정수 중에서 1개의 정수를 반환하는 함수, 즉 주사위를 던지는 함수입니다.

List 1~6 사이의 정수 중에서 1개의 정수를 선택해 반환한다

«sample» **func_dice/ViewController.swift**

```
func dice( ) -> Int {
    let number = 1 + arc4random_uniform(6) ———— 0~5 사이의 정수를 꺼낸 다음 1을 더해서 1~6으로 만듭니다
    return Int(number) ———— 지정한 형으로 변환해 반환합니다
}
```

함수를 실행한다

정의한 함수는 함수명()으로 호출합니다. 다음 for-in 문에서는 dice()를 연속으로 다섯 번 호출합니다. dice() 반환값의 형이 Int이므로 num도 Int 형이 됩니다.

List dice()를 5회 실행한다

«sample» **func_dice/ViewController.swift**

```
for _ in 1...5 {
    let num = dice( )
    print(num)
}
```

출력

```
5  ———— 1~6 사이의 난수 값이 출력됩니다
3
6
5
```

함수를 정의하는 장소

실제로 함수를 어느 곳에 정의할지 어디에서 실행할지 설명합니다. 함수를 정의하는 코드는 클래스 정의에 작성합니다. 이는 클래스의 인스턴스 메서드를 정의하는 것과 같습니다(☞ P.186). 지금은 클래스의 정의에 관해 자세히 설명하지는 않지만, 함수를 확인하는 방법으로 다음과 같이 작성하면 좋다는 것을 알아두세요.

Xcode의 내비게이션 영역에서 ViewController.swift를 선택해서 코드를 표시하면 class ViewController:UIViewController{ … }에 override func viewDidLoad() { … } 블록과 override func didReceiveMemoryWarning() { … } 블록 2개의 블록이 있습니다. 이는 ViewController 클래스에 viewDidLoad()와 didReceiveMemoryWarning() 2개의 함수를 정의하는 코드입니다.

dice()도 이와 같이 class ViewController: UIViewController { … }에 정의합니다. dice()를 실행하려면 버튼을 만들어 탭으로 실행하게 하면 좋은데 지금은 간단하게 viewDidLoad()에 작성해 화면에 자동으로 표시되게 하겠습니다.

dice() 함수 정의 코드와 dice()를 실행하는 코드를 추가한 ViewController.swift 코드는 다음과 같습니다. 이후에 설명하는 함수 정의도 이를 참고해서 확인해주세요.

> **List** dice()를 정의하고 실행한다
>
> «sample» **func_dice/ViewController.swift**

```
//
//  ViewController.swift
//  func_dice
//

import UIKit

class ViewController: UIViewController {

    // 1~6 사이의 정수 중에서 1개를 선택해 반환한다
    func dice() -> Int {
        let number = 1 + arc4random_uniform(6) ─────── dice() 함수를 정의하는 코드를 추가합니다
        return Int(number)
    }

    override func viewDidLoad() {
        super.viewDidLoad()

        // dice()를 5회 실행한다
        for _ in 1...5 {
            let num = dice()  ─────── dice()를 실행합니다
            print(num)
        }
    }

    override func didReceiveMemoryWarning() {
        super.didReceiveMemoryWarning()
        // Dispose of any resources that can be recreated.
    }

}
```

Part 2
Chapter 2
Chapter 3
Chapter 4
Chapter 5
Chapter 6
Chapter 7
Chapter 8
Chapter 9
Chapter 10

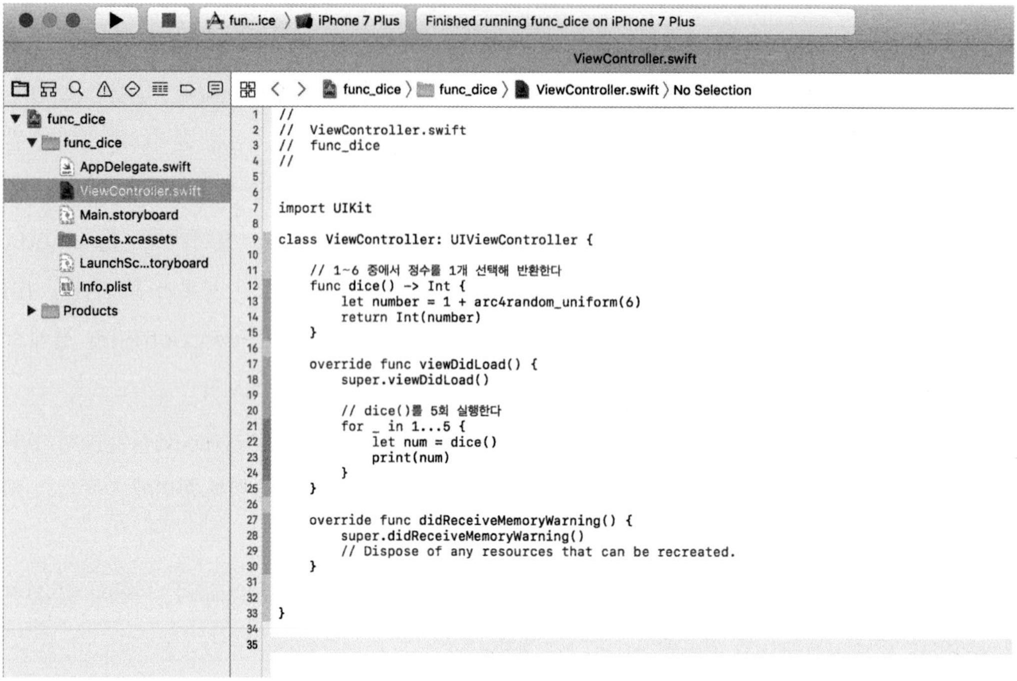

그림 3.1 Xcode 에서 함수 정의하고 사용하기

반환값이 없는 함수

함수의 서식에는 반환값이 없는 것도 있습니다. 반환값이 없으므로 return을 사용하지 않으며 반환값의 형도 없습니다.

서식 반환값이 없는 함수

```
func 함수 이름 ( ) {
    문장
}
```

> **① NOTE**
>
> 메서드
>
> 반환값이 없는 함수는 메서드라고 불리는 경우도 있습니다.

다음은 hello()를 정의한 함수입니다. hello()를 실행하면 [안녕]이라고 출력하고 값은 반환하지 않습니다.

List 안녕이라고 출력하는 함수

«sample» **func_hello/ViewController.swift**

```
func hello( ) {
    print("안녕")
}
```

반환값의 형을 Void나 ( )로 한다

반환값이 없을 때는 반환값의 형으로 Void를 정의하는 서식도 있습니다. 이 경우도 return을 사용하지 않습니다.

서식 반환값이 없는 함수

```
func 함수 이름 ( ) -> Void {
    문장
}
```

앞서 살펴본 hello()를 이 서식으로 작성하면 다음과 같습니다.

List 안녕이라고 출력하는 함수

«sample» **func_hello/ViewController.swift**

```
func hello( ) -> Void {
    print("안녕")
}
```

Void 대신에 ()라고 작성해도 됩니다.

서식 반환값이 없는 함수

```
func 함수 이름( ) -> ( ) {
    문장
}
```

List 안녕이라고 출력하는 함수

«sample» **func_hello_()/ViewController.swift**

```
func hello( ) -> ( ) {
    print("안녕")
}
```

Part 2
Chapter 2
Chapter 3
Chapter 4
Chapter 5
Chapter 6
Chapter 7
Chapter 8
Chapter 9
Chapter 10

함수 처리 중에 종료하는 guard-else 문

값을 반환하지 않는 함수(메서드)의 처리는 return을 실행해 그 자리에서 함수를 종료할 수 있습니다. 이때 여기서 중단 처리(Early Exit)를 한다는 것을 명확하게 하려면 guard-else 문을 사용합니다. guard-else 문은 if 문과 비슷하지만, guard-else 문의 블록은 조건식을 만족하지 않을 때 실행되므로 주의합니다.

서식 처리를 중단하는 guard-else 문

```
guard 조건식 else {
    // 조건식이 거짓일 때 실행된다
    return  ——— 함수의 실행을 중단합니다
}
```

다음 예의 half()는 매개변수 num의 값이 10 이상일 때 반으로 나눈 값을 출력합니다. guard 문에서는 num >= 10 식으로 num이 10 이상인지 조사하고 결과가 false라면 return을 실행해서 half() 함수를 종료합니다.

List guard-else 문을 사용해 중단 처리를 작성

«sample» **half_guard/ViewController.swift**

```
func half(num:Double) {
    // 중단처리
    guard num>=10 else {
        // num이 10 이상이 아닐 때 함수에서 빠져나온다    ——— guard~else 문
        return
    }
    // 절반으로 나눈 값을 출력한다
    let halfNum = num/2
    print("\(num) 절반은 \(halfNum)")
}
```

viewDidLoad()에서 half()를 확인하면 half(num:25)와 half(num:12)의 결과는 출력되지만 2번째 줄에 실행한 half(num:9)는 매개변수가 10 미만이므로 처리가 중단되어 결과가 출력되지 않습니다.

List half()를 테스트한다

«sample» **half_guard/ViewController.swift**

```
override func viewDidLoad() {
    // 절반의 값을 출력한다
    half(num: 25)
    half(num: 9)
    half(num: 12)
}
```

출력

```
25.0 절반은 12.5
12.0 절반은 6.0      ——— half(num: 9)는 중단돼 결과가 표시되지 않습니다
```

처리를 중단하기 전에 반드시 실행하는 defer 문

defer 문은 함수 등의 블록을 중단하기 전에 실행됩니다. defer 문은 항상 실행되므로 중단 처리, 오류 핸들링을 처리하기에 적합합니다. 예를 들어 guard-else 문으로 처리를 중단하면 그 이후의 처리는 하지 않지만 그럴 경우라도 반드시 마지막에 실행하고 싶은 후처리가 있다면 defer 문을 사용해 기술하면 됩니다.

앞서 살펴본 예제에서 half()는 값이 10 이상이 아닐 때 처리를 중단하고 half()를 종료하는데, defer 문에 명령문을 적어 놓으면 중단 여부와 상관없이 half()를 종료하기 직전에 defer 문에 작성한 명령을 실행합니다. 지금은 간단한 예로서 처리가 끝날 때 [계산 종료]라고 출력합니다.

List 마지막에 반드시 실행되는 defer 문이 있는 함수

«sample» **half_guard_defer/ViewController.swift**

```swift
func half(num:Double) {
    // 마지막에 반드시 실행한다
    defer {
        print("계산 종료")          ——— half()를 끝내기 전에 반드시 실행합니다
    }
    // 중단처리
    guard num>=10 else {
        // num이 10 이상이 아닐 때 함수를 종료한다
        return
    }
    // 값을 반으로 해 출력한다
    let halfNum = num/2
    print("\(num)의 절반은 \(halfNum)")
}
```

앞의 예에서와 같은 값으로 half()를 확인합니다. 그러면 half(num:9)를 실행해서 처리가 중단될 때 [계산 종료]라고 출력합니다.

List defer 문이 있는 half()를 확인한다

«sample» **half_guard/ViewController.swift**

```swift
override func viewDidLoad() {
    // 절반 값을 출력한다
    half(num: 25)
    half(num: 9)
    half(num: 12)
}
```

출력

```
25.0의 절반은 12.5
계산 종료
계산 종료          ——— half(num:9)는 중단되지만 defer 문은 실행됩니다
12.0의 절반은 6.0
계산 종료
```

❶ NOTE

여러 개의 defer 문

한 개의 함수에 여러 개의 defer 문을 정의할 수 있습니다. 이때는 나중에 정의한 defer 문부터 순서대로 실행해 갑니다.

Section 3-2

매개변수가 있는 함수

이 절에서는 매개변수가 있는 함수를 정의하는 서식을 설명합니다. 또한, 반환값이 여러 개 있는 경우나 메서드의 실행을 중단하는 서식도 설명합니다.

매개변수가 있는 함수

매개변수란 함수에 전달하는 파라미터입니다. 다음 예제에 있는 함수 price0()는 입장료가 12000원, 인원이 3명일 때의 계산 결과를 반환합니다.

List 3명의 요금을 계산한다

«sample» **price0/ViewController.swift**

```
func price0( ) -> Int {
    let numberOfPersons = 3
    let unitPrice = 12000
    let result = unitPrice * numberOfPersons
    return result
}
```

이 price0() 함수로는 인원이 5명, 10명일 때는 계산할 수 없습니다. 그래서 인원을 자유롭게 지정할 수 있도록 함수에서 사용하는 변수 numOfPersons의 값을 함수에 매개변수로 전달하도록 변경한 함수가 price1() 함수입니다.

List 인원수를 매개변수로 전달한다

«sample» **price1/ViewController.swift**

```
func price1(numberOfPersons:Int) -> Int {
    let unitPrice = 12000
    let result = unitPrice * numberOfPersons
    return result
}
```

매개변수가 있는 함수의 서식은 다음과 같습니다. 매개변수가 여러 개라면 콤마로 구분합니다. 매개변수를 지정해서 어떤 함수를 호출할 때는 매개변수를 생략할 수 없습니다. 매개변수를 생략하려면 뒤에서 설명하는 것처럼 매개변수에 초깃값을 설정해야 합니다(☞ P.101).

서식 매개변수가 있는 함수

```
func 함수 이름( 매개변수:형, 매개변수:형, 매개변수:형, ...) -> 반환값의 형 {
    문장
    return 반환값
}
```

매개변수가 있는 함수를 실행한다

매개변수가 있는 함수를 실행하려면 함수에 정의된 순서대로 매개변수 이름과 값을 넣어서 함수를 호출합니다. 다음 서식에서는 매개변수가 있는 함수의 반환값을 변수에 대입합니다.

> **서식** 매개변수가 있는 함수를 실행한다
> --
> **let 변수 = 함수 이름(매개변수명:값, 매개변수명:값, …)**

앞의 price1()에는 인원을 지정하는 numOfPersons라는 Int 형의 매개변수가 지정돼 있으므로 5명의 요금을 계산한다면 price1(numOfPersons:5)와 같이 실행합니다.

> **List** price1()을 정의해서 5명의 요금을 계산한다
>
> *«sample»* **price1/ViewController.swift**

```
//
// ViewController.swift
// price1
//
import UIKit
class ViewController: UIViewController {

    // 인원수만큼 요금을 계산하는 함수
    func price1(numberOfPersons:Int) -> Int {
        let unitPrice = 12000
        let result = unitPrice * numberOfPersons        ——— 매개변수가 있는 price1() 정의
        return result
    }

    override func viewDidLoad() {
        super.viewDidLoad()

        // 5명인 경우의 요금을 계산한다
        let price = price1(numberOfPersons: 5)        ——— price1()에 매개변수를 정의해 실행합니다
        print(price)
    }

}
```

> **출력**
```
60000
```

단가와 인원수를 매개변수로 한다

price1() 함수에서 인원은 변경할 수 있으나 1명당 요금은 12000원으로 고정돼 있습니다. price2() 함수에서는 단가도 매개변수로 전달되게 합니다. 각 매개변수를 price2(numOfPersons:Int, unitPrice:Int)와 같이 콤마로 구분해서 지정합니다.

List 단가와 인원수를 매개변수로 지정해서 요금을 계산하는 함수

«sample» **price2/ViewController.swift**

```
func price2(numberOfPersons:Int, unitPrice:Int) -> Int {
    let result = unitPrice * numberOfPersons
    return result
}
```

---

price2()를 사용해서 요금이 13000원, 인원수가 3명일 때의 합계 요금을 계산하려면 다음과 같이 실행합니다.

List 요금이 13000원, 인원이 3명일 때의 합계 요금을 계산한다

«sample» **price2/ViewController.swift**

```
let price = price2(numberOfPersons: 13000, unitPrice: 3)
print(price)
```

출력
```
39000
```

함수에 매개변수 값을 입력할 때는 매개변수의 나열 순서도 정의된 순서와 같아야 합니다. 매개변수명을 지정해도 price2(unitPrice:3 , numOfPersons:13000)처럼 순서가 다르면 오류가 발생합니다.

매개변수의 개수를 지정하지 않는다

매개변수의 형 지정 뒤에 ...을 붙이면 매개변수의 개수를 지정하지 않는 함수를 정의할 수 있습니다. 전달받은 매개변수는 배열에 저장되며, 오른쪽 열의 매개변수로 지정한 수치의 모든 합계를 구하는 sum() 함수를 정의합니다. 매개변수의 모든 수치는 numbers 배열로 저장합니다.

List 매개변수를 모두 더한다

«sample» **sum/ViewController.swift**

```
func sum(numbers:Double...) -> Double {
    var total:Double = 0.0
    // 매개변수는 numbers 배열에 저장돼 있다
    for num in numbers {
        total += num
    }
    return total
}
```

sum() 함수에서는 sum(numbers:5, 6, 7, 8, 9)와 같이 매개변수 값을 콤마로 구분해 전달합니다. 지금은 매개변수 5개를 전달했는데 0개 또는 몇 개라도 전달할 수 있습니다.

> **List** 합계를 구한다
>
> «sample» **sum/ViewController.swift**

```
let amount = sum(numbers: 5,6,7,8,9)
print(amount)
```

> **출력**

```
35.0
```

매개변수에 초깃값을 설정한다

매개변수에는 초깃값을 설정할 수 있으며, 초깃값이 설정된 매개변수는 함수를 호출할 때 생략할 수 있습니다.

> **서식** 매개변수에 초깃값을 설정하는 함수

```
func 함수 이름( 매개변수:형 = 값, 매개변수:형 = 값, ...) -> 반환값의 형 {
    문장
    return 반환값
}
```

다음 함수 greeting()에는 매개변수 who에 초깃값인 "고객님"이 설정돼 있습니다.

> **List** 매개변수에 초깃값이 있는 함수
>
> «sample» **func_greeting/ViewController.swift**

```
func greeting(who:String = "고객님") -> String {
    return who + ", 안녕하세요"          ┗━━━ who의 초기화
}
```

그럼 매개변수를 사용하거나 생략한 경우의 예를 살펴보겠습니다.

> **List** greeting()을 확인한다
>
> «sample» **func_greeting/ViewController.swift**

```
// 매개변수를 사용한 경우
let greeting1 = greeting(who: "지용씨")
print(greeting1)                    ┗━━━ 매개변수가 있는 경우

// 매개변수를 생략한 경우
let greeting2 = greeting( )
print(greeting2)              ┗━━━ 매개변수가 없는 경우
```

> **출력**

```
지용씨, 안녕하세요
고객님, 안녕하세요  ━━━ 인수를 생략했으므로 초깃값인 "고객님"을 사용합니다.
```

이처럼 greeting(who:"지용씨")와 같이 매개변수를 사용하면 [지용씨, 안녕하세요]를 반환하고, greeting()처럼 매개변수를 생략하고 실행하면 who의 초깃값이 사용되어 [고객님, 안녕하세요]를 반환합니다.

다음 예는 여러 개의 매개변수에 초깃값이 있는 경우입니다. 매개변수는 단가(unitPrice), 개수(quantity), 배송료(shippingCharge) 3개가 있고 개수와 배송료는 초깃값이 있습니다.

List 단가, 인원수(초깃값1), 배송료(초깃값 2500)을 지정해서 요금을 계산하는 함수

«sample» **price3/ViewController.swift**

```
func price3(unitPrice:Int, quantity:Int = 1, shippingCharge:Int = 2500) -> Int {
    let result = unitPrice * quantity + shippingCharge
    return result
}
```
quantity와 shippingCharge에는 초깃값이 있습니다

개수와 배송료는 초깃값이 있으므로 생략할 수 있지만 단가는 초깃값이 없으므로 생략할 수 없습니다. 초깃값이 지정돼 있으면 순서에 상관없이 생략할 수 있으며, 개수만 생략하고 단가와 배송료는 지정할 수도 있습니다.

price3()을 키보드로 입력하려고 하면 그림과 같이 두 종류의 코드 스니펫이 표시됩니다. 첫 번째는 매개변수를 생략한 경우의 서식이고, 두 번째는 모든 매개변수를 입력할 때의 서식입니다.

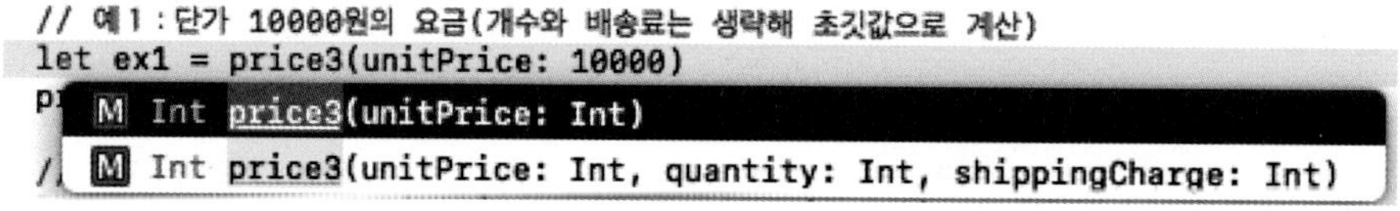

```
// 예 1 : 단가 10000원의 요금(개수와 배송료는 생략해 초깃값으로 계산)
let ex1 = price3(unitPrice: 10000)
pr┌─────────────────────────────────────────────────┐
  │ M  Int price3(unitPrice: Int)                        │
/ │ M  Int price3(unitPrice: Int, quantity: Int, shippingCharge: Int) │
  └─────────────────────────────────────────────────┘
```

그림 3.2 price3의 스니펫

그러면 이 price3()을 사용해서 계산해 보겠습니다. 예제 1은 단가를 10000원으로 지정한 경우입니다. 단가만 지정했으므로 개수와 배송료는 초깃값으로 계산됩니다. 예제 2는 단가와 개수를 매개변수로 지정하고, 배송료는 초깃값 2500원으로 계산됩니다. 예제 3은 단가와 배송료를 지정하고 개수를 생략합니다. 개수는 초깃값인 1개로 계산됩니다. 예제 4는 단가, 개수, 배송료 모두 매개변수로 지정한 경우입니다.

List price3()을 사용해 계산한다

«sample» **price3/ViewController.swift**

```
// 예제 1 : 단가 10000으로 요금을 계산한다(개수와 배송료는 생략해 초깃값으로 계산)
let ex1 = price3(unitPrice: 10000)
print("\(ex1)원")

// 예제 2 : 단가 10000원, 개수 2개로 요금을 계산한다(배송료는 생략해 초깃값으로 계산)
let ex2 = price3(unitPrice: 10000, quantity: 2)
print("\(ex2)원")

// 예제 3 : 단가 25000원, 배송료 15000원으로 요금을 계산한다(개수는 생략해 초깃값으로 계산)
let ex3 = price3(unitPrice: 25000, shippingCharge: 15000)
print("\(ex3)원")
```

```
// 예제4 : 단가 12000원, 개수 5개, 배송료 0원으로 요금을 계산한다
let ex4 = price3(unitPrice: 12000, quantity: 5, shippingCharge: 0)
print("\(ex4)원")
```

출력

```
12500
22500
40000
60000
```

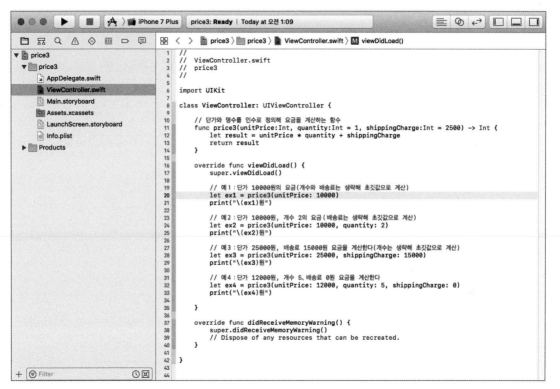

```
1   //
2   // ViewController.swift
3   // price3
4   //
5
6   import UIKit
7
8   class ViewController: UIViewController {
9
10      // 단가와 명수를 인수로 정의해 요금을 계산하는 함수
11      func price3(unitPrice:Int, quantity:Int = 1, shippingCharge:Int = 2500) -> Int {
12          let result = unitPrice * quantity + shippingCharge
13          return result
14      }
15
16      override func viewDidLoad() {
17          super.viewDidLoad()
18
19          // 예1 : 단가 10000원의 요금(개수와 배송료는 생략해 초깃값으로 계산)
20          let ex1 = price3(unitPrice: 10000)
21          print("\(ex1)원")
22
23          // 예2 : 단가 10000원, 개수 2의 요금 ( 배송료는 생략해 초깃값으로 계산)
24          let ex2 = price3(unitPrice: 10000, quantity: 2)
25          print("\(ex2)원")
26
27          // 예3 : 단가 25000원, 배송료 15000원 요금을 계산한다(개수는 생략해 초깃값으로 계산)
28          let ex3 = price3(unitPrice: 25000, shippingCharge: 15000)
29          print("\(ex3)원")
30
31          // 예4 : 단가 12000원, 개수 5, 배송료 0원 요금을 계산한다
32          let ex4 = price3(unitPrice: 12000, quantity: 5, shippingCharge: 0)
33          print("\(ex4)원")
34      }
35
36
37      override func didReceiveMemoryWarning() {
38          super.didReceiveMemoryWarning()
39          // Dispose of any resources that can be recreated.
40      }
41
42  }
43
44
```

그림 3.3 매개변수의 다양한 활용

여러 개의 반환값이 있는 함수

튜플을 이용해 여러 개의 반환값을 반환할 수 있습니다. 그 경우 반환값의 형도 여러 개의 값에 맞춰야 합니다. 반환 튜플에는 값의 형과 동시에 라벨을 지정할 수 있습니다.

서식 여러 개의 반환값이 있는 함수
....

```
func 함수 이름 ( 매개변수:형 )->( 반환값 1의 형, 반환값 2의 형, …){
    문장
    return ( 반환값1, 반환값2, …)
}
```

다음 예는 국어, 수학, 영어 3과목의 합계와 평균을 구하는 함수입니다. 합계 점수 total과 평균 점수 average 는 튜플로 반환합니다.

List 2개의 반환값이 있는 함수

«sample» **testResult/ViewController.swift**

```
class ViewController: UIViewController {
    func testResult(laguage:Int, math:Int, english:Int) -> (total:Int, average:Double) {
        // 3과목 합계
        let total = laguage + math + english                      반환값을 튜플 형식으로 합니다
        // 3과목 평균
        var ave = Double(total)/3
        // 소수섬 첫 번째 사리에서 반올림
        ave = round(ave*10)/10
        return (total, ave)        ————— 값도 튜플로 반환합니다
    }
```

testResult() 함수를 확인한 결과는 다음과 같습니다. 결괏값 튜플 (total:Int, average:Double)은 result로 받 으므로 점수는 result.total, 평균 점수는 result.average로 가져옵니다.

List 3과목 테스트 결과

«sample» **testResult/ViewController.swift**

```
        let result = testResult(laguage:80, math:68, english:72)
        print("합계 \(result.total)")
        print("평균 \(result.average)")
```

출력

```
220
73.3
```

Part 2
Chapter
2
Chapter
3
Chapter
4
Chapter
5
Chapter
6
Chapter
7
Chapter
8
Chapter
9
Chapter
10

외부 매개변수명 사용하기

함수를 호출할 때는 매개변수로 정의한 변수명이 그대로 매개변수명으로 사용되지만, 변수명과는 별도로 외부 매개변수명을 설정할 수 있습니다. 외부 매개변수명은 입력할 때 보조 코드 스니펫으로도 표시됩니다. 매개변수명 없이 값만 입력하는 서식으로 보이게 할 수도 있습니다.

매개변수에 외부 매개변수명을 사용한다

함수의 매개변수는 함수 내부에서 이용하는 매개변수명과는 별도로 외부 매개변수명(external parameter name)을 사용할 수 있습니다. 앞 절에서 설명한 함수의 서식은 외부 매개변수명을 생략했습니다. 외부 매개변수명을 생략하면 매개변수의 변수명이 그대로 외부 매개변수명으로 사용됩니다. 외부 매개변수명을 사용하는 서식은 다음과 같습니다.

서식 외부 매개변수명이 있는 함수

```
func 함수 이름( 외부 매개변수명 매개변수:형 ) -> 반환값의 형 {
    문장
    return 반환값
}
```

다음 bmi() 함수는 2개의 매개변수가 있습니다. 실제로 매개변수의 값을 받는 변수는 kg와 cm이지만 각 변수에는 외부 매개변수명으로서 weight와 height가 정의돼 있습니다. pow()는 거듭제곱을 구하는 함수이며 pow(cm*0.01, 2)는 cm*0.01의 2제곱을 계산합니다.

List 외부 매개변수명이 있는 함수 bmi()

«sample» **bmi/ViewController.swift**

```
func bmi(weight kg:Double, height cm:Double) -> Double {
    if cm == 0 { return -1 }
    // 체중(kg)을 신장(m)의 2제곱근으로 나눈다
    var result = kg/pow(cm*0.01, 2)
    // 소수점 첫 번째 자리에서 반올림한다
    result = round(result*10)/10.0
    return result
}
```

그러면 실제로 bmi()를 확인해 보겠습니다. bmi()를 입력하면 코드 스니펫에서는 bmi(kg:Double, cm:Double)처럼 매개변수명이 표시되는 것이 아니라 bmi(weight:Double, height:Double)처럼 외부 매개변수명이 표시됩니다.

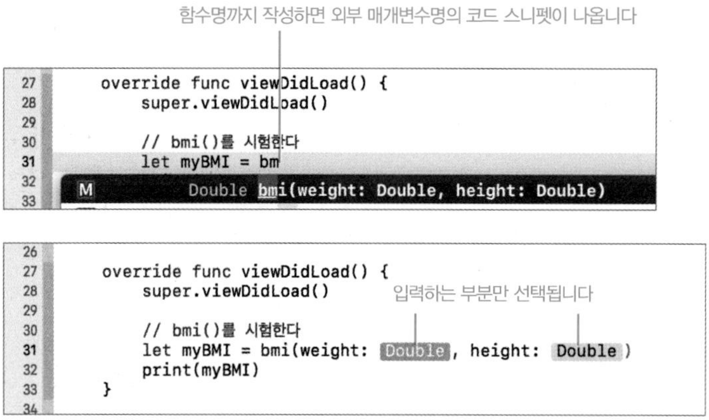

함수명까지 작성하면 외부 매개변수명의 코드 스니펫이 나옵니다

```
27    override func viewDidLoad() {
28        super.viewDidLoad()
29
30        // bmi()를 시험한다
31        let myBMI = bm
32    M        Double bmi(weight: Double, height: Double)
33
```

```
26
27    override func viewDidLoad() {
28        super.viewDidLoad()          입력하는 부분만 선택됩니다
29
30        // bmi()를 시험한다
31        let myBMI = bmi(weight: Double , height: Double )
32        print(myBMI)
33    }
34
```

그림 3.4 외부 매개변수명의 코드 스니펫 선택

bmi() 함수를 사용해 체중 56.0kg, 키 172.5cm일 때의 BMI를 계산하는 식은 다음과 같습니다.

List   bmi()를 계산한다

«sample» external_parameter/ViewController.swift

```
let myBMI = bmi(weight: 56.0, height: 172.5)
print(myBMI)
```

출력

```
18.8
```

매개변수명 없이 값만 입력할 수 있는 함수

표준 함수인 arc4random_uniform(n), round(n), pow(x, y)처럼 매개변수명을 붙이지 않고 값을 전달하는 것만으로도 이용할 수 있는 함수도 많습니다. 이러한 함수를 만들려면 외부 매개변수명에 _를 지정합니다. 이 함수를 사용할 때는 매개변수에 값만 입력합니다.

서식 매개변수명이 없는 함수
```
func 함수 이름 { _ 매개변수:형, _ 매개변수:형, ...} -> 반환값의 형 {
    문장
    return 반환값
}
```

다음 예는 삼각 함수의 면적을 구하는 함수 triangleArea()를 정의합니다. 매개변수에는 너비 width와 높이 height 2개가 있지만, 외부 매개변수명은 _으로 합니다. 따라서 함수를 사용할 때는 triangleArea(30, 16.5)처럼 매개변수명 없이 실행합니다.

List 외부 매개변수명이 _인 함수

«sample» **triangleArea/ViewController.swift**

```swift
func triangleArea(_ width:Double, _ height:Double) -> Double {
    let result = width * height / 2
    return result
}

override func viewDidLoad() {
    super.viewDidLoad()

    // 삼각형 면적
    let area = triangleArea(30, 16.5)
    print(area)          매개변수명을 지정하지 않습니다
}
```

출력

247.5

외부 매개변수명이 _인 함수를 입력하려고 하면 코드 스니펫에서는 매개변수명과 형이 표시되지만 매개변수명도 포함해서 선택되므로 값만 입력하면 됩니다.

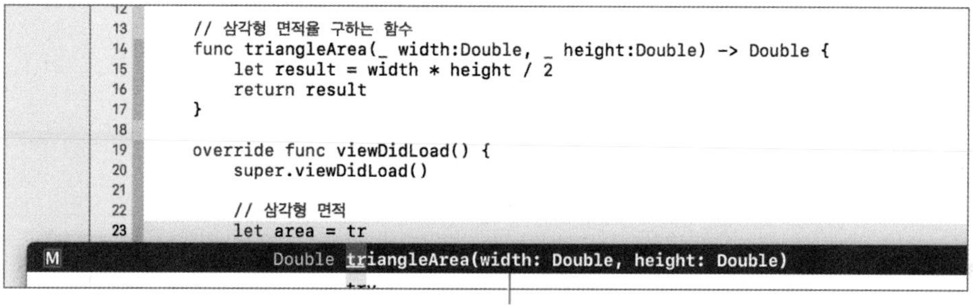

```
12
13        // 삼각형 면적을 구하는 함수
14        func triangleArea(_ width:Double, _ height:Double) -> Double {
15            let result = width * height / 2
16            return result
17        }
18
19        override func viewDidLoad() {
20            super.viewDidLoad()
21
22            // 삼각형 면적
23            let area = tr
   M              Double triangleArea(width: Double, height: Double)
```

width와 height가 매개변수명으로 표시됩니다.

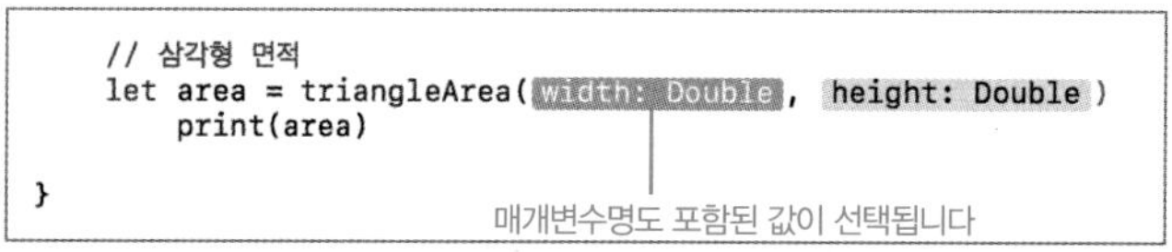

```
       // 삼각형 면적
    let area = triangleArea( width: Double , height: Double )
        print(area)
}
```

매개변수명도 포함된 값이 선택됩니다

그림 3.5 매개변수명 표시

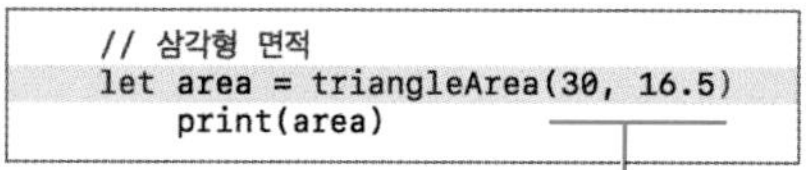

```
       // 삼각형 면적
    let area = triangleArea(30, 16.5)
        print(area)
```

그림 3.6 값을 매개변수로 전달   값만 매개변수로 전달합니다

❗ NOTE

자주 사용하는 함수

자주 사용하는 함수에는 다음과 같은 것이 있습니다. 이는 전역 함수이고 어느 곳에서나 호출할 수 있습니다.

함수	반환값
arc4random( )	1 이상인 정수의 난수
arc4random_uniform(수치)	0～(수치-1) 정수의 난수
ceil(수치)	소수점 이하를 올린 수치
floor(수치)	소수점 이하를 버린 수치
trunc(수치)	소수점 이하를 버린 수치
round(수치)	소수점 이하를 반올림한 수치
fmax(a, b)	큰 쪽의 수치
fmin(a, b)	작은 쪽의 수치
fmod(x, y)	x/y의 나머지
abs(x)	x의 절대값
fabs(x)	x의 절대값(Double, Float, CGFloat)
sqrt(x)	x의 제곱근
pow(x, y)	x의 y 제곱근
sin(θ)	사인
cos(θ)	코사인
tan(0)	딘젠트
asin(θ)	아크 사인
acos(θ)	아크 코사인
atan(θ)	아크 탄젠트
atan2(y, x)	X축과 점(x, y)의 각도 θ

※ 각도 θ의 단위는 라디안(1라디안은 π/180도)

Part 2
Chapter
2
Chapter
3
Chapter
4
Chapter
5
Chapter
6
Chapter
7
Chapter
8
Chapter
9
Chapter
10

고급 함수 이용하기

이 절에서는 다중 정의, 제네릭 같은 함수의 고급 형태를 소개합니다. 중급자를 위한 내용이지만 초보자도 앞으로를 위해서 제목만이라도 알아두면 좋을 것입니다.

함수 다중 정의(오버로드)

같은 이름의 함수가 있어도 매개변수명과 매개변수의 개수가 다르면 다른 함수로 취급됩니다. 이를 다중 정의(오버로드, overload)라고 합니다. 비슷한 용어로 오버라이드(override)가 있는데 오버라이드와 오버로드는 다릅니다(☞ P.219).

다음 예제에는 3개의 calc() 함수가 있으며, 모든 함수명은 calc이지만 처음 2개는 매개변수명이 다릅니다. 3번째는 매개변수의 개수가 다릅니다. 따라서 이 3개의 calc()는 서로 다른 함수로 취급됩니다.

List 세 종류의 calc()를 다중 정의한다

«sample» **overload_calc/ViewController.swift**

```
// a, b의 매개변수
func calc(a:Int, b:Int) -> Int {
    return a+b
}

// c, d의 매개변수
func calc(c:Int, d:Int) -> Int {
    return c*d
}

// a, b, c의 매개변수
func calc(a:Int, b:Int, c:Int) -> Int {
    return (a+b)*c
}
```

calc()를 확인하면 다음과 같이 다른 함수라는 것을 확인할 수 있습니다.

List 세 종류의 calc()를 확인한다

«sample» **overload_calc/ViewController.swift**

```
let ans1 = calc(a: 2, b: 3)
let ans2 = calc(c: 2, d: 3)
let ans3 = calc(a: 2, b: 3, c: 4)

print(ans1)
print(ans2)
print(ans3)
```

```
출력
5
6
20
```

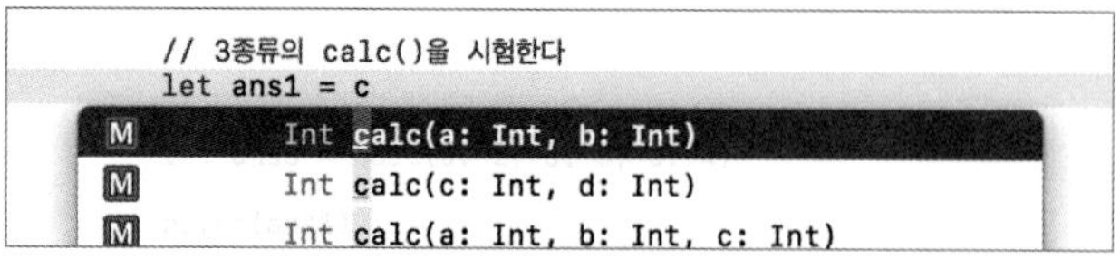

```
// 3종류의 calc()을 시험한다
let ans1 = c
M        Int calc(a: Int, b: Int)
M        Int calc(c: Int, d: Int)
M        Int calc(a: Int, b: Int, c: Int)
```

그림 3.7 함수의 오버로딩

제네릭 함수

함수의 매개변수에는 반드시 형을 지정해야 하지만, 함수명 〈T〉()와 같이 지정하면 형을 매개변수로 한 함수를 정의할 수 있습니다. 〈T〉는 형 매개변수라고 부르며 〈TYPE〉처럼 다른 이름도 상관없지만 일반적으로 〈T〉를 사용합니다.

다음 예제의 makeTuple()은 매개변수로 받은 값에 현재 일자를 넣은 튜플을 (id:T, date:NSDate) 형식으로 반환하는 함수입니다. 매개변수의 형은 id:T처럼 형 매개변수의 〈T〉에 맞춰서 T라고 씁니다.

```
List   작성 일자를 붙인 튜플을 만든다
```
«sample» generics_tuple/ViewController.swift
```swift
func makeTuple<T>(value:T) -> (id:T, date:NSDate) {
    let now = NSDate()
    return (value, now)
}
```

그럼 makeTuple()을 사용해 2개 튜플을 만들어 보겠습니다. "abc"나 123처럼 매개변수의 형이 다른 값을 makeTuple()의 매개변수로 지정할 수 있다는 것을 알았습니다. 이렇게 매개변수의 형은 실행 시에 유연하게 적용됩니다.

```
List   makeTuple( )로 튜플을 만든다
```
«sample» generics_tuple/ViewController.swift
```swift
let tuple1 = makeTuple(value: "abc")     ——— 매개변수가 String 형
let tuple2 = makeTuple(value: 123)       ——— 매개변수가 int 형
print(tuple1)
print(tuple2)
print(tuple1.id)
print(tuple2.date)
```
```
출력
("abc", 2017-08-04 08:14:57 +0000)
(123, 2017-08-04 08:14:57 +0000)
abc
2017-08-04 08:14:57 +0000
```

변수에 함수를 대입한다

변수에 함수를 대입해 변수를 마치 함수처럼 사용할 수 있습니다. 예를 들면 calc() 함수를 변수 myCalc에 대입하면 myCalc()처럼 사용할 수 있습니다. 변수에 함수를 대입하려면 calc()인 경우에 calc(unitPrice:quantity:)나 calc처럼 함수 이름만 대입합니다.

List calc()를 정의한다

«sample» **var_func/ViewController.swift**

```
func calc(unitPrice:Int, quantity:Int) -> Int{
    return unitPrice * quantity
}
```

List calc 함수를 변수 myCalc에 대입해서 사용한다

«sample» **var_func/ViewController.swift**

```
let myCalc = calc(unitPrice:quantity:)
let amount = myCalc(280, 4)  ——— calc()와 같은 함수로 됩니다
print(amount)
```

출력

```
1120
```

⊙ NOTE

매개변수명을 지정하지 않는다

calc(unitPrice:quantity:)처럼 매개변수가 있는 함수도 매개변수명은 지정하지 않습니다. 자세한 내용은 클로저를 참조하세요(☞ P.115).

Part 2
Chapter
2
Chapter
3
Chapter
4
Chapter
5
Chapter
6
Chapter
7
Chapter
8
Chapter
9
Chapter
10

함수를 매개변수로 한다

함수의 매개변수는 수치나 문자열뿐만 아니라 함수를 전달할 수도 있습니다. 이때 매개변수의 형은 함수의 형을 지정합니다. func calc(a:Int) -> Int{ }라는 함수라면 (Int) -> Int가 함수의 형입니다.

다음은 두 번째 매개변수 msgFunc에서 함수를 받는 message() 함수의 정의입니다.

List 함수를 매개변수로 받아 실행하는 message() 함수

«sample» **argument_hello/ViewController.swift**

```
func message(user:String, msgFunc:(String) -> String) -> String {
    let msg = msgFunc(user)                              함수의 형
    return msg          매개변수로 받은 함수를 사용해 실행합니다
}
```

다음으로 매개변수로서 전달하는 hello()와 bye() 2종류의 함수를 정의합니다.

List hello()와 bye()를 정의한다

«sample» **argument_hello/ViewController.swift**

```
// hello( )를 정의한다
func hello(user:String) -> String {
    return ("\(user)씨, 헬로우")
}

// bye( )를 정의한다
func bye(user:String) -> String {
    return ("\(user)씨, 안녕!")
}
```

그럼 message()에 hello()를 전달한 경우와 bye()를 전달한 경우를 확인해보겠습니다. 매개변수에는 ()를 사용하지 않고 함수명만 전달합니다.

출력 결과를 보면 message()에 hello를 전달한 경우에는 msgFunc(user)에서 hello(user)가 실행되고, bye를 전달한 경우에는 bye(user)가 실행됩니다.

List message()를 실행한다

«sample» **argument_hello/ViewController.swift**

```
let msg1 = message(user: "로사", msgFunc: hello)      함수를 인수로써 전달합니다
let msg2 = message(user: "쥬쥬", msgFunc: bye)
print(msg1)
print(msg2)
```

출력

```
로사씨, 헬로우
쥬쥬씨, 안녕!
```

함수를 함수의 값으로 반환한다

함수를 반환값으로 사용할 수도 있습니다. 다음 priceFunc() 함수에서는 매개변수로 받은 나이 age에 따라 분기해 요금 계산을 kids()와 adult() 중 어디로 할지 선택해 반환합니다. priceFunc()는 함수를 반환하므로 반환값의 형은 (Int) -> Int처럼 조금 복잡해 보이는 함수의 형이 됩니다.

List 나이로 사용할 함수를 선택한다

«sample» **return_priceFunc/ViewController.swift**

```swift
// 나이로 사용할 함수를 선택한다
func priceFunc(age:Int) -> (Int) -> Int {
    if age<16 {            반환 함수의 형
        return kids
    } else {               ——— 나이에 따라 계산에 사용할 함수를 선택
        return adult
    }
}

// 어린이 계산
func kids(number:Int) -> Int {
    return 400*number
}

// 어른 계산
func adult(number:Int) -> Int {
    return 600*number
}
```

List priceFunc()를 10살과 18살로 확인한다

«sample» **return_priceFunc/ViewController.swift**

```swift
    // 나이로 사용할 함수를 선택한다
    let age10 = priceFunc(age: 10)
    let age18 = priceFunc(age: 18)

    // 각 함수에서 인원수를 지정한다
    let amount1 = age10(1)     ——— 10세일 때의 함수로 한 명의 요금을 계산합니다
    let amount2 = age18(2)     ——— 18세일 때의 함수로 두 명의 요금을 계산합니다
    print(amount1)
    print(amount2)
```

출력
```
400
1200
```

함수의 중첩

앞서 살펴본 priceFunc()에서 값으로써 반환하는 두 개의 함수 kids()와 adult()는 priceFunc()에 정의할 수
도 있습니다. 물론 함수 내에 다른 함수를 정의하고 그 함수를 이용할 수도 있습니다.

List priceFunc()에서 kids()와 adult()를 정의한다

«sample» **nested_func/ViewController.swift**

```swift
// 나이로 사용할 함수를 선택한다
func priceFunc(age:Int) -> (Int) -> Int {

    // 어린이 계산
    func kids(number:Int) -> Int {
        return 400*number
    }

    // 어른 계산
    func adult(number:Int) -> Int {
        return 600*number
    }

    // 반환할 함수를 나이로 분기한다
    if age<16 {
        return kids
    } else {
        return adult
    }
}
```

— 함수 내에서 2개의 함수를 정의합니다

Part 2
Chapter
2
Chapter
3
Chapter
4
Chapter
5
Chapter
6
Chapter
7
Chapter
8
Chapter
9
Chapter
10

클로저

함수를 변수에 대입할 수 있는데 별도로 함수를 선언한 후 대입하는 것이 아니라 함수의 선언과 함께 변수에 대입할 수 있습니다. 이때 굳이 함수의 이름은 필요가 없으며, 이를 클로저(closure)라 합니다. 클로저는 이름 없는 함수 객체 같은 것으로써 변수에 대입하거나 매개변수로 함수에 전달하는 사용 방식이며 이름이 없어 무명함수라고도 합니다.

클로저의 서식

클로저의 서식은 함수 정의와 비슷하지만, 함수명 없이 매개변수 부분을 포함하는 전체를 { }로 묶는 블록 객체로 되어 있습니다. 반환값이 1개이면 형을 둘러싼 괄호를 생략할 수 있습니다.

서식 반환값이 있는 클로저

```
{( 매개변수:매개변수의 형 ) -> ( 반환값의 형 ) in
    문장
    return 반환값
}
```

다음은 클로저를 변수 myFunc에 대입해 실행하는 예제로 변수에 대입되는 것은 클로저 인스턴스입니다. myFunc()처럼 클로저를 대입한 변수명에 ()을 붙여 실행하며 클로저의 매개변수가 (a:Int, b:Int)와 같이 정의돼 있어도 myFunc(1, 2)처럼 매개변수명을 사용하지는 않습니다.

List 클로저를 변수에 대입한다

«sample» **closure_myFunc/ViewController.swift**

```
let myFunc = {(a:Int, b:Int) -> Int in
    return a + b                        ── 이 부분이 클로저입니다
}
let ans = myFunc(1, 2)                  ── 클로저가 있는 함수 오브젝트를 실행합니다
print(ans)
```

출력

```
3
```

클로저의 형

앞의 예제에서 클로저를 대입하는 변수 myFunc의 형은 형 추론에 의해 정의하지 않았지만 실제로는 다음과 같이 (Int, Int) -> Int가 됩니다.

List   클로저의 형 선언

«sample» **closure_myFunc_type/ViewController.swift**

```
let myFunc:(Int, Int) -> Int = {(a:Int, b:Int) -> Int in
    return a + b
}                        └── 변수 myFunc 형
```

클로저의 형은 다음과 같습니다.

서식 매개변수와 반환값이 있는 클로저의 형

매개변수의 형 -> 반환값의 형

서식 여러 개의 매개변수와 반환값이 있는 클로저의 형

(매개변수의 형, 매개변수의 형) -> (반환값의 형, 반환값의 형)

서식 매개변수와 반환값이 없는 클로저의 형

{ } -> ( )

클로저를 매개변수로 받는 함수

매개변수로 클로서를 전달받는 map() 함수를 사용해 보겠습니다. map() 함수는 지정한 배열에 들어 있는 모든 값에 대해 클로저로 지정한 처리를 실행합니다. 다음 예는 배열 numbers에 들어 있는 모든 값을 2배로 만듭니다(배열 ☞ P.136).

List   map()을 사용해서 배열의 값을 모두 2배로 만든다

«sample» **closure_map/ViewController.swift**

```
let numbers = [4,7,2,9]
// 배열의 모든 값을 2배로 만든다
let array1 = numbers.map({(v:Int) -> Int in
    return v*2                              ──── 매개변수에 클로저를 줍니다
})
print(array1)
```

출력

```
[8, 14, 4, 18]        ──── 원래 값이 모두 2배가 됐습니다
```

클로저 부분은 ()를 제거하고 map 뒤에 바로 이어서 작성할 수도 있습니다. 이 기법을 접미 클로저(trailing closure)라고 부릅니다.

Part 2
Chapter
2
Chapter
3
Chapter
4
Chapter
5
Chapter
6
Chapter
7
Chapter
8
Chapter
9
Chapter
10

> **List** 접미 클로저를 작성한 서식
>
> «sample» **closure_map/ViewController.swift**

```
let array2 = numbers.map{(v:Int) -> Int in
    return v*2                          ——— 클로저를 밖으로 뺍니다
}
```

그리고 형 추론이 적용되는 것으로부터 형 선언을 생략할 수 있고 한 줄 문장은 return도 생략할 수 있습니다.

> **List** 형 추론을 이용해, return도 생략한 서식
>
> «sample» **closure_map/ViewController.swift**

```
let array3 = numbers.map{v in v*2}
```

또한, 클로저의 매개변수 값은 $0, $1, $2로 순서대로 참조할 수 있습니다. 첫 번째 매개변수의 값을 두 배로 하려면 {$0*2}처럼 극히 단순한 식으로 클로저를 작성할 수 있습니다.

> **List** 매개변수를 생략한 서식
>
> «sample» **closure_map/ViewController.swift**

```
let array4 = numbers.map{$0*2}
```

모든 영문자를 소문자로 바꾸기

map()은 배열의 값을 문자열로도 처리할 수 있습니다. 다음은 모든 영문자를 소문자로 바꾸는 예제입니다. 기준이 되는 배열 colors의 값은 바뀌지 않습니다.

> **List** map( )을 사용해 배열값을 전부 소문자로 만든다
>
> «sample» **closure_map2/ViewController.swift**

```
let colors = ["Red", "Blue", "GREEN"]
// 모든 문자를 소문자로 바꾼다
let colorsSmall = colors.map{str in str.lowercased()}
print(colors)
print(colorsSmall)
```

> **출력**

```
["Red", "Blue", "GREEN"]
["red", "blue", "green"]
```

이 클로저는 다음과 같이 간단하게 작성할 수 있습니다.

> **List** map()을 사용해서 배열의 값을 모두 소문자로 바꾼다
>
> «sample» **closure_map2/ViewController.swift**

```
let colorsSmall2 = colors.map{$0.lowercased()}
```

Chapter 4

문자열 String

연속된 문자의 데이터 열을 문자열이라고 합니다. 화면의 텍스트는 문자열을 라벨 등으로 설정해 표시합니다. 이 절에서는 문자열의 작성, 연결, 비교, 검색과 같은 조작 방법을 설명합니다.

Section 4-1

문자열을 만든다

문자열을 만드는 방법, 문자열을 연결하는 방법, 문자열을 수치로 변환하고 수치를 문자열로 변환하는 방법을 설명합니다.

문자열을 만든다

문자열은 "안녕"처럼 큰따옴표로 둘러싸기만 하면 만들 수 있습니다. 이를 문자열 리터럴이라고 부릅니다.

List   문자열 리터럴

«sample» **string-literal/ViewController.swift**

```
let message = "안녕"
var bird:String
bird = "비둘기"
```

또한 String("안녕")처럼 작성해 만들 수도 있습니다. 수치를 문자열로 형 변환할 때도 이 방법을 사용합니다.

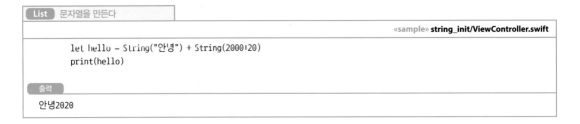

List   문자열을 만든다

«sample» **string_init/ViewController.swift**

```
let hello = String("안녕") + String(2000+20)
print(hello)
```

출력

```
안녕2020
```

빈 문자열

빈 문자열은 " "만으로 만들 수 있습니다. 또한, String()으로도 빈 문자열을 만들 수 있습니다.

List   빈 문자열을 만든다

«sample» **string_empty/ViewController.swift**

```
let emptyString = String( )
var str = "Hello"
str = ""              ——————— 변수 str을 공백으로 합니다
```

문자열이 들어가 있는 변수가 공백인지 아닌지는 isEmpty 프로퍼티로 알아볼 수 있습니다. 빈 문자열일 때 isEmpty 프로퍼티가 true가 됩니다.

Part 2
Chapter
2
Chapter
3
Chapter
4
Chapter
5
Chapter
6
Chapter
7
Chapter
8
Chapter
9
Chapter
10

List who가 비었다면 중단한다

«sample» **string_isEmpty/ViewController.swift**

```
func hello(_ who:String){
    // who가 비어 있는지 조사한다
    if who.isEmpty {
        return ──────── who가 비어 있으면 처리를 중단합니다
    }
    let msg = "안녕!" + who + "씨"
    print(msg)
}
```

hello("")는 출력되지 않지만 hello("민호")라고 하면 "안녕!민호씨"라고 출력됩니다.

List hello()를 확인한다

«sample» **string_isEmpty/ViewController.swift**

```
hello("")
hello("민호")
```

출력

```
안녕!민호씨
```

같은 글자의 반복

String(repeating:count:) 서식을 사용하면 같은 글자를 반복하는 문자열을 만들 수 있습니다.

List 같은 문자를 반복하는 문자열을 만든다

«sample» **string_repeatCharacter/ViewController.swift**

```
let stars = String(repeating:" ★ ", count:10)
print(stars)
                          |           |
                          문자        개수
```

출력

```
★ ★ ★ ★ ★ ★ ★ ★ ★ ★
```

개행 등 특수 문자

문자열이 개행이나 큰따옴표를 포함한다면 다음과 같이 \가 붙은 특수 문자(이스케이프)를 사용합니다.

특수문자	내용
\0	널(null, 초기화하지 않은 값)
\\	백 슬러시
\t	탭
\n	라인 피드(개행)
\r	캐리지 리턴

특수문자	내용
\"	큰따옴표
\'	작은따옴표
\xnn	유니코드(1 바이트), n은 0~9
\unnnn	유니코드(2 바이트), n은 0~9
\Unnnnnnnn	유니코드(4 바이트), n은 0~9

List 문자열에 개행과 큰따옴표를 넣는다

«sample» **string_special-character/ViewController.swift**

```
let swift = "스위프트란\n\"칼새\"입니다."
print(swift)
```
　　　　　　\n에서 개행

출력

스위프트란
"칼새"입니다.
　　　　　　 개행하고, 쌍따옴표로 감쌉니다

문자열의 문자 수

문자열의 문자 수는 characters.count 프로퍼티로 확인할 수 있습니다. 영문자, 숫자, 기호, 한글, 한자 등을 구별하지 않고 모두 한 문자로 셉니다.

List 문자열의 문자 수

«sample» **string_count/ViewController.swift**

```
let str = "가나다라마12345ABcde(^_^)"
let num = str.characters.count
print(num)
```
　　　　　　5문자가 됩니다

출력

20

문자열에 변수와 식을 포함한다

이미 print()를 사용한 출력에서 몇 번 사용했는데 \(변수)와 같이 작성해 문자열에 변수와 식을 포함할 수 있습니다. 다음 예는 상수 entries와 staff 값을 포함한 문자열 str1과 str2를 만듭니다.

List 문자열에 변수나 식을 포함한다

«sample» **string_value_insert/ViewController.swift**

```
let entries = 24
let staff = 3
let str1 = "참가자 \(entries)명"
let str2 = "스태프를 포함하면 \(entries + staff)명입니다."
print(str1)
print(str2)
```
　　　　　　　　　　　　수치를 더합니다

출력

참가자 24명
스태프를 포함하면 27명입니다.

문자열을 연결한다

문자열은 + 연산자로 연결할 수 있습니다. 다음 예는 상수 name1, name2에 들어 있는 문자열과 "씨"를 연결합니다.

Part 2
Chapter
2
Chapter
3
Chapter
4
Chapter
5
Chapter
6
Chapter
7
Chapter
8
Chapter
9
Chapter
10

List 문자열끼리 연결한다

«sample» **string_plus/ViewController.swift**

```
let name1 = "아이린"
let name2 = "쥬쥬"
let str = name1 + name2 + "씨"
print(str)
```

출력

```
아이린쥬쥬씨
```

+= 연산자도 이용할 수 있습니다. 다음 예는 배열 week에서 변수 day로 한 문자씩 꺼내 연결합니다.

List += 연산자로 문자열을 연결한다

«sample» **string_plusEqual/ViewController.swift**

```
let week = ["일", "월", "화", "수", "목", "금", "토"]
var oneweek = ""
for day in week {
    oneweek += day ——— day에 한 문자씩 순서대로 꺼내 oneWeek에 연결합니다
}
print(oneweek)
```

출력

```
일월화수목금토
```

문자열을 수치로 변환한다

"123"이나 "3.14"라는 숫자 문자열을 계산식 등에서 이용할 수 있게 수치로 변환하려면 Int()나 Double()과 같은 수치형의 초기화자(이니셜라이저)를 이용합니다.

문자열을 정수로 변환해 계산한다

다음 예는 숫자 문자열을 Int()를 사용해 정수로 변환하고 계산합니다. 변수에 들어있는 값은 그대로입니다.

List 문자열을 정수로 변환

«sample» **string_toInt/ViewController.swift**

```
let price:String = "240"
let quantity:String = "2"
let amount = Int(price)! * Int(quantity)!  ——— ! 기호는 다음 페이지의 [NOTE]
print(amount)                                   설명을 참고하세요.
```

출력

```
480
```

문자열을 소수로 변환해 계산한다

다음 예는 숫자로 된 문자열을 Double()을 사용해 소수로 변환해 계산합니다.

List   문자열을 소수로 변환

«sample» **string_toDouble/ViewController.swift**

```
let r = "20"
let pai = "3.14"
let area = Double(r)! * Double(r)!  * Double(pai)!
print("반경 \(r) 면적은 \(area)")
```

출력

```
반경 20 면적은 1256.0
```

ⓘ NOTE

옵셔널 밸류와 ! 기호

Int(price)를 실행했을 때 price 값이 "abc"라면 수치로 변환하는 데 실패하고 그 결과는 nil이 됩니다. 스위프트에서는 nil이 될 가능성이 있는 값을 옵셔널 밸류 (Optional Value)로 다룹니다. Int(price)!, Double(r)!의 !기호는 옵셔널 밸류를 일반값으로 변환하는(언랩) 기호입니다. 자세한 내용은 8. 옵셔널에서 설명합니다 (☞ P.174).

수치를 문자열로 변환한다

반대로 수치를 문자열로 변환하려면 String()이나 description 프로퍼티를 이용합니다. 이미 설명한 "\(변수)" 를 이용해 문자열로 변환하는 방법도 있습니다.

List   수치를 문자열로 변환해서 연결한다

«sample» **number_toString/ViewController.swift**

```
let weight = 135.5
let package = 12.0
let str1 = "내용량:" + String(weight) + "g"
let str2 = "총 중량:" + (weight + package).description + "g"
print(str1)
print(str2)
```

출력

```
내용량:135.5g
총 중량:147.5g
```

Part 2
Chapter
2
Chapter
3
Chapter
4
Chapter
5
Chapter
6
Chapter
7
Chapter
8
Chapter
9
Chapter
10

Section 4-2

문자열에서 문자를 꺼낸다

문자열 일부분을 꺼내려면 인덱스를 이용합니다. 인덱스는 문자열이나 배열의 요소 위치나 범위를 가리키는 값입니다. 인덱스를 이용하면 위치를 지정해서 문자를 꺼내고, 바꾸고, 찾을 수 있습니다.

문자열 인덱스

문자열 내의 문자 위치나 범위는 인덱스(Index)로 가리킵니다. 다음과 같이 실행하면 startIndex로 str에 들어 있는 문자열의 첫 번째 인덱스, endIndex로 마지막 인덱스를 사용할 수 있습니다.

List	첫 번째 인덱스와 마지막 인덱스를 확인한다

«sample» **string_index/ViewController.swift**

```
let str = "Swift입문노트"
let start = str.startIndex
let end = str.endIndex
```

맨 앞에 있는 문자를 꺼낸다

맨 앞에 있는 문자는 startIndex를 사용해 꺼낼 수 있습니다. 다음과 같이 [ ]를 이용하며, 이 조작을 Subscript 라고 합니다.

List	맨 앞에 있는 문자를 꺼낸다

«sample» **string_startIndex/ViewController.swift**

```
let str = "Swift입문노트"
let start = str.startIndex
let char = str[start]
print(char)
```

출력
```
S
```

이때 char로 꺼낸 문자는 String 형이 아니라 Charater 형이므로 주의해야 합니다. 따라서 문자열로 취급하려면 String 형으로 변환해야 합니다. 예를 들어 다음과 같이 문자열과 연결하려면 String()을 사용해 문자열로 변환하는 조작이 필요합니다.

List 　꺼낸 Character를 String으로 변환한다

«sample» **string_startIndex/ViewController.swift**

```
let result = "맨 앞에 있는 문자는 [" + String(char) + "]입니다."
print(result)
```

출력

```
맨 앞에 있는 문자는 [S]입니다.
```

1개 뒤의 인덱스

그럼 두 번째 문자는 어떨까요? str[1]이나 str[start + 1]로 꺼낼 수 있을 것 같지만 인덱스는 수치가 아니므로 이 식은 오류가 발생합니다.

두 번째 문자를 꺼내려면 index(after:Index)를 사용해서 startIndex가 가리키는 1개 뒤의 인덱스를 구합니다.

List 　인덱스를 successor()로 진행한다

«sample» **index_after/ViewController.swift**

```
let str = "Swift입문노트"
// 맨 앞의 인덱스
var index = str.startIndex
// 인덱스를 하나 뒤로 이동합니다
index = str.index(after: index)
let chr = str[index]
print(chr)
```

출력

```
W
```

1개 앞의 인덱스

endIndex가 가리키는 것은 맨 뒤에 있는 문자의 다음 위치입니다. 따라서 마지막 문자를 꺼내려면 endIndex가 가리키는 위치에서 1개 앞으로 이동해야 합니다. 1개 앞의 인덱스는 index(before:Index)로 구합니다.

List 　마지막 문자를 꺼낸다

«sample» **string_predecessor/ViewController.swift**

```
let str = "Swift입문노트"
// 마지막 문자의 다음 인덱스
var index = str.endIndex
// 인덱스를 하나 앞으로 이동합니다
index = str.index(before: index)
let chr = str[index]
print(chr)
```

출력

```
트
```

지정한 위치의 문자를 꺼낸다

index(_ i: Index, offsetBy n: IndexDistance)를 사용하면 인덱스를 앞뒤로 여러 개 이동할 수 있습니다. 즉, startIndex부터 5개 뒤, endIndex부터 4개 앞과 같이 인덱스를 이동할 수 있습니다. 매개변수 값이 양수이면 뒤로 가고 음수이면 앞으로 갑니다.

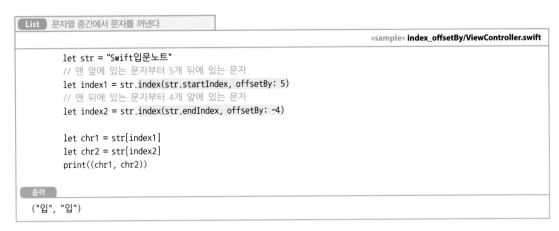

List 문자열 중간에서 문자를 꺼낸다

«sample» **index_offsetBy/ViewController.swift**

```
let str = "Swift입문노트"
// 맨 앞에 있는 문자부터 5개 뒤에 있는 문자
let index1 = str.index(str.startIndex, offsetBy: 5)
// 맨 뒤에 있는 문자부터 4개 앞에 있는 문자
let index2 = str.index(str.endIndex, offsetBy: -4)

let chr1 = str[index1]
let chr2 = str[index2]
print((chr1, chr2))
```

출력

("입", "입")

범위 연산자로 인덱스 범위를 만든다

범위 연산자로 인덱스 범위를 지정하면 여러 개의 문자를 문자열로 꺼낼 수 있습니다. substring(with:Range)를 사용하거나 string[start ..〈 end]와 같이 범위를 지정합니다.

List 범위 연산자를 사용해 문자열을 꺼낸다

«sample» **string_range_operator/ViewController.swift**

```
let str = "Swift입문노트"
let zero = str.startIndex
let start = zero.index(zero, offsetBy:3)
let end = zero.index(zero, offsetBy:6)
// 문자열을 꺼낸다
let str1 = str[start...end]
let str2 = str[start..<end]
print((str1, str2))
```

출력

("ft입문", "ft입")

Part 2
Chapter
2
Chapter
3
Chapter
4
Chapter
5
Chapter
6
Chapter
7
Chapter
8
Chapter
9
Chapter
10

인덱스 앞/뒤의 문자열을 꺼낸다

substring(to: Index)를 사용하면 맨 앞에 있는 문자부터 인덱스 전까지의 문자열을 꺼낼 수 있고, substring(from: Index)를 사용하면 인덱스부터 마지막 문자열까지 꺼낼 수 있습니다.

List 인덱스 앞/뒤 문자열을 꺼낸다

«sample» **string_substringToFrom/ViewController.swift**

```swift
let str = "Swift입문노트"
// 맨 앞에 있는 문자부터 5개 뒤에 있는 문자(0부터 카운트)
let index = str.index(str.startIndex, offsetBy: 5)
// index가 가리키는 문자
let chr = str[index]
// index보다 앞에 있는 문자열
let str1 = str.substring(to: index)
// index를 포함해 뒤에 있는 문자열
let str2 = str.substring(from: index)

print(chr)
print(str1)
print(str2)
```

출력
```
입
Swift
입문노트
```

맨 앞에 있는 문자만을 대문자로 만든다

문자열을 인덱스로 분해할 수 있으므로 맨 앞에 있는 문자를 대문자로 변환하고 남은 문자를 소문자로 변환해서 연결하면 맨 앞에 있는 문자만 대문자로 만들 수 있습니다. 다음 예제의 cap() 함수는 맨 앞에 있는 문자만 대문자로 변경하는 함수입니다. 문자를 소문자로 만들 때는 lowercased() 함수를, 대문자로 만들 때는 uppercased() 함수를 사용합니다.

List 맨 앞에 있는 문자만을 대문자로 만든다

«sample» **string_cap/ViewController.swift**

```swift
func cap(_ str:String) -> String {
    // 첫 번째 문자
    let start = str.startIndex
    let chr = str[start]
    let str1 = String(chr)
    // 두 번째 문자 이후
    let second = str1.index(after: start)
    let str2 = str.substring(from: second)
    // 첫 번째 문자를 대문자로, 남은 문자를 소문자로 변경하고 연결한다
    let capStr = str1.uppercased() + str2.lowercased()
    return capStr
}
```

그럼 cap() 함수를 테스트해 보겠습니다.

Part 2
Chapter
2
Chapter
3
Chapter
4
Chapter
5
Chapter
6
Chapter
7
Chapter
8
Chapter
9
Chapter
10

List   cap( )을 시험한다

«sample» **string_cap/ViewController.swift**

```
        let str1 = cap("apple")
        let str2 = cap("APPLE")
        print((str1, str2))
```

출력

```
    ("Apple", "Apple")         ———— 첫 번째 문자만 대문자가 됐습니다
```

❶ NOTE

for-in 반복문으로 모든 문자를 꺼낸다

for-in 반복문을 사용해서 문자열에서 순서대로 한 문자씩 꺼내 전체 문자를 꺼낼 수 있습니다(☞ P.80).

문자열을 비교하고 검색한다

이 절에서는 문자열이 같은지 비교하거나 검색하는 방법을 설명합니다. 검색 결과와 앞 절에서 설명한 인덱스 처리를 조합하면 더욱 수준 높은 처리를 할 수 있습니다.

문자열을 비교한다

문자열의 비교는 == 연산자로 할 수 있습니다. 영문자는 대문자와 소문자를 구별해서 비교합니다.

> **List**　문자열을 비교한다

«sample» **string_compare/ViewController.swift**

```
let str0 = "Swift입문"
let str1 = "SWIFT입문"
let str2 = "Swift" + "입문"

if str0 == str1 {
    print("str0과 str1은 같습니다.")
} else {
    print("str0과 str1은 같지 않습니다.")
}
if str0 == str2 {
    print("str0과 str2는 같습니다.")
} else {
    print("str0과 str2는 같지 않습니다.")
}
```

> 출력

```
str0과 str1은 같지 않습니다.　──────  대문자와 소문자는 구별합니다
str0과 str2는 같습니다.
```

크기 비교

〉, 〈, 〉=, 〈= 연산자를 사용해서 글자 크기를 비교할 수도 있습니다. 문자의 크기는 "A" 〈 "B", "가" 〈 "하" 순이고, 문자 종류의 크기는 "A" 〈 "a" 〈 "가" 순입니다.

다음 예는 "iPad"와 "iPhone"의 문자열 크기를 비교합니다. 두 번째 문자까지는 모두 "iP"로 같으므로 세 번째 문자의 "a"와 "h"를 비교한 결과 "iPhone"이 "iPad"보다 크다고 판단합니다.

Part 2
Chapter
2
Chapter
3
Chapter
4
Chapter
5
Chapter
6
Chapter
7
Chapter
8
Chapter
9
Chapter
10

List 어느 쪽의 문자열이 큰지 비교한다

«sample» **string_bigger/ViewController.swift**

```
let str1 = "iPad"
let str2 = "iPhone"

if str1>str2 {
    print("\(str1) 쪽이 \(str2)보다 크다")
} else  if str1<str2{
    print("\(str2) 쪽이 \(str1)보다 크다")
} else {
    print("\(str1)와 \(str2)은 같다")
}
```

출력

iPhone 쪽이 iPad보다 크다

대문자와 소문자를 구별하지 않고 비교한다

영문자를 비교할 때 대문자와 소문자를 구별하지 않고 비교하려면 모든 문자를 소문자나 대문자로 바꾼 다음
비교합니다. 소문자로 바꾸려면 lowercased() 함수를, 대문자로 바꾸려면 uppercased() 함수를 사용합니다.

List 대문자와 소문자를 구별하지 않고 비교한다

«sample» **string_compare_lowercaseString/ViewController.swift**

```
let str1 = "apple"
let str2 = "Apple"
// 모두 소문자로 바꾼 다음 비교한다
if str1.lowercased() == str2.lowercased() {
    print("str0과 str1은 같습니다.")
} else{
    print("str0과 str1은 같지 않습니다.")
}
```

출력

str0과 str1은 같습니다.

전방 일치, 후방 일치

전방 일치와 후방 일치는 hasPrefix() 함수와 hasSuffix() 함수로 확인할 수 있습니다. 일치하면 true, 일치하지 않으면 false가 반환됩니다.

다음 예제는 배열 itemList에 들어있는 값을 순서대로 item에 꺼내고 "김치"로 시작되는 메뉴는 menu1에, "찌개"로 끝나는 메뉴는 menu2에 넣습니다. 배열은 [Chapter5 배열 Array]에서 자세하게 설명합니다(배열☞ P.136).

List 전방 일치, 후방 일치로 값을 나눕니다

«sample» **string_hasPrefix_hasSuffix/ViewController.swift**

```swift
let itemList = [["김치찌개", "김치볶음밥", "된장찌개", "두부찌개"]
// String 형의 빈 배열을 만든다
var menu1 = [String]()
var menu2 = [String]()
for item in itemList {
    // "김치"로 시작하는 아이템
    if item.hasPrefix("김치") {
        menu1.append(item)      ——— menu1에 추가한다
    }
    // "찌개"로 끝나는 아이템
    if item.hasSuffix("찌개") {
        menu2.append(item)      ——— menu2에 추가한다
    }
}
print(menu1)
print(menu2)
```

출력

```
["김치찌개", "김치볶음밥"]          ——— "김치"로 시작한다
["김치찌개", "된장찌개", "두부찌개"]    ——— "찌개"로 끝난다
```

문자열에 포함돼 있는지 확인하기

contains()를 사용하면 문자열 1에 문자열 2가 포함돼 있는지 확인할 수 있습니다. 포함돼 있다면 true, 포함돼 있지 않으면 false를 반환합니다. 다음 예제는 str1의 "네로는 검은고양이다"에 str2의 "검은고양이"가 포함돼 있는지 조사합니다.

List "검은고양이"의 포함 여부를 알아본다

«sample» **string_contains/ViewController.swift**

```swift
let str1 = "네로는 검은고양이다"
let str2 = "검은고양이"
if str1.contains(str2) {
    print("[\(str2)]가 포함돼 있습니다.")
} else {
    print("[\(str2)]가 포함돼 있지 않습니다.")
}
```

출력

```
[검은고양이]가 포함돼 있습니다.
```

발견한 범위보다 뒤에 있는 문자열을 꺼낸다

다음 예제는 range()를 사용해 문자열의 위치를 검색하고 발견된 위치보다 뒤에 있는 문자열을 꺼냅니다. 구체적으로는 [서울시 마포구 합정동 1-2-3] 문자열에서 [서울시]의 범위를 result에 꺼내고, 그 범위보다 뒤에 있는 문자열, 즉 "마포구 합정동 1-2-3"을 꺼냅니다. result보다 뒤에 있는 범위는 upperBound로 시작 위치를 가리킵니다.

if 문에서 [let theRange = result]식은 result가 nil이면 else 블록을 실행합니다. result에 값이 들어 있다면 그 값을 theRange에 대입합니다. 이는 값이 nil일 수도 있는 변수 즉, 옵셔널 밸류를 취급하는 방법입니다. 옵셔널 밸류는 뒤에서 자세하게 설명합니다(☞ P.174).

List [서울시] 이후의 주소를 꺼낸다

«sample» **range_substringFrom/ViewController.swift**

```swift
let str = "서울시 마포구 합정동 1-2-3"
// str의 "서울시" 범위를 조사
let result = str.range(of: "서울시")
if let theRange = result {
    // result에 범위가 들어 있으면 범위 뒤에 있는 문자열을 읽음
    let afterStr = str.substring(from: theRange.upperBound)
    print(afterStr)
} else {
    print(str)
}
```

출력

```
마포구 합정동 1-2-3
```

발견한 범위를 삭제한다

다음 예제는 검색한 다음 발견된 문자열을 삭제합니다. 여기서 사용하는 removeSubrange()는 substring() 과는 다르게 대상으로 하는 문자열을 직접 조작하므로 주의하세요. 원래의 문자열을 조작하므로 str은 상수 let 이 아닌 변수 var로 선언합니다.

List 원래 주소에서 [서울시]를 삭제한다

«sample» **range_substringFrom/ViewController.swift**

```
var str = "서울시 마포구 합정동 1-2-3"
// str의 "서울시" 범위를 조사
let result = str.range(of: "서울시")
if let theRange = result {
    // result에 범위가 들어 있으면 범위에 해당하는 문자열을 삭제
    str.removeSubrange(theRange)
}
print(str)
```

출력

마포구 합정동 1-2-3

Chapter 5

배열 Array

배열은 여러 개의 데이터를 그룹으로 다룰 수 있는 가장 대표적인 형식입니다.

이 절에서는 배열의 생성, 연결, 비교, 검색 등의 조작 방법을 설명합니다.

Section 5-1

배열을 만든다

배열을 사용하면 여러 개의 값을 하나의 변수에 저장할 수 있습니다. 이 절에서는 배열을 만드는 방법, 값의 형 지정, 배열의 연결 방법 등을 설명합니다.

배열을 만든다

배열(Array)을 사용하면 여러 개의 값을 하나의 변수에서 다룰 수 있습니다. 배열은 하나의 책꽂이가 여러 개의 책을 담은 것과 같이 데이터를 관리할 수 있습니다.

문자열을 "iOS"처럼 만들 수 있게 a, b, c 3개의 값이 들어 있는 배열은 [a, b, c]처럼 [ ]로 묶어서 만들 수 있습니다. 다음 서식과 같이 let으로 선언한 상수에 배열을 넣으면 그 배열은 값의 추가, 삭제, 변경을 할 수 없는 배열이 됩니다. var로 선언한 변수에 넣은 배열은 언제든 값을 추가하거나 삭제, 변경할 수 있습니다. 값의 추가, 삭제, 변경 등은 다음 절 이후에 설명하겠습니다.

서식 배열의 서식

```
let 배열명 = [값1, 값2, 값3]
var 배열명 = [값1, 값2, 값3]
```

List 배열을 만든다

«sample» **array_sample/ViewController.swift**

```swift
let strArray = ["a", "b", "c", "d", "e"]
let intArray = [1, 2, 3, 4, 5]
var boolArray = [true, true, false, false]
var tupleArray = [(0,0), (100,120), (180,200)]

// true를 추가한다
boolArray.append(true)
// 맨 앞에 있는 값을(1,1)로 변경한다
tupleArray[0] = (1,1)

print(strArray)
print(intArray)
print(boolArray)
print(tupleArray)
```

출력

```
["a", "b", "c", "d", "e"]
[1, 2, 3, 4, 5]
[true, true, false, false, true]
[(1, 1), (100, 120), (180, 200)]
```

값의 형을 지정한 배열을 만든다

다음과 같이 배열 값의 형을 한정하면 이 배열에는 지정된 타입 외의 값을 넣을 수 없습니다. 다양한 형을 갖는 배열을 만들려면 형에 AnyObject를 지정합니다.

> **서식** 값의 형을 지정한 배열의 선언
>
> ```
> let 배열명:[값의 형]
> var 배열명:[값의 형]
> ```

> **List** array:[값의 형]으로 형을 지정한 배열
>
> «sample» **array_type_1/ViewController.swift**
>
> ```swift
> let colors:[String] = ["red", "blue", "green"]
> let numList:[Int] = [12,34,56,78,90]
> var resultList:[Bool]
> resultList = [true, false, true, false]
> ```

배열의 형 지정에는 Array〈값의 형〉을 사용하는 서식도 있습니다. 이 서식은 함수의 정의 등에서 필요합니다.

> **서식** Array〈값의 형〉을 사용한 배열의 선언
>
> ```
> let 배열명:Array<값의 형>
> var 배열명:Array<값의 형>
> ```

> **List** array:Array〈값의 형〉으로 지정한 배열
>
> «sample» **array_type_2/ViewController.swift**
>
> ```swift
> let colors:Array<String> = ["red", "blue", "green"]
> var numList:Array<Int> = [12,34,56,78,90]
> var resultList:Array<Bool>
> resultList = [true, false, true, false]
> ```

배열 값의 형 추론

상수, 변수에 값의 형을 지정하지 않고 배열을 대입하면 대입된 배열의 값에 맞는 형이 추론되어 설정됩니다. 따라서 다음 예제에서 idList는 [String]으로 형 추론되어 String 외의 값을 넣으려고 하면 오류가 발생합니다. 배열 전체를 Int 형으로 바꿀 수도 없습니다.

Part 2
Chapter 2
Chapter 3
Chapter 4
Chapter 5
Chapter 6
Chapter 7
Chapter 8
Chapter 9
Chapter 10

List 형 추론으로 형이 설정되는 배열

«sample» **array_type_error/ViewController.swift**

```
// idList는 형 추론으로 [String]으로 설정된다
var idList = ["a1", "a2", "a3"]
idList = [1, 2, 3] // 오류가 발생한다
```

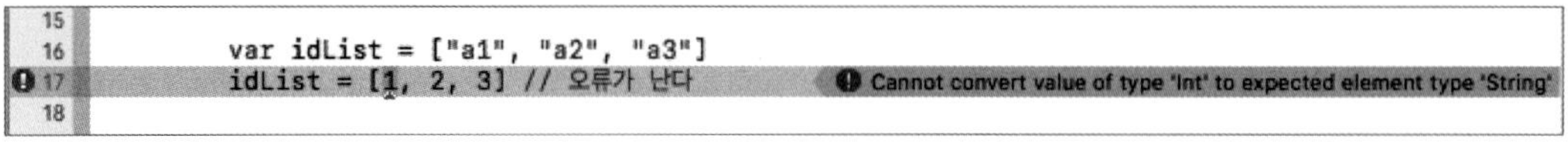

```
15
16          var idList = ["a1", "a2", "a3"]
17          idList = [1, 2, 3] // 오류가 난다        ❶ Cannot convert value of type 'Int' to expected element type 'String'
18
```

그림 5.1 배열 값의 형 추론

빈 배열

빈 배열은 다음 서식으로 작성합니다. 작성된 배열의 값은 [ ]이지만 지정한 형으로 초기화됩니다.

서식 빈 배열을 만든다
....

```
[값의 형]( )
Array<값의 형>( )
```

List 값이 빈 배열을 만든다

«sample» **array_empty/ViewController.swift**

```
var strArray = [String]( )
var intArray = [Int]( )
var doubleArray = Array<Double>( )
// 값을 설정한다
strArray = ["a", "b", "c"]
intArray = [1, 2, 3]
doubleArray = ["a", "b", "c"] // 오류가 발생한다
```
초기화되어 있는 형과 다른 형의 배열을 대입했
으므로 오류가 발생합니다

배열이 비어 있는지 확인한다

배열이 비어 있는지 확인할 때는 isEmpty 프로퍼티를 조사합니다. 배열이 비어 있다면 true가 반환되고, 값이 있다면 false가 반환됩니다.

List 배열이 비어 있는지 알아본다

«sample» **array_isEmpty/ViewController.swift**

```
var theArray = [1, 2, 3]
theArray = []          ——— 배열을 비웁니다
if theArray.isEmpty {
    print("theArray는 빈 배열입니다")
}
```

출력

theArray는 빈 배열입니다

배열 값의 개수

배열 값의 개수는 count 프로퍼티로 구할 수 있습니다.

| List | 배열 값의 개수를 알아본다 |

«sample» **array_count/ViewController.swift**

```
let aArray = [11,22,33,44,55]
print(aArray.count)
```

출력

```
5
```

배열을 같은 값으로 초기화한다

배열의 초깃값을 전부 0으로 채우려면 다음 서식을 사용합니다.

| 서식 | 배열을 같은 값으로 채운다 |

```
[값의 형](repeating:값, count:개수)
```

다음 예제는 배열 zeroList에 0.0을 10개 넣고, 배열 xList에는 "설정하지 않음"을 5개 넣어서 초기화합니다.

| List | 배열의 값을 같은 값으로 채워서 초기화한다 |

«sample» **array_repeating/ViewController.swift**

```
let zeroList = [Double](repeating:0.0, count:10)
let xList = [String](repeating:"설정하지 않음", count:5)
print(zeroList)
print(xList)
```

출력

```
[0.0, 0.0, 0.0, 0.0, 0.0, 0.0, 0.0, 0.0, 0.0, 0.0]
["설정하지 않음", "설정하지 않음", "설정하지 않음", "설정하지 않음", "설정하지 않음"]
```

연속적인 번호가 들어간 배열을 만든다

범위 연산자를 이용하면 연속적인 번호가 들어간 배열을 만들 수 있습니다. 다음 예제는 −3부터 3까지의 정수가 들어간 배열을 만듭니다.

| List | −3~3이 들어간 배열을 만든다 |

«sample» **array_range/ViewController.swift**

```
let numbers = [Int](-3...3)
print(numbers)
```

출력

```
[-3, -2, -1, 0, 1, 2, 3]
```

Part 2
Chapter
2
Chapter
3
Chapter
4
Chapter
5
Chapter
6
Chapter
7
Chapter
8
Chapter
9
Chapter
10

다음 예제는 Array⟨Int⟩() 서식으로 배열을 만드는 경우입니다. 범위를 5..⟨10으로 지정하므로 5부터 9까지의 정수가 들어간 배열을 만들 수 있습니다.

```
        let numbers = Array<Int>(5..<10)
        print(numbers)
```

출력

```
[5, 6, 7, 8, 9]
```

배열과 배열을 연결한다

배열과 배열은 + 연산자로 연결할 수 있습니다. 연결할 때 기존의 배열이 바뀌는 것이 아니라 새로운 배열이 만들어집니다.

List　배열과 배열을 연결한다

«sample» **array_plus_array/ViewController.swift**

```
        let basicCourse = ["달리기", "수영"]
        let fullCourse = basicCourse + ["바이크", "카누"]
        print(basicCourse)
        print(fullCourse)
```

출력

```
["달리기", "수영"]          ─── 원래의 basicCourse 배열은 바뀌지 않습니다
["달리기", "수영", "바이크", "카누"]    ── 두 개의 배열이 연결됐습니다
```

Part 2
Chapter
2
Chapter
3
Chapter
4
Chapter
5
Chapter
6
Chapter
7
Chapter
8
Chapter
9
Chapter
10

Section 5-2

배열에서 값을 꺼낸다

이 절에서는 배열에 있는 값을 꺼내거나 변경하는 방법, 배열의 복제, 다차원 배열, 배열에서 값을 정렬하는 방법을 설명합니다.

배열의 값에 접근한다

배열의 값에는 배열[인덱스 번호]와 같이 위치를 지정해 접근합니다. 이 서식을 subscript라고 합니다. 위치는 0부터 세며, 범위 연산자로 연속된 범위를 참조하면 배열 상태로 값을 꺼낼 수 있습니다.

List 위치를 지정해 배열의 값을 꺼낸다

«sample» **array_access/ViewController.swift**

```
let abcArray = ["a","b","c","d","e","f","g","h","i"]
let str1 = abcArray[0]
let str2 = abcArray[2]
let newArray = abcArray[4...6]    —— 인덱스 번호 4, 5, 6의 값을 새로운 배열로
print(str1)                          꺼냅니다
print(str2)
print(newArray)
```

출력

```
a
c
["e", "f", "g"]
```

인덱스 번호 0 1 2 3 4 5 6 7 8

```
let abcArray = [ "a", "b", "c", "d", "e", "f", "g", "h", "i"]
```
abcArray[0]   abcArray[2]   abcArray[4…6]

값을 바꿔 넣는다

변수로 정의한 배열은 값을 변경할 수 있습니다. 범위 연산자로 지정한 범위를 변경하려면 바꿀 값을 배열로 지정합니다.

List 배열 값을 변경한다

«sample» **array_access_update/ViewController.swift**

```
var theArray = ["a","b","c","d","e","f","g","h","i"]
theArray[0] = "가"        ——— "a"를 "가"로 변경합니다
theArray[2] = "나"        ——— "c"를 "나"로 변경합니다
theArray[4...6] = ["빨강", "하양", "노랑", "파랑", "초록"]        ——— "e", "f", "g"와 자리를 바꿉니다
```

출력

```
["가", "b", "나", "d", "빨강", "하양", "노랑", "파랑", "초록", "h", "i"]
```

다차원 배열(중첩된 배열)

배열 속에 배열을 넣을 수 있습니다. 다차원 배열은 [인덱스 번호][인덱스 번호]처럼 배열 내의 배열 값으로 접근할 수 있습니다. 다음 예제는 2차원 배열 nestArray에서 [1][2] 위치의 값을 꺼냅니다. 따라서 두 번째 배열인 ["b1", "b2", "b3"]에서 세 번째 값 "b3"을 theValue로 꺼냅니다. 다음 행에서는 [2][0] 위치의 값을 변경합니다. 따라서 세 번째 배열인 ["c1", "c2", "c3"]에서 첫 번째 값을 "Hello"로 변경합니다.

List 2차원 배열의 값을 조작한다

«sample» **array_nesting/ViewController.swift**

```
var nestArray = [["a1","a2","a3"], ["b1","b2","b3"], ["c1","c2","c3"]]
let theValue = nestArray[1][2]      ———— [1][2] 위치의 값을 꺼냅니다
nestArray[2][0] = "Hello"           ———— [2][0] 위치의 값을 변경합니다
print(theValue)
print(nestArray)
```

출력

```
b3
[["a1", "a2", "a3"], ["b1", "b2", "b3"], ["Hello", "c2", "c3"]]
```

배열에서 모든 값을 꺼낸다

배열에서 모든 값을 꺼낼 때는 for-in 반복문을 사용합니다. 다음 예제와 같이 for item in numArray{ }로 작성하면 numArray 배열에서 차례대로 값을 꺼내 item에 넣습니다.

이 예제는 item에 꺼낸 값을 전부 더하거나 크기를 비교해서 합계, 평균, 최솟값, 최댓값을 구합니다.

List 배열 값의 합계, 평균, 최솟값, 최댓값

«sample» **array_for-in/ViewController.swift**

```
let numArray = [53, 45, 67, 81, 77]
var sum = 0
var min = Int.max // Int 최댓값
var max = Int.min // Int 최솟값
// numArray에서 모든 값을 1개씩 꺼낸다
for item in numArray {
    sum += item // 합한다
    if item<min {
        min = item // 최솟값 교체
    } if item>max {
        max = item // 최댓값 교체
    }
}
// 평균을 구한다
let ave = Double(sum)/Double(numArray.count)
print(" 합계 \(sum), 평균 \(ave), 최솟값 \(min), 최댓값 \(max)")
```

———— 모든 값의 비교를 하고 나면
최솟값과 최댓값을 구할 수 있습니다

> **출력**
>
> 합계 323, 평균 64.6, 최솟값 45, 최댓값 81

Part 2

Chapter
2

Chapter
3

Chapter
4

Chapter
5

Chapter
6

Chapter
7

Chapter
8

Chapter
9

Chapter
10

인덱스 번호와 값을 꺼낸다

for-in 반복문에서 enumerated( )을 이용함으로써 값과 동시에 인덱스 번호를 (index, value) 튜플로 꺼낼 수 있습니다.

> **List** 배열에서 인덱스 번호와 값을 꺼낸다
>
> «sample» **array_enThreeStarsrate/ViewController.swift**
>
> ```swift
> let colorList = ["bulew", "yellow", "red", "green"]
> for (index, value) in colorList.enumerated() {
>     print((index, value))
> }
> ```
>
> **출력**
>
> ```
> (0, "bulew")
> (1, "yellow")
> (2, "red")
> (3, "green")
> ```

첫 번째 값과 마지막 값을 꺼낸다

배열의 첫 번째 값은 first, 마지막 값은 last로 꺼낼 수 있습니다. 예를 들면 myArray.first로 myArray 배열의 첫 번째 값을 꺼냅니다. first와 last로는 값을 꺼낼 수만 있고 설정할 수는 없습니다.

myArray 배열의 첫 번째 값은 myArray[0]으로도 가져올 수 있지만 myArray 배열이 비어 있을 때 myArray[0]은 인덱스 오류가 발생합니다. 그러나 myArray.first는 오류가 나지 않고 nil이 반환됩니다. myArray.last도 마찬가지입니다.

> **List** 배열의 첫 번째 값과 마지막 값을 구한다
>
> «sample» **array_first_last/ViewController.swift**
>
> ```swift
> let emptyArray = [Int]()
> let abcArray = ["a","b","c","d"]
> print("첫 번째 값은 \(emptyArray.first), 마지막 값은 \(emptyArray.last)")
> print("첫 번째 값은 \(abcArray.first!), 마지막 값은 \(abcArray.last!)")
> ```
>
> **출력**
>
> ```
> 첫 번째 값은 nil, 마지막 값은 nil
> 첫 번째 값은 a, 마지막 값은 d
> ```

값을 정렬하는 sort( ), sorted( )

배열 값을 크기순으로 정렬하려면 sort()를 사용합니다. sort()는 대상 배열의 값을 정렬하므로 배열을 var로
선언해야 합니다. 다음 예제는 수치가 들어간 배열의 값을 오름차순(작은 것부터 큰 것으로)으로 정렬합니다.

```swift
var ageArray = [34, 23, 31, 26, 28, 22]
ageArray.sort()    ———— 배열 값을 정렬합니다
print(ageArray)
```

출력

```
[22, 23, 26, 28, 31, 34]
```

정렬된 배열을 새로 만든다

sort()는 원래 배열의 정렬을 변경하며, sorted()는 기존 배열을 변경하지 않고 정렬된 배열을 새로 만듭니다.

다음 예제는 배열 fruit 값을 sorted()로 정렬하고, 값을 정렬한 배열은 fruitSorted라는 새로운 배열에 대입합
니다. 출력 결과를 보면 알 수 있듯이 기존 배열 fruit의 값은 그대로입니다.

List 배열 friut를 정렬해서 새로운 배열 fruitSorted를 만든다

«sample» **array_sorted/ViewController.swift**

```swift
let fruit = ["orange", "apple", "pineapple", "banana"]
let fruitSorted = fruit.sorted()    ———— 정렬된 배열을 새로 만듭니다
print(fruit)
print(fruitSorted)
```

출력

```
["orange", "apple", "pineapple", "banana"]
["apple", "banana", "orange", "pineapple"]    ———— 배열 fruitSorted는 ABC 순입니다
```

Part 2
Chapter
2
Chapter
3
Chapter
4
Chapter
5
Chapter
6
Chapter
7
Chapter
8
Chapter
9
Chapter
10

Section 5-3
배열에 값을 추가하고 삭제한다

이 절에서는 배열에 값을 추가 · 삽입, 삭제하는 방법을 설명합니다.

배열에 값을 추가 · 삽입한다

기존의 배열에 값을 추가하거나 삽입하려면 배열을 var 변수로 선언해야 합니다.

값을 추가한다

배열에 값을 추가하려면 append() 메서드를 사용합니다. 값은 배열의 마지막에 추가됩니다.

List   배열의 마지막에 값을 추가한다

──── let이 아닌 var로 선언합니다   «sample» **array_append/ViewController.swift**

```
var colors = ["red", "green"]
colors.append("yellow")
print(colors)
```

출력
```
["red", "green", "yellow"]
```

값을 삽입한다

배열에 값을 삽입하고 싶다면 insert() 메서드를 사용합니다. insert() 메서드의 서식은 다음과 같습니다. 삽입 위치는 2번째 매개변수의 at으로 지정하며 위치는 0부터 셉니다. 다음 예제는 인덱스 번호가 2인 "c" 앞에 "XYZ"를 삽입합니다.

서식   값을 삽입한다

```
insert(값, at: 위치)
```

List   배열의 중간에 값을 삽입한다

«sample» **array_insert/ViewController.swift**

```
var aList = ["a", "b", "c", "d"]
aList.insert("XYZ", at: 2)  ──── "c" 앞에 삽입합니다
print(aList)
```

출력
```
["a", "b", "XYZ", "c", "d"]
```

배열의 값을 삭제한다

배열의 값을 삭제하는 방법은 위치를 지정해서 삭제하는 방법부터 마지막 값을 삭제하는 방법, 모든 값을 삭제하는 방법까지 다양한 메서드가 있습니다. 모두 원래 배열의 값이 제거됩니다.

지정한 위치의 값을 삭제한다

remove(at:) 메서드로는 매개변수로 지정한 위치의 값을 삭제합니다. 메서드를 실행하면 지정한 위치의 값을 삭제하고 삭제한 값을 반환합니다. 원래 배열에서 값을 삭제하므로 연속하는 값을 삭제할 때는 앞서 수행한 삭제 때문에 값의 위치가 바뀌므로 주의해야 합니다.

다음 예제는 배열 colorArray에서 인덱스 번호가 2인 값을 제거합니다. 위치는 0부터 세므로 삭제할 색은 green입니다.

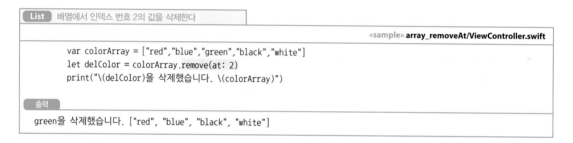

List　배열에서 인덱스 번호 2의 값을 삭제한다

«sample» **array_removeAt/ViewController.swift**

```
var colorArray = ["red","blue","green","black","white"]
let delColor = colorArray.remove(at: 2)
print("\(delColor)을 삭제했습니다. \(colorArray)")
```

출력

```
green을 삭제했습니다. ["red", "blue", "black", "white"]
```

첫 번째 값을 삭제한다

배열에서 첫 번째 값을 삭제하려면 removeFirst() 메서드를 사용합니다. 메서드를 실행하면 첫 번째 값을 삭제하고 삭제한 값이 반환됩니다.

List　배열에서 첫 번째 값을 삭제한다

«sample» **array_removeFirst/ViewController.swift**

```
var colorArray = ["red","blue","green","black","white"]
let delColor = colorArray.removeFirst()
print("\(delColor)를 삭제했습니다. \(colorArray)")
```

출력

```
red를 삭제했습니다. ["blue", "green", "black", "white"]
```

마지막 값을 삭제한다

배열에서 마지막 값을 삭제하려면 removeLast() 메서드를 사용합니다. 메서드를 실행하면 마지막 값을 삭제하고 삭제한 값이 반환됩니다.

Part 2

Chapter
2

Chapter
3

Chapter
4

Chapter
5

Chapter
6

Chapter
7

Chapter
8

Chapter
9

Chapter
10

List 배열에서 마지막 값을 삭제한다

«sample» **array_removeLast/ViewController.swift**

```
var colorArray = ["red","blue","green","black","white"]
let delColor = colorArray.removeLast()  ——— delColor에는 제거한 값이 들어갑니다
print("\(delColor)를 삭제했습니다. \(colorArray)")
```

출력

```
white를 삭제했습니다.["red", "blue", "green", "black"]
```

모든 값을 삭제한다

배열에서 모든 값을 삭제하려면 removeAll() 메서드를 실행하거나 배열을 []로 설정합니다. 단, 요소가 비어 있는 빈 배열이 될 뿐 배열 자체가 삭제되는 것은 아닙니다.

List 배열에서 모든 값을 삭제한다

«sample» **array_removeAll/ViewController.swift**

```
var colorArray = ["red","blue","green","black","white"]
colorArray.removeAll()
print(colorArray)
```

출력

```
[]  ——— 빈 배열이 됐습니다
```

배열 복제

배열을 다른 변수에 대입했을 때 변수에는 참조 복사되는 것이 아닌 값이 복사되어 들어갑니다(실제로는 레이지 카피(Lazy copy)가 됩니다). 다음과 같이 배열 array1을 만들고 이를 array2에 대입하면 array1과 array2는 같은 값을 가진 다른 배열입니다. 그 증거로 array1 값을 변경한 뒤 array2의 값을 확인하면 복사한 시점의 array1의 값이 그대로 들어 있습니다.

List 배열의 복사 전달을 확인한다

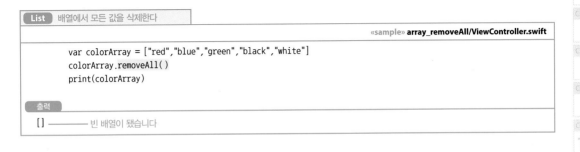

«sample» **array_copy/ViewController.swift**

```
var array1 = [1,2,3]
let array2 = array1  ——— 배열이 복사됩니다
array1[0] = 99  ——— array1의 값을 변경합니다
print("array1 \(array1)")
print("array2 \(array2)")
```

출력

```
array1 [99, 2, 3]  ——— 값이 변경됐습니다
array2 [1, 2, 3]  ——— 처음 array1의 값이 바뀌지 않았습니다
```

레이지 카피(Lazy copy)

배열을 복사하는 방법에는 크게 두 가지 방법이 있습니다. 하나는 원래 배열의 참조를 복사한 것일 뿐 실제로는 같은 배열을 가리키는 다른 이름의 배열을 만드는 얕은 복사(Shallow Copy), 나머지 하나는 같은 값을 갖는 완전히 새로운 다른 배열을 만드는 깊은 복사(Deep Copy)입니다. 스위프트의 배열은 일단 얕은 복사를 하고, 배열의 요소나 값을 변경한 시점에서 자동으로 깊은 복사를 한 새로운 배열을 만듭니다. 이것을 레이지 카피(Lazy Copy)라고 부릅니다. 딕셔너리(Dictionary)의 복제에서도 레이지 카피를 합니다.

Chapter 6

딕셔너리 Dictionary

딕셔너리(Dictionary, 사전)는 배열과 비슷하지만, 값을 인덱스 번호가 아닌 [키] 즉, 이름을 붙여 구별해서 참조합니다. 여러 곳에서 이용되는 데이터 형식이므로 기본적으로 알아야 합니다.

Section 6-1

딕셔너리를 만든다

배열은 여러 개의 값을 인덱스 번호로 관리하지만, 딕셔너리(Dictionary)는 키(이름)와 값을 쌍으로 해 여러 개의 아이템을 관리합니다. 이 절에서는 딕셔너리를 만드는 방법을 설명하며, 딕셔너리의 활용은 다음 절에서 설명합니다.

딕셔너리를 만든다

딕셔너리(Dictionary)는 배열과 비슷하지만 하나의 요소(아이템)가 키와 값으로 쌍을 이룹니다. 배열과 달리 요소에 순서가 없고 순서를 나타내는 인덱스 번호도 없습니다. 키는 모두 같은 타입이며 중복되지 않아야 합니다.

let으로 정의한 딕셔너리는 요소를 추가하거나 삭제, 변경할 수 없고, var로 선언한 딕셔너리는 요소를 추가하거나 삭제, 값 변경을 할 수 있습니다.

서식 딕셔너리의 서식

```
let 딕셔너리명 = [키1:값1, 키2:값2, 키3:값3]
var 딕셔너리명 = [키1:값1:, 키2:값2, 키3:값3]
```

List 딕셔너리의 예

«sample» **dictionary_sample/ViewController.swift**

```
let sizeTable = ["S":47, "M":52, "L":55]
let numDic = [10:"a", 20:"b", 30:"c"]
let resultDic = ["A":true, "B":false, "C":true]
let pointDic = ["p1":(10,20), "p2":(30,50), "p3":(20,40)]
```

값의 형을 한정한 딕셔너리를 만든다

다음과 같이 딕셔너리 값의 형을 한정할 수 있습니다. 이 딕셔너리에는 지정된 형 이외의 값을 넣을 수 없습니다. 값의 형을 지정하지 않고 상수, 변수에 딕셔너리를 대입하면 형 추론되어 형이 정해집니다. 형을 지정하지 않는 딕셔너리를 만들려면 형을 Any로 합니다.

서식 값의 형을 지정한 딕셔너리의 선언

```
let 딕셔너리명:[키의 형:값의 형]
var 딕셔너리명:[키의 형:값의 형]
```

다음 예제에서 sizeTable:[String:Int]는 키가 String 형, 값이 Int 형인 딕셔너리입니다. pointDic은 [String:(Int, Int)] 형이므로 키가 Int 형, 값은 (Int, Int) 튜플인 딕셔너리입니다. theUser 값은 어느 형으로도 좋은 Any 형입니다. 실제 코드를 보면 값에 "철수", 29, [67, 82]처럼 여러 형이 지정돼 있습니다.

Part 2
Chapter 2
Chapter 3
Chapter 4
Chapter 5
Chapter 6
Chapter 7
Chapter 8
Chapter 9
Chapter 10

List 값의 형을 지정한 딕셔너리

«sample» **dictionary_type/ViewController.swift**

```
let sizeTable:[String:Int] = ["S":47, "M":52, "L":55]
let resultDic:[String:Bool] = ["A":true, "B":false, "C":true]
let pointDic:[String:(Int,Int)] = ["p1":(10,20), "p2":(30,50), "p3":(20,40)]
var theUser:[String:Any]
theUser = ["이름":"철수", "연령":29, "득점":[67,82]]
```

딕셔너리에는 Dictionary〈키의 형, 값의 형〉 서식도 있습니다.

서식 Dictionary〈키의 형, 값의 형〉을 사용한 딕셔너리의 선언

```
let 딕셔너리명: Dictionary<키의 형, 값의 형>
var 딕셔너리명: Dictionary<키의 형, 값의 형>
```

List Dictionary〈키의 형, 값의 형〉을 사용한 딕셔너리의 선언

«sample» **dictionary_Dictionary/ViewController.swift**

```
let sizeTable:Dictionary<String, Int> = ["S":47, "M":52, "L":55]
let resultDic:Dictionary<String, Bool> = ["A":true, "B":false, "C":true]
var pointDic:Dictionary<String, (Int,Int)>
pointDic = ["p1":(10,20), "p2":(30,50), "p3":(20,40)]
```

빈 딕셔너리

형을 지정하고 딕셔너리를 선언했으면 [:]로 설정해서 빈 딕셔너리를 만들 수 있습니다.

List 값이 빈 딕셔너리를 만든다

«sample» **dictionary_empty1/ViewController.swift**

```
var sizeTable:[String:Int] = [:]
var theUser:[String:String]          ──── 이 시점에서는 초기화되지 않았습니다
theUser = [:]
```

값이 빈 딕셔너리는 다음 서식으로 직접 만들 수 있습니다.

서식 값이 빈 딕셔너리를 만든다

```
[키의 형:값의 형]()
Dictionary<키의 형, 값의 형>()
```

List   값이 빈 딕셔너리를 만든다

«sample» **dictionary_empty2/ViewController.swift**

```swift
var sizeTable = [String:Int]()
var theUser = Dictionary<String, String>()
```

딕셔너리가 비어 있는지 알아본다

딕셔너리가 비어 있는지 확인할 때는 isEmpty 프로퍼티를 조사합니다. 딕셔너리가 비어 있다면 true, 값이 있다면 false가 반환됩니다.

List   딕셔너리가 비어 있는지 알아본다

«sample» **dictionary_isEmpty/ViewController.swift**

```swift
let theDic:[String:Int] = [:]
if theDic.isEmpty {
    print("theDic은 빈 딕셔너리입니다")
} else {
    print(theDic)
}
```

출력

```
theDic은 빈 딕셔너리입니다
```

요소의 개수

딕셔너리의 요소 개수는 count 프로퍼티로 확인할 수 있습니다.

List   딕셔너리 요소의 개수를 확인한다

«sample» **dictionary_count/ViewController.swift**

```swift
let aDic = ["a":333, "b":555, "c":999]
print(aDic.count)
```

출력

```
3
```

요소를 튜플로 만든다

Dictionary 클래스의 요소는 (키, 값) 형식의 튜플로 다룰 수 있습니다. 초기화자에 dictionaryLiteral 옵션을 붙이면 요소를 튜플 형식으로 삽입할 수 있습니다.

List   요소를 튜플로 만든다

«sample» **dictionary_dictionaryLiteral/ViewController.swift**

```swift
let a = ("A", 1)
let b = ("B", 2)
let c = ("C", 3)
let abcDic = Dictionary(dictionaryLiteral: a,b,c)
print(abcDic)
```

출력

```
["C": 3, "B": 2, "A": 1]
```

Part 2

Chapter
2

Chapter
3

Chapter
4

Chapter
5

Chapter
6

Chapter
7

Chapter
8

Chapter
9

Chapter
10

Section 6-2

딕셔너리에서 값을 꺼낸다

이 절에서는 딕셔너리의 요소에서 키나 값을 꺼내거나 값을 갱신하는 방법을 설명합니다.

딕셔너리의 값에 접근한다

딕셔너리의 값을 꺼내려면 딕셔너리[키]와 같이 키를 사용해 참조합니다. 다음 예제에서 members 딕셔너리에는 3개의 요소가 들어 있습니다. members에서 "서울" 값을 꺼내려면 키를 사용해 members["서울"]과 같이 지정합니다.

> **List**　members 딕셔너리에서 키가 "서울"인 값을 꺼낸다
>
> 《sample》 **dictionary_access/ViewController.swift**

```
var members = ["서울":15,"제주도":12,"독도":9]
let seoulValue = members["서울"]
```

꺼내려는 키가 존재하지 않을지도 모른다

딕셔너리에서 값을 꺼내려고 했을 때 지정한 키가 딕셔너리에 존재하지 않을 수도 있습니다. 이때는 결과에 값이 없음을 나타내는 nil이 반환됩니다. 예를 들면 members["부산"]은 존재하지 않으므로 값은 nil이 됩니다.

스위프트에서는 이처럼 nil이 올 수도 있는 값을 옵셔널 밸류(Optional Value)라고 부릅니다. members["서울"]과 members["제주도"] 값을 print()로 출력하면 각각 Optional(15), Optional(12)라고 출력됩니다. 이는 2개의 값이 옵셔널 밸류임을 나타냅니다.

옵셔널 밸류를 언랩한다

옵셔널 밸류를 계산식 등에서 사용하려면 값이 옵셔널 밸류가 아니라고(즉, nil은 제외) 나타내야 합니다. 구체적으로는 seoulValue!, JejudoValue!처럼 끝에 느낌표 !를 붙여서 옵셔널 밸류를 언랩하여 보통 정수인 15, 12를 사용합니다. 옵셔널 밸류는 뒤에서 자세하게 설명합니다(☞ P.174).

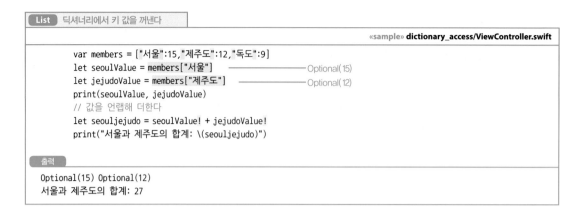

List 딕셔너리에서 키 값을 꺼낸다

«sample» **dictionary_access/ViewController.swift**

```swift
var members = ["서울":15,"제주도":12,"독도":9]
let seoulValue = members["서울"]            ——————— Optional(15)
let jejudoValue = members["제주도"]          ——————— Optional(12)
print(seoulValue, jejudoValue)
// 값을 언랩해 더한다
let seouljejudo = seoulValue! + jejudoValue!
print("서울과 제주도의 합계: \(seouljejudo)")
```

출력

```
Optional(15) Optional(12)
서울과 제주도의 합계: 27
```

값을 변경한다

딕셔너리의 값을 변경하려면 딕셔너리[키] = 값과 같이 키를 가리켜 값을 변경합니다. 이때 딕셔너리는 var로 선언한 변수여야 합니다.

다음 예제는 ["서울":15, "부산":12, "독도":9] 요소를 갖는 members 딕셔너리를 만든 다음 부산의 값을 수정합니다. 또한, 출력 결과에서 알 수 있듯이 딕셔너리에서 요소의 순서는 작성한 순서와는 다르므로 주의하세요.

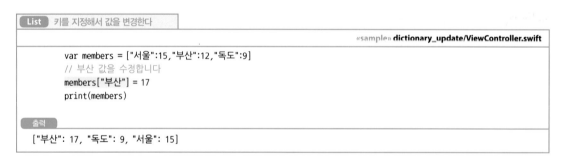

List 키를 지정해서 값을 변경한다

«sample» **dictionary_update/ViewController.swift**

```swift
var members = ["서울":15,"부산":12,"독도":9]
// 부산 값을 수정합니다
members["부산"] = 17
print(members)
```

출력

```
["부산": 17, "독도": 9, "서울": 15]
```

딕셔너리에서 값을 꺼낸다   Section 6-2

Part 2

Chapter
2

Chapter
3

Chapter
4

Chapter
5

Chapter
6

Chapter
7

Chapter
8

Chapter
9

Chapter
10

갱신된 값을 받는다

updateValue() 메서드로 값을 변경하면 갱신 전의 값을 받을 수 있습니다. 지정한 키가 없다면 요소가 추가되고 nil이 반환됩니다.

다음 예제는 부산의 값을 12에서 17로 변경하면 [부산 값을 12에서 17로 갱신했습니다.]와 같이 출력하고, 존재하지 않는 키 대전을 갱신하면 [대전:14를 추가했습니다.]와 같이 요소를 추가하는 예제입니다. if 문에서는 옵셔널 바인딩이라고 하는 방법을 사용합니다(☞ P.177).

List 갱신 전 값을 받는다

«sample» **dictionary_updateValue/ViewController.swift**

```swift
// ViewController.swift
// dictionary_updateValue

import UIKit

class ViewController: UIViewController {
    // members 딕셔너리 선언
    var members = [String:Int]()

    // members 딕셔너리에 값을 추가, 변경한다
    func updateMembers(theKey:String, newValue:Int) {
        if let oldValue = members.updateValue(newValue, forKey: theKey){
            // 키가 있을 때는 값을 갱신
            print("\(theKey) 값을 \(oldValue)에서 \(newValue)로 갱신했습니다.")
        } else {
            // 키가 없을 때는 요소를 추가
            print("\(theKey):\(newValue)를 추가했습니다.")
        }
        print(members)
    }

    override func viewDidLoad() {
        super.viewDidLoad()

        // 처음 값을 대입
        members = ["서울":15,"부산":12,"독도":9]
        // 부산 값을 수정한다
        updateMembers(theKey: "부산", newValue: 17)
        // 키가 없는 대전을 추가한다
        updateMembers(theKey: "대전", newValue: 14)
    }
}
```

출력

```
부산 값을 12에서 17로 갱신했습니다.
["부산": 17, "독도": 9, "서울": 15]
대전:14를 추가했습니다.
["부산": 17, "대전": 14, "독도": 9, "서울": 15]
```

딕셔너리 복제

딕셔너리를 다른 변수에 대입했을 때 변수에는 딕셔너리가 참조 복사되는 것이 아닌 복제 돼 들어갑니다(레이지 카피 ☞ P.148). 다음과 같이 딕셔너리 dic1을 만들고 이를 dic2에 대입하면 dic1과 dic2는 같은 키와 같은 값을 갖는 다른 딕셔너리가 됩니다. 그 증거로 dic1의 값을 변경하고 dic1과 dic2의 값을 확인하면 dic2의 값은 dic1의 원래 값이 그대로 들어 있습니다.

List 딕셔너리의 복제를 확인한다

«sample» **dictionary_copy/ViewController.swift**

```
var dic1 = ["a":1,"b":2,"c":3]
let dic2 = dic1        ——— dic1이 복제됩니다
dic1["b"] = 99         ——— dic1의 키 "b" 값을 99로 변경합니다
print("dic1는 \(dic1)")
print("dic2는 \(dic2)")
```

출력

```
dic1는 ["b": 99, "a": 1, "c": 3]
dic2는 ["b": 2, "a": 1, "c": 3]        ——— dic2는 원래의 dic1 그대로 변경되지 않습니다
```

딕셔너리에서 모든 요소를 꺼낸다

딕셔너리의 요소는 for-in 반복문을 이용해 모두 꺼낼 수 있습니다. 꺼낸 값은 (키, 값) 튜플입니다 (튜플 ☞ P.55).

List 딕셔너리의 요소를 모두 꺼낸다

«sample» **dictionary_for-in/ViewController.swift**

```
let subwayline2 = ["H1":"합정역", "S1":"사당", "S2":"신도림", "G":"강남",
                   "J":"종합운동장","D":"동대문역사문화공원", "S3":"시청", "H2":"홍대입구"]

for station in subwayline2 {
    print(station)
}
```
——— subwayline2 요소를 1개씩 꺼내서 station에 넣습니다

출력

```
("S2", "신도림")        ——— 꺼낸 값은 (키, 값) 튜플이 됩니다
("H1", "합정역")
("D", "동대문역사문화공원")
("S1", "사당")
("S3", "시청")
("J", "종합운동장")
("G", "강남")
("H2", "홍대입구")
```

키와 값을 튜플에 대입한다

for-in 반복문을 사용하면 요소를 (키, 값) 튜플로 꺼낼 수 있습니다. 앞서 살펴본 예제에서 subwayline2 딕셔너리의 키와 값은 다음과 같이 튜플 변수로 받을 수 있습니다.

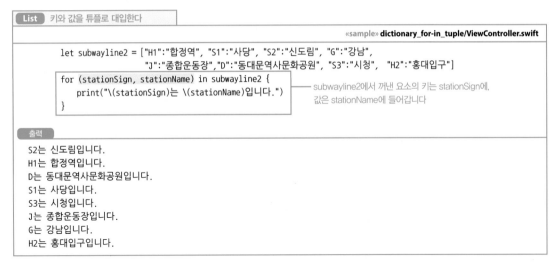

List 키와 값을 튜플로 대입한다

«sample» **dictionary_for-in_tuple/ViewController.swift**

```swift
let subwayline2 = ["H1":"합정역", "S1":"사당", "S2":"신도림", "G":"강남",
                   "J":"종합운동장","D":"동대문역사문화공원", "S3":"시청",  "H2":"홍대입구"]
for (stationSign, stationName) in subwayline2 {
    print("\(stationSign)는 \(stationName)입니다.")
}
```

— subwayline2에서 꺼낸 요소의 키는 stationSign에, 값은 stationName에 들어갑니다

출력

```
S2는 신도림입니다.
H1는 합정역입니다.
D는 동대문역사문화공원입니다.
S1는 사당입니다.
S3는 시청입니다.
J는 종합운동장입니다.
G는 강남입니다.
H2는 홍대입구입니다.
```

키만 모두 꺼낸다

딕셔너리의 키만 꺼내려면 keys 키워드를 지정합니다.

List 키를 모두 꺼낸다

«sample» **dictionary_for-in_keys/ViewController.swift**

```swift
let subwayline2 = ["H1":"합정역", "S1":"사당", "S2":"신도림", "G":"강남", "J":"종합운동장",
                   "D":"동대문역사문화공원", "S3":"시청", "H2":"홍대입구"]
for stationSign in subwayline2.keys {
    print("\(stationSign)", terminator: ",")
}
```

출력

```
S2,H1,D,S1,S3,J,G,H2,
```

또한, Array(딕셔너리명.keys)와 같이 하면 키의 배열이 됩니다. 키가 배열에 들어가는 순서는 정해지지 않으므로 주의합니다.

List 키 배열을 만든다

«sample» **dictionary_array_keys/ViewController.swift**

```swift
let subwayline2 = = ["H1":"합정역", "S1":"사당", "S2":"신도림", "G":"강남", "J":"종합운동장",
                     "D":"동대문역사문화공원", "S3":"시청", "H2":"홍대입구"]
let stationSigns = Array(subwayline2.keys)
print(stationSigns)
```

출력

```
["H", "T", "C", "N", "G", "M", "F", "Z"]
```

Part 2
Chapter
2
Chapter
3
Chapter
4
Chapter
5
Chapter
6
Chapter
7
Chapter
8
Chapter
9
Chapter
10

값만 모두 꺼낸다

키와 마찬가지로 values 키워드로 딕셔너리의 값만 꺼낼 수 있습니다.

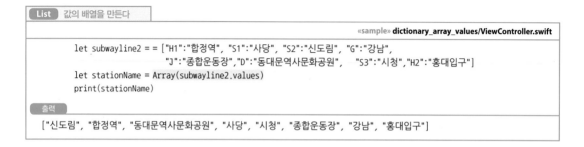

List	값을 모두 꺼낸다

```
                                         «sample» dictionary_for-in_values/ViewController.swift
        let subwayline2 = ["H1":"합정역", "S1":"사당", "S2":"신도림", "G":"강남",
                       "J":"종합운동장","D":"동대문역사문화공원", "S3":"시청","H2":"홍대입구"]
        for stationName in subwayline2.values {
            print("\(stationSign)", terminator: ",")
        }
```

출력

신도림,합정역,동대문역사문화공원,사당,시청,종합운동장,강남,홍대입구,

Array(딕셔너리명.values)와 같이 하면 값의 배열이 됩니다.

List	값의 배열을 만든다

```
                                         «sample» dictionary_array_values/ViewController.swift
        let subwayline2 = = ["H1":"합정역", "S1":"사당", "S2":"신도림", "G":"강남",
                       "J":"종합운동장","D":"동대문역사문화공원",   "S3":"시청","H2":"홍대입구"]
        let stationName = Array(subwayline2.values)
        print(stationName)
```

출력

["신도림", "합정역", "동대문역사문화공원", "사당", "시청", "종합운동장", "강남", "홍대입구"]

Section 6-3

딕셔너리에 요소를 추가하고 삭제한다

Part 2
Chapter
2
Chapter
3
Chapter
4
Chapter
5
Chapter
6
Chapter
7
Chapter
8
Chapter
9
Chapter
10

이 절에서는 딕셔너리에 요소를 추가하는 방법과 삭제하는 방법을 설명합니다.

요소를 추가한다

딕셔너리에 새로운 요소를 추가하려면 키를 지정해 값을 설정합니다. 요소를 추가하는 방법은 값을 변경하는 방법과 같습니다. 지정한 키가 딕셔너리에 존재하지 않으면 그 키와 값을 딕셔너리에 추가합니다. 다음 예제는 키가 대전인 값을 14로 설정하지만, members에 대전이 없으므로 ["대전":14] 요소가 추가됩니다.

List	딕셔너리에 요소를 추가한다

«sample» **dictionary_append/ViewController.swift**

```
var members = ["서울":15,"부산":12,"대구":9]        ——— 값을 변경하므로 var 선언을 합니다
// 대전을 추가합니다
members["대전"] = 14        ——— 존재하지 않는 키 값을 설정하면 요소가
print(members)                   추가됩니다
```

출력

```
["부산": 12, "대구": 9, "대전": 14, "서울": 15]
```

요소를 삭제한다

딕셔너리에서 요소를 삭제하려면 removeValue(forKey):메서드로 삭제할 키를 설정합니다. 지정한 키가 딕셔너리에 없으면 nil이 반환됩니다. 키가 있으면 해당 키의 요소를 삭제하고 삭제한 키의 값을 반환합니다.

List	지정한 키 요소를 삭제한다

«sample» **dictionary_remove/ViewController.swift**

```
var theRace = ["short":20, "half":40, "full":85]        ——— 요소를 삭제하므로 var로 선언합니다
let theKey = "short"
if let result = theRace.removeValue(forKey: theKey) {        ——— "short"요소를 삭제합니다
    print("\(theKey)는 삭제했습니다. 값은 \(result)이었습니다.")
} else {
    print("\(theKey)는 없었습니다.")
}
print(theRace)
```

출력

```
short는 삭제했습니다. 값은 20이었습니다.
["full": 85, "half": 40]
```

또한, 값을 nil로 변경하면 요소 자체가 삭제됩니다.

List   값을 nil로 변경해서 삭제한다

«sample» **dictionary_remove_nil/ViewController.swift**

```
var theRace = ["short":20, "half":40, "full":85]
theRace["half"] = nil      ── 값을 nil로 변경하면 요소가 삭제됩니다
print(theRace)
```

출력

```
["full": 85, "short": 20]      ──────── half 키와 값이 없습니다
```

모든 요소를 삭제한다

딕셔너리의 모든 요소를 삭제할 때는 removeAll() 메서드를 실행하거나 [:]으로 설정합니다. 요소가 빈 딕셔너리가 될 뿐 딕셔너리 자체가 삭제되는 것은 아닙니다.

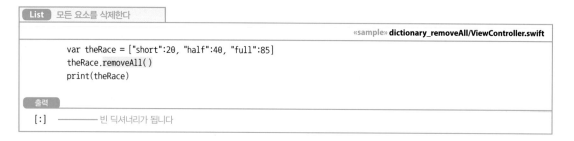

List   모든 요소를 삭제한다

«sample» **dictionary_removeAll/ViewController.swift**

```
var theRace = ["short":20, "half":40, "full":85]
theRace.removeAll()
print(theRace)
```

출력

```
[:]      ──────── 빈 딕셔너리가 됩니다
```

Chapter 7

집합 Set

세트는 여러 개의 값을 집합으로 다루고 싶을 때 사용합니다. 집합으로는 a 세트와 b 세트를 합한 전체값을 조사하거나 a 세트와 b 세트의 교집합, a 세트와 b 세트의 차집합을 조사할 수 있습니다.

세트를 만든다

세트는 여러 개의 값을 [집합]으로 다룹니다. 이 절에서는 세트를 만드는 방법과 세트 값으로 접근하는 방법을 설명합니다. 세트 는 행렬과 비슷한 것 같지만, 내용은 많이 다릅니다.

집합이란

세트는 수학에서 말하는 [집합]을 다루는 것입니다. 집합에서는 값(요소)을 그룹으로 나눕니다. 예를 들면 [모자를 쓰고 있는 사람]을 a 그룹, [안경을 쓰고 있는 사람]을 b 그룹으로 나눕니다. a 그룹과 b 그룹을 합친 [모자를 쓰고 안경을 쓰고 있는 사람의 모임]은 그룹의 덧셈(a+b)이라고 인식할 수 있고, [모자를 쓰고 있지만 안경은 쓰지 않은 사람]은 그룹의 뺄셈(a–b)과 같이 인식할 수 있습니다. 이처럼 그룹 간에 연산을 하는 것이 집합의 방식입니다.

기본적인 집합 연산은 벤 다이어그램으로 나타낼 수 있습니다. 집합 연산의 구체적인 방법은 다음 절에서 설명합니다.

a : 모자를 쓰고 있다   **b** : 안경을 쓰고 있다

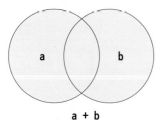

a + b
모자를 쓰고 있거나 안경을 쓰고 있다.
또는 모자를 쓰고 있고 안경을 쓰고 있다.

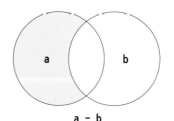

a – b
모자를 쓰고 있지만 안경은 쓰지 않았다.

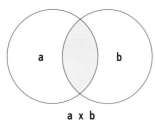

a x b
모자를 쓰고 있고 안경도 쓰고 있다.

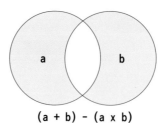

(a + b) – (a x b)
모자를 쓰고 있지만 안경은 쓰지 않았다.
또는 안경은 쓰고 있지만 모자는 쓰지 않았다.

그림 7.1 집합의 연산

세트를 만든다

값의 그룹 즉, 세트는 배열로 만들 수 있습니다. 다만 배열은 같은 값을 여러 개 가질 수 있지만, 세트에는 중복되는 값을 넣을 수 없습니다. 또한 세트의 값에는 순서가 없습니다. 다음 예제는 배열로 colorSetA 세트와 colorSetB 세트를 만듭니다.

List 배열로 세트를 만든다

«sample» **set_colors/ViewController.swift**

```
let colorSetA:Set<String> = ["red", "green", "blue"]
let colorSetB:Set = ["yellow", "pink", "green"]
```
---

colorSetA에서는 형 지정을 Set〈String〉과 같이 하지만 대입하는 배열의 값이 모두 String이므로 colorSetB와 같이 Set 지정만 해도 됩니다. 배열과 구별할 수 없으므로 Set 지정은 생략할 수 없습니다.

빈 세트를 만든다

빈 세트를 만드는 방법은 두 가지입니다. 하나는 numSetA와 같이 Set〈Int〉형을 지정하고 빈 배열[ ]을 설정하는 방법입니다. 두 번째는 Character(문자)가 들어가는 빈 세트를 Set〈Character〉()로 만들어 변수 charsSetB에 대입합니다.

List 빈 세트를 만든다

«sample» **set_empty/ViewController.swift**

```
var numSetA:Set<Int> = []
var charsSetB = Set<Character>()
```

세트에 값을 추가한다

세트는 insert()로 값을 추가할 수 있습니다. 앞서 만든 numSetA 세트에 값을 추가합니다. 세트에는 유일한 값만 추가되므로 이미 세트에 같은 값이 들어 있다면 값이 추가되지 않습니다. 다음 예제에서는 3을 두 번 추가하지만 결과를 보면 한 개만 추가된 모습을 볼 수 있습니다. 중복되는 값을 추가해도 오류가 발생하지는 않습니다.

List 빈 세트에 값을 추가한다

«sample» **set_insert/ViewController.swift**

```
var numSetA:Set<Int> = []
numSetA.insert(3)
numSetA.insert(5)
numSetA.insert(7)
numSetA.insert(3)        ———— 중복되는 값이므로 무시됩니다
print(numSetA)
```

출력

```
[5, 3, 7]    ———— 3을 2번 추가했으나 1개만 들어갑니다
```

> **① NOTE**
>
> 세트로 사용할 수 있는 값
>
> 세트에는 중복되지 않은 값을 넣어야 합니다. 값이 유일한지는 값의 해시값(hashValue)을 비교합니다. 스위프트의 기본적인 형(String, Int, Double, Bool 등)은 해시 값을 얻을 수 있습니다.

세트 값을 삭제한다

세트에 들어 있는 값은 remove()로 값을 지정해서 삭제할 수 있습니다. remove()를 실행해서 삭제에 성공했다면 삭제한 값이 반환되고, 지정한 값이 없어 삭제에 실패하면 nil이 반환됩니다. 다음 코드에서는 옵셔널 바인딩을 사용(☞ P.177)해 삭제에 성공했는지 처리를 분기합니다.

List 세트에서 값을 삭제한다

«sample» **set_remove/ViewController.swift**

```swift
var colorSet:Set = ["red", "yellow", "black", "green"]
if let theColor = colorSet.remove("black") {
    print("\(theColor)을 삭제했습니다.")
} else {
    print("세트에 변화가 없습니다.") ——————— 삭제하려는 값이 없으면 실행됩니다
}
print(colorSet)
```

출력

```
black을 삭제했습니다.
["green", "red", "yellow"]
```

세트 값의 개수를 알아본다

세트에 들어 있는 값의 개수는 count 프로퍼티로 알아볼 수 있습니다. 또한, 세트가 비어 있는지는 isEmpty 프로퍼티로 알 수 있습니다.

List 세트 값의 개수를 알아본다

«sample» **set_isEmpty_count/ViewController.swift**

```swift
let numSet:Set<Int> = [10, 20, 30, 40, 50]
if numSet.isEmpty {
    print("numSet은 비어 있습니다")
} else {
    print("numSet에는 값이 \(numSet.count)개 들어 있습니다.")
}
```

출력

```
numSet에는 값이 5개 들어 있습니다.
```

값이 세트에 들어 있는지 알아본다(귀속관계)

세트에 특정 값이 들어 있는지(귀속 관계)는 contains()를 사용해 확인할 수 있습니다. 세트에 값이 포함돼 있으면 true가 반환되고, 포함돼 있지 않으면 false가 반환됩니다. contains()는 a 세트에 b 세트가 포함돼 있는지 확인하는 세트 간의 비교(포함 관계)에는 사용할 수 없습니다. 세트 간 비교는 다음 절에서 설명합니다.

List   세트 lunchSet에 "차이 티"가 포함돼 있는지 확인

«sample» **set_contains/ViewController.swift**

```
let lunchSet:Set = ["커리", "난", "차이 티"]
let member = "차이 티"
if lunchSet.contains(member) {
    print("세트에는 \(member)가 포함돼 있습니다.")
} else {
    print("세트에는 \(member)은 포함돼 있지 않습니다.")
}
```

출력

세트에는 차이 티가 포함돼 있습니다.

세트에서 모든 값을 꺼낸다

세트에 포함된 값은 배열이나 딕셔너리와 마찬가지로 for-in 반복문을 사용해 꺼낼 수 있습니다. 이때 sorted()를 함께 이용하면 값을 정렬해서 꺼낼 수 있습니다.

List   세트에서 값을 크기순으로 꺼낸다

«sample» **set_for-in/ViewController.swift**

```
let numSet:Set<Double> = [3.2, 5.8, 1.4, 9.6, 5.5, 2,7]
// nuSet에서 오름차순으로 꺼낸다
for num in numSet.sorted() {
    print(num, terminator: "점,")
}
```

출력

1.4점,2.0점,3.2점,5.5점,5.8점,7.0점,9.6점,

인덱스로 값을 참조한다

세트 값의 순서는 배열로 작성했을 때의 순서와는 다를 수 있지만, 참조할 때마다 바뀌지는 않습니다. 세트 값은 문자열과 같이 startIndex, endIndex 등의 인덱스를 사용해서 참조할 수 있습니다. 자세한 내용은 문자열에서 문자를 꺼내는 설명을 참조하세요(☞ P.125).

List　세트의 맨 앞에 있는 값

«sample» **set_startIndex**

```
let colorSet:Set = ["yellow", "blue", "red", "green"]
// 값의 나열 확인
print(colorSet)
// 세트의 맨 앞에 있는 값
print(colorSet[colorSet.startIndex])
```

출력

```
["green", "red", "blue", "yellow"]
green
```

Part 2
Chapter
2
Chapter
3
Chapter
4
Chapter
5
Chapter
6
Chapter
7
Chapter
8
Chapter
9
Chapter
10

Section 7-2

세트의 집합 연산을 한다

이 절에서는 세트의 덧셈, 뺄셈, 곱셈과 같은 집합 연산과 a 세트에 b 세트가 완전히 포함되는지 포함 관계를 판정하는 방법을 설명합니다.

기본적인 집합 연산

세트는 집합 연산을 하는 것이야말로 사용하는 의미가 있습니다. 기본적인 집합 연산은 앞 절에서 벤 다이어그램을 통해 소개했는데 여기서는 실제로 연산하는 방법을 설명합니다.

a 세트와 b 세트의 요소를 더하는 합집합

합집합 연산은 a 세트와 b 세트가 있을 때 두 세트의 요소를 더한 c 세트를 만듭니다. a 세트와 b 세트 요소가 같은 값을 포함하고 있어도 c 세트에서는 값이 중복되지 않게 값을 합칩니다. 연산은 a.uinon(b)와 같이 합니다.

a.union(b)

a   b

그림 7.2 합집합

다음 예제는 aSet 세트와 bSet 세트를 합친 cSet 세트를 만듭니다. aSet과 bSet에는 중복된 요소가 있지만 cSet에서는 중복되어 등록되지 않습니다.

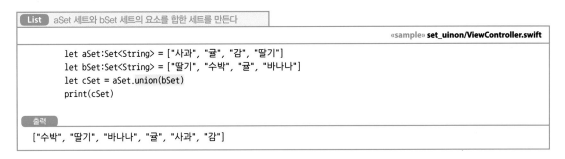

List aSet 세트와 bSet 세트의 요소를 합한 세트를 만든다

«sample» **set_uinon/ViewController.swift**

```swift
let aSet:Set<String> = ["사과", "귤", "감", "딸기"]
let bSet:Set<String> = ["딸기", "수박", "귤", "바나나"]
let cSet = aSet.union(bSet)
print(cSet)
```

출력

```
["수박", "딸기", "바나나", "귤", "사과", "감"]
```

a 세트와 b 세트의 공통 요소를 꺼내는 교집합

교집합 연산은 a 세트와 b 세트가 있을 때 두 개의 세트에서 공통된 요소를 꺼내 c 세트를 만듭니다. 연산은 a.intersection(b)와 같이 합니다.

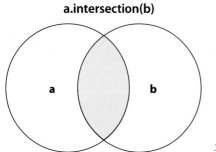

a.intersection(b)

그림 7.3 교집합

다음 예제는 앞서 살펴본 aSet 세트와 bSet 세트에서 공통된 요소를 꺼내 cSet 세트를 만듭니다.

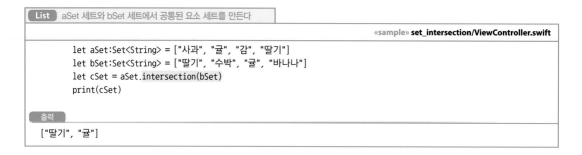

List aSet 세트와 bSet 세트에서 공통된 요소 세트를 만든다

«sample» **set_intersection/ViewController.swift**

```
let aSet:Set<String> = ["사과", "귤", "감", "딸기"]
let bSet:Set<String> = ["딸기", "수박", "귤", "바나나"]
let cSet = aSet.intersection(bSet)
print(cSet)
```

출력

```
["딸기", "귤"]
```

a 세트에서 b 세트의 요소를 뺀 차집합

차집합 연산은 a 세트에서 b 세트의 요소를 제거한 c 세트를 만듭니다. 연산은 a.subtracting(b)와 같이 합니다.

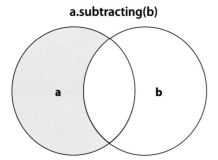

a.subtracting(b)

그림 7.4 차집합

다음 예제는 aSet 세트에서 bSet 세트의 요소를 제거한 cSet 세트를 만듭니다.

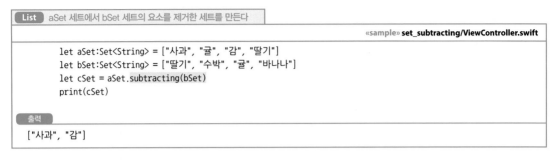

List aSet 세트에서 bSet 세트의 요소를 제거한 세트를 만든다

«sample» **set_subtracting/ViewController.swift**

```
let aSet:Set<String> = ["사과", "귤", "감", "딸기"]
let bSet:Set<String> = ["딸기", "수박", "귤", "바나나"]
let cSet = aSet.subtracting(bSet)
print(cSet)
```

출력

```
["사과", "감"]
```

a 세트와 b 세트 중 한쪽에만 포함되는 요소 대칭차

대칭차 연산은 a 세트와 b 세트에서 중복이 안 된 요소를 꺼내 c 세트를 만듭니다. 연산은 a.symmetric Difference(b)와 같이 합니다.

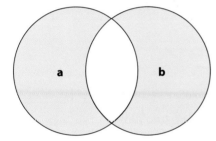

a.symmetricDifference(b)

그림 7.5 대칭차

다음 예제는 aSet 세트와 bSet 세트에서 공통된 요소가 "귤"과 "딸기"이므로 이 2개를 제거한 요소가 cSet 세트의 요소가 됩니다.

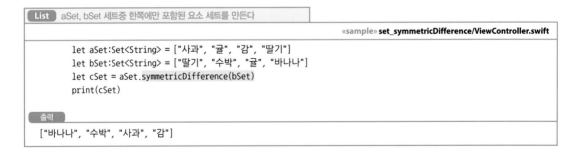

List aSet, bSet 세트중 한쪽에만 포함된 요소 세트를 만든다

«sample» **set_symmetricDifference/ViewController.swift**

```
let aSet:Set<String> = ["사과", "귤", "감", "딸기"]
let bSet:Set<String> = ["딸기", "수박", "귤", "바나나"]
let cSet = aSet.symmetricDifference(bSet)
print(cSet)
```

출력

```
["바나나", "수박", "사과", "감"]
```

세트 비교와 포함 관계

다음으로 세트와 세트를 비교해보겠습니다. a 세트와 b 세트를 비교했을 때 a 세트와 b 세트의 요소가 같은 경우, 공통 요소가 있는 경우, 공통의 요소가 없는 경우, a 세트가 b 세트를 포함하는 경우가 있습니다.

a 세트와 b 세트에 포함된 요소가 같다

a 세트와 b 세트의 요소가 완전히 같은지는 == 연산자로 비교할 수 있습니다. 포함된 요소를 비교하므로 요소의 순서는 상관없습니다. 또한 != 연산자로도 비교할 수도 있습니다. != 비교는 a 세트와 b 세트의 요소가 하나라도 일치하지 않을 때 true입니다.

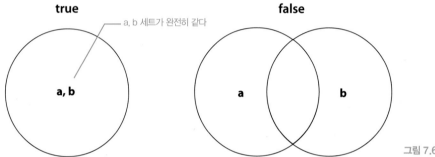

그림 7.6 세트 비교

다음 예제는 aSet 세트와 bSet 세트에 포함된 요소가 완전히 같으므로 (aSet == bSet)은 true이고, aSet 세트와 cSet 세트는 포함된 요소가 완전히 일치하지는 않으므로 (aSet != cSet)은 true입니다.

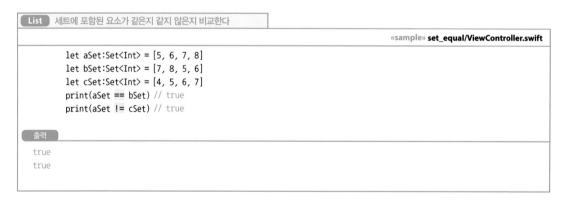

List 세트에 포함된 요소가 같은지 같지 않은지 비교한다

«sample» **set_equal/ViewController.swift**

```
let aSet:Set<Int> = [5, 6, 7, 8]
let bSet:Set<Int> = [7, 8, 5, 6]
let cSet:Set<Int> = [4, 5, 6, 7]
print(aSet == bSet) // true
print(aSet != cSet) // true
```

출력

```
true
true
```

a 세트와 b 세트에 공통 요소가 없다

a 세트와 b 세트에 공통된 요소가 있는지 없는지는 a.isDisjoint(with:b)로 확인합니다. 공통 요소가 없을 때는 true가 반환되고, 공통 요소가 하나라도 있으면 false가 반환됩니다. 공통된 요소는 intersection()으로 꺼낼 수 있습니다(☞ P.168).

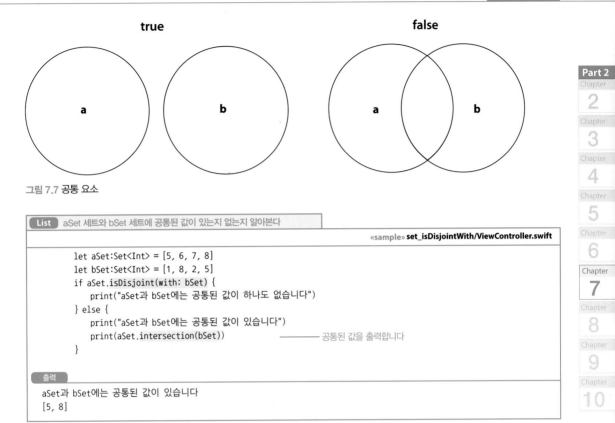

그림 7.7 **공통 요소**

Part 2
Chapter
2
Chapter
3
Chapter
4
Chapter
5
Chapter
6
Chapter
7
Chapter
8
Chapter
9
Chapter
10

| List | aSet 세트와 bSet 세트에 공통된 값이 있는지 없는지 알아본다 |

«sample» **set_isDisjointWith/ViewController.swift**

```
let aSet:Set<Int> = [5, 6, 7, 8]
let bSet:Set<Int> = [1, 8, 2, 5]
if aSet.isDisjoint(with: bSet) {
    print("aSet과 bSet에는 공통된 값이 하나도 없습니다")
} else {
    print("aSet과 bSet에는 공통된 값이 있습니다")
    print(aSet.intersection(bSet))            ——— 공통된 값을 출력합니다
}
```

출력

```
aSet과 bSet에는 공통된 값이 있습니다
[5, 8]
```

b 세트가 a 세트에 포함된 서브세트(부분 집합)

b 세트의 요소가 a 세트의 요소에 완전히 포함되면 b 세트는 a 세트의 서브세트(부분 집합)입니다. b 세트가 a 세트의 서브세트인지 아닌지는 b.isSubset(of:a)으로 판정할 수 있습니다.

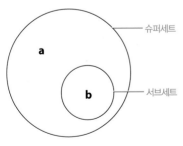

그림 7.8 **슈퍼세트와 서브세트**

다음 예제에서 bSet 세트의 요소는 aSet 세트에 포함돼 있으므로 [bSet은 aSet의 서브세트입니다]라고 출력됩니다.

List bSet 세트가 aSet 세트의 서브세트인지 아닌지 알아본다

«sample» **set_isSubsetOf/ViewController.swift**

```swift
let aSet:Set<String> = ["a", "b", "c", "d"]
let bSet:Set<String> = ["a", "c"]
if bSet.isSubset(of: aSet) {
    print(("bSet은 aSet의 서브세트입니다")
} else {
    print(("bSet은 aSet의 서브세트가 아닙니다")
}
```

출력

bSet은 aSet의 서브세트입니다

---

a 세트가 b 세트를 포함하는 슈퍼세트(상위 집합)

a 세트가 b 세트의 요소를 모두 포함할 때 즉, b 세트가 a 세트의 서브세트일 때 a 세트는 b 세트의 슈퍼세트(상위 집합)입니다. a 세트가 b 세트의 슈퍼세트인지 아닌지는 a.isSuperset(of:b)로 판정할 수 있습니다.

다음 예제에서 aSet 세트에 bSet 세트의 요소가 모두 포함돼 있으므로 [aSet은 bSet의 슈퍼세트입니다]라고 출력됩니다.

List aSet이 bSet의 슈퍼세트인지 아닌지 알아본다

«sample» **set_isSupersetOf/ViewController.swift**

```swift
let aSet:Set<String> = ["a", "b", "c", "d"]
let bSet:Set<String> = ["a", "c"]
if aSet.isSuperset(of: bSet) {
    print("aSet은 bSet의 슈퍼세트입니다")
} else {
    print("aSet이 bSet의 슈퍼세트는 아닙니다")
}
```

출력

aSet은 bSet의 슈퍼세트입니다

Chapter 8

옵셔널

옵셔널은 스위프트의 특징적인 사양 중 한 가지입니다. 프로그램을 실행하면 처리 결과에 따라서 값이 없을 때도 있는데, 옵셔널은 그런 경우에 대응합니다. 스위프트는 여러 곳에서 옵셔널과 관련된 서식 및 처리가 나오는데 설정에 오류가 있는 코드는 Xcode가 올바른 코드를 안내해주므로 이를 참고해 실질적인 이해를 할 수 있습니다.

Section 8-1 옵셔널
Section 8-2 옵셔널 밸류가 nil 일 때 대응한다

Section 8-1

옵셔널

스위프트의 변수와 상수는 nil(초기화 안 됨) 오류가 발생하지 않도록 하기 위해 nil을 대입할 수 없습니다. nil을 대입할 수 있는 변수로 사용하려면 변수의 형을 옵셔널 형으로 만들어야 합니다. 구체적으로는 String?처럼 형의 뒤에 ?를 붙이면 nil을 대입할 수 있는 Optional 형으로 랩됩니다. 스위프트를 사용하는 데 있어서 옵셔널은 가장 중요한 항목입니다.

변수에 nil을 대입한다

일반적인 형 변수에는 nil(초기화하지 않은 오브젝트)을 대입할 수 없습니다. 예를 들어 String 형이나 Int 형 변수에 nil을 대입하면 오류가 발생합니다. 다음 식은 변수 msg에 nil을 대입한 시점에 오류가 발생합니다.

> **List** 변수에 nil을 대입하면 오류가 발생한다
>
> «sample» **nil_error/ViewController.swift**
>
> ```
> var msg:String = "안녕"
> msg = nil // nil을 대입하면 오류가 발생합니다
> ```

그림 8.1 nil 대입 오류

옵셔널 밸류 ?

변수 msg에 nil을 대입하려면 String?처럼 형 뒤에 물음표 ?를 붙여서 옵셔널 형 즉, 옵셔널 밸류(Optional Value)로 만들어야 합니다.

> **List** 옵셔널 String 형으로 만든다
>
> «sample» **optional_wrap/ViewController.swift**
>
> ```
> var msg:String? = "헬로"
> msg = nil // nil을 대입해도 오류가 발생하지 않습니다
> ```

옵셔널 밸류의 변수 msg 값을 확인하면 Optional("안녕")과 같이 출력됩니다.

> **List** 옵셔널 밸류의 값을 확인한다
>
> «sample» **optional_value_print/ViewController.swift**
>
> ```
> let msg:String? = "안녕"
> print(msg)
> ```
>
> **출력**
>
> ```
> Optional("안녕")
> ```

다음 코드는 Optional〈String〉으로 String 형을 Optional 형으로 랩하는 방법입니다. String? 작성 방법으로
선언하는 것과 같습니다.

```
var msg:Optional<String> = "안녕"
msg = nil // nil을 대입해도 오류가 발생하지 않습니다
```

옵셔널 밸류를 무조건 언랩하는 !

String?은 실제로는 Optional〈String〉을 간단하게 쓰는 방법이고 String 형을 Optional 형으로 감싼 상태입
니다. 따라서 다음 예제와 같이 String 형 값을 입력할 수는 있지만, 그대로는 메서드를 호출하거나 값을 조작
할 수 없습니다.

```
let msg:String? = "안녕"
let newMsg = msg + " 친구야" // msg가 String이 아니면 오류가 발생한다
```

옵셔널 밸류는 msg!처럼 변수 뒤에 느낌표 !를 붙여서 무조건 언랩할 수 있습니다.

```
let msg:String? = "안녕"
let newMsg = msg! + " 친구야" // msg를 언랩하는 print(newMsg)
print(newMsg)
```

출력
```
안녕 친구야
```

다만 msg가 nil이라면 msg!는 실행 시에 오류가 발생하므로 실제로는 다음 절에서 설명하는 옵셔널 바인딩을
사용해서 안전하게 언랩해야 합니다.

Section 8-2

옵셔널 밸류가 nil인 경우에 대응한다

옵셔널 밸류는 값이 nil일 수도 있습니다. 따라서 값이 nil이라면 어떻게 할지 고려해야 합니다. 이 절에서는 옵셔널 밸류가 nil일 때의 대응 방법을 설명합니다.

옵셔널 밸류가 nil일 때 초깃값 ??

옵셔널 밸류가 nil일 때 그대로 nil을 계산식 등에서 사용하면 오류가 발생합니다. 이런 경우에 ?? 연산자를 사용하면 nil 대신에 값을 지정할 수 있습니다.

우선 간단한 예를 살펴보겠습니다. 다음 예제에서 변수 count는 옵셔널 밸류입니다. 이 값이 nil이라면 ?? 연산자로 지정한 2로 계산됩니다. 변수 count에 2가 대입되는 것은 아닙니다.

| List | 변수 count가 nil일 때의 값을 지정한다 |

«sample» **optional_default_var/ViewController.swift**

```
var count:Int?        ——— count를 옵셔널로 선언합니다
var price:Int

price = 250 * (count ?? 2)     ——— count가 nil이므로 2로 계산합니다
print("\(price)원입니다.")           count에 2는 대입하지 않습니다

count = 3      ——— count에 3을 대입합니다
price = 250 * (count ?? 2)      ——— count가 nil이 아닌 3이므로 3으로 계산합니다
print("\(price)원입니다.")
```

출력

```
500원입니다.
750원입니다.
```

다음 예제는 배열 nameArray의 첫 번째 값을 nameArray.first로 꺼내고 userName에 넣습니다. 그러나 다음과 같이 배열 nameArray가 비어있으면 nameArray.first는 nil이 됩니다. 이런 경우에 ?? 연산자로 지정해 둔 "이름 없음"이 userName에 들어갑니다.

| List | 배열이 비어있을 때의 값을 지정한다 |

«sample» **optional_default_array/ViewController.swift**

```
var nameArray:[String] = []
let userName:String = nameArray.first ?? "이름 없음"     ——— 배열의 초깃값은 nil이므로,
print(userName)                                              "이름 없음"을 대입합니다
                        빈 배열
```

출력

```
이름 없음
```

옵셔널 바인딩으로 안전하게 언랩한다

옵셔널 바인딩(Optional Binding)은 옵셔널 값이 nil이 아니면 값을 언랩해서 임시 변수에 대입하고 nil이라면 false를 반환하는 기능입니다. 이 기능은 if 문, while 문, guard−else 문에서 이용할 수 있고 옵셔널 밸류를 안전하게 언랩할 수 있습니다.

if 문에서의 옵셔널 바인딩 if let

> **서식** if 문에서의 옵셔널 바인딩
>
> ```
> if let 상수 = 옵셔널 밸류 {      ──── var 변수로도 선언할 수 있습니다
>     문장              ──────── 옵셔널 밸류가 nil이 아닐 때 언랩된 값이 상수에 대입돼
> } else {                      실행됩니다. 상수의 유효 범위는 이 블록 내입니다.
>     문장              ──────── 옵셔널 밸류가 nil일 때는 else 블록이 실행됩니다.
> }
> ```

다음 예제는 str이 nil이 아니면 그 값을 msg에 대입해 [~친구야]라고 출력하고, str이 nil이라면 else 블록을 실행해 [안녕 친구야]라고 출력합니다.

> **List** 변수가 nil이 아니면 문자열을 연결한다
>
> «sample» **optional-binding_if/ViewController.swift**
>
> ```
> var str:String?
> str = "Swift"
> // str이 nil인지 아닌지로 처리를 분기한다
> if let msg = str {          ──────── msg에는 값이 언랩되어 들어갑니다
>     // str이 nil이 아니면 그 값을 msg에 대입해 출력한다
>     print(msg + " 친구야")
> } else {          ──────── str이 nil이라면 else 블록을 실행
>     // str이 nil일 때 출력한다
>     print("안녕 친구야")
> }
> ```
>
> **출력**
>
> ```
> Swift 친구야
> ```

다음 예제는 for−in 문을 사용해 딕셔너리에서 모든 값을 꺼내 더하지만, 값이 nil이라면 더하는 처리를 하지 않습니다. dic 딕셔너리의 값이 nil일 때는 dic 형이 [String:Int?]와 같이 값이 옵셔널 밸류로 설정돼 있는 점에도 주목하세요.

List 딕셔너리 값에서 숫자만 더한다

«sample» **optional-binding_if_for-in/ViewController.swift**

```
var sum = 0           ┌─── 형이 옵셔널 밸류이므로 값이 nil일 수도 있습니다
let dic:[String:Int?] = ["a":23, "b":nil, "c":10, "d":nil]
// 값이 수치일 때에만 더한다
for (_, value) in dic {
    if let num = value {
        sum += num ───── dic에서 순서대로 꺼낸 value가 nil이 아닐 때만 실행됩니다
    }
}
print("수치의 합계는 \(sum)")
```

출력

수치의 합계는 33

while 문에서의 옵셔널 바인딩 while let

서식 while 문에서의 옵셔널 바인딩

```
while let 상수 = 옵셔널 밸류 {  ───── var 변수로도 선언할 수 있다
    문장 ───────── 옵셔널 밸류가 nil이 아닐 때 언랩된 값이 상수에 대입돼 실행됩니다
}
```

다음 예제는 while 문으로 옵셔널 바인딩을 사용한 예입니다. str 값이 nil이 아니면 언랩해서 stamp에 대입하고 stamp 문자열을 10번 연결할 때까지 반복합니다. 만약 str 값이 nil이면 while 반복문은 한 번도 실행되지 않고 throw 됩니다.

List 값이 nil이 아니면 변수에 들어간 문자를 연결한다

«sample» **optional-binding_while/ViewController.swift**

```
var str:String? = "★☆"
var repeatString:String = ""
var i = 0
// str이 nil이 아니면 언랩해 stamp에 대입해서 연결한다
while let stamp = str {
    repeatString += stamp
    i += 1
    if(i >= 10){
        break ───── i가 10이 될 때 브레이크합니다
    }
}
print(repeatString)
```

출력

★☆★☆★☆★☆★☆★☆★☆★☆★☆★☆

guard-else 문에서의 옵셔널 바인딩 guard let

서식 guard-else 문에서 옵셔널 바인딩

```
guard let 상수 = 옵셔널 밸류 else {      ——— var 변수로도 선언할 수 있습니다
    return      ——— 옵셔널 밸류가 nil일 때는 처리를 중단합니다. nil이 아닐 때는 언랩한 값을 상수에 대입합니다.
}               상수는 guard 문 밖에서 이용할 수 있습니다.
```

guard-else 문에서 옵셔널 바인딩으로 옵셔널 밸류가 nil이라면 처리를 중단시키고 nil이 아니라면 값을 언랩해서 상수(또는 변수)에 대입해 그대로 이용할 수 있습니다. if 문에서의 옵셔널 바인딩과 비슷하지만 if 문에서는 언랩한 값을 대입한 상수(또는 변수)가 if 문 블록 내에서만 유효한 로컬 변수이고, guard-else 문에서는 상수를 guard 문 밖에서도 이용할 수 있습니다.

다음 예제는 hello()를 실행했을 때 변수 level이 nil이라면 else 문의 return으로 hello()를 중단하고, nil이 아니면 상수 theLevel에 바인딩해 계속해서 if 문을 실행합니다. if 문에서는 값을 바인딩한 theLevel로 처리를 나눠서 theLevel이 10 미만이면 [대원], 10 이상이면 [상급 대원]이라고 출력합니다.

List guard-else 문으로 옵셔널 바인딩한다

«sample» **optional-binding_guard-else/ViewController.swift**

```swift
//
//  ViewController.swift
//  optional-binding_guard-else
//

import UIKit
class ViewController: UIViewController {

    let who = "헤니"
    var level:Int?

    func hello() {
        // level을 theLevel로 옵셔널 바인딩한다
        guard let theLevel = level else {
            return      ——— level이 nil이라면 중단
        }

        if theLevel<10 {      ——— theLevel에는 level을 언랩한 값이 들어갑니다
            print("안녕, " + who + " 대원")
        } else {
            print("안녕, " + who + " 상급대원")
        }
    }

    override func viewDidLoad() {
        super.viewDidLoad()
```

Part 2
Chapter 2
Chapter 3
Chapter 4
Chapter 5
Chapter 6
Chapter 7
Chapter 8
Chapter 9
Chapter 10

```
        // level을 설정하지 않은 상태로 실행한다
        hello()  ──────────── 이 실행은 guard-else문에서 중단됩니다
        // level을 설정한다
        level = 12
        hello()

    }

}
```

출력

안녕,헤니 상급대원

옵셔널 바인딩에 조건식을 더한다

다음 예제는 [Int(year1)이 nil이 아니다], [Int(year2)가 nil이 아니다]라는 두 개의 옵셔널 바인딩 결과인 startYear와 endYear를 사용해 startYear 〈 endYear가 true라는 조건을 충족했을 때 startYear와 endYear의 차이가 몇 년인지 계산합니다. year1이나 year2 중 하나가 nil이라면 startYear 〈 endYear 식은 실행되지 않습니다.

List 옵셔널 바인딩에 조건식을 더한다

«sample» **optional-binding_comma/ViewController.swift**

```
    let year1:String = "2001"
    let year2:String = "2016"
    // 여러 개의 옵셔널 바인딩가 조건을 더한다
    if let startYear = Int(year1), let endYear = Int(year2) , startYear < endYear {
        let years = endYear - startYear
        print("\(years)년 차이입니다")              모두 nil이 아닐 때 실행됩니다
    }
```

❶ NOTE

if-where

스위프트 2에서는 where startYear 〈 endYear와 같이 작성했지만, 스위프트 3에서는 콤마로 구분합니다. if 문은 조건식을 콤마로 구분해서 여러 개의 조건을 지정할 수 있습니다(☞ P.73).

옵셔널 체인

옵셔널 체인(Optional Chain)은 오브젝트와 배열 등의 값에 점 연산자로 접근할 때 대상에 물음표 ?를 붙임으로써 값이 nil일 때 발생하는 오류를 피하는 기술 방법입니다. 옵셔널 체인은 예제를 보는 것이 이해하기 쉬울 것입니다.

nil일 수도 있는 값에 접근한다

다음 예제에서 배열 balls의 데이터형은 (size:Int, color:String) 형식의 튜플입니다. 그리고 balls에서 첫 번째 튜플을 꺼내 size 값을 알아봅니다.

배열에서 첫 번째 값을 꺼낼 때는 balls.first와 같이 접근합니다. 또한 꺼낸 값 즉, 튜플의 size 값을 알아보려면 balls.first.size처럼 작성해서 직접 접근할 수 있습니다. 그러나 balls가 빈 튜플이라면 balls.first 값은 nil이 되고 balls.first.size로 접근하면 오류가 발생합니다.

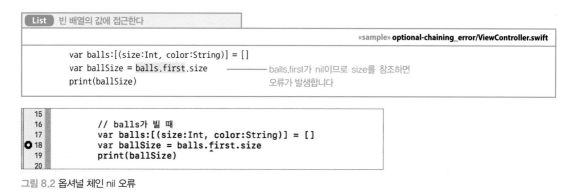

그림 8.2 옵셔널 체인 nil 오류

그래서 balls.first 값이 nil일 수도 있다는 것을 고려해서 balls.first?.size와 같이 물음표 ?를 붙여서 접근합니다. 이것이 옵셔널 체인입니다. 이렇게 작성하면 balls.first가 nil이라도 오류가 발생하지 않고 식의 값으로서 nil을 반환합니다. 물론 balls.first가 nil이 아닌 값이 들어 있다면 size를 검사해 반환합니다.

옵셔널 체인과 옵셔널 바인딩을 조합한다

옵셔널 체인으로 꺼낸 값은 Optional(2)처럼 옵셔널 밸류인 상태이므로 값을 꺼낼 때 if let 옵셔널 바인딩과 조합해 언랩한 값을 안전하게 꺼낼 수 있습니다.

List 옵셔널 체인과 옵셔널 바인딩을 조합한다

«sample» **optional-chaining-binding/ViewController.swift**

```
var balls:[(size:Int, color:String)] = []
balls = [(size:2, color:"red"),(size:4, color:"green")]
// 옵셔널 바인딩과 합한다
if let ballSize = balls.first?.size {
    print(ballSize)
}
```

출력

2 ——— 언랩된 값이 됩니다

Chapter **9**

클래스

클래스 정의를 배우면 모르고 사용해 왔던 기능에 대한 이해가 깊어지고 더욱 효율적인 프로그래밍을 할 수 있습니다.

클래스 정의

지금까지 변수의 선언이나 함수의 정의 방법 등을 배웠습니다. 실제로 변수나 함수 등은 클래스를 정의하는 코드에서 이용합니다. 이 절에서는 클래스를 정의하는 방법을 설명하지만, 그 전에 클래스가 무엇인지 간단하게 설명하겠습니다.

클래스란

스위프트는 객체 지향 프로그래밍 언어입니다. 일을 처리할 때 사람이나 도구를 사용해 작업하는 것처럼 객체 지향 프로그래밍은 필요한 사람이나 도구를 소프트웨어 방식으로 작성해서 처리하는 방법입니다.

여기에서 말하는 사람이나 도구가 그렇습니다. 원하는 오브젝트를 얻으려면 그 오브젝트의 기능과 속성(설정 항목이나 수치)을 설계해서 만들어야 합니다. 클래스를 정의하는 코드는 바로 오브젝트의 사양서에 해당합니다.

클래스 정의란 오브젝트의 사양서

말풍선 클래스   화살표 클래스

그림 9.1 클래스 정의

클래스의 인스턴스

클래스에서 작성한 오브젝트를 인스턴스라고 부릅니다. 객체 지향 프로그래밍에서는 클래스로부터 인스턴스를 만들고 그 인스턴스를 다루는 방법을 프로그래밍합니다. 인스턴스의 특징은 기능뿐만 아니라 속성 데이터를 저장하고 있는 것입니다. 말풍선의 색깔이나 문자를 말풍선 인스턴스에 설정하면 그 속성은 인스턴스 자체에 저장됩니다. 거꾸로 말하면 말풍선의 색깔이나 문자를 알려면 말풍선에게 물어봅니다.

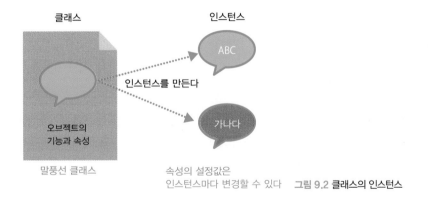

그림 9.2 **클래스의 인스턴스**

인스턴스의 형

지금까지 변수나 상수, 매개변수를 만들면서 변수의 형, 매개변수의 형을 의식해왔는데, 인스턴스의 형은 기반이 되는 클래스입니다. 인스턴스의 기능이나 속성은 클래스에서 정의하므로 형을 보면 그 인스턴스의 기능과 속성을 알 수 있습니다.

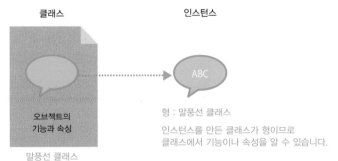

그림 9.3 **인스턴스의 형**

클래스 정의 서식

클래스에는 많은 기능을 정의할 수 있고, 추가하는 기능에 따라서 서식도 복잡해지지만 우선 가장 단순한 서식부터 살펴보겠습니다. 앞에서도 설명했듯이 클래스는 인스턴스의 사양서입니다. 클래스 정의에서 인스턴스의 속성은 프로퍼티로 선언하고, 기능은 메서드로 정의합니다. 또한 슈퍼클래스와 프로토콜은 기타 클래스의 기능을 확장해서 새로운 클래스를 정의할 때 지정하는 옵션입니다(슈퍼클래스 ☞ P.217, 프로토콜 ☞ P.220).

서식 클래스를 정의한다

```
                          ┌─ 기능을 확장하기 위한 옵션입니다
class 클래스명: 슈퍼클래스, 프로토콜 {
    프로퍼티 선언  ──────── 인스턴스 속성
    메서드 정의  ──────── 인스턴스 기능
}
```

프로퍼티와 메서드(인스턴스 멤버)

인스턴스에는 인스턴스 프로퍼티와 인스턴스 메서드가 있습니다. 이를 인스턴스 멤버라고 부릅니다. 프로퍼티
란 설정 값을 가진 속성입니다. 자동차 클래스가 있다면 [색, 속도, 위치] 등은 프로퍼티입니다. 메서드란 [주행,
정지, 커브] 등과 같이 실행할 수 있는 기능입니다.

프로퍼티에는 한 번 설정하면 변경할 수 없는 읽기 전용 프로퍼티와 언제라도 읽고 쓸 수 있는 프로퍼티가 있습
니다. 읽기 전용 프로퍼티는 상수인 let으로 선언합니다. 읽고 쓸 수 있는 프로퍼티는 변수인 var로 선언합니다.
메서드는 func을 사용해서 함수로 정의합니다.

다음 서식과 같이 메서드 정의의 밖에서 상수와 변수를 선언하면 프로퍼티가 됩니다. 프로퍼티는 인스턴스가
파기될 때까지 프로퍼티 자신이 가진 값이고 클래스 내의 어느 메서드에서도 자유롭게 이용할 수 있습니다. 또
한 기타 클래스에서도 인스턴스의 속성으로써 접근할 수 있습니다.

> **❶ NOTE**
>
> Stored 프로퍼티와 Computed 프로퍼티
>
> 스위프트의 프로퍼티에는 Stored 프로퍼티와 Computed 프로퍼티가 있습니다. Stored 프로퍼티는 상수나 변수로 정의한 값이고, Computed 프로퍼티는 set()/
> get()과 같이 함수를 통해서 값을 교환합니다(Computed 프로퍼티 ☞ P.200).

서식 프로퍼티와 메서드가 있는 클래스 정의

```
class 클래스명 {
    // 인스턴스 프로퍼티
    let 변수명:형 = 값
    var 변수명:형 = 값

    // 인스턴스 메서드
    func 메서드명 (매개변수명:형) -> 반환값의 형 {
        문장
        return 반환값
    }
}
```

예를 들어 MyClass에 msg 프로퍼티와 hello() 메서드를 정의한 코드는 다음과 같습니다. 또한 프로퍼티 및
메서드명은 소문자로 시작하는 것에 반해 클래스명의 첫 번째 문자는 대문자로 시작하는 것이 관례입니다.

List MyClass 클래스의 정의

```
class MyClass {                          클래스명
    // 인스턴스 프로퍼티
    let msg = "헬로"
    // 인스턴스 메서드
    func hello() {
        print(msg)
    }
}
```

ViewController.swift에 클래스 정의를 추가한다

스위프트에서는 한 개의 파일에 여러 개의 클래스를 정의할 수 있습니다. 클래스 정의를 같은 파일에서 할 때와 별도의 파일에서 할 때는 접근 권한이 다릅니다(접근 권한 ☞ P.211).

프로젝트를 생성하면 표준으로 만들어지는 ViewController.swift 파일은 ViewController 클래스를 정의한 파일입니다. 이 파일에 앞서 살펴본 MyClass 클래스를 추가로 정의할 수 있습니다.

Part 2
Chapter
2
Chapter
3
Chapter
4
Chapter
5
Chapter
6
Chapter
7
Chapter
8
Chapter
9
Chapter
10

> **List**　ViewController.swift에 MyClass 클래스 정의를 추가
>
> «sample» **class_same_file/ViewController.swift**

```
//
//  ViewController.swift
//  class_same_file

 import UIKit

// MyClass 클래스 정의
class MyClass {
    // 인스턴스 프로퍼티
    let msg = "안녕"
    // 인스턴스 메서드
    func hello() {
        print(msg)
    }
}
```
— MyClass 클래스 정의

ViewController 클래스 정의

```
class ViewController: UIViewController {

    override func viewDidLoad() {
        super.viewDidLoad()
        // Do any additional setup after loading the view, typically from a nib.

    }

    override func didReceiveMemoryWarning() {
        super.didReceiveMemoryWarning()
        // Dispose of any resources that can be recreated.
    }

}
```

> **❶ NOTE**
>
> ViewController 클래스
>
> ViewController 클래스 정의에는 UIViewController가 슈퍼클래스로써 선언돼 있고, viewDidLoad()와 didReceiveMemoryWarning() 2개의 인스턴스 메서드가 정의돼 있습니다.

인스턴스를 만들어 조작한다

클래스의 인스턴스는 다음 서식과 같이 클래스명에 ()를 붙여서 생성합니다. 생성된 인스턴스는 상수에 할당할 수 있습니다.

> **서식** 클래스의 인스턴스를 만든다
> ....
>
> **let 상수 = 클래스명( )**

앞서 살펴본 MyClass 클래스의 인스턴스인 myObj는 MyClass()로 생성할 수 있습니다.

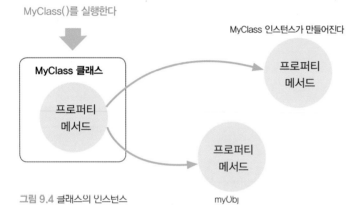

그림 9.4 클래스의 인스턴스

인스턴스 메서드를 실행한다

클래스의 인스턴스에는 클래스에서 정의한 인스턴스 메서드가 포함됩니다. 인스턴스 메서드는 인스턴스.메서드() 형식으로 실행합니다.

> **서식** 인스턴스 메서드를 실행한다
> ....
>
> **인스턴스.메서드( )**

MyClass 클래스의 인스턴스인 myObj의 hello() 메서드를 실행하려면 myObj.**hello()**와 같이 호출합니다.

MyClass의 인스턴스

메서드를 실행합니다

myObj .hello( )

그림 9.4 클래스의 인스턴스

Part 2

Chapter
2

Chapter
3

Chapter
4

Chapter
5

Chapter
6

Chapter
7

Chapter
8

Chapter
9

Chapter
10

List MyClass 클래스의 인스턴스 myObj를 만든다

«sample» **class_same_file_instance/ViewController.swift**

```swift
// ViewController.swift
// class_same_file_instance

import UIKit

// MyClass 클래스 정의
class MyClass {
    // 인스턴트 프로퍼티
    let msg = "안녕"
    // 인스턴트 메서드
    func hello(){
        print(msg)
    }
}
```
———— MyClass 클래스 정의

```swift
class ViewController: UIViewController {

    override func viewDidLoad() {
        super.viewDidLoad()

        // MyClass 클래스의 인스턴트인 myObj를 만든다
        let myObj = MyClass()    ———— MyClass() 클래스의 인스턴트를 만들어 상수 myObj에 넣습니다
        // hello() 메서드를 실행한다
        myObj.hello()    ———— hello()를 실행합니다

    }

    ( 생략 )

}
```

출력

안녕

프로퍼티에 접근한다

인스턴스의 프로퍼티에 접근할 때에도 점 연산자를 사용합니다. myObj의 msg 프로퍼티에는 myObj.msg로 접근합니다.

MyClass 인스턴스

인스턴스 프로퍼티로 접근합니다

myObj .msg

그림 9.6 MyClass 프로퍼티에 접근

다음 예제에서 MyClass 클래스의 msg 프로퍼티는 let이 아닌 변수 var로 정의합니다. 처음 호출하는 hello() 메서드에서는 [안녕]이라고 출력되지만, 두 번째 호출하는 hello() 메서드에서는 myObj.msg로 프로퍼티에 접근해서 값을 다시 작성하므로 [안녕! 잘 지냈어?]라고 출력됩니다.

List   인스턴스의 프로퍼티 값을 변경한다

«sample» **class_instanceMember/ViewController.swift**

```
// ViewController.swift
// class_instanceMember

 import UIKit

// MyClass 클래스 정의
class MyClass {
    // 인스턴스 프로퍼티
    var msg = "안녕"        ——— msg 프로퍼티를 변수로 선언합니다
    // 인스턴스 메서드
    func hello(){
        print(msg)
    }
}

class ViewController: UIViewController {

    override func viewDidLoad() {
        super.viewDidLoad()

        // MyClass 클래스의 인스턴스인 myObj를 만든다
        let myObj = MyClass()
        // hello() 메서드를 실행한다
        myObj.hello()
        // msg 프로퍼티 값을 변경한다
        myObj.msg = "안녕!잘 지냈어?"        ——— myObj 인스턴스의 msg 프로퍼티 값을 변경합니다
        // hello() 메서드를 실행한다
        myObj.hello()
    }

( 생략 )
}
```

출력

```
안녕
안녕!잘 지냈어?——— 변경 후의 msg 값이 출력됩니다
```

클래스를 정의할 새로운 파일을 만든다

새로운 swift 파일을 만들어서 이를 전용 클래스 정의 파일로 사용할 수도 있습니다. 이번에는 MyClass 클래스를 새로운 파일에 작성하는 예제를 살펴보겠습니다.

1 | 새로운 Swift 파일을 만든다

File 메뉴의 New 〉 File...을 선택합니다. 표시된 대화상자에서 iOS의 Source를 선택하고 템플릿에서 Swift File을 선택한 다음 Next 버튼을 클릭합니다.

그림 9.7 클래스 정의 파일 생성

2 | 프로젝트 폴더에 저장한다

파일 이름을 정해서 현재 프로젝트와 같은 폴더에 저장합니다. 파일 이름을 클래스 이름과 같게 할 필요는 없습니다.

그림 9.8 프로젝트 폴더 저장

3 | MyClass를 정의한다

방금 생성한 swift 파일을 프로젝트의 내비게이터 영역에서 선택합니다. 생성된 신규 파일에는 [import Foundation]만 쓰여 있으므로 MyClass 클래스를 정의하는 코드를 추가합니다.

1. 새로 생성한 swift 파일을 선택합니다

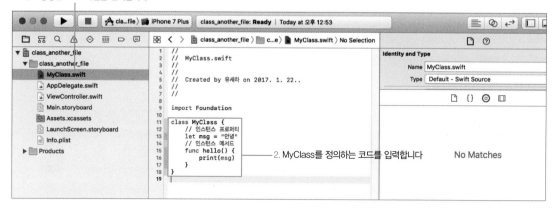

2. MyClass를 정의하는 코드를 입력합니다

그림 9.9 MyClass 정의

List MyClass 클래스의 정의 파일

«sample» **class_another_file/MyClass.swift**

```
//
//  MyClass.swift
//  class_another_file
//

import Foundation

// MyClass 클래스 정의
class MyClass {
    // 인스턴스 프로퍼티
    let msg = "안녕"
    // 인스턴스 메서드
    func hello(){
        print(msg)
    }
}
```

다른 파일에 정의된 클래스를 이용한다

MyClass 클래스를 다른 swift 파일에서 정의한 경우에도 ViewController 클래스에서 이용하는 코드는 앞서 살펴본 코드와 같습니다. MyClass.swift 파일을 읽기 위한 import 문은 필요 없습니다.

List MyClass 인스턴스를 만든다

«sample» **class_another_file/ViewController.swift**

```
//
//  ViewController.swift
//  class_another_file
//

import UIKit

class ViewController: UIViewController {

    override func viewDidLoad() {
        super.viewDidLoad()

        // MyClass 클래스의 인스턴스인 myObj를 만든다
        let myObj = MyClass()  ———————————— MyClass 클래스를 import 하지 않아도 이용할 수 있습니다
        // hello() 메서드를 실행한다
        myObj.hello()

    }

    override func didReceiveMemoryWarning() {
        super.didReceiveMemoryWarning()
        // Dispose of any resources that can be recreated.
    }

}
```

출력

안녕

Part 2
Chapter 2
Chapter 3
Chapter 4
Chapter 5
Chapter 6
Chapter 7
Chapter 8
Chapter 9
Chapter 10

Section 9-2

이니셜라이저

클래스에서 인스턴스를 만들 때 이용하는 함수가 이니셜라이저입니다. 이니셜라이저의 정의는 생략할 수 있으며, 인스턴스를 만들 때 초깃값을 매개변수로 주거나 인스턴스의 작성과 동시에 실행할 처리가 있으면 이니셜라이저를 정의합니다. 이니셜라이저는 여러 개 정의할 수도 있습니다.

이니셜라이저 init( )

프로퍼티의 초깃값 설정 등, 인스턴스를 생성할 때 실행하고자 하는 처리는 init()에 작성합니다. 클래스명() 과 같이 실행해 인스턴스를 생성할 때 호출되는 것이 이니셜라이저인 init()입니다. 이니셜라이저를 클래스 명.init()이라고 호출하지는 않습니다. 이니셜라이저의 정의는 일반 함수와는 달리 func를 붙이지 않습니다. 이 니셜라이저에서 실행할 게 없을 때는 init()을 생략할 수 있습니다.

서식 이니셜라이저가 있는 클래스 정의

```
class 클래스명 {
    init(매개변수:형 = 초깃값) {
        문장
    }
}
```

> **❶ NOTE**
>
> 스위프트의 생성자
>
> 스위프트에는 인스턴스를 작성하는 생성자가 없습니다. 오브젝티브 C(Objective-C)에도 생성자가 없으며 +alloc으로 인스턴스를 만들고 −init으로 초기화하지만, 스위프트에는 +alloc도 없습니다.

인스턴스 자신을 가리키는 self

다음 예제는 이니셜라이저 init()의 매개변수인 msg로 받은 문자열을 msg 프로퍼티에 설정합니다. 매개변수 명도 프로퍼티명도 모두 msg이므로 두 개를 구별하려면 프로퍼티는 self.msg라고 작성해 구별합니다. init() 내에서 사용하는 self는 인스턴스 자신을 가리킵니다.

MyClass(msg:"안녕하세요")를 실행하면 init()의 매개변수 msg에 "안녕하세요"라고 들어오며, 이 값이 인스 턴스 프로퍼티인 msg에 대입됩니다. 그 결과 hello() 메서드의 실행 결과는 [안녕하세요]라고 출력됩니다.

Part 2
Chapter
2
Chapter
3
Chapter
4
Chapter
5
Chapter
6
Chapter
7
Chapter
8
Chapter
9
Chapter
10

| List | 이니셜라이저로 프로퍼티의 값을 설정한다 |

«sample» **class_init/ViewController.swift**

```
//
// ViewController.swift
// class_init
//

import UIKit

class MyClass {
    // 인스턴스 프로퍼티
    let msg:String              ──────── 초깃값은 이니셜라이저로 설정합니다

    // 이니셜라이저
    init (msg:String = "안녕") {
        self.msg = msg          ──────── 프로퍼티 msg에 매개변수 msg의 값을 대입합니다
    }

    // 인스턴스 메서드
    func hello(){
        print(msg)
    }
}

class ViewController: UIViewController {

    override func viewDidLoad() {
        super.viewDidLoad()

        // MyClass 클래스의 인스턴스인 myObj를 만든다
        let myObj = MyClass(msg: "안녕하세요")    ──────── msg 프로퍼티 초깃값을 매개변수로 전달합니다
        // hello() 메서드를 실행한다
        myObj.hello()
    }

    ( 생략 )

}
```

| 출력 |

안녕하세요

또한 MyClass 클래스의 이니셜라이저에서는 init(msg:String = "안녕")처럼 msg를 생략했을 때의 값을 "안녕"으로 설정하므로 MyClass()로 인스턴스를 생성하면 msg 프로퍼티에는 초깃값인 "안녕"이 설정돼 hello() 메서드에서 [안녕]이라고 출력됩니다.

여러 개의 이니셜라이저를 정의한다

클래스에는 매개변수가 다른 여러 개의 init() 즉, 여러 개의 이니셜라이저를 정의할 수 있습니다.

다음 MyClass 클래스에는 두 개의 이니셜라이저가 있습니다. 첫 번째 init()은 앞에서 살펴본 이니셜라이저와 같지만, 두 번째 init()은 매개변수가 2개이고 msg와 함께 name을 지정할 수 있습니다. 이니셜라이저는 2개 이지만 msg는 생략할 수 있어서 사용할 수 있는 형태는 4종류입니다.

그림 9.10 여러 개의 이니셜라이저

List   2개의 이니셜라이저를 가진 MyClass 클래스

«sample» **class_init_init/ViewController.swift**

```
class MyClass {
    // 인스턴스 프로퍼티
    let msg:String
    let name:String?  ──── 이니셜라이저1에서는 초기화되지 않으므로 nil을 허용합니다

    // 이니셜라이저1
    init (msg:String = "안녕") {  ──── 첫 번째 이니셜라이저
        self.msg = msg
    }

    // 이니셜라이저2
    init (msg:String = "안녕", name:String) {  ──── 두 번째 이니셜라이저
        self.msg = msg
        self.name = name
    }

    // 인스턴스 메서드
    func hello(){
        var helloMsg:String
        if let user = name {  ──── name이 nil이 아니면 user에 대입합니다
            // name이 nil이 아니면 연결한다
            helloMsg = user + "씨," + msg
        } else {
            helloMsg = msg  ──── name이 nil이라면 msg만 입력합니다
        }
        print(helloMsg)
    }
}
```

MyClass(msg:"안녕하세요")로 인스턴스를 만든다

MyClass 클래스의 인스턴스를 MyClass(msg:"안녕하세요")로 만들면 첫 번째 이니셜라이저가 호출돼 msg에는 "안녕하세요"라고 들어가지만, name은 설정되지 않아서 그대로 nil입니다. 따라서 hello()를 실행하면 if 문의 else 블록이 실행돼 "안녕하세요"라고만 출력합니다.

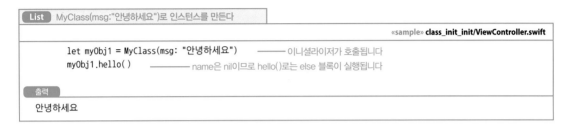

MyClass(msg:"안녕하세요", name:"영애")로 인스턴스를 만든다

MyClass(msg:"안녕하세요", name:"영애")로 인스턴스를 생성하면 두 번째 이니셜라이저가 호출돼 프로퍼티 msg에는 "안녕하세요", name에는 "영애"가 들어갑니다. hello() 메서드를 실행하면 if 문의 첫 번째 블록이 실행돼 "영애씨, 안녕하세요"가 출력됩니다.

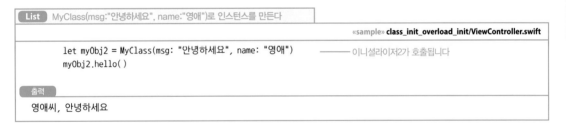

MyClass( )로 인스턴스를 만든다

MyClass( )로 인스턴스를 만들면 msg를 생략한 첫 번째 이니셜라이저가 호출됩니다. 따라서 msg 프로퍼티의 값은 "안녕"이 들어가지만, name은 설정되지 않아서 nil이 됩니다. 따라서 hello()를 실행하면 if 문의 else 블록이 실행됩니다.

List	MyClass( )로 인스턴스를 만든다

《sample》**class_init_init/ViewController.swift**

```
let obj3 = MyClass( )
obj3.hello( )
```

출력

안녕

Part 2
Chapter
2
Chapter
3
Chapter
4
Chapter
5
Chapter
6
Chapter
7
Chapter
8
Chapter
9
Chapter
10

MyClass(name:"영애")로 인스턴스를 만든다

MyClass(name:"영애")로 인스턴스를 만들면 msg를 생략한 두 번째 이니셜라이저가 호출됩니다. 따라서 프로퍼티 msg는 "안녕", name은 "영애"로 초기화됩니다.

```
        let obj4 = MyClass(name:"영애")
        obj4.hello( )
```

출력
```
영애씨, 안녕
```

지정 이니셜라이저와 컨비니언스 이니셜라이저

하나의 클래스에 여러 개의 이니셜라이저가 있을 때, 한쪽 이니셜라이저에서 다른 이니셜라이저를 호출할 수 있습니다. 이렇게 할 때 호출하는 쪽의 이니셜라이저에는 convenience를 붙여서 [컨비니언스 이니셜라이저]로 정의합니다. 여러 개의 컨비니언스 이니셜라이저를 만들 수 있지만 convenience를 붙이지 않은 [지정 이니셜라이저]가 최소한 1개 필요합니다.

MyClass의 지정 이니셜라이저는 msg와 name 2개의 매개변수를 필수로 하는데, 컨비니언스 이니셜라이저에서는 name 매개변수가 없고 msg 매개변수도 생략할 수 있습니다. 컨비니인스 이니셜라이저로 인스턴스가 초기화된 경우에는 매개변수로 받은 msg의 값과 "익명"을 매개변수로 해서 지정 이니셜라이저를 호출합니다.

Part 2

Chapter
2

Chapter
3

Chapter
4

Chapter
5

Chapter
6

Chapter
7

Chapter
8

Chapter
9

Chapter
10

List 컨비니언스 이니셜라이저가 있는 클래스 정의

«sample» **class_init_convenience/ViewController.swift**

```
//
// ViewController.swift
// class_init_convenience
//

import UIKit

class MyClass {
    // 인스턴스 프로퍼티
    let msg:String
    let name:String

    // 지정 이니셜라이저 ──────── 이니셜라이저1
    init (msg:String, name:String) {
        self.msg = msg
        self.name = name
    }
    // 컨비니언스 이니셜라이저 ──────── 이니셜라이저2
    convenience init (msg:String = "안녕") {
        self.init(msg:msg, name:"익명") ──────── 지정 이니셜라이저를 호출합니다
    }

    // 인스턴스 메서드
    func hello( ){
        let helloMsg = name + "씨," + msg
        print(helloMsg)
    }
}

class ViewController: UIViewController {

    override func viewDidLoad( ) {
        super.viewDidLoad( )

        // MyClass 클래스의 인스턴스를 만든다
        let myObj1 = MyClass( ) ──────────
        let myObj2 = MyClass(msg: "안녕하세요") ────── 이니셜라이저2가 호출된다
        let myObj3 = MyClass(msg: "아!", name: "영애") ────── 이니셜라이저1이 호출된다
        // hello( ) 메서드를 실행한다
        myObj1.hello( )
        myObj2.hello( )
        myObj3.hello( )
    }

    ( 생략 )

}
```

출력

```
익명씨, 안녕
익명씨, 안녕하세요
영애씨, 아 !
```

Computed 프로퍼티와 프로퍼티 옵져버

Computed 프로퍼티로는 프로퍼티 정의나 변수를 직접 읽는 것이 아니라 함수를 통해서 읽고 씁니다. 이로써 Read-Only(읽기 전용) 프로퍼티나 Set-Only(쓰기 전용) 프로퍼티를 만들 수도 있고, 프로퍼티 옵져버를 사용해 프로퍼티가 갱신되는 타이밍을 감시할 수도 있습니다.

Computed 프로퍼티

지금까지 봐온 상수와 변수로 정의하는 프로퍼티를 Stored 프로퍼티라고 합니다. 그리고 Stored 프로퍼티에 대해 함수를 사용해서 값을 교환하는 프로퍼티를 Computed 프로퍼티라고 합니다. Computed 프로퍼티 자체는 값을 유지하지 않고, 설정값은 내부적으로 선언해 둔 상수나 변수로 설정해 저장합니다. 프로퍼티를 참조할 때는 get 블록을 이용해 참조하며, 설정은 set 블록을 이용합니다. 프로퍼티의 참조나 설정을 점(.) 연산자로 한다면, 시용할 때는 Storcd 프로퍼티인지 Computed 프로퍼티인지 알 수 없습니다.

서식 Computed 프로퍼티

```
var 변수명: 형 {
  get {
    문장
   return 값
  }
  set(매개변수) {
    문장
  }
}
```

다음 예제의 Circle 클래스에는 반경 radius 프로퍼티와 면적 area 프로퍼티가 있으며, area 프로퍼티는 Computed 프로퍼티입니다. area 프로퍼티의 값을 참조하면 get 블록에 구현한 것처럼 반경을 이용해 면적을 계산하고, 계산한 값을 반환합니다. area 프로퍼티 값을 설정하면 반경을 계산해서 그 값이 radius 프로퍼티에 설정됩니다.

List Computed 프로퍼티인 area를 가진 Circle 클래스

«sample» **class_computed_property/ViewController.swift**

```
class Circle {
    // 반경
    var radius:Double = 1.0
    // 면적
    var area:Double {                           ─── 다른 클래스로부터는 radius와 area 2개의 프로퍼티가 있는 것처럼 보입니다
        // 면적을 반환한다
        get{
            return radius * radius * M_PI       ─── area 값을 계산해 반환합니다
        }
        // 면적을 설정한다(반경을 설정한다)
        set (extent){
```

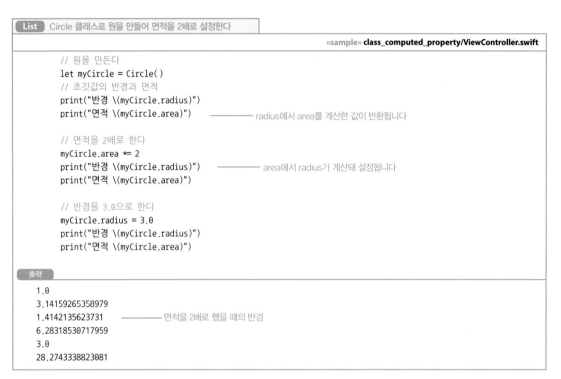

```
                radius = sqrt(extent / M_PI)
            }                                    ──── area 값을 설정하면 실제로는 radius 값을 설정합니다
        }
    }
}
```

Circle 클래스의 인스턴스인 myCircle을 생성한 다음 area 프로퍼티를 구하고 설정하면 다음과 같이 됩니다.
면적 area는 반경 radius로 계산한 값이 반환되고 면적 area를 설정하면 반경 radius가 변경됩니다.

List Circle 클래스로 원을 만들어 면적을 2배로 설정한다

«sample» **class_computed_property/ViewController.swift**

```
// 원을 만든다
let myCircle = Circle()
// 초깃값의 반경과 면적
print("반경 \(myCircle.radius)")
print("면적 \(myCircle.area)")        ──── radius에서 area를 계산한 값이 반환됩니다

// 면적을 2배로 한다
myCircle.area *= 2
print("반경 \(myCircle.radius)")        ──── area에서 radius가 계산돼 설정됩니다
print("면적 \(myCircle.area)")

// 반경을 3.0으로 한다
myCircle.radius = 3.0
print("반경 \(myCircle.radius)")
print("면적 \(myCircle.area)")
```

출력

```
1.0
3.14159265358979
1.4142135623731        ──── 면적을 2배로 했을 때의 반경
6.28318530717959
3.0
28.2743338823081
```

읽기 전용(Read-Only) 프로퍼티를 만든다

Computed 프로퍼티의 set 블록을 작성하지 않으면 외부에서 갱신할 수 없는 Read Only(Get Only) 프로퍼
티를 만들 수 있고, get 블록을 작성하지 않으면 Set Only 프로퍼티를 만들 수 있습니다. 또한 set 블록이 없을
때는 다음과 같이 값을 return하는 블록만 작성하고, get {} 블록은 생략할 수 있습니다.

«sample» **class_readonly_property/ViewController.swift**

```
class Circle {
    // 반경
    var radius:Double = 1.0
    // 면적
    var area:Double {
        // 면적을 반환한다
        return radius * radius * M_PI
    }
}
```

— set 블럭이 없을 때에는 값을 return으로 반환해 읽기 전용(Read-Only)이 됩니다

Circle 클래스로 원을 만들어 area 프로퍼티를 확인해 보겠습니다.

List   Circle 클래스의 면적을 구한다

«sample» **class_readonly_property/ViewController.swift**

```
let myCircle = Circle( )
myCircle.radius = 10          ——— 반경을 설정합니다
let extent = myCircle.area    ——— 면적을 구합니다
print(extent)
```

출력

314.159265358979

area 프로퍼티는 읽기 전용(Read-Only) 프로퍼티이므로 값을 설정하는 코드를 작성하면 오류가 발생합니다.

```
26
27          // 원을 만든다
28          let myCircle = Circle()
29          myCircle.radius = 10
30          let extent = myCircle.area
31          print(extent)
32
33          myCircle.area = 300              ❶ Cannot assign to property: 'area' is a get-only property
34
35
```

그림 9.11 Read-Onaly 프로퍼티

❶ NOTE

접근 권한 private(set)

읽기 전용(Read-Only) 프로퍼티는 접근 권한을 private(set)으로 설정해서 만들 수도 있습니다(☞ P.211).

프로퍼티 옵저버

프로퍼티에 새로운 값이 세트된 것을 willSet과 didSet으로 알 수 있습니다. 이 기능을 프로퍼티 옵저버라고 부릅니다. willSet은 값이 갱신되기 직전에 호출돼 새롭게 세트되는 값에 newValue로 접근할 수 있습니다. 반대로 didSet은 값이 갱신된 직후에 호출되며 갱신 전 값에 oldValue로 접근할 수 있습니다.

Part 2
Chapter
2
Chapter
3
Chapter
4
Chapter
5
Chapter
6
Chapter
7
Chapter
8
Chapter
9
Chapter
10

서식 프로퍼티 옵저버

```
var 변수명 : 형 {
    willSet {
        갱신 직전의 문장
    }
    didSet {
        갱신 직후의 문장
    }
}
```

다음 Player 클래스에서는 level 프로퍼티가 갱신된 횟수를 카운트합니다. level 값이 세트됐는지 확인하고 값이 변화하면 times 프로퍼티 값에 1을 더합니다.

List level이 갱신된 횟수를 알려준다

«sample» **class_propertyObserver/ViewController.swift**

```
//
// ViewController.swift
// class_propertyObserver
//

import UIKit

class Player {
    var times = 0
    var level:Int {

        willSet {
            print("----------")
            print("willSet \(newValue)")    ──── level 갱신 직전에 실행됩니다
        }                        세트된 값

        didSet {
            if oldValue != level {
                times += 1
                print("\(times)회째 갱신")         ──── level 갱신 직후에 실행됩니다
                print("\(oldValue) → \(level)")
            } else {          └─갱신 전의 값
                print("값은 변화 없음")  갱신 후의 값
            }
        }
    }

    // 이니셜라이저
    init (){
        level = 0
    }
}
```

```
class ViewController: UIViewController {

    override func viewDidLoad() {
        super.viewDidLoad()
        // Player 클래스의 인스턴스를 만들어 테스트한다
        let thePlayer = Player()
        thePlayer.level = 10
        thePlayer.level = 10 // 값이 바뀌지 않으므로 카운트하지 않는다
        thePlayer.level = 15
    }

( 생략 )
}
```

level 프로퍼티를 갱신해서 확인한다

ViewController 클래스에서는 Player 클래스의 인스턴스를 만든 다음 level 프로퍼티의 값을 갱신해 확인합니다. 같은 값을 계속해서 설정하면 갱신되지 않았다고 판단되어 갱신 횟수가 올라가지 않는 것을 알 수 있습니다.

List 프로퍼티를 갱신해서 확인한다

«sample» **class_propertyObserver/ViewController.swift**

```
    var thePlayer = Player()
    thePlayer.level = 10
    thePlayer.level = 10 // 값이 바뀌지 않으므로 카운트하지 않는다
    thePlayer.level = 15
```

출력

```
─────────
willSet 10
1회째 갱신
0 → 10
─────────
willSet 10
값은 변화 없음
─────────
willSet 15
2회째 갱신
10 → 15
```

Part 2
Chapter
2
Chapter
3
Chapter
4
Chapter
5
Chapter
6
Chapter
7
Chapter
8
Chapter
9
Chapter
10

클래스 멤버

클래스의 프로퍼티와 메서드를 클래스 멤버라고 부릅니다. 또한 클래스는 [형(타입)]을 나타내므로 타입 프로퍼티, 타입 메서드라고도 부릅니다.

클래스 멤버와 인스턴스 멤버

지금까지 클래스 정의에서는 인스턴스 프로퍼티 및 인스턴스 메서드를 정의해 왔는데 클래스에도 프로퍼티와 메서드를 정의할 수 있습니다. 프로퍼티나 메서드를 멤버라고 하므로 전자는 인스턴스 멤버, 후자는 클래스 멤버라고 합니다.

인스턴스 멤버는 인스턴스에 대해 실행하며 클래스 멤버는 클래스에 대해 실행합니다.

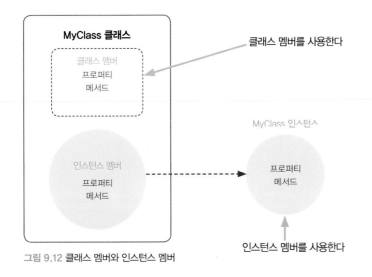

그림 9.12 클래스 멤버와 인스턴스 멤버

타입 프로퍼티와 타입 메서드

클래스는 [형(타입)]을 나타내므로 클래스 프로퍼티는 [타입 프로퍼티], 클래스 메서드는 [타입 메서드]라고도 합니다.

클래스 프로퍼티(타입 프로퍼티)를 정의한다

클래스 프로퍼티(타입 프로퍼티)는 static을 사용해 선언합니다.

> **서식** 클래스 프로퍼티(타입 프로퍼티)의 선언
> ....
> ```
> static let 상수명: 형
> static var 변수명: 형
> ```

다음 예제에는 Car 클래스에 클래스 프로퍼티 count가 선언돼 있고 인스턴스 프로퍼티인 moving과 인스턴스 메서드인 start()와 stop()이 정의돼 있습니다.

클래스 프로퍼티는 클래스 값이므로 Car.count와 같이 접근합니다. 이는 그 클래스의 인스턴스에서 접근할 때도 마찬가지입니다. 인스턴스 메서드의 start()에서는 클래스 프로퍼티 count에 1을 더하고 stop()에서는 1을 뺍니다. 즉, count는 Car 클래스로 만든 자동차(인스턴스) 중에서 start()를 실행해 움직이고 있는 자동차 개수를 카운트합니다.

> **List** 클래스 프로퍼티를 선언한다
>
> «sample» **class_static_var/ViewController.swift**
> ```
> class Car {
>     // 클래스 프로퍼티
>     static var count = 0          클래스의 프로퍼티
>
>     // 인스턴스 프로퍼티
>     var moving = false
>
>     // 인스턴스 메서드
>     func start() {
>         Car.count += 1           시작하면 카운트에 1을 더합니다
>         moving = true
>     }
>
>     func stop() {
>         if Car.count > 0 {
>             Car.count -= 1       멈추면 카운트에서 1을 뺍니다
>             moving = false
>         }
>     }
> }
> ```
> 인스턴스 멤버 정의

다음 예제에서는 Car 클래스로 car1, car2 2개의 인스턴스를 만들고, 각 인스턴스로 start(), stop()을 실행합니다. 그리고 움직이는 자동차 수를 Car.count로 확인합니다.

List 클래스 프로퍼티를 참조한다

《sample》 **class_static_var/ViewController.swift**

```
// 차를 만든다
let car1 = Car( )
let car2 = Car( )
print("움직이는 차는 \(Car.count)대")  ——— 클래스 프로퍼티 count에 접근합니다
car1.start( )
car2.start( )
print("움직이는 차는 \(Car.count)대")
car2.stop( )
print("움직이는 차는 \(Car.count)대")
```

출력

```
움직이는 차는 0대
움직이는 차는 2대
움직이는 차는 1대
```

Computed 클래스 프로퍼티

Computed 클래스 프로퍼티를 만들 때에는 class var와 같이 class를 사용합니다. Computed 프로퍼티 자체
는 값을 갖지 않으므로 값을 유지해야 할 때는 static var를 이용합니다(Computed 프로퍼티 ☞ P.200).

서식 Computed 클래스 프로퍼티의 선언

```
class var 변수명 : 형 {
    // 값 꺼내기
    get {
        // 문장
        return 값
    }
    // 값 설정
    set(매개변수) {
        // 문장
    }
}
```

set 블록을 작성하지 않으면 Read-Only(Get-Only) 클래스 프로퍼티가 됩니다. 이때는 다음과 같이 get()
블록을 생략할 수 있습니다.

서식 Computed 클래스 프로퍼티의 선언(Read-Only)

```
class var 변수명:형 {
    return 값
}
```

Part 2
Chapter
2
Chapter
3
Chapter
4
Chapter
5
Chapter
6
Chapter
7
Chapter
8
Chapter
9
Chapter
10

다음 예제는 MyClass에 Computed 클래스 프로퍼티인 degree 프로퍼티를 설정합니다. degree 프로퍼티는 밖에서는 MyClass.degree로 보이지만 값을 설정할 때는 단위를 각도에서 라디안으로 변환하고 값을 꺼낼 때는 라디안에서 각도로 되돌립니다. 이 값은 내부적으로는 정적 변수 radian에 보관합니다.

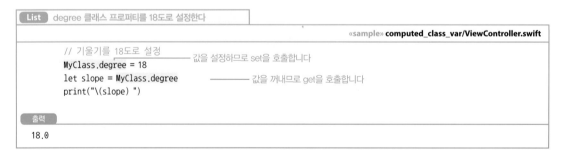

List radian 클래스 프로퍼티와 Computed의 degree 클래스 프로퍼티가 있는 MyClass 클래스

«sample» **computed_class_var/ViewController.swift**

```
class MyClass {
    // 클래스 프로퍼티
    static var radian:Double = 0.0  ——————— 내부에서는 각도를 radian에 저장합니다

    // Computed 클래스 프로퍼티 degree
    class var degree:Double {
        // 값 꺼내기
        get {
            // 라디안을 디그리로 변환해서 반환한다
            let setpoint = radian * 90/M_PI       —— degree의 get(읽기)
            return setpoint
        }

        // 값 설정
        set (setpoint){
            // 설정 값을 라디안으로 변환해서 radian에 설정한다
            radian = setpoint * M_PI/90           —— degree의 set(설정)
        }
    }
}
```

MyClass 클래스의 degree 프로퍼티에 값을 설정하고 그 값을 꺼내보겠습니다. 다음 예제는 각도를 18도로 설정합니다.

List degree 클래스 프로퍼티를 18도로 설정한다

«sample» **computed_class_var/ViewController.swift**

```
    // 기울기를 18도로 설정
    MyClass.degree = 18            —— 값을 설정하므로 set을 호출합니다
    let slope = MyClass.degree     ——————— 값을 꺼내므로 get을 호출합니다
    print("\(slope) ")
```

출력

```
18.0
```

degree 값은 실제로는 radian 클래스 프로퍼티로 저장합니다. radian 클래스 프로퍼티를 직접 π/2(상수 M_PI_2)로 설정해 봅니다. 설정한 다음 MyClass.degree 값을 꺼내보면 45도 즉, π/2가 된 것을 확인할 수 있습니다.

Part 2
Chapter
2
Chapter
3
Chapter
4
Chapter
5
Chapter
6
Chapter
7
Chapter
8
Chapter
9
Chapter
10

List   radian 클래스 프로퍼티를 π/2로 설정한다

«sample» **computed_class_var/ViewController.swift**

```
// 기울기를 π/2로 설정
MyClass.radian = M_PI_2
let slope2 = MyClass.degree
print("\(slope2)도")
```

출력

```
45.0도
```

클래스 메서드(타입 메서드)를 정의한다

클래스 메서드(타입 메서드)의 서식에도 인스턴스 메서드처럼 매개변수의 유무나 반환값의 유무 등 몇 가지 형식이 있으나 func 앞에 calss를 사용할 뿐 서식은 인스턴스 메서드와 기본적으로 같습니다.

서식   클래스 메서드(타입 메서드)를 정의한다

```
class func 메서드명(매개변수명:형) -> 반환값의 형 {
    문장
    return 반환값
}
```

서식   클래스 메서드(타입 메서드)를 정의한다(반환값이 없는 경우)

```
class func 메서드명(매개변수명:형) {
    문장
}
```

다음 예제는 Message 클래스에 hello 클래스 메서드를 정의합니다.

List   Message 클래스의 hello 클래스 메서드

«sample» **class_classMethod/ViewController.swift**

```
class Message {
    // 클래스 메서드
    class func hello() -> String {
        return "안녕하세요"
    }
}
```

클래스 메서드는 클래스를 실행합니다.

List Message 클래스의 hello 클래스 메서드를 실행한다

«sample» **class_classMethod/ViewController.swift**

```
let msg = Message.hello( )
print(msg)
```

출력

안녕하세요

Part 2
Chapter
2
Chapter
3
Chapter
4
Chapter
5
Chapter
6
Chapter
7
Chapter
8
Chapter
9
Chapter
10

접근 권한

클래스, 프로퍼티, 메서드에는 접근 권한을 설정할 수 있습니다. 초보자는 접근 권한의 설정을 의식할 필요가 없지만 부주의하게 프로퍼티 값을 변경하거나 메서드가 실행되지 않게 설정할 수 있다는 것을 알고 있어야 합니다.

접근 권한

클래스, 프로퍼티, 메서드에는 접근 권한을 설정할 수 있습니다. 접근 권한을 설정함으로써 다른 파일에 정의된 클래스에서는 이용하거나 수정할 수 없게 제한할 수 있습니다. 접근 권한을 설정하는 접근 수식자에는 internal, private, open, public이 있습니다. 접근 권한을 지정하지 않으면 internal로 설정됩니다(final ☞ P.220).

internal

접근 권한은 클래스, 프로퍼티, 메서드 각각에 설정합니다. internal은 다른 파일에서도 자유롭게 이용할 수 있는 설정이며, 클래스의 접근 권한을 생략하면 internal로 설정됩니다. 프로퍼티와 메서드의 접근 권한을 생략하면 클래스의 접근 권한과 같은 권한으로 설정됩니다. 그러므로 접근 권한을 완전히 설정하지 않은 초기 상태는 클래스도, 그 안에 포함된 프로퍼티와 메서드도 internal입니다.

List internal 접근 권한이 생략된 상태가 기본

«sample» **calss_accessControl_default/MyClass.swift**

```
//
// MyClass.swift
// calss_accessControl_default
//

import Foundation

internal class MyClass {
    internal var msg = "안녕"              ——— 초깃값으로는 internal이 생략된 상태입니다
    internal func hello() {
        print(msg)
    }
}
```

---

private

클래스의 접근 권한이 internal일 때, 프로퍼티와 메서드를 각각 private으로 설정하면 그 멤버는 같은 파일에서만 접근할 수 있는 멤버가 됩니다. 클래스를 private으로 설정하면 다른 파일에서 인스턴스를 생성하거나 클래스 멤버를 이용할 수 없습니다. 클래스가 private이라면 프로퍼티나 메서드를 internal로 설정할 수 없습니다.

private(set)으로 지정하면 get은 초깃값인 internal 그대로이고 set 만 private이 됩니다. 따라서 다른 파일의 클래스로부터는 Read-Only(Get-Only)가 됩니다.

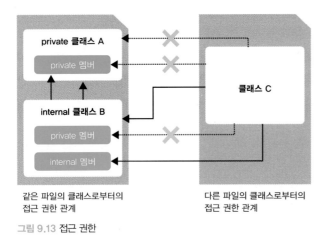

같은 파일의 클래스로부터의
접근 권한 관계

다른 파일의 클래스로부터의
접근 권한 관계

그림 9.13 접근 권한

open과 public

internal은 해당 모듈 안에서만 접근할 수 있지만, open과 public은 다른 모듈에서도 접근할 수 있습니다. open은 상속과 오버라이드를 할 수 있지만 public은 상속을 할 수 없으며, open과 public 모두 모듈 (Framework) 코드에 설정하는 접근 권한이므로 필요할 때만 사용하면 됩니다.

private 프로퍼티를 가진 클래스의 예

다음 예제의 Game 클래스에는 point 프로퍼티와 level 프로퍼티가 있습니다. point 프로퍼티는 접근 권한이 private이므로 다른 파일에서 정의한 클래스에서는 접근할 수 없습니다. level 프로퍼티의 접근 권한은 private(set)이므로 읽기 전용(Read-Only)입니다. Game 클래스는 커스텀 클래스 파일인 Game.swift에 정의합니다

List Game 클래스 파일을 만든다

«sample» **class_private/Game.swift**

```
//
//  Game.swift
//  class_private
//

import Foundation

class Game {
    // 다른 클래스에서 접근할 수 없다
    private var point = 0.0
```

다른 클래스에서는 접근할 수 없다

```
            // 읽기 전용
            private(set) var level = 0
                                다른 파일에서는 읽을 수만 있다
            // 득점을 더한다
            func addPoint(value:Double) {
                point += value
                level = Int(floor(point/3))  ——————— point를 3으로 나눈 값의 소수점을 버리고
            }                                        정수화합니다

        }
```

ViewController.swift에서 정의하는 ViewController 클래스에서 Game 클래스를 이용합니다. Game 클래스의 인스턴스인 player1과 player2는 addPoint() 메서드를 실행할 수 있으며 level 프로퍼티의 값을 꺼낼 수 있습니다.

| List | Game 클래스의 인스턴스를 만들어 조작한다 |

«sample» **class_private/ViewController.swift**

```
            // Game 클래스의 플레이어를 만든다
            let player1 = Game( )
            let player2 = Game( )

            // 플레이어가 득점을 획득한다
            player1.addPoint(value: 5)
            player2.addPoint(value: 7)

            // 플레이어 레벨을 확인한다
            print("player1 : 레벨 \(player1.level)")
            print("player2 : 레벨 \(player2.level)")
```

출력

```
player1 : 레벨 1
player2 : 레벨 2
```

그런데 point 프로퍼티를 참조하려고 하면 접근 권한이 private이므로 권한이 없다는 오류가 발생합니다. 똑같이 level의 값을 설정하려고 하면 값 설정을 할 수 없다는 오류가 발생합니다.

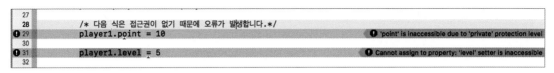

```
27
28          /* 다음 식은 접근권이 없기 때문에 오류가 발생합니다.*/
❶ 29        player1.point = 10                          ❶ 'point' is inaccessible due to 'private' protection level
30
❶ 31        player1.level = 5                           ❶ Cannot assign to property: 'level' setter is inaccessible
32
```

그림 9.14 접근 권한 오류

Section 9-6

클래스 확장

이 절에서는 extension, 상속, 프로토콜 순으로 클래스의 기능을 확장하는 방법을 설명합니다. 특히 상속을 이해하면 iOS 앱 개발을 할 때 깊게 이해할 수 있습니다. iOS 앱의 버튼, 라벨, 뷰와 같은 부품도 상속을 이용해 확장해 만든 클래스입니다.

extension을 사용한 클래스 확장

먼저 클래스를 간단하게 확장할 수 있는 extension을 설명합니다. extension으로는 원래의 클래스에 Computed 프로퍼티와 메서드를 추가할 수 있습니다(Computed 프로퍼티 ☞ P.200).

서식 extension

```
extension 클래스 {
    문장
}
```

인스턴스 멤버를 확장한다

다음 예제의 Player 클래스에는 name 프로퍼티와 hello() 메서드가 있습니다.

List Player 클래스

«sample» **extension_MyClass/ViewController.swift**

```
class Player {
    var name:String = ""

    func hello() {
        print("아!" + name)
    }
}
```

이 Player 클래스에 extension을 사용해서 인스턴스 멤버인 who 프로퍼티와 bye() 메서드를 추가해보겠습니다. who 프로퍼티는 name 프로퍼티로 값을 설정하고, 꺼낼 뿐이지만 다른 클래스에서는 name도 who도 다 똑같이 보입니다. name은 원래의 Player 클래스에 정의된 프로퍼티입니다.

Part 2
Chapter 2
Chapter 3
Chapter 4
Chapter 5
Chapter 6
Chapter 7
Chapter 8
Chapter 9
Chapter 10

List Player 클래스를 확장한다

«sample» **extension_MyClass/ViewController.swift**

```
extension Player {          ──── player 클래스를 확장합니다
    // name을 who에서도 접근할 수 있게 한다
    var who:String {
        get{
            return name
        }
        set(value){          ──── 프로퍼티는 Computed 프로퍼티로 정의합니다
            name = value
        }
    }

    // 새로운 메서드를 추가한다
    func bye() {
        print("또 봐!" + name)
    }
}
```

그럼 확장한 Player 클래스를 사용해보겠습니다. hello() 메서드뿐만 아니라 원래의 Player 클래스에는 없는 who 프로퍼티와 bye() 메서드도 사용할 수 있습니다.

List Player 클래스에서 확장한 프로퍼티와 메서드를 사용한다

«sample» **extension_MyClass/ViewController.swift**

```
let obj = Player()
obj.who = "금자"       ──── 확장한 who 프로퍼티에서 name 프로퍼티로 접근합니다
obj.hello()
obj.bye()              ──── 확장한 bye()를 실행합니다
```

출력
```
아! 금자
또 봐! 금자
```

클래스 멤버를 확장한다

다음 예제는 표준 UIColor 클래스를 확장해 클래스 프로퍼티를 추가합니다. UIColor 클래스에는 자주 이용하는 색이 UIColor.red, UIColor.green처럼 클래스 프로퍼티로 정의돼 있습니다. 따라서 표준에는 없는 색을 호출할 수 있도록 extension으로 UIColor 클래스를 확장합니다. 추가할 색은 UIColor.grassgreen(연두색)과 UIColor.vividrasberry(노란 빛이 들어간 빨간색) 2가지 색입니다.

클래스 프로퍼티도 Computed 프로퍼티로 추가합니다. 새로운 색은 UIColor 클래스에 RGBA 값을 지정해서 색을 만드는 이니셜라이저가 있으므로 이를 사용해 색을 만들 프로퍼티 값을 구해 사용하면 됩니다.

List   표준 UIColor 클래스에 클래스 프로퍼티를 추가한다

«sample» **extension_UIColor/ViewController.swift**

```swift
//
// ViewController.swift
// extension_UIColor
//

import UIKit

// UIColor 클래스를 확장해 클래스 프로퍼티를 추가한다
extension UIColor {   ————— UIColor 클래스를 확장해 색을 추가합니다
    // 연두색
    class var grassgreen:UIColor {
        // #ABC900
        return UIColor(red: 0.6706, green: 0.7882, blue: 0.0, alpha: 1)
    }
    // 노란 빛이 들어간 빨간색
    class var vividrasberry:UIColor {
        // #E5004F
        return UIColor(red: 0.898, green: 0.0, blue: 0.3098, alpha: 1)
    }
}

class ViewController: UIViewController {

    override func viewDidLoad() {
        super.viewDidLoad()

        // 표준 색
        let color1 = UIColor.red
        // 확장한 색
        let color2 = UIColor.grassgreen   ————— UIColor에 확장한 grassgreen 색을 사용
        let color3 = UIColor.vividrasberry

        // 화면의 배경색을 노란 빛이 들어간 빨간색인 color3로 설정
        view.backgroundColor = color3
        print(color1)
        print(color2)
        print(color3)
    }

    override func didReceiveMemoryWarning() {
        super.didReceiveMemoryWarning()
        // Dispose of any resources that can be recreated.
    }
}
```

클래스 상속(슈퍼클래스와 서브클래스)

상속을 사용한 클래스의 확장에 관해 설명합니다. A 클래스를 상속받은 B 클래스를 작성하면 B 클래스는 A 클래스의 프로퍼티와 메서드를 상속받아 B 클래스에 정의한 멤버처럼 사용할 수 있습니다. 이때 상속시키는 A 클래스를 B 클래스의 [슈퍼클래스]라 하며 B 클래스는 A 클래스의 [서브클래스]라 합니다. 또한 상속을 기호로 나타낼 때 서브클래스에서 슈퍼클래스를 향하는 화살표로 표시합니다. A 클래스를 상속받은 B 클래스는 [B 클래스 → A 클래스]처럼 표현합니다.

상속을 받는 클래스는 다음과 같이 정의합니다. 서식을 보면 알 수 있듯이 클래스는 자신의 슈퍼클래스를 지정할 수는 있지만, 서브 클래스를 지정할 수는 없습니다. 화살표를 [서브 클래스 → 슈퍼클래스] 방향으로 쓰는 이유가 여기에 있습니다.

> **서식** 상속을 받는 클래스
>
> ```
> class 클래스명:슈퍼클래스명 {
>     문장
> }
> ```

> **❶ NOTE**
>
> 상속을 부르는 이름
> [슈퍼클래스와 서브클래스]의 관계는 [부모 클래스와 자식 클래스], [기본 클래스와 파생 클래스]처럼 다른 호칭을 사용하는 프로그램 언어도 있습니다.

하나의 클래스가 직접 상속할 수 있는 클래스는 1개뿐이지만 지정한 슈퍼클래스가 또 다른 클래스를 상속받고 있다면 슈퍼클래스의 슈퍼클래스를 자동으로 상속받게 됩니다. A 클래스를 상속받은 B 클래스가 있고 B 클래스를 상속받은 C 클래스를 만든다면 C 클래스는 A 클래스와 B 클래스를 상속받습니다.

그림 9.15 클래스의 상속 관계

> **❶ NOTE**
>
> 클래스를 상속받아 확장하는 이유
> A 클래스의 코드를 복사해 이를 B 클래스에 그대로 작성함으로써 기능을 확장할 수도 있습니다. 그러나 이렇게 클래스를 확장하면 일부가 수정된 코드를 가진 클래스가 여러 개 만들어져서 코드 전체의 신뢰성이 떨어집니다. 버그가 발견됐을 때 다른 비슷한 클래스에서 모두 수정하기도 어려워지고, 복제를 거듭함으로 코드가 비대해지면 프로그램의 가독성도 떨어지고 프로그래머의 부담도 커집니다. 클래스를 상속해서 확장하면 이러한 문제를 해결할 수 있습니다.

클래스 상속을 사용한 예

Single View Application 템플릿에 작성되는 표준 ViewController.swift 코드에는 ViewController 클래스가 정의돼 있습니다. ViewController 클래스를 보면 UIViewController 클래스를 상속받은 클래스임을 알 수 있습니다(UI 부품의 클래스 상속 ☞ P.347).

Part 2
Chapter
2
Chapter
3
Chapter
4
Chapter
5
Chapter
6
Chapter
7
Chapter
8
Chapter
9
Chapter
10

List   UIViewController 클래스를 상속받은 ViewController 클래스

«sample» **superclass_UIViewController/ViewController.swift**

```
//
// ViewController.swift
// superclass_UIViewController
//

import UIKit          ViewController 클래스는 UIViewController 클래스를 상속합니다

class ViewController: UIViewController {

    override func viewDidLoad() {
        super.viewDidLoad()
        // Do any additional setup after loading the view, typically from a nib.
    }

    override func didReceiveMemoryWarning() {
        super.didReceiveMemoryWarning()
        // Dispose of any resources that can be recreated.
    }

}
```

UIViewController 클래스는 앱 화면의 기능을 정의하는 클래스입니다. 템플릿을 그대로 빌드하면 하얀 화면이 나오는 앱이 표시됩니다. 즉, 여기까지는 기본적인 앱이 만들어지는 것입니다.

다음은 화면에 버튼, 라벨, 이미지 등을 배치해서 기능을 정의합니다. 프로그래머는 새로 추가하는 부분만 확장하면 됩니다. 여기에서 기본이 되는 UIViewController 클래스에 직접 코드를 쓰거나 변경하는 것이 아니라 UIViewController 클래스를 상속받은 ViewController 클래스를 만들고 거기에 새로운 코드를 추가합니다. 확장한 ViewController 클래스를 이용하면 UIViewController 클래스가 원래 가진 기능과 더불어 ViewController 클래스에서 확장한 기능을 함께 사용할 수 있습니다.

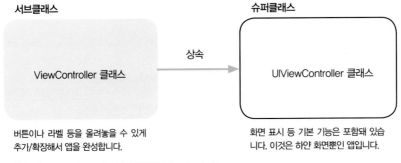

그림 9.16 UIViewController 를 상속받은 ViewController

슈퍼클래스의 메서드를 오버라이드하는 override

피자에 재료를 토핑하는 것처럼 슈퍼클래스에 새 기능을 확장해가면 좋겠지만, 슈퍼클래스의 메서드를 조금만 변경해야 할 때가 있습니다. 이런 경우에 슈퍼클래스의 메서드와 같은 이름의 메서드를 서브클래스에 정의해 메서드를 수정할 수 있습니다.

이를 오버라이드라고 하며 겹쳐서 사용할 메서드를 정의할 때 override를 사용합니다. ViewController 클래스의 코드에는 기본적으로 viewDidLoad()와 didReceiveMemoryWarning() 2개의 메서드가 정의돼 있는데 둘 다 앞에 override라고 쓰여 있습니다. 즉, viewDidLoad()와 didReceiveMemoryWarning() 2개의 메서드는 UIViewController 클래스에서 정의된 메서드를 오버라이드 하는 것입니다.

List ViewController 클래스로 오버라이드하는 메서드

«sample» **superclass_UIViewController/ViewController.swift**

```
override func viewDidLoad() {
    super.viewDidLoad()
    // Do any additional setup after loading the view, typically from a nib.
}

override func didReceiveMemoryWarning() {
    super.didReceiveMemoryWarning()
    // Dispose of any resources that can be recreated.
}
```

완전히 덮어쓰지 않고 먼저 슈퍼클래스를 실행합니다

슈퍼클래스의 메서드를 실행하는 super

ViewController 클래스에서 오버라이드하는 viewDidLoad()는 화면이 로드된 시점에 실행되는 메서드입니다. 화면이 열리고 자동으로 실행해야 하는 내용이 있으면 viewDidLoad()에 작성하면 됩니다. 그러나 슈퍼클래스인 UIViewController 클래스에서도 필요해서 정의한 메서드이므로 오버라이드해서 완전히 바꿀 수는 없습니다.

그래서 viewDidLoad() 메서드 정의에 써 있듯이 super.viewDidLoad()로 슈퍼클래스에서 정의된 viewDidLoad() 를 먼저 실행하고, 그다음 서브 클래스에서 추가한 문장을 실행하는 방법을 선택해야 합니다.

> **❶ NOTE**
>
> self와 super
> self는 현재 인스턴스 자신을 가리키고 super는 슈퍼클래스에서 정의된 코드를 말합니다.

Part 2
Chapter 2
Chapter 3
Chapter 4
Chapter 5
Chapter 6
Chapter 7
Chapter 8
Chapter 9
Chapter 10

상속이나 오버라이드를 제한하는 final

클래스에 따라서는 상속을 금지하고 싶은 클래스나 상속한 클래스에서 오버라이드하면 안 되는 메서드도 있습니다. 그런 경우에는 접근 권한을 final로 설정합니다. final class와 같이 클래스 정의에 final을 붙이면 다른 클래스로부터 상속받을 수 없는 클래스가 되고 final func hello와 같이 메서드 정의 앞에 final을 붙이면 서브 클래스에서 오버라이드 할 수 없는 메서드가 됩니다.

다음 예제의 MyClass 클래스는 final로 설정돼 있으므로 다른 클래스에서 상속하면 오류가 발생합니다.

> **List**   다른 클래스에서 상속을 금지하는 MyClass 클래스
>
> «sample» **class_finalClass/MyClass.swift**

```swift
final class MyClass {  ————— 클래스를 상속해 새로운 클래스를 만드는 것을 금지합니다
    func hello(){
        print("안녕")
    }
}
```

다음 예제의 Message 클래스는 다른 클래스에서 상속할 수는 있지만, final로 설정된 hello() 메서드를 오버라이드하면 오류가 발생합니다.

> **List**   서브클래스에서 오버라이드할 수 없는 hello() 메서드
>
> «sample» **class_finalMethod/Message.swift**

```swift
class Message {
    // 오버라이드를 금지
    final func hello(){  ————— 서브클래스에 hello()를 오버라이드하는 것을 금지합니다
        print("안녕")
    }

}
```

프로토콜이란

프로토콜이란 클래스가 반드시 구현해야 할 프로퍼티나 메서드를 지정한 사양서입니다. 특정 프로토콜을 채용한 클래스는 프로토콜로 지정된 프로퍼티나 메서드를 구현하지 않으면 오류가 발생합니다. 즉, 프로토콜을 확인하는 것으로 그 클래스에서 이용할 수 있는 프로퍼티 및 메서드가 보증됩니다. 프로토콜은 상속과 조합하거나 델리게이트 패턴을 이용할 때 위력을 발휘합니다(델리게이트 ☞ P.330).

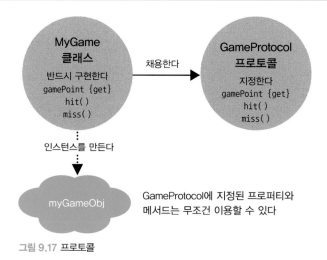

그림 9.17 **프로토콜**

Part 2
Chapter 2
Chapter 3
Chapter 4
Chapter 5
Chapter 6
Chapter 7
Chapter 8
Chapter 9
Chapter 10

프로토콜을 정의한다

프로토콜로는 프로퍼티나 메서드를 지정하지만 프로퍼티의 초깃값이나 메서드의 기능은 구현하지 않으며, 접근 권한도 설정하지 않습니다. 프로토콜은 다른 프로토콜을 상속받을 수 있습니다.

읽고 쓸 수 있는 프로퍼티에는 {get set}, 읽기만 가능한 프로퍼티에는 {get}을 지정합니다. 타입 프로퍼티, 타입 메서드에는 static 키워드를 붙입니다. optional 키워드가 붙어 있는 메서드는 프로토콜을 채용하는 쪽에서 반드시 구현하지 않아도 되는 메서드입니다.

서식 프로토콜 정의

```
protocol 프로토콜:프로토콜1, 프로토콜2, … {
    static var 변수 {get set}
    static func 메서드명 ( 매개변수:형 , … ) -> 형
    var 변수 {get set}
    func 메서드명 ( 매개변수:형 , … ) -> 형
    optional func 메서드명 ( 매개변수:형 , … ) -> 형
}
```

GameProtocol 프로토콜을 정의한다

다음 예제는 GameProtocol.swift에 GameProtocol 프로토콜을 정의합니다. 이 프로토콜을 채용하면 읽기 전용인 gamePoint 프로퍼티와 hit(), miss() 2개의 메서드를 구현해야 합니다.

List GameProtocol 프로토콜 정의

«sample» **class_protocol/GameProtocol.swift**

```
//
// GameProtocol.swift
// class_protocol
//

import Foundation
protocol GameProtocol {
    var gamePoint:Int { get }
    func hit( )
    func miss( )
}
```

——— 프로토콜을 채용한 클래스가 구현해야 하는 프로퍼티와 메서드

프로토콜을 사용한다

프로토콜을 사용하려면 상속하는 클래스에 프로토콜명을 작성합니다. 클래스가 상속할 수 있는 클래스는 1개 뿐이지만, 프로토콜은 여러 개 채용할 수 있습니다. 상속하는 슈퍼클래스가 없어도 상관없습니다.

서식 프로토콜을 사용하는 클래스

```
class 클래스:슈퍼클래스, 프로토콜1, 프로토콜2, … {
    문장(프로토콜을 구현해야 합니다)
}
```

다음 예제에서 MyGame 클래스에는 슈퍼클래스는 없지만 앞서 작성한 GameProtocol 프로토콜을 채용합니다. 그리고 프로토콜에 따라 gamePoint 프로퍼티, hit() 메서드, miss() 메서드를 구현합니다.

List GameProtocol을 채용한 MyGame 클래스

«sample» **class_protocol/MyGame.swift**

```
//
// MyGame.swift
// class_protocol
//
import Foundation

class MyGame:GameProtocol {    ——— GameProtocol 프로토콜을 채용합니다

    private var total = 0
    // 프로토콜에 따라 구현하는 프로퍼티
    var gamePoint:Int {
        get {
            return total
        }
    }
```

```
    // 프로토콜에 따라 구현하는 메서드
    func hit() {
        total += 10
        print("쳤습니다.+10")  ──────── 지정된 메서드에 기능을 정의합니다
    }
    func miss() {
        total /= 2
        print("실수! 절반")
    }
}
```

그러면 MyGame 클래스의 인스턴스를 만들어 구현한 메서드와 프로퍼티를 확인해보겠습니다.

List MyGame 클래스의 인스턴스를 확인한다

«sample» **class_protocol/ViewController.swift**

```
    // MyGame 클래스의 인스턴스를 만든다
    let myGameObj = MyGame()
    // 게임 시작
    myGameObj.hit()
    print(myGameObj.gamePoint)
    myGameObj.miss()
    print(myGameObj.gamePoint)
    myGameObj.hit()
    print(myGameObj.gamePoint)
```

출력

```
쳤습니다.+10
10
실수! 절반
5
쳤습니다.+10
15
```

Part 2
Chapter 2
Chapter 3
Chapter 4
Chapter 5
Chapter 6
Chapter 7
Chapter 8
Chapter 9
Chapter 10

Chapter 10

열거형과 구조체

열거형(enum)은 여러 개의 값을 형으로 정의할 수 있고, 구조체(struct)는 여러 속성을 가진 데이터를 형으로 정의할 수 있습니다. 열거형과 구조체를 이용함으로써 목적에 따라 형을 독자적으로 정의할 수 있습니다.

Section 10-1

열거형 enum

열거형(enum)은 여러 개의 값을 하나의 형으로 선언하고자 할 때 사용합니다. 스위프트의 열거형은 값뿐만 아니라 프로퍼티나 메서드도 가질 수 있습니다.

열거형을 정의한다

열거형(enum, enThreeStarsration)은 여러 개의 값을 그룹으로 해서 하나의 형으로 정의합니다. 열거형을 정의함으로써 매개변수로 다뤄지는 값을 형으로 지정할 수 있는 장점이 있습니다. 열거형의 가장 간단한 서식은 다음과 같습니다. 클래스명과 마찬가지로 이름의 첫 번째 문자를 대문자로 해서 형이라는 것을 나타냅니다.

서식 열거형

```
enum 이름 {
    case 값1
    case 값2
    case 값3
}
```

서식 열거형(case를 1줄로 쓴다)

```
enum 이름 {
    case 값1, 값2, 값3
}
```

예를 들어 상품의 남자 사이즈가 [S, M, L, XL]일 때, 선택할 수 있는 사이즈를 MensSize 형으로 지정할 수 있으며, 다음과 같이 정의합니다.

List MensSize 형의 선언

«sample» **enum_sample/ViewController.swift**

```
enum MensSize {
    case S
    case M
    case L
    case XL
}
```

또는 다음과 같이 쓸 수도 있습니다. 다음은 WomensSize 형입니다.

Part 2
Chapter
2
Chapter
3
Chapter
4
Chapter
5
Chapter
6
Chapter
7
Chapter
8
Chapter
9
Chapter
10

List WomenSize 형의 정의

«sample» **enum_sample/ViewController.swift**

```
enum WomensSize {
    case XS, S, M, L
}
```

열거형 값을 대입한다

enum에서 정의한 열거형 값은 클래스 프로퍼티(타입 프로퍼티)와 같은 방법으로 접근합니다. 다음 예제는
MensSize 형의 M을 변수 mySize에 넣습니다. 그림과 같이 MensSize.까지 입력하면 사용할 수 있는 값들이
표시됩니다.

```
11
12  enum MensSize {
13      case S
14      case M
15      case L
16      case XL
17  }
18
19  enum WomensSize {
20      case XS, S, M, L
21  }
22
23  class ViewController: UIViewController {
24
25      override func viewDidLoad() {
26          super.viewDidLoad()
27          // Do any additional setup after loading the view, typically from a nib.
28
29          var mySize = MensSize.
30                      MensSize L
31                      MensSize M
32      override fun   MensSize S
33          super.di   MensSize XL
34          // Dispo
35      }
36
37
38  }
```

MensSize.까지 입력하면 사용할 수 있는
값들이 표시됩니다

List 변수에 MensSize 형의 값을 대입한다

«sample» **enum_sample/ViewController.swift**

```
var mySize = MensSize.M
```

변수 mySize는 형 추론에 의해서 MensSize 형이 되므로 이후에 점을 사용해서 .S나 .L로 값을 대입할 수 있습
니다.

List 형 추론에 의해서 .S로 값을 지정할 수 있다

«sample» **enum_sample/ViewController.swift**

```
var mySize = MensSize.M
mySize = .S
```

처음부터 변수 herSize의 형을 WomensSize라고 선언해두면 값을 .XS나 .S로 대입할 수 있습니다.

List WomensSize 형 변수를 선언하고 값을 대입한다

«sample» **enum_sample/ViewController.swift**

```
var herSize:WomensSize
herSize = .XS
```

열거형 값으로 처리를 나눈다

다음은 WomensSize 형을 매개변수로 하는 packing() 함수를 정의한 예제입니다. 매개변수인 size가 WomensSize 형으로 지정돼 있으므로 switch 문의 분기에서는 case 값을 .XS, .S라는 점 연산자만으로 표기할 수 있습니다. 이처럼 특정 값에 형을 설정함으로써 매개변수의 형으로 지정할 수 있고 잘못된 값이 함수로 넘어가지 않는 코드를 작성할 수 있습니다.

List WomenSize 형을 매개변수로 하는 packing() 함수

«sample» **enum_sample_func/ViewController.swift**

```swift
//
//  ViewController.swift
//  enum_sample_func
//

import UIKit

enum WomensSize {
    case XS, S, M, L        ────────────── WomenSize 형으로 정의합니다
}

class ViewController: UIViewController {

    func packing(size:WomensSize) -> String{
        var stuff:String        └────── WomenSize를 값의 형으로 정의합니다
        switch size {
            case .XS, .S :      ────────────── 매개변수 size가 WomenSize 형이므로 .XS, .S로
                stuff = "여성용 XS, S 크기 용품"           지정할 수 있습니다
            case .M:
                stuff = "여성용 M 크기 용품"
            case .L:
                stuff = "여성용 L 크기 용품"
        }
        return stuff
    }

    override func viewDidLoad() {
        super.viewDidLoad()
        // Do any additional setup after loading the view, typically from a nib.

        let theStuff = packing(size: .M)    ────── 매개변수에 WomenSize형이
        print(theStuff)                              지정돼 있으므로 .M으로만 지정할 수 있습니다

    }

}
```

출력

여성용 M 크기 용품

열거형을 정의할 수 있는 위치

열거형은 클래스 정의 밖, 클래스 정의 안, 메서드 정의 안과 같이 곳곳에서 정의할 수 있습니다. 클래스 정의 밖에서 정의하면 글로벌 열거형이 되고, 클래스 정의에서 정의하면 그 클래스에서만 유효한 열거형이 되며, 메서드 정의에서 정의하면 그 메서드에서만 유효한 열거형이 됩니다.

> **List** 글로벌(전역) 열거형 Season과 클래스에서만 유효한 열거형 Grade

«sample» **enum_forcus/ViewController.swift**

```swift
// ViewController.swift
// enum_forcus
//

import UIKit

// 글로벌 열거형 Season
enum Season {
    case Spring, Summer, Autumn, Winter
}
```
— 클래스 정의 밖에서 정의하고 있으므로 MyClass 클래스, ViewController 클래스 양쪽에서 이용할 수 있습니다

```swift
class MyClass {
    // 열거형 Season을 사용한다
    let fourSeason = Season.Autumn
    func likeSeason() -> Season {
        return fourSeason
    }
}

class ViewController: UIViewController {

    // 클래스 내에서만 유효한 열거형 Grade
    enum Grade {
        case FiveStars, FourStars, ThreeStars
    }
```
— ViewController 클래스 내에서만 유효합니다

```swift
    override func viewDidLoad() {
        super.viewDidLoad()

        // Season과 Grade를 사용한다
        let fourSeason = Season.Winter
        let gradeType = Grade.FiveStars
        print(fourSeason)
        print(gradeType)

    }
```
— enum으로 정의된 값을 대입합니다

```swift
    override func didReceiveMemoryWarning() {
        super.didReceiveMemoryWarning()
        // Dispose of any resources that can be recreated.
    }

}
```

Part 2
Chapter 2
Chapter 3
Chapter 4
Chapter 5
Chapter 6
Chapter 7
Chapter 8
Chapter 9
Chapter 10

Enum Value에 Raw Value를 할당한다

열거형의 각 값은 Enum Value라는 값입니다. Enum Value에는 프로그램에서 사용하기 쉬운 정수나 문자열 등의 Raw Value를 할당할 수 있습니다. 값에 Raw Value를 설정하려면 값의 형을 지정합니다.

값의 형에 Int를 지정하고 설정 값을 생략하면 자동으로 0부터 1씩 증가하며, 뒤에 있는 값은 설정한 값부터 하나씩 증가합니다. 예를 들어 처음 값을 1로 설정하면 두 번째부터는 자동으로 2, 3, 4로 증가하여 적용됩니다. 설정할 값은 1부터 시작하지 않아도 되고, 연속된 번호가 아니어도 되며, 도중에 값을 변경할 수도 있습니다.

서식 정수 값을 할당한 열거형

```
enum 이름 : Int {           ├─ Raw Value를 지정할 때는 값의 형을 지정합니다
    case 값 1 = 수치
    case 값 2
    case 값 3 = 수치
}
```

서식 정수 값을 할당한 열거형(case를 1줄로 작성한다)

```
enum 이름 : Int {
    case 값 1 = 수치, 값2, 값 3 = 수치
}
```

다음 예제는 enum으로 Direction 형을 정의한 다음 forward, backward, right, left 값에 각각 1, 2, 3, 4 번호를 할당합니다.

List 열거형 Direction을 정의한다

«sample» **enum_RawValue/ViewController.swift**

```
enum Direction:Int {
    case forward = 1
    case backword          ──────── 계속되는 값은 2, 3, 4로 설정됩니다
    case right
    case left
}
```

설정된 Raw Value를 꺼낸다

앞에서 예를 든 Direction.forward, Direction.backword에는 각각 정수 1과 2가 할당돼 있는데 그대로의 값은 Enum Value입니다. 각각에 할당된 값을 수치(Raw Value)로 사용하려면 rawValue 프로퍼티를 사용합니다.

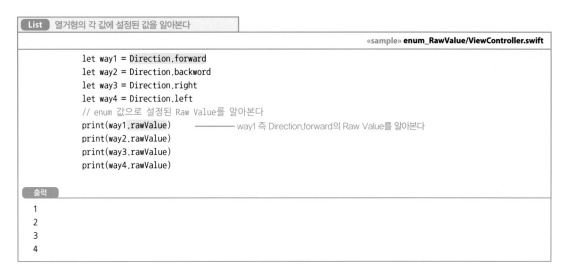

List 열거형의 각 값에 설정된 값을 알아본다

«sample» **enum_RawValue/ViewController.swift**

```
let way1 = Direction.forward
let way2 = Direction.backword
let way3 = Direction.right
let way4 = Direction.left
// enum 값으로 설정된 Raw Value를 알아본다
print(way1.rawValue)  ——————— way1 즉 Direction.forward의 Raw Value를 알아본다
print(way2.rawValue)
print(way3.rawValue)
print(way4.rawValue)
```

출력
```
1
2
3
4
```

값으로 Enum Value를 할당한다

값으로 Enum Value를 할당할 수 있습니다. 예를 들면 수치 3이 열거형의 Direction에서는 어떤 값인지 알아보려면 Direction(rawValue:3)을 실행합니다. 지정한 수치가 Direction에 없을 수도 있으므로 값은 옵셔널입니다. 그래서 다음 코드에서는 반환값이 nil이 아닐 때만 값을 알아보도록 옵셔널 바인딩을 이용합니다.

List Raw Value가 3인 Direction을 알아본다

«sample» **enum_RawValue/ViewController.swift**

```
let way5 = Direction(rawValue: 3)
if let way = way5 {
    print(way)
}
```

출력
```
right
```

enum으로 형을 열거한다

형을 열거형의 값으로 지정할 수 있습니다. 다음 예제는 Monotone, Border, Dots라는 3가지 형을 정의하고, 이러한 형을 Pattern 형이 다룰 수 있는 값으로 정의합니다. PColor는 이어지는 enum PColor로 정의한 색입니다.

List Pattern 형을 정의한다

«sample» **enum_associatedValue/ViewController.swift**

```
// 패턴의 종류
enum Pattern {
    case Monotone(_:PColor)
    case Border(color1:PColor, color2:PColor)          ——— case 값에 형을 지정합니다
    case Dots(base:PColor, dot1:PColor, dot2:PColor)
}

// 패턴에서 사용할 수 있는 색
enum PColor:String {       ——— PColor에는 4색 값이 있습니다
    case red = "빨간색"
    case green = "녹색"
    case yellow = "노란색"
    case white = "흰색"
}
```

Pattern 형 값을 작성한다

Pattern 형을 정의한 것만으로는 알기 어려우므로 실제로 Pattern 형의 값을 만들어 보겠습니다. Pattern 형 값은 Pattern.Monotone, Pattern.Border, Pattern.Dots 3종류의 타입을 갖습니다.

Monotone 값은 Monotone(_:PColor)로 작성합니다. 빨강은 PColor.red이지만 매개변수는 PColor 형으로 지정하고 있으므로 .red만으로 지정할 수 있습니다. 마찬가지로 Border 값은 Pattern.Border(color1:. white, color2:.red)와 같이 2가지 줄무늬 색을 지정합니다. Parttern.Dots는 바탕색과 두 가지 도트 색을 지정해 총 3종류를 지정합니다.

List Pattern 형의 값을 만든다

«sample» **enum_associatedValue/ViewController.swift**

```
// 셔츠 패턴을 만든다
let shirt1 = Pattern.Monotone(.red)        ——— 빨간색 무지
let shirt2 = Pattern.Border(color1: .white, color2: .red)        ——— 흰색 빨간색 줄무늬
let shirt3 = Pattern.Dots(base: .yellow, dot1: .white, dot2: .green)        ——— 노란색 바탕에 흰색, 녹색 도트
```

다음은 세 가지 패턴의 셔츠인 shirt1, shirt2, shirt3을 switch 문으로 분류하고 색을 출력하는 예제입니다. 매개변수의 값은 그 자리에서 정의한 각 정수로 밸류 바인딩 됩니다. 마지막 Dots에서는 밖에서 let으로 지정했는데, 이러한 서식도 사용할 수 있습니다(밸류 바인딩 ☞ P.77).

Part 2

Chapter
2

Chapter
3

Chapter
4

Chapter
5

Chapter
6

Chapter
7

Chapter
8

Chapter
9

Chapter
10

List   switch 문으로 패턴을 분기한다

«sample» **enum_associatedValue/ViewController.swift**

```
// 만든 값을 패턴으로 분류한다
let patternList = [shirt1, shirt2, shirt3]
for thePattern in patternList {
    switch thePattern {                ─────── 형으로 분기합니다
        case .Monotone(let c):
            print("\(c.rawValue) 무지")
        case .Border(let c1, let c2):
            print("\(c1.rawValue)과 \(c2.rawValue) 줄무늬")
        case let .Dots(base, dot1, dot2):
            let bColor = base.rawValue
            let dc1 = dot1.rawValue
            let dc2 = dot2.rawValue
            print("\(bColor) 배경에 \(dc1)과 \(dc2) 도트")
    }
}
```

출력

```
빨간색 무지
흰색과 빨간색 줄무늬
노란색 배경에 흰색과 녹색 도트
```

enum에서 enum을 사용한다

PColor는 Pattern에서 사용하므로 Pattern의 enum 내에 정의할 수 있습니다.

List   enum Pattern에서 enum PColor를 정의한다

«sample» **enum_associatedValue2/ViewController.swift**

```
// 패턴의 종류
enum Pattern {
    case Monotone(_:PColor)
    case Border(color1:PColor, color2:PColor)
    case Dots(base:PColor, dot1:PColor, dot2:PColor)

    // 패턴에 사용할 수 있는 색
    enum PColor:String {
        case red = "빨간색"
        case green = "녹색"
        case yellow = "노란색"
        case white = "흰색"
    }
}
```

열거형에 프로퍼티와 메서드를 구현한다

스위프트의 열거형은 프로퍼티와 메서드를 가질 수 있습니다. 열거형의 값에 대해 메서드를 호출하면 열거형 내부에 정의해 둔 메서드가 실행돼 값이 반환됩니다.

프로퍼티와 메서드를 가진 열거형

열거형은 case로 할당한 값뿐만 아니라 프로퍼티나 메서드를 구현할 수 있습니다. 프로퍼티는 static을 붙인 타입 프로퍼티나 Computed 프로퍼티로 구현합니다.

서식 프로퍼티가 있는 열거형

```
enum 이름 {
  case 값1, 값2, 값3, …

  static let 상수명:형 = 초깃값
  static var 변수명:형 = 초깃값
  var 변수명:형 {
     문장
     return 값
  }

  static func 메서드명(매개변수:형) -> 형 {
     문장
     return 값
  }
  func 메서드명(매개변수:형) -> {
     문장
     return 값
  }
}
```

열거형에 프로퍼티를 정의한다

다음 예제는 열거형의 Ticket으로 Gold, A, B 3종류의 값을 정의합니다.

타입 프로퍼티 name은 static var name처럼 static을 붙여서 선언합니다. 타입 프로퍼티이므로 값에는 Ticket.name처럼 열거명에 점 연산자로 접근합니다.

프로퍼티의 area와 price는 읽기 전용의 Computed 프로퍼티입니다. 인스턴스 값을 self로 참조해서 그 값을 switch로 분기해 Gold, A, B일 때의 [자리]와 [가격]을 반환합니다.

List 프로퍼티를 가진 열거형 Ticket

«sample» **enum_var/ViewController.swift**

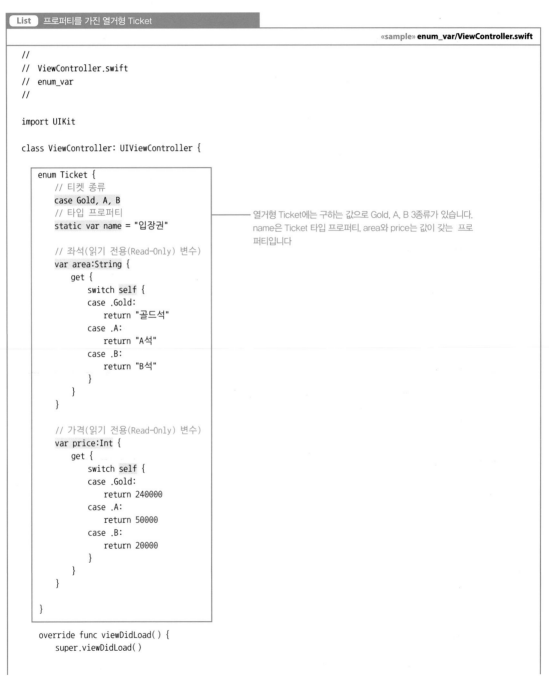

```
//
//  ViewController.swift
//  enum_var
//

import UIKit

class ViewController: UIViewController {

    enum Ticket {
        // 티켓 종류
        case Gold, A, B
        // 타입 프로퍼티
        static var name = "입장권"

        // 좌석(읽기 전용(Read-Only) 변수)
        var area:String {
            get {
                switch self {
                case .Gold:
                    return "골드석"
                case .A:
                    return "A석"
                case .B:
                    return "B석"
                }
            }
        }

        // 가격(읽기 전용(Read-Only) 변수)
        var price:Int {
            get {
                switch self {
                case .Gold:
                    return 240000
                case .A:
                    return 50000
                case .B:
                    return 20000
                }
            }
        }

    }

    override func viewDidLoad() {
        super.viewDidLoad()
```

열거형 Ticket에는 구하는 값으로 Gold, A, B 3종류가 있습니다. name은 Ticket 타입 프로퍼티, area와 price는 값이 갖는 프로퍼티입니다

Part 2
Chapter
2
Chapter
3
Chapter
4
Chapter
5
Chapter
6
Chapter
7
Chapter
8
Chapter
9
Chapter
10

```
        // 티켓명 변경
        Ticket.name = "VVIP 입장권"

        // 티켓을 구한다
        let ticket1 = Ticket.A
        let ticket2 = Ticket.Gold

        // 티켓 확인
        print(Ticket.name, ticket1.area, ticket1.price)
        print(Ticket.name, ticket2.area, ticket2.price)

    }
}
```

출력

```
VVIP 입장권 A석 50000
VVIP 입장권 골드석 240000
```

티켓을 구한다

먼저 static var name으로 선언한 타입 프로퍼티 name의 값을 변경해보겠습니다. 초깃값은 "입장권"이지만 이를 "VVIP 입장권"으로 변경합니다. 다음으로 티켓을 구합니다. Ticket.A 티켓을 ticket1에 대입하고 Ticket. Gold 티켓을 ticket2에 대입합니다.

List 티켓명을 변경하고 티켓을 구한다

«sample» **enum_var/ViewController.swift**

```
        // 티켓명 변경
        Ticket.name = "VVIP 입장권"

        // 티켓을 구한다
        let ticket1 = Ticket.A
        let ticket2 = Ticket.Gold
```

티켓을 확인

구한 티켓을 확인해 보면 ticket1과 ticket2에서는 프로퍼티 변수인 area와 price에서 서로 다른 값이 반환될 것입니다. Ticket.A를 대입한 ticket1은 ticket1.area가 A석, ticket1.price는 50000, Ticket.Gold를 대입한 ticket2는 ticket2.area가 골드석, ticket2.price는 240000이 반환됩니다.

열거형에 메서드를 정의한다

열거형에는 프로퍼티뿐만 아니라 메서드도 정의할 수 있습니다. 다음 예제는 Green과 Red 2개의 값을 갖는 열거형 Signal을 만듭니다. Signal에는 값에 설정된 색이름(rawValue)을 반환하는 변수 color가 있고, 타입 메서드인 description()과 인스턴스 메서드인 isRun(), turn()이 정의돼 있습니다.

«sample» **enum_func/ViewController.swift**

```swift
//
//  ViewController.swift
//  enum_func
//

import UIKit

class ViewController: UIViewController {

    enum Signal:String {
        case Green = "녹색"
        case Red = "빨간색"

        // 값을 색이름(rawValue)으로 반환한다
        var color:String {
            return self.rawValue
        }

        // 설명문을 반환하는 타입 메서드
        static func description() -> String {
            return "Green이나 Red 시그널입니다"
        }

        // 값을 Bool로 반환한다(Green일 때 true, 그렇지 않을 때 false)
        func isRun() -> Bool{
            if self == .Green {
                return true
            } else {
                return false
            }
        }

        // Green이라면 Red, Red라면 Green으로 값을 바꾼다
        mutating func turn(){
            if self == .Green {
                self = .Red
            } else {
                self = .Green
            }
        }

    }

    override func viewDidLoad() {
        super.viewDidLoad()

        // 타입 메서드를 실행한다
        let text = Signal.description()
        print(text)
        // 처음에는 Green으로 시작한다
        var lamp = Signal.Green
```

────── 타입 메서드

────── 인스턴스 메서드

────── 인스턴스 메서드

```
            print(lamp.color)
            print(lamp.isRun())
            print("—— 값을 반전한다 ——")
            lamp.turn()
            print(lamp.color)
            print(lamp.isRun())

        }
    }
```

출력

```
Green이나 Red 시그널입니다
녹색
true
—— 값을 반전한다 ——
빨간색
false
```

타입 메서드를 구현한다

static func description()은 static이 붙은 타입 메서드이므로 Signal.description()처럼 Signal에 대해 직접 실행합니다.

List enum에 정의한 타입 메서드

«sample» **enum_func/ViewController.swift**

```
        // 설명문을 반환하는 타입 메서드
        static func description() -> String {
            return "Green이나 Red 시그널입니다"
        }
```

List 타입 메서드를 실행한다

«sample» **enum_func/ViewController.swift**

```
        let text = Signal.description()
        print(text)
```

출력

```
Green이나 Red 시그널입니다
```

자신의 값을 갱신하는 메서드 mutating func

isRun()과 turn()은 self 즉, 자신의 값을 if 문으로 분배해 결과를 반환하는 메서드입니다. isRun()은 값이 Green이면 true, Red면 false를 반환하는 메서드이고, turn()은 Green이면 Red, Red면 Green으로 자신의 값을 변경하는 메서드입니다. 이처럼 열거형 자신의 값을 변경하려면 mutating func turn()처럼 메서드에 mutating을 사용해야 합니다.

List	enum에 정의한 메서드

«sample» **enum_func/ViewController.swift**

```
// 값을 Bool로 반환한다(Green일 때 true, 그렇지 않으면 false)
func isRun() -> Bool{
    if self == .Green {
        return true
    } else {
        return false
    }
}

// Green이면 Red, Red면 Green으로 값을 바꾼다
mutating func turn(){
    if self == .Green {
        self = .Red
    } else {
        self = .Green
    }
}
```

Part 2

Chapter
2

Chapter
3

Chapter
4

Chapter
5

Chapter
6

Chapter
7

Chapter
8

Chapter
9

Chapter
10

구조체 struct

구조체(struct)는 라벨과 값 형식으로 객체를 형으로 정의할 수 있고 클래스로 인스턴스를 만드는 것처럼 객체를 만들 수 있습니다. 또한, 스위프트 구조체는 클래스나 열거형과 같이 프로퍼티나 메서드, 이니셜라이저, 서브스크립트를 정의할 수 있습니다.

구조체를 정의한다

스위프트 구조체는 클래스와 같은 기능을 가지므로 서식도 거의 같습니다. 단지 클래스와 달리 상속할 수 없습니다. 다음은 프로퍼티 선언만 있는 간단한 서식입니다. 프로퍼티는 var나 let으로 정의합니다.

> **서식** 구조체를 정의한다
>
> ```
> struct 이름 {
>     static let 상수명:형 = 값
>     static var 변수명:형 = 값
>     let 상수명:형 = 값
>     var 변수명:형 = 값
> }
> ```

다음 2개의 구조체에는 width, height, color 3개의 프로퍼티가 있습니다. ColorBox 프로퍼티에는 초깃값이 없지만 WhiteBox 프로퍼티에는 초깃값이 있습니다.

> **List** 프로퍼티를 가진 구조체를 정의한다
>
> «sample» **struct_property/ViewController.swift**
>
> ```swift
> // 구조체를 정의한다
> struct ColorBox {
>     var width:Int
>     var height:Int
>     var color:String
> }
>
> // 구조체를 정의한다(프로퍼티에 초깃값이 있다)
> struct WhiteBox {
>     var width:Int = 100
>     var height:Int = 100
>     let color:String = "white"          ——————— color는 상수
> }
> ```

구조체를 만든다

구조체 정의로부터 구조체를 만드는 방법은 클래스의 인스턴스를 만드는 방법과 비슷합니다. ColorBox 프로퍼티에는 초깃값이 없으므로 구조체를 만들 때 프로퍼티 값을 매개변수로 지정해야 합니다. 반면 WhiteBox 프로퍼티에는 초깃값이 있으므로 매개변수를 생략할 수 있습니다.

```
let redBox = ColorBox(width:120, height:100, color:"red")
let theBox = WhiteBox( )  ——— 프로퍼티에 초깃값이 있으므로 매개변수를 생략할 수 있습니다
print((redBox.width, redBox.height, redBox.color))
print((theBox.width, theBox.height, theBox.color))
```

출력
```
(120, 100, "red")
(100, 100, "white")
```

물론 WhiteBox 구조체를 만들 때 매개변수로 값을 전달할 수도 있습니다. 이때 color는 let으로 정의된 상수이므로 값을 설정할 수 없습니다.

```
let myBox = WhiteBox(width: 150, height: 200)
print((myBox.width, myBox.height, myBox.color))
```

출력
```
(150, 200, "white")
```

구조체를 정의할 수 있는 곳

구조체는 열거형과 마찬가지로 클래스 정의 밖, 클래스 정의 안, 메서드 정의 안과 같이 곳곳에서 정의할 수 있습니다. 클래스 정의 밖에서 정의하면 글로벌(전역) 구조체가 되고, 클래스 정의에서 정의하면 그 클래스에서만 유효한 구조체가 됩니다. 메서드 정의에서 정의하면 그 메서드에서만 유효한 구조체가 됩니다.

구조체의 값 꺼내기와 변경하기

각 프로퍼티에는 redbox.width처럼 점 연산자로 접근합니다. 프로퍼티 값을 변경할 때는 구조체를 let이 아니라 var로 선언한 변수에 대입해야 합니다.

List 구조체를 작성하고 값을 변경한다

«sample» **struct_property_update/ViewController.swift**

```swift
struct ColorBox {
    var width:Int
    var height:Int          ──── 구조체를 정의합니다
    var color:String
}

override func viewDidLoad() {
    super.viewDidLoad()
    // 구조체를 만들어 변수에 넣는다
    var redbox = ColorBox(width: 100, height: 100, color: "red")
    print("폭 \(redbox.width), 높이 \(redbox.height), 색 \(redbox.color)")

    // 프로퍼티 값을 변경한다
    redbox.width = 90
    redbox.color = "blue"          ──── 프로퍼티 값을 변경합니다
    print("폭 \(redbox.width), 높이 \(redbox.height), 색 \(redbox.color)")
```

출력

```
폭 100, 높이 100, 색 red
폭 90, 높이 100, 색 blue
```

타입 프로퍼티를 가진 구조체

타입 프로퍼티는 static을 붙여서 let이나 var로 정의합니다.

다음 예제의 구조체 Ball에는 타입 프로퍼티 madein과 material, 변수 radius가 있습니다. madein은 let으로 선언돼 있으므로 변경할 수 없습니다.

List 타입 프로퍼티를 가진 구조체

«sample» **struct_static_var/ViewController.swift**

```swift
struct Ball {
    static let madein = "한국"
    static var material = "종이"
    var radius:Double = 10.0
}
```

그럼 구조체 Ball로 값을 만들어 보겠습니다. 우선 정적 변수 material의 초깃값은 "종이"이지만 이를 "나무"로 변경합니다. 이어서 ball1과 ball2 2개의 구조체를 만듭니다. ball1은 Ball(radius:15)처럼 radius 값을 15로 설정합니다. ball2는 Ball()로 만들어 radius 값은 초깃값 10 그대로입니다. 마지막으로 radius, madein, material 값을 출력해서 확인합니다.

Part 2
Chapter
2
Chapter
3
Chapter
4
Chapter
5
Chapter
6
Chapter
7
Chapter
8
Chapter
9
Chapter
10

List	구조체 Ball에 데이터를 만든다

«sample» **struct_static_var/ViewController.swift**

```
Ball.material = "나무" ————— 타입 프로퍼티 material 값을 변경합니다
let ball1 = Ball(radius: 15)
let ball2 = Ball()  ————— ball2의 반경은 초깃값 그대로 사용합니다
print(ball1.radius)
print(ball2.radius)
print(Ball.madein)  ————— 타입 프로퍼티 값을 확인합니다
print(Ball.material)
```

출력

```
15.0
10.0
한국
나무
```

구조체 복사

구조체는 클래스의 객체와 달리 참조형이 아닌 값 형입니다. 즉, 변수 a에 들어 있는 구조체를 변수 b에 대입하면 참조가 아닌 값이 복제돼 새로운 구조체가 됩니다.

이 차이를 클래스와 구조체를 살펴보면서 비교해보겠습니다.

먼저 size 프로퍼티와 color 프로퍼티를 가진 BoxClass 클래스와 BoxStruct 구조체를 정의합니다.

List	클래스와 구조체를 정의한다

«sample» **struct_class_copy/ViewController.swift**

```
// 클래스
class BoxClass {
    var size:String = "M"
    var color:String = "red"
}

// 구조체
struct BoxStruct {
    var size:String = "M"
    var color:String = "red"
}
```

이어서 BoxClass 클래스로 cBox1 인스턴스를 만들어 cBox2에 대입합니다. 그리고 cBox2의 color 프로퍼티를 "green"으로 변경합니다. 마찬가지로 BoxStruct 구조체로 sBox1을 만들어 sBox2에 대입합니다. 그리고 sBox2의 color 프로퍼티를 "green"으로 변경합니다.

출력 결과를 보면 클래스로 만든 cBox1과 cBox2의 프로퍼티는 값이 같으므로 그 2개는 같은 인스턴스를 참조하는 것을 알 수 있습니다. 이에 비해 구조체 sBox2의 color 프로퍼티는 "green"으로 변경해도 원래 sBox1 프로퍼티는 초깃값인 "red" 그대로입니다. 즉, 이 2개는 다른 구조체로 sBox2에는 sBox1을 복제한 값이 대입됐음을 알 수 있습니다.

List 클래스와 구조체 복사의 차이를 확인한다

«sample» **struct_class_copy/ViewController.swift**

```
// 클래스의 경우
let cBox1 = BoxClass()
let cBox2 = cBox1        ——— 참조 복사됩니다
cBox2.color = "green"

// 구조체의 경우
let sBox1 = BoxStruct()
var sBox2 = sBox1        ——— 값이 복제돼 대입됩니다
sBox2.color = "green"

// 값을 확인한다
print("cBox1 : \(cBox1.size)  \(cBox1.color)")
print("cBox2 : \(cBox2.size)  \(cBox2.color)")
print("sBox1 : \(sBox1.size)  \(sBox1.color)")
print("sBox2 : \(sBox2.size)  \(sBox2.color)")
```

출력

```
cBox1 : M  green    ——— cBox2.color를 변경했는데 cBox1.color 값도 바뀝니다
cBox2 : M  green
sBox1 : M  red
sBox2 : M  green    ——— sBox1과 sBox2는 구조가 같을 뿐 다른 구조체입니다
```

ℹ NOTE

String, Array, Directory는 구조체

스위프트에서는 String, Array, Dictionary 등 기본적인 데이터형이 구조체로 구현돼 있습니다. 따라서 이들 데이터형은 참조형이 아닌 값 형입니다. 이러한 인스턴스를 상수나 변수에 대입하거나 메서드의 매개변수에 전달하면 복사된 값이 전달됩니다(레이지 카피 ☞ P.148).

이니셜라이저나 메서드가 있는 구조체

스위프트 구조체는 클래스 정의와 마찬가지로 이니셜라이저나 메서드를 정의할 수 있습니다. 서브스크립트(subscript)를 정의하면 구조체 요소에 []를 사용해서 접근할 수 있습니다. 또한, 구조체로 프로토콜을 채용하는 예를 설명합니다.

이니셜라이저가 있는 구조체

구조체는 매개변수를 전달하는 것으로 프로퍼티를 초기화하지만 이니셜라이저 init()을 정의하면 이니셜라이저로 프로퍼티의 초깃값을 설정할 수 있습니다.

다음 예제의 구조체 Box는 이니셜라이저 init()의 매개변수로 프로퍼티 width와 height 값을 받아 그 값으로 size의 초깃값을 정합니다.

List 이니셜라이저가 있는 구조체

«sample» **struct_init/ViewController**

```
struct Box {
    let width:Int
    let height:Int          ── 인스턴스가 만들어질 때 이니셜라이저로 값이 설정
    let size:String            됩니다
    // 이니셜라이저
    init(width:Int, height:Int){
        self.width = width
        self.height = height   ── 프로퍼티 초깃값을 설정합니다
        // size를 설정
        if (width+height)<250 {
            size = "M"
        } else {               ── width와 height의 합계로 size 초깃값을 정합니다
            size = "L"
        }
    }
}
```

확인하기 위해 2개의 박스를 만들어 보겠습니다. 가로세로 합계로부터 box1은 M 사이즈, box2는 L 사이즈로 설정됩니다.

List 구조체로 크기가 다른 상자 2개를 만든다

«sample» **struct_init/ViewController**

```
let box1 = Box(width: 120, height: 80)   ── 매개변수 값은 이니셜라이저로 전달합니다
let box2 = Box(width: 150, height: 120)
print(box1)
print(box2)
```

출력

```
Box(width: 120, height: 80, size: "M")   ── size는 이니셜라이저로 판정돼 값이 정해집니다
Box(width: 150, height: 120, size: "L")
```

메서드가 있는 구조체

스위프트의 구조체는 열거형과 마찬가지로 메서드를 정의할 수 있습니다. 다음 Snack 구조체에는 개수 quantity와 단가 UnitPrice 2개의 값이 있습니다. 그리고 price() 메서드로 가격을 계산하고 반환합니다.

List　함수가 있는 Snack 구조체

«sample» **struct_func/ViewController.swift**

```swift
struct Snack {
    var quantity:Int
    var unitPrice:Int
    // 가격
    func price() -> Int {
        return quantity * unitPrice
    }
}
```
——— Snack 구조체 내에 함수가 있습니다

Snack 구조체에서 4개가 들어있는 Snack4와 12개가 들어있는 Snack12를 만들고 가격을 구합니다. 구조체의 함수를 실행하는 방법은 클래스의 인스턴스 메서드를 실행하는 방법과 같습니다.

List　4개들이와 12개들이 상품을 만든다

«sample» **struct_func/ViewController.swift**

```swift
// 4개들이와 12개들이 상품을 만든다
let snack4 = Snack(quantity: 4, unitPrice: 780)
let snack12 = Snack(quantity: 12, unitPrice: 780)
// 가격을 구하다
let price4 = snack4.price()      ——— Snack 구조체가 가진 함수를 실행합니다
let price12 = snack12.price()
print("4개들이 \(price4)원, 12개들이 \(price12)원")
```

출력

```
4개들이 3120원, 12개들이 9360원
```

구조체 자신의 프로퍼티를 변경하는 mutating

열거형 값과 마찬가지로 구조체는 메서드를 사용해 자신의 프로퍼티 값을 변경할 수 없습니다. 값을 변경하고 싶다면 메서드에 mutating 프로퍼티를 설정합니다. 다음 예제의 Line 구조체는 점 p1, p2를 지정해 직선을 만 듭니다. move() 메서드는 매개변수로 지정한 방향으로 직선을 평행이동합니다.

List　직선과 점을 정의하는 구조체

«sample» **struct_mutating/ViewController.swift**

```swift
// 선 구조체
struct Line {
    // 양 끝 좌표
    var p1:Point
    var p2:Point
```

Part 2
Chapter 2
Chapter 3
Chapter 4
Chapter 5
Chapter 6
Chapter 7
Chapter 8
Chapter 9
Chapter 10

```
            // 양 끝을 움직여 선을 평행이동한다
            mutating func move(h:Double, v:Double){          ——— 자신의 프로퍼티 값을 변경하므로 mutating
                p1.x += h                                         속성을 사용합니다
                p1.y += v
                p2.x += h
                p2.y += v
            }
        }

        // 점 구조체
        struct Point {
            var x:Double
            var y:Double
        }
```

그러면 Line 구조체로 직선을 작성한 다음 move() 메서드로 직선을 평행이동해보겠습니다. 이동 후의 p1, p2 좌표를 확인합니다.

List 구조체로 만든 선의 좌표를 평행이동한다

«sample» **struct_mutating/ViewController.swift**

```
            // 양 끝 두 개의 점
            let point1 = Point(x: 100, y: 100)          ——— point 구조체로 2개의 점을 만듭니다
            let point2 = Point(x: 300, y: 200)
            // 두 개의 점을 연결하는 직선
            var theLine = Line(p1: point1, p2: point2)       ——— Line 구조체로 선을 만듭니다
            // 좌표 확인
            print("이동 전의 p1 \(theLine.p1)")
            print("이동 전의 p2 \(theLine.p2)")
            print("———————")

            // 평행이동한다
            theLine.move(h: 50, v: 60)
            // 좌표 확인
            print("이동 후의 p1 \(theLine.p1)")
            print("이동 후의 p2 \(theLine.p2)")
```

출력

```
이동 전의 p1 Point(x: 100.0, y: 100.0)
이동 전의 p2 Point(x: 300.0, y: 200.0)
———————
이동 후의 p1 Point(x: 150.0, y: 160.0)
이동 후의 p2 Point(x: 350.0, y: 260.0)
```

subscript를 정의한 구조체

subscript를 정의함으로써 [ ]를 사용해 structA[1]이나 structB["a", 2]와 같이 구조체 요소에 접근할 수 있습니다. 또한 서브스크립트에서의 설정값은 newValue에 들어 있습니다.

서식 subscript가 있는 구조체

```
struct 이름 {
    프로퍼티 선언
    subscript ( 매개변수:형 ) ->반환값의 형 {
        get {
            프로퍼티 값을 반환값으로써 처리합니다
            return 값
        }
        set {
            설정값(newValue)을 처리해
            프로퍼티에 새로운 값을 설정합니다
        }
    }
}
```

다음 예제의 Stock 구조체는 내부적으로는 딕셔너리 data:[String:Int]를 사용해 값을 보관합니다. 서브스크립트로 지정된 색(String)과 크기(Double)를 조합해 딕셔너리 data의 키를 만들고 그 값에 재고를 기록합니다.

List 서브스크립트로 접근할 수 있는 구조체를 만든다

«sample» **struct_subscript/ViewController.swift**

```
struct Stock {
    var name:String
    var data:[String:Int] = [:]              ——— 서브스크립트에서 관리하는 값을 저장합니다
    // 이니셜라이저
    init(name:String){
        self.name = name
    }
    // 서브스크립트
    subscript(color:String, size:Double) -> Int {
        // 값 꺼내기
        get {
            let key = color + String(size)
            if let value = data[key] {
                return value                   ——— 지정된 키 값이 nil이 아니면 꺼낸 값을 반환
            } else {                               합니다
                return 0
            }
        }
        // 값 설정
        set {
            let key = color + String(size)
            data[key] = newValue // 새로운 값을 설정한다
        }                    |          ——— 서브스크립트에서 전달된 값이 들어 있습니다
    }    딕셔너리 data에 추가합니다
}
```

이니셜라이저나 메서드가 있는 구조체　Section 10-4

Part 2
Chapter
2
Chapter
3
Chapter
4
Chapter
5
Chapter
6
Chapter
7
Chapter
8
Chapter
9
Chapter
10

서브스크립트를 사용해 구조체의 값을 갱신한다

Stock 구조체를 작성하고 서브스크립트를 사용해 값을 갱신한 다음 확인해 보겠습니다. 다음 예제는 신발의 재고 shoes를 만듭니다.

shoes["green", 24.5]와 같이 접근하면 색이 green이고, 사이즈가 24.5인 데이터에 접근합니다. 처음 재고를 3으로 했으며 다음에는 재고에서 2를 뺍니다. 결과를 확인하면 재고는 1이 됩니다. 재고보다 많은 수를 빼면 마이너스 값이지만 재고 데이터가 없으면 0을 반환합니다.

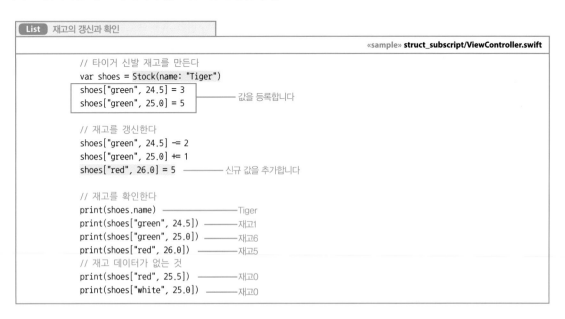

```
List  재고의 갱신과 확인
                                                    «sample» struct_subscript/ViewController.swift
        // 타이거 신발 재고를 만든다
        var shoes = Stock(name: "Tiger")
        shoes["green", 24.5] = 3
        shoes["green", 25.0] = 5          ── 값을 등록합니다

        // 재고를 갱신한다
        shoes["green", 24.5] -= 2
        shoes["green", 25.0] += 1
        shoes["red", 26.0] = 5            ── 신규 값을 추가합니다

        // 재고를 확인한다
        print(shoes.name)                 ──Tiger
        print(shoes["green", 24.5])       ──재고1
        print(shoes["green", 25.0])       ──재고6
        print(shoes["red", 26.0])         ──재고5
        // 재고 데이터가 없는 것
        print(shoes["red", 25.5])         ──재고0
        print(shoes["white", 25.0])       ──재고0
```

구조체에서 프로토콜을 채용한다

구조체는 클래스처럼 프로토콜을 채용할 수 있습니다. 다음 예제는 Monster 프로토콜을 채용한 Bokemon 구조체를 만듭니다. 프로토콜을 채용함으로써 같은 사양의 다양한 구조체 형을 만들 수 있습니다.

Monster 프로토콜

Monster 프로토콜에는 읽기 전용 프로퍼티인 monsterName, 읽고 쓸 수 있는 프로퍼티인 hp, hp를 변경할 수 있는 updateHP()가 정의돼 있습니다. updateHP()는 자신의 프로퍼티를 변경하므로 mutating 키워드를 사용합니다.

List Monster 프로토콜

«sample» **struct_protocol/ViewController.swift**

```
protocol Monster {
    var monsterName:String {get}
    var hp:Int {get set}
    mutating func updateHP(pt:Int)
}
```

Monster 프로토콜을 사용한 Bokemon 구조체를 만든다

Bokemon 구조체는 Monster 프로토콜로 지정된 프로퍼티와 메서드를 구현합니다. 프로토콜에서 monsterName 프로퍼티는 var로 지정돼 있지만 {get}으로 지정된 읽기 전용 프로퍼티이므로 구현할 때는 private(set) 접근 수식자를 사용합니다.

List Monster 프로토콜을 채용하는 Bokemon 구조체

«sample» **struct_protocol/ViewController.swift**

```
struct Bokemon: Monster {
    // 프로퍼티(프로토콜 준거)
    private(set) var monsterName:String // 접근 권한이 읽기 전용(Read-Only)
    var hp:Int
    // hp를 변경하는 메서드
    mutating func updateHP(pt:Int) {
        hp += pt
    }
}
```

그럼 Bokemon 구조체의 인스턴스를 만들어 확인합니다. Bokemon(monsterName:"스위피", hp:200)으로 인스턴스 aMonster를 만듭니다. aMonster.updateHP(pt:30)를 실행하면 먼저 hp 프로퍼티에 설정한 200에 30이 더해져 230이 됩니다.

List Bokemon 구조체의 인스턴스를 만든다

«sample» **struct_protocol/ViewController.swift**

```
var aMonster = Bokemon(monsterName: "스위피", hp: 200)
print(aMonster.monsterName)
print("HP 포인트 \(aMonster.hp)")
// HP에 30 포인트 더한다
aMonster.updateHP(pt: 30)
print("HP 포인트 \(aMonster.hp)")
```

출력

```
스위피
HP 포인트 200
HP 포인트 230
```

Chapter 11

오토 레이아웃(Auto Layout)

iOS 디바이스의 화면 크기는 기종에 따라 다양합니다. 디바이스를 옆으로 기울여 화면을 회전시켜도 가로세로로 크기가 바뀝니다. 이 장에서는 다양한 화면의 크기와 화면의 회전에 대응할 수 있게 버튼이나 사진을 배치하는 방법을 설명합니다.

Section 11-1

오토 레이아웃을 이용한다

디바이스의 다양한 화면 크기와 화면의 회전에 대응하려면 자동 레이아웃을 이용합니다. 이 절에서는 오토 레이아웃을 사용해
화면의 중앙에 부품을 배치하는 방법과 설정한 결과를 빌드하지 않고 미리 확인하는 방법을 설명합니다.

화면의 중앙에 배치한다

먼저 글자를 화면의 중앙에 배치하는 방법을 살펴보겠습니다. Main.storyboard를 선택한 다음 스토리보드의
중앙에 라벨을 배치하고 빌드해 결과를 확인합니다.

1 디바이스 크기를 선택한다   «sample» **alignment_constraints.xcodeproj**

Main.storyboard를 선택하면 화면의 디자인을 편집하는 스토리보드(Interface Builder Storyboard)가 나옵
니다. 스토리보드 아래에 있는 [View as:] 문자를 클릭하면 디바이스 목록이 표시되며 원하는 디바이스를 선택
합니다. 예를 들어 [iPhone SE]를 선택하면 편집 화면이 iPhone SE의 화면 크기로 바뀝니다.

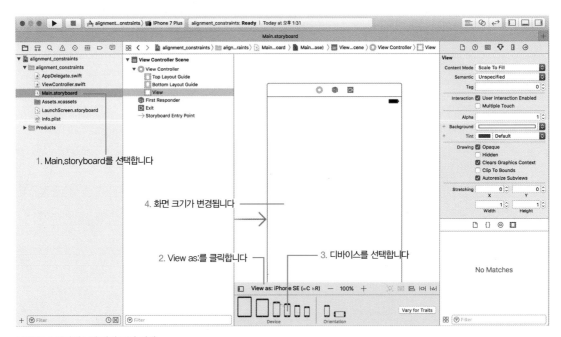

그림 11.1 디바이스의 화면 크기 선택

2 │ 라벨을 중앙에 배치하고 글자를 써넣는다

유틸리티 영역의 Object 라이브러리에서 [Label]을 화면으로 드래그 앤드 드롭하고, [헬로 월드]라고 입력한 다음 화면의 중앙에 배치합니다. 상하좌우의 중앙에는 가이드가 표시되므로 맞춰가면서 배치합니다.

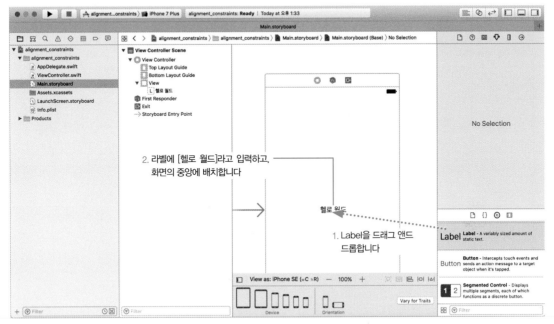

그림 11.2 Label 생성하기

3 │ 스키마를 선택하고 빌드한다

툴 바의 왼쪽에 있는 스키마에서 화면 크기와 같은 [iPhone SE]를 선택하고 ▶ 버튼을 클릭해 빌드합니다.

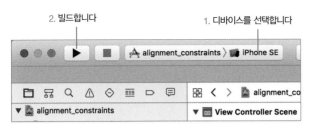

그림 11.3 스키마 선택과 빌드

Part 3
Chapter
11
Chapter
12
Chapter
13
Chapter
14
Chapter
15
Chapter
16
Chapter
17
Chapter
18
Chapter
19

4 │ iOS 시뮬레이터에서 화면을 확인한다

iOS 시뮬레이터가 실행되고 빌드한 앱이 나옵니다. 화면의 중앙에 [헬로 월드]라고 표시되지만, 디바이스를 가로로 회전시키면 중앙이 아닌 왼쪽 아래에 표시됩니다.

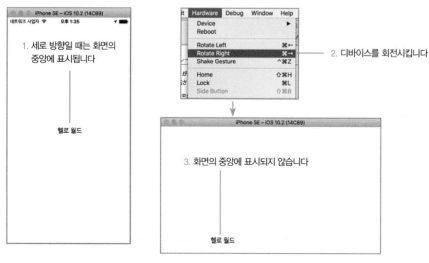

그림 11.4 시뮬레이터에서 확인(세로 방향, 가로 방향)

디바이스 크기를 바꿔서 확인해본다

iPhone SE의 화면 크기에 맞춰서 만든 화면을 다른 디바이스에서 확인해보겠습니다. 툴 바의 스키마에서 [iPhone 6s]를 선택하고 빌드하면 세로 방향일 때에도 가로 방향일 때에도 [헬로 월드]가 중앙에 표시되지 않습니다.

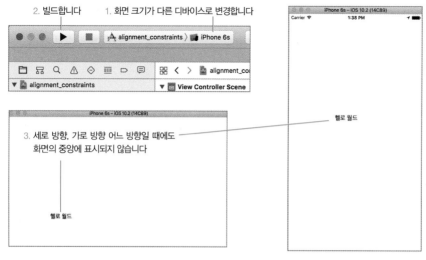

그림 11.5 다른 크기의 디바이스에서 확인

오토 레이아웃을 이용한다

오토 레이아웃(Auto Layout, 자동 배치)을 이용하면 디바이스의 화면 크기나 방향에 맞춰서 객체를 중앙에 배치하거나, 상하좌우 가장자리로부터 거리를 지정해 배치할 수 있습니다.

Alignment Constraints

화면의 중앙에 라벨을 표시하려면 오토 레이아웃의 Alignment Constraints를 사용합니다.

| 1 | 화면의 중앙에 라벨을 배치한다 | «sample» **alignment_constraints.xcodeproj** |

라벨에 글자를 입력하고 가이드 인을 이용해 화면 중앙에 라벨을 배치합니다.

| 2 | Alignment Constraints를 설정한다 |

라벨을 선택한 상태에서 화면 아래에 있는 Align 버튼을 클릭해 Add New Align Constraints 패널을 표시합니다. [Horizontally in Container]와 [Vertically in Container]에 체크하고 [Add 2 Constraints] 버튼을 클릭합니다.

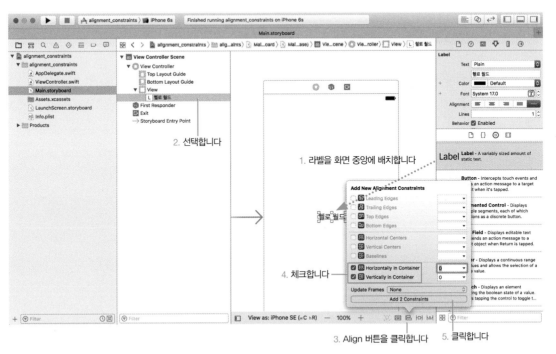

그림 11.6 오토 레이아웃 설정

3 | 라벨에 Constraints를 설정한다

라벨에 Center X Alignment(수평 중앙), Center Y Alignment(수직 중앙) 2개의 Constraints가 설정됩니다.

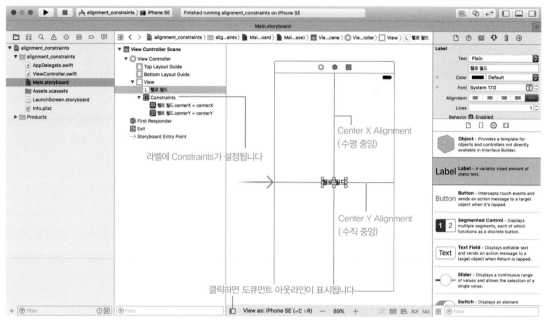

그림 11.7 Constraints 설정

4 | iOS 시뮬레이터에서 확인한다

프로젝트를 빌드해서 iOS 시뮬레이터에서 확인해보겠습니다. 세로 방향, 가로 방향 모두 라벨이 화면 중앙에 배치된 모습을 볼 수 있습니다.

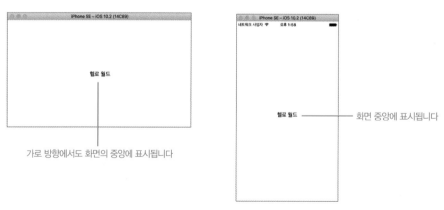

그림 11.9 iOS 시뮬레이터에서 확인

> **NOTE**
>
> **오토 레이아웃을 이용하기 위한 설정**
>
> 오토 레이아웃을 이용하려면 프로젝트를 생성할 때 main.storyboard의 [Use Auto Layout]을 선택해야 합니다. 또
> 한 [Use Trait Variations]도 선택합니다. 모두 초깃값으로 선택돼 있습니다.
>
>
>
> 　　　　　　　　　　　　　　　　　　　그림 11.10 오토 레이아웃을 위한 옵션 설정

View as로 다른 화면 크기나 회전했을 때의 결과를 미리 확인한다

스토리보드 화면 아래에 있는 View as로 디바이스의 크기나 방향을 바꾸면 스토리보드에서 편집 중인 레이아웃 화면의 크기가 바뀌지만 단지 크기가 바뀌는 것은 아닙니다. 객체에 Constraints가 설정돼 있다면 Constraints가 설정된 위치로 객체가 이동합니다.

즉, 화면 크기가 다른 디바이스에서의 배치나 디바이스를 회전했을 때의 배치는 프로젝트를 빌드하지 않아도 확인할 수 있습니다. Constraints 설정이 어떻게 작동하는지 확인할 때 편리합니다.

View as로 화면 크기를 변경하고 확인한다

다음 예제에는 [헬로 월드]와 [Swift 3] 라벨이 있습니다. [헬로 월드]는 화면 중앙에 표시되게 Constraints를 설정하지만 [Swift 3]는 Constraints를 설정하지 않고 [헬로 월드] 위에 배치했습니다. 이 화면은 View as에서 [iPhone 7 Plus]를 선택한 상태에서 배치했으므로 [iPhone 7 Plus]에서는 다음과 같이 보입니다. 이를 [iPhone SE]로 변경해 화면 크기를 줄이면 [헬로 월드] 라벨은 Constraints 설정에 따라 화면 중앙으로 이동지만 [Swift 3] 라벨은 원래의 좌표에서 변하지 않으므로 [헬로 월드]보다 아래에 표시됩니다.

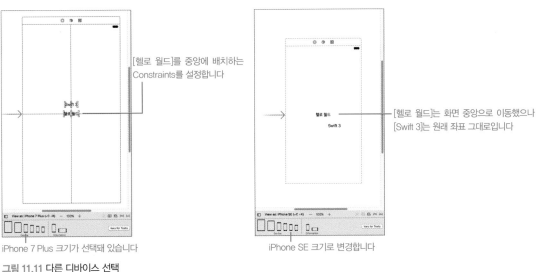

그림 11.11 다른 디바이스 선택

Part 3
Chapter
11
Chapter
12
Chapter
13
Chapter
14
Chapter
15
Chapter
16
Chapter
17
Chapter
18
Chapter
19

View as로 디바이스의 방향을 변경하고 확인한다

View as에서는 디바이스의 방향을 바꿀 수도 있습니다. 방향을 가로 방향(Landscape)으로 하면 Constraints
가 설정된 [헬로 월드] 라벨은 중앙에 표시되지만 [Swift 3]는 원래 좌표 그대로 배치되므로 화면의 왼쪽에 치우
쳐 표시됩니다.

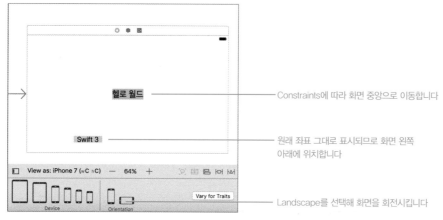

그림 11.12 가로 화면에서의 배치

> ❗ NOTE
>
> **어시스턴트 에디터의 미리보기 기능**
>
> 디바이스의 크기나 방향에 따라서 Constraints가 어떻게 작동하는지는 어시스턴트 에디터(Assistant Editor)의 미리 보기 기능으로도 확인할 수 있습니다.
>
> 미리 보기 화면을 표시하려면 스토리보드를 표시한 상태에서 어시스턴트 에디터를 선택하고 보통은 Automatic으로 선택된 메뉴에서 Preview를 선택합니다. 미리 보기 화면을 이용하면 동시에 여러 개의 디바이스나 회전 상태를 나열해 비교할 수 있습니다.
>
>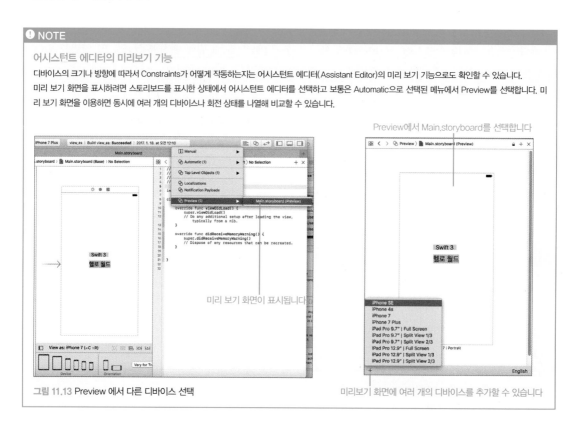
>
> 그림 11.13 Preview 에서 다른 디바이스 선택

Section 11-2

중심으로부터 거리를 지정해 위치를 정한다

화면의 중앙보다 조금 위에 부품을 놓고 싶거나 화면 중앙에 두 개의 버튼을 나란히 놓고 싶다면 화면 중앙으로부터 거리를 지정해 배치할 수 있습니다.

화면 중앙에 2개의 버튼을 나란히 배치한다

다음 예제는 화면의 중앙에 [YES], [NO] 2개의 버튼을 나란히 배치합니다. 수직 위치는 화면 위, 아래의 중앙입니다. 출력된 결과를 보면 알겠지만 화면이 세로 방향일 때에도, 가로 방향일 때에도 두 개의 버튼이 중앙에 나란히 표시됩니다.

«sample» **alignment_constraints-2**

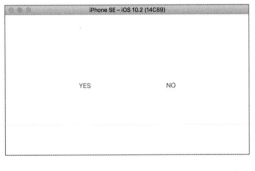

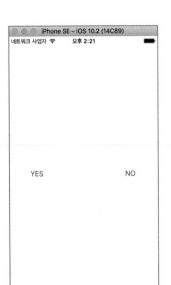

중앙으로부터 거리를 지정해 맞춘다

버튼 두 개의 수평 위치는 중앙으로부터 상대 거리로 지정합니다. 이렇게 배치하려면 앞 절과 마찬가지로 Alignment Constraints를 이용합니다. 이 예제에서 기능은 구현하지 않지만, 알기 쉽게 버튼의 타이틀을 [YES], [NO]로 변경했습니다.

Part 3
Chapter
11
Chapter
12
Chapter
13
Chapter
14
Chapter
15
Chapter
16
Chapter
17
Chapter
18
Chapter
19

1 화면에 버튼을 배치한다   «sample» **alignment_constraints-2.xcodeproj**

Object 라이브러리에서 Button을 드래그 앤드 드롭해 화면에 두 개의 버튼을 배치합니다. 좌표는 수치로 지정하므로 정확한 위치에 둘 필요는 없습니다. 버튼을 더블 클릭하거나 Attributes 인스펙터의 Title에서 각각 [YES], [NO]라고 변경합니다.

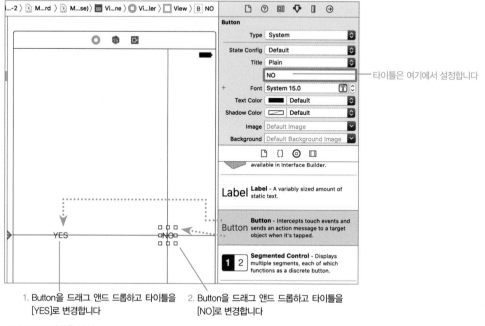

1. Button을 드래그 앤드 드롭하고 타이틀을 [YES]로 변경합니다   2. Button을 드래그 앤드 드롭하고 타이틀을 [NO]로 변경합니다

그림 11.15 버튼을 배치

2 [YES] 버튼의 위치를 중앙으로부터 상대 위치로 설정한다

왼쪽의 [YES] 버튼을 선택하고 Align 버튼을 클릭해 Add New Alignment Constraints 패널을 표시합니다. [Horizontally In Container]를 선택하고 중앙으로부터 상대 거리인 −100을 입력합니다. [Vertically in Container]도 선택하고 0으로 설정합니다.

3 Items of New Constraints를 선택한다

Update Frame에서 [Items of New Constraints]를 선택하고 [Add 2 New Constraints]를 클릭합니다. [YES] 버튼에 Alignment Constraints가 추가됩니다.

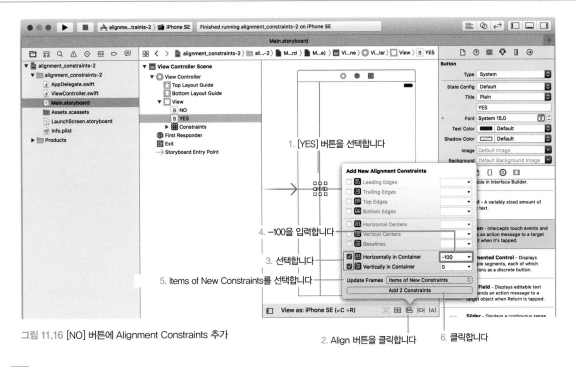

그림 11.16 [NO] 버튼에 Alignment Constraints 추가

1. [YES] 버튼을 선택합니다

4. –100을 입력합니다

3. 선택합니다

5. Items of New Constraints를 선택합니다

2. Align 버튼을 클릭합니다

6. 클릭합니다

4 ｜ [YES] 버튼의 Alignment Constraints

[YES] 버튼에 Alignment Constraints가 추가됩니다.

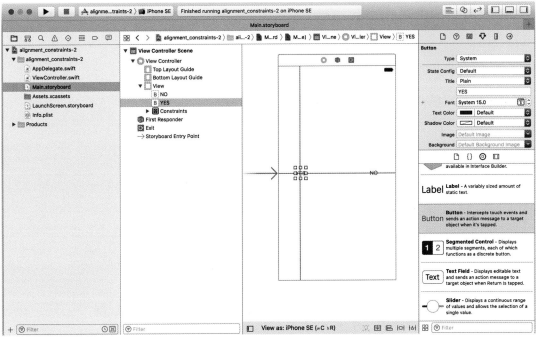

그림 11.17 [YES] 버튼의 Alignment Constraints

5 [NO] 버튼의 위치를 중앙으로부터 상대 위치로 지정한다

마찬가지로 [NO] 버튼을 선택해서 Alignment Constraints를 설정합니다. 이 버튼은 중앙에서 수평 거리를 100으로 설정합니다. Update Frames의 [Items of New Constraints]를 잊지 말고 선택해주세요.

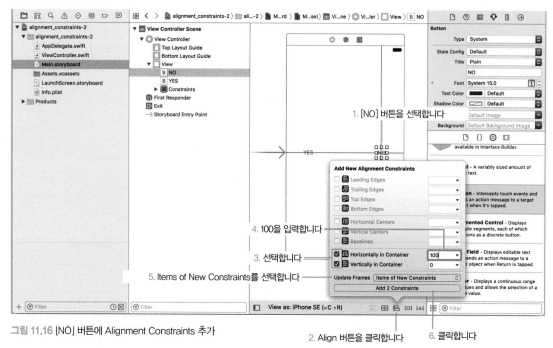

그림 11.16 [NO] 버튼에 Alignment Constraints 추가

6 [NO] 버튼의 Alignment Constraints

[NO] 버튼에 Alignment Constraints가 추가됩니다.

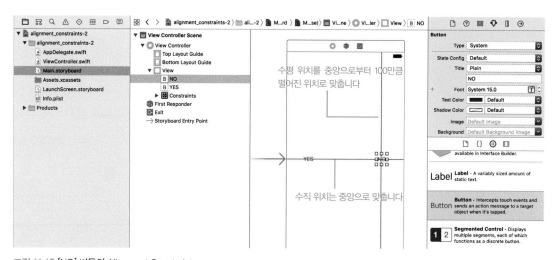

그림 11.19 [NO] 버튼의 Alignment Constraints

Section 11-3

화면의 가장자리로부터 거리를 고정한다

버튼이나 라벨을 화면의 오른쪽 위나 오른쪽 아래에 두고 싶다면 Pin Constraints를 이용합니다. Align Constraint와 함께 사용하면 화면 윗부분의 좌우 중앙에도 배치할 수 있습니다.

화면의 오른쪽 아래에 표시한다

화면의 방향과 크기에 상관없이 버튼을 오른쪽 아래에 두고 싶다면 Pin Constraints를 설정합니다.

1 버튼을 오른쪽 아래에 둔다

«sample» **autoLayout_bottomRight.xcodeproj**

버튼을 오른쪽 아래의 표시하고 싶은 위치에 둡니다.

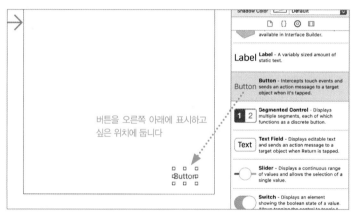

그림 11.20 버튼 배치

2 Pin Constraints를 설정한다

버튼을 선택한 상태에서 화면 아래에 있는 Pin 버튼을 클릭해 Add New Constraints 패널을 표시합니다. 오른쪽 가장자리와 아래쪽 가장자리로부터 거리를 고정하도록 선택하고 오른쪽으로부터 40, 아래에서부터 50으로 값을 입력합니다.

3 Items of New Constraints를 선택한다

Update Frames의 [Items of New Constraints]를 선택하고 [Add 2 Constraints] 버튼을 클릭합니다.

Part 3
Chapter
11

Chapter
12

Chapter
13

Chapter
14

Chapter
15

Chapter
16

Chapter
17

Chapter
18

Chapter
19

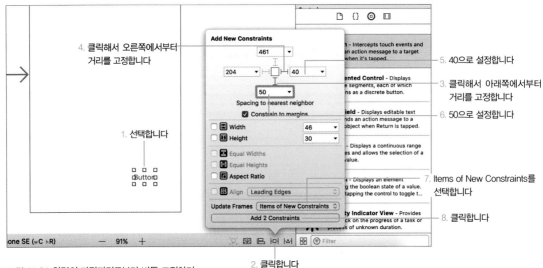

그림 11.21 화면의 가장자리로부터 버튼 고정하기

4 | 버튼에 Constraints가 설정됩니다

오른쪽 가장자리로부터 거리를 고정하는 Constraints와 아래쪽 가장자리로부터 거리를 고정하는 Constraints 가 버튼에 설정됩니다.

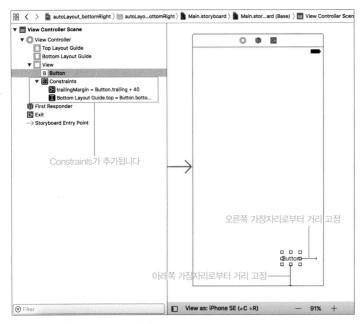

그림 11.22 버튼에 Constraints 추가

5 | iOS 시뮬레이터에서 확인한다

iOS 시뮬레이터나 View as 기능으로 결과를 확인합니다. 디바이스 크기나 화면의 회전 방향에 관계없이 항상 오른쪽 아래에 버튼이 표시됩니다.

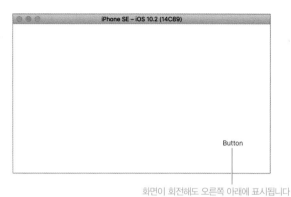

화면이 회전해도 오른쪽 아래에 표시됩니다

그림 11.23 iOS 시뮬레이터에서 확인(세로 방향, 가로 방향)

Align과 Pin을 합한다

다음 예제는 Align과 Pin을 모두 적용해 위치를 결정합니다. View as로 봐도 알 수 있듯이 [헬로 월드]라고 쓴 라벨은 어떤 크기에서도 화면 위쪽 가장자리로부터의 거리는 같고 좌우 중앙에 표시됩니다.

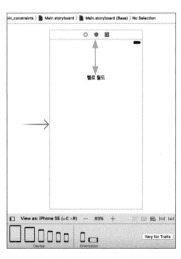
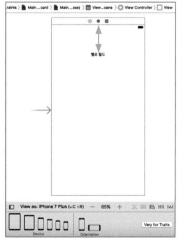
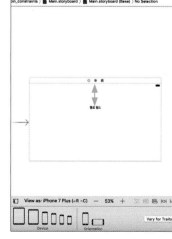

그림 11.24 라벨을 좌우 중앙과 위쪽 가장자리로부터 고정된 거리에 배치

1 좌우 중앙에 표시한다

라벨을 선택하고 Align 버튼을 클릭한 다음 [Horizontally in Container]를 선택해 Constraint를 추가합니다.

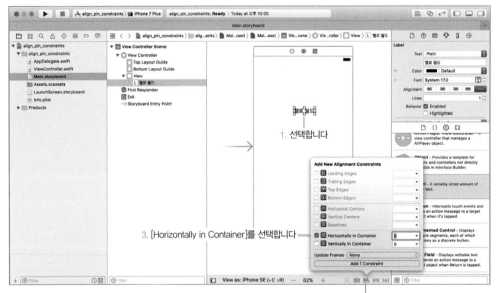

그림 11.25 라벨을 좌우 중앙에 배치

2 위쪽 가상사리로부터 거리를 고정한다

라벨을 선택하고 Pin 버튼을 클릭한 다음 위쪽 가장자리로부터의 거리를 고정해 Constraints를 추가합니다.

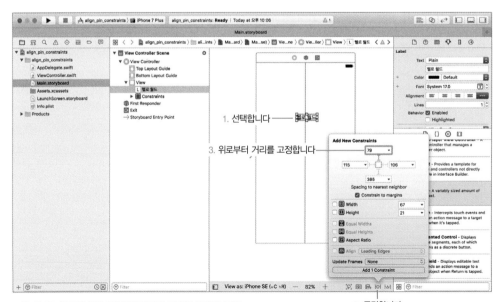

그림 11.26 화면의 위쪽 가장자리로부터 라벨의 거리를 고정

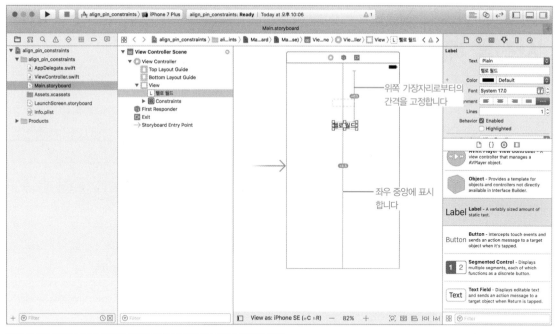

그림 11.27 라벨을 좌우 중앙과 위쪽 가장자리로부터 고정된 거리에 배치

Part 3
Chapter
11
Chapter
12
Chapter
13
Chapter
14
Chapter
15
Chapter
16
Chapter
17
Chapter
18
Chapter
19

267

Section 11-4

사진을 배치한다

사진과 같이 가로세로 크기를 지정해 표시해야 할 때 Constraints를 설정하는 방법을 설명합니다.

사진을 화면 전체에 넓게 표시한다

화면 크기에 맞춰 사진 크기를 화면 전체로 넓히려면 화면의 상하좌우 가장자리와 사진 가장자리의 거리를 고정하고, 확대 축소에 맞춰서 사진을 어떻게 표시할지 표시 형식을 설정합니다.

1 사진을 읽어 들인다

내비게이션 영역에서 Assets.xcassets를 선택하고 사진을 드래그 앤드 드롭해 읽어 들입니다.

«sample» **pin_constraints-photo.xcodeproj**

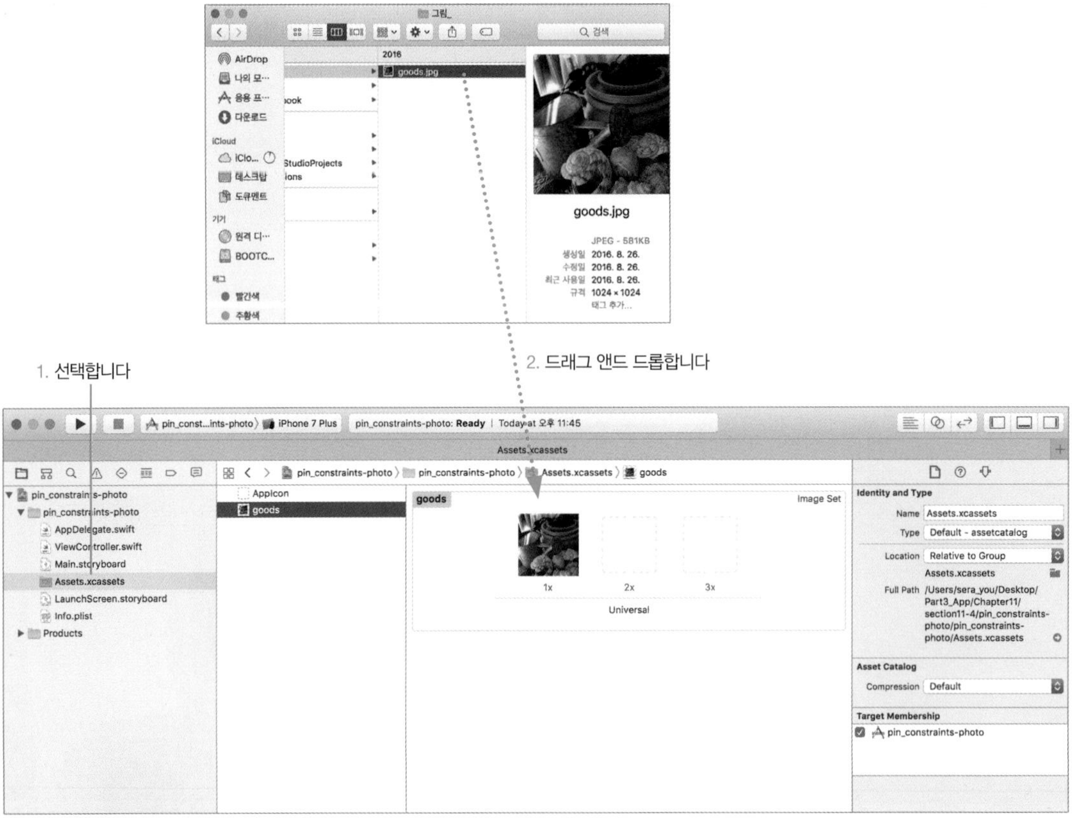

그림 11.28 파인더에서 그림 파일 드래그 앤드 드롭

2 Image View를 배치한다

유틸리티 영역의 Object 라이브러리에서 Image View(UIImageView)를 드래그 앤드 드롭해 화면 전체 크기로 넓힙니다.

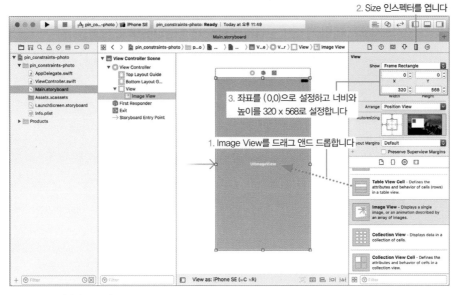

그림 11.29 이미지 뷰 배치

3 표시할 사진을 선택한다

유틸리티 영역에서 Attributes 인스펙터를 선택하고, Image View 설정에서 표시할 사진을 선택합니다. Mode 에서는 사진을 표시하는 방법을 지정하는데, 여기에서는 Aspect Fill을 선택합니다.

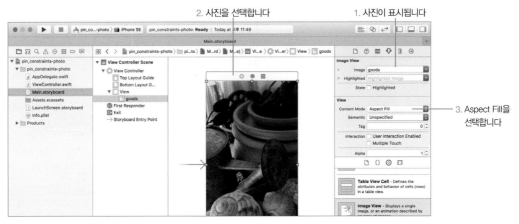

그림 11.30 Aspect Fill 선택

4 | 사진에 Constraints를 설정한다

사진을 선택한 다음 Pin을 열어서 상하좌우 가장자리로부터의 거리를 고정합니다.

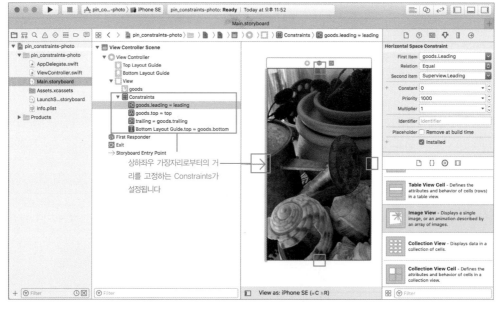

그림 11.31 가장자리로부터 거리를 고정하는 Constraints 추가

View as나 시뮬레이터에서 확인한다

사진이 어떻게 표시될지 View as나 시뮬레이터에서 확인합니다. 화면 크기에 맞게 사진의 중앙 부분이 표시됩니다.

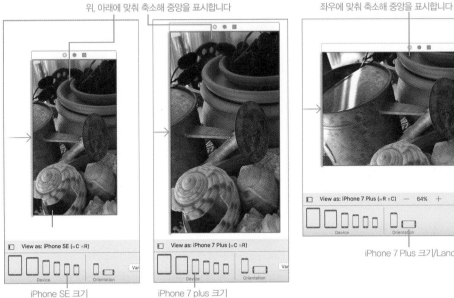

위, 아래에 맞춰 축소해 중앙을 표시합니다

좌우에 맞춰 축소해 중앙을 표시합니다

iPhone SE 크기

iPhone 7 plus 크기

iPhone 7 Plus 크기/Landscape

그림 11.32 View as에서 확인

사진의 가로세로 크기를 고정한다

앞서 살펴본 예제에서는 사진의 네 가장자리를 화면의 네 가장자리에 맞췄습니다. 다음 예제에서는 사진의 가로세로 크기를 고정해 배치해 보겠습니다. 화면 크기가 제각각이므로 사진의 가로세로 크기를 고정하고, 주위의 남는 여백을 고정할 수는 없습니다. 여기에서는 위쪽 가장자리로부터의 거리와 오른쪽 가장자리로부터의 거리만 고정합니다.

또한 Image View에서 사진이나 그림을 표시할 때 View의 Mode 설정에 따라 이미지의 확대/축소 방법이 다르므로 확인하세요.

Image View를 배치한다

Image View를 배치하고 오른쪽 위 가장자리로부터의 위치와 가로세로 크기를 정합니다.

Part 3
Chapter
11
Chapter
12
Chapter
13
Chapter
14
Chapter
15
Chapter
16
Chapter
17
Chapter
18
Chapter
19

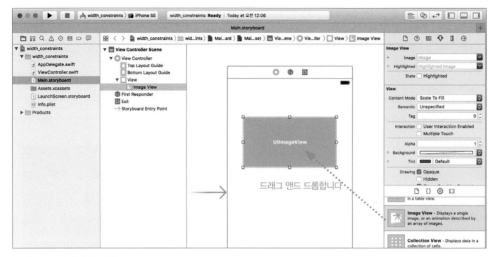

그림 11.33 이미지 뷰 배치

2 사진을 설정한다

Image View에 표시할 사진을 Image에서 선택하고, View의 Content Mode에서 이미지를 확대/축소할 방법을 설정합니다. 여기서는 Content Mode를 Aspect Fill로 설정하고 Drawing을 Clip To Bounds로 선택합니다.

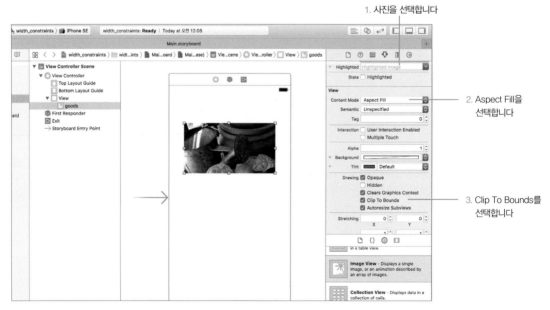

그림 11.34 사진 설정

3 위치와 가로세로 크기에 Pin Constraints를 추가한다

사진을 선택한 상태에서 Pin 버튼을 클릭합니다. 위쪽 가장자리와 오른쪽 가장자리로부터의 거리와 width, height을 고정하고 Constraints를 추가합니다.

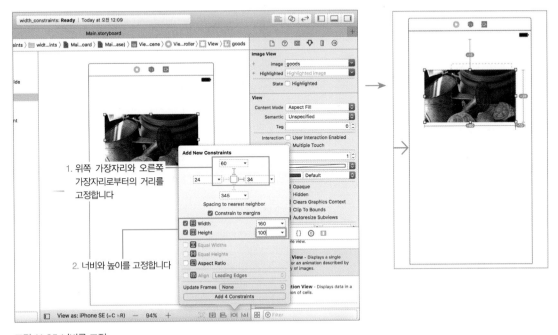

그림 11.35 너비를 고정

4 View as나 시뮬레이터에서 확인한다

View as나 시뮬레이터에서 확인하면 위쪽 가장자리와 오른쪽 가장자리로부터의 위치와 가로세로 크기가 고정돼 있습니다.

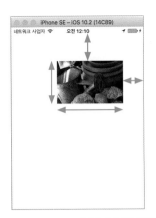
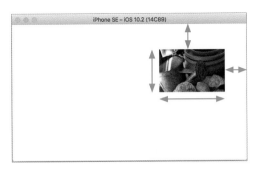

그림 11.36 iOS 시뮬레이터에서 확인(세로 방향, 가로 방향)

Part 3
Chapter
11
Chapter
12
Chapter
13
Chapter
14
Chapter
15
Chapter
16
Chapter
17
Chapter
18
Chapter
19

Constraints를 수정한다

Constraints 설정을 수정할 때나 이미 Constraints 설정을 끝낸 객체의 위치를 옮기고 싶을 때가 있습니다. 이 절에서는 Constraints를 효율적으로 수정하는 방법을 설명합니다.

Constraints를 삭제한다

Constraints를 선택해 삭제하면 한 개씩 지워지지만 오브젝트를 선택해 [Clear Constraints]를 선택하면 오브젝트에 설정된 모든 Constraints가 한꺼번에 제거됩니다.

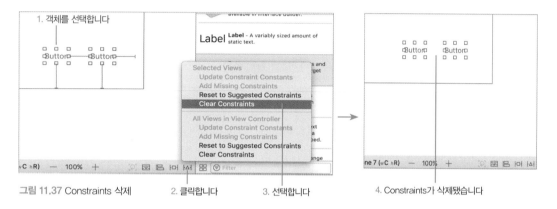

그림 11.37 Constraints 삭제   2. 클릭합니다   3. 선택합니다   4. Constraints가 삭제됐습니다

변경한 위치로 Constraints를 맞춘다

Constraints 설정을 끝낸 버튼이나 라벨의 위치를 변경했을 때 [Update Constraints]를 실행하면 새로운 위치로 Constraints 설정을 갱신할 수 있습니다.

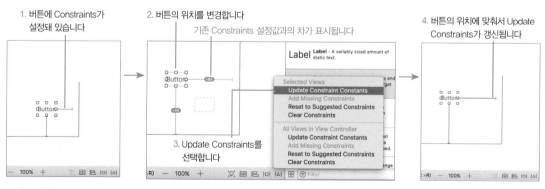

그림 11.38 Update Constraints로 Constraints 설정

Constraints에 frame을 맞춘다

Constraints로 가장자리로부터의 거리나 정렬을 설정했을 때, 오브젝트의 위치가 설정값과 다르면 그 차가 주황색 선과 수치로 표시돼 나타납니다. 이 상태에서도 디바이스의 화면에서는 Constraints의 지시대로 표시되지만 [Update Frames]를 클릭하면 Constraints 값을 설정한 대로 스토리보드에서의 위치를 수정할 수 있습니다.

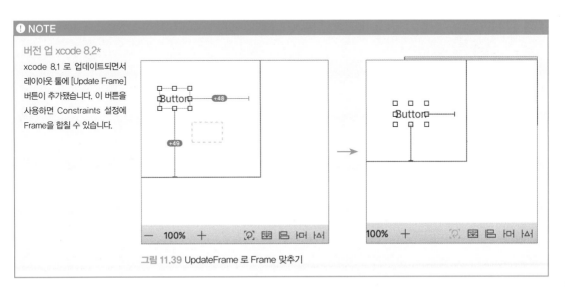

!NOTE

버전 업 xcode 8.2*

xcode 8.1 로 업데이트되면서 레이아웃 툴에 [Update Frame] 버튼이 추가됐습니다. 이 버튼을 사용하면 Constraints 설정에 Frame을 합칠 수 있습니다.

그림 11.39 UpdateFrame 로 Frame 맞추기

Constraints 설정을 해결한다

단순한 Constraints 설정이 생각대로 표시되지 않을 때 모든 객체를 선택하고 [Add Missing Constraints]를 실행합니다. 그러면 Constraints가 자동으로 설정됩니다. 또한 예상치 못한 문제가 있을 수도 있으므로 [Reset to Suggested Constraints]로 Constraints를 최적의 상태로 재설정합니다.

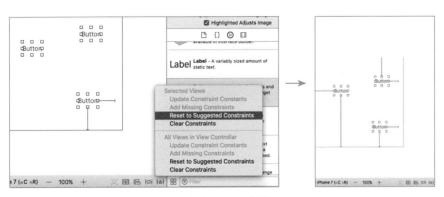

그림 11.40 Reset to Suggested Constraints로 Constraints 설정

Part 3
Chapter
11
Chapter
12
Chapter
13
Chapter
14
Chapter
15
Chapter
16
Chapter
17
Chapter
18
Chapter
19

Chapter 12

어시스턴트 에디터와 UI 부품 사용법

이 장에서는 본격적인 앱을 만들어봅니다. 이 절에서는 앱을 만드는 데 필요한 기본적인 에디터의 사용법과 Object 라이브러리에 있는 버튼, 라벨, 스위치, 슬라이더와 같은 UI 부품의 사용법을 설명합니다. 마지막 절에서 설명하는 부품의 기능이 클래스 상속을 바탕으로 제공되고 있으므로 잘 이해하기 바랍니다.

어시스턴트 에디터를 사용한다

어시스턴트 에디터는 Xcode의 가장 특징적인 기능입니다. 이 절에서는 프로퍼티의 삽입과 오브젝트와의 연동, 메서드 선언과 이벤트 간에 어시스턴트 에디터를 사용해 연동하는 방법을 설명합니다. 이 절의 뒤쪽부터는 절차를 생략하기도 하므로 연동하는 방법과 수정하는 방법을 잘 익히기 바랍니다.

아울렛 연결 – 프로퍼티 선언을 삽입해 오브젝트와 연동한다

화면에 배치한 라벨이나 이미지 등의 오브젝트를 프로그램 코드에서 조작하려면 오브젝트를 참조할 방법이 필요합니다. 다음 예제는 버튼을 탭하면 라벨에 [안녕하세요], [고맙습니다]와 같은 글자를 표시합니다. 이때 어느 라벨에 글자를 표시할지 지정해야 하므로 myLabel 프로퍼티를 만들고 그 프로퍼티 값으로 라벨을 설정합니다.

myLabel 프로퍼티가 가리키는 라벨을 알 수 있게 연동합니다

어시스턴트 에디터(Assistant Editor)를 이용하면 프로퍼티 선언을 삽입하고 값 설정을 드래그 앤드 드롭으로 조작할 수 있습니다.

1 화면에 Label을 드래그 앤드 드롭한다

«sample» **outlet_conection**

Main.storyboard를 열고 Object 라이브러리에서 화면으로 Label을 드래그 앤드 드롭합니다. 그 다음 드롭한 라벨의 텍스트를 [안녕하세요]라고 변경합니다.

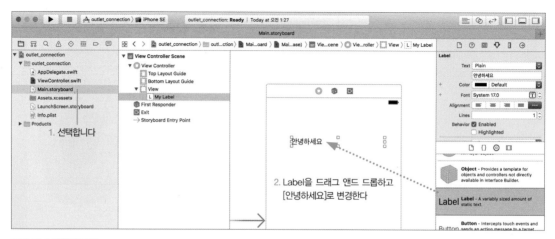

그림 12.1 라벨 만들기

2 어시스턴트 에디터를 연다

툴 바에 있는 어시스턴트 에디터를 선택하면 ViewController.swift가 열립니다.

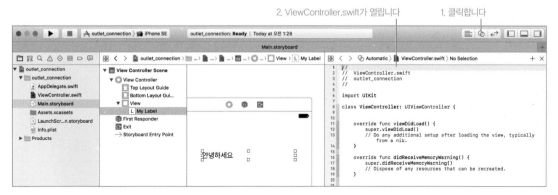

그림 12.2 어시스턴트 에디터 열기

3 라벨을 아울렛 연결한다

control 키를 누른 채로 라벨을 오른쪽에 있는 ViewController.swift로 드래그 앤드 드롭합니다(또는 마우스 오른쪽 버튼을 클릭한 채로 드래그합니다). 접속선이 늘어나면 ViewController.swift의 [class ViewController: ...]~[override func ...] 사이로 드래그합니다. 삽입할 위치에 [Insert Outlet or Outlet Collection]이라고 표시되면 그곳에 드롭합니다.

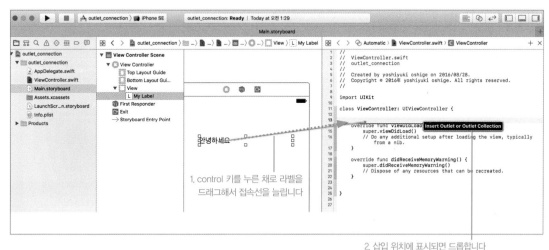

그림 12.3 라벨을 아울렛 연결

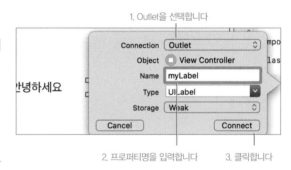

4 프로퍼티명을 입력한다

Connection 패널이 표시되면 Connection이 [Outlet]
인지 확인하고 Name 필드에 [myLabel]이라고 입력
합니다. 이것이 프로퍼티명입니다.

그림 12.4 프로퍼티명 입력

5 Connect 버튼을 클릭한다

Connect 버튼을 클릭합니다.

6 myLabel 프로퍼티의 선언문이 추가된다

삽입한 위치에 @IBOutlet으로 시작하는 myLabel 프로퍼티 선언문이 추가됩니다.

List 아울렛 연결로 삽입된 myLabel 프로퍼티의 선언문

«sample» **outlet_connection/ViewController.swift**

```
@IBOutlet weak var myLabel: UILabel!
```

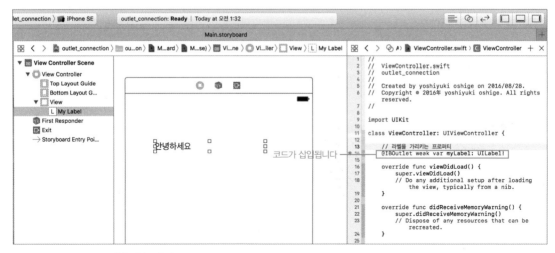

그림 12.5 myLabel 프로퍼티 선언문 추가

> **❶ NOTE**
>
> **도큐먼트 아웃라인에서 접속선을 늘린다.**
> 코드와 연결할 때 스토리보드가 아닌 도큐먼트 아웃라인의
> 오브젝트에서 설정할 수도 있습니다. 도큐먼트 아웃라인을
> 이용하면 화면에서 선택하기 어려운 오브젝트를 연동할 때
> 편리합니다.
>
>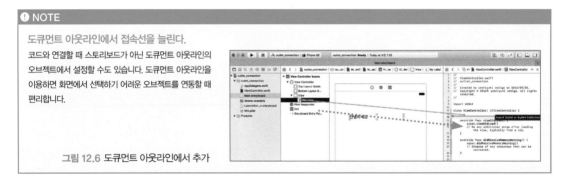
>
> 그림 12.6 도큐먼트 아웃라인에서 추가

삽입된 코드와 연동된 오브젝트를 확인한다

@IBOutlet으로 시작하는 myLabel 프로퍼티는 인터페이스 빌더의 UI 부품을 연동해서 사용합니다. 삽입된 코드만 보면 어느 오브젝트와 연동됐는지 알 수 없지만, 코드 앞에 있는 ⊙에 커서를 올리면 연동된 라벨이 하이라이트 상태가 됩니다.

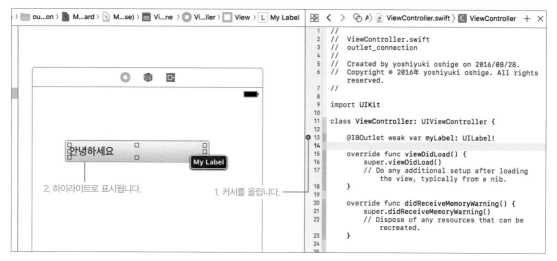

그림 12.7 연동된 오브젝트 확인하기

액션 연결 – 메서드 정의를 삽입해 이벤트와 연동한다

화면에 배치한 버튼을 탭 해 어떤 기능을 실행하려면 프로그램에 메서드를 정의하고 버튼의 탭 이벤트로 그 메서드를 호출해야 합니다. 어시스턴트 에디터에서는 버튼 등의 UI 부품을 드래그 앤 드롭하기만 하면 메서드 정의문을 프로그램에 삽입할 수 있고, 탭 등의 액션으로 발생하는 이벤트와 메서드를 연동할 수 있습니다.

앞서 살펴본 예제 화면에 2개의 버튼을 배치합니다. hello 버튼을 탭하면 라벨에 [안녕하세요]라고 표시하고, thank you 버튼을 탭하면 [고맙습니다]라고 표시합니다.

Part 3

Chapter 11
Chapter 12
Chapter 13
Chapter 14
Chapter 15
Chapter 16
Chapter 17
Chapter 18
Chapter 19

1 2개의 Button을 배치한다

Object 라이브러리에서 Button을 찾아 Button 2개를 화면에 드래그 앤드 드롭합니다. 라벨은 너비를 늘리고, 버튼은 더블클릭해서 타이틀을 hello와 thank you로 변경합니다.

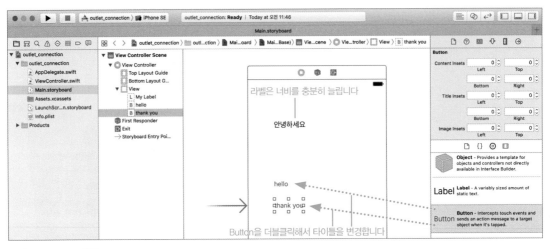

그림 12.8 Button 배치

hello 버튼의 액션을 메서드와 연결한다

어시스턴트 에디터에서 hello 버튼을 액션 연결해, 버튼 탭의 액션과 hello() 메서드를 연동합니다.

2 hello 버튼을 연결한다

어시스턴트 에디터를 얼고 control 키를 누른 채로 hello 버튼을 드래그합니다. 접속선이 늘어나면 ViewController.swift의 [class ViewController : ...]~[override func ...] 사이의 줄까지 드래그합니다. 삽입할 위치에 [Insert Outlet, Action, or Outlet Collection]이라고 표시되면 드롭합니다.

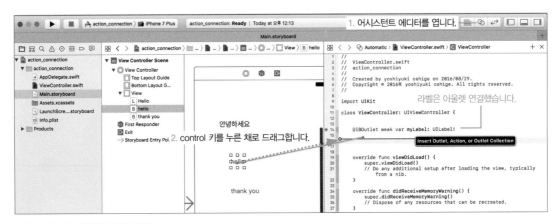

그림 12.9 hello 버튼의 메서드 연결

3 | Action을 선택해서 메서드를 삽입한다

Connection 패널에서 [Action]을 선택하고 Name 필드에 [hello]라고 입력한 다음 [Connect] 버튼을 클릭해 연결합니다.

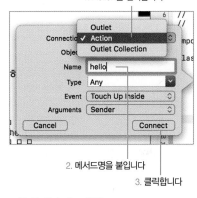

1. Action을 선택합니다

2. 메서드명을 붙입니다

3. 클릭합니다

그림 12.10 Action 선택

4 | hello( ) 메서드의 정의문이 추가된다

삽입한 위치에 @IBAction이 붙은 hello( ) 메서드의 정의문이 추가됩니다. @IBAction이 붙은 메서드 정의는 인터페이스 빌더에 있는 UI 부품의 액션과 연결돼 이벤트를 처리합니다.

List 액션 연결로 삽입된 hello( ) 메서드의 정의문

«sample» **action_connection/ViewController.swift**

```swift
@IBAction func hello(_ sender: Any) {
}
```

그림 12.11 hello( ) 메서드 정의문 추가

thank you 버튼의 액션을 메서드와 연결한다

hello 버튼과 똑같이 thank you 버튼을 액션 연결해 버튼 탭의 액션과 thankYou( ) 메서드를 연동합니다.

1 thank you 버튼을 연결한다

thank you 버튼을 control 키를 누른 채로 드래그해서 오른쪽 코드에 드롭합니다.

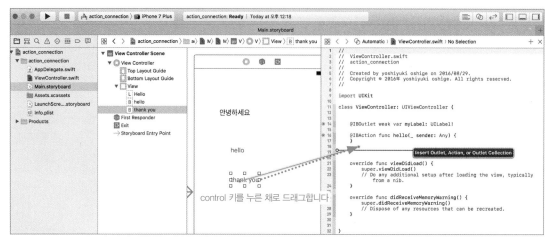

그림 12.12 thank you 버튼 연결

2 Action을 선택해 메서드를 삽입한다

Connection 패널에서 [Action]을 선택하고 Name 필드에 [thankYou]라고 입력한 다음 [Connect] 버튼을 클릭해 연결합니다.

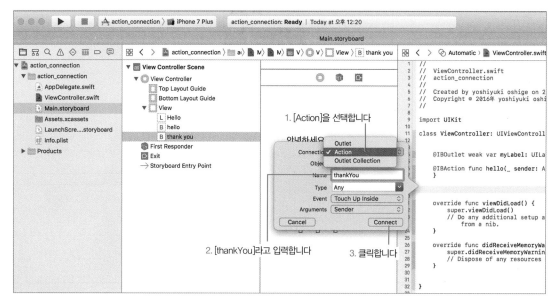

그림 12.13 Action을 선택하고 메서드 삽입

3 thankYou( ) 메서드의 정의문이 추가된다

삽입한 위치에 @IBAction이 붙은 thankYou( ) 메서드의 정의문이 추가됩니다.

```
@IBAction func thankYou(_ sender: Any) {
}
```

«sample» **action_connection/ViewController.swift**

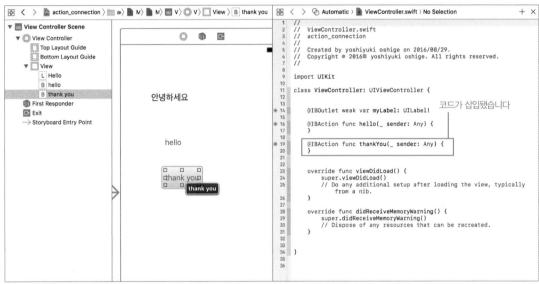

그림 12.14 thankYou( ) 메서드의 정의문 추가

메서드를 완성한다

hello() 메서드와 thankYou() 메서드를 완성합니다. 라벨은 어시스턴트 에디터에서 myLabel 프로퍼티와 연동했으므로 self.myLabel로 접근하거나 self는 생략하고 myLabel로 접근할 수 있습니다. 라벨에 표시할 텍스트는 UILabel 클래스의 text 프로퍼티에 문자열을 설정하면 표시할 수 있습니다. 최종적인 ViewController 클래스의 전체 코드는 다음과 같습니다.

List 완성한 ViewController 클래스

«sample» **action_connection/ViewController.swift**

```
//
// ViewController.swift
// action_connection
//

import UIKit

class ViewController: UIViewController {

    // 라벨을 가리키는 프로퍼티
    @IBOutlet weak var myLabel: UILabel!             ── 라벨과 아울렛 연결해 삽입

    // hello 버튼을 탭하면 실행되는 메서드
    @IBAction func hello(_ sender: Any) {            ── hello 버튼과 액션 연결해 삽입
        myLabel.text = "안녕하세요"        ── 코드를 추가합니다
    }

    // thank you 버튼을 탭하면 실행되는 메서드
    @IBAction func thankYou(_ sender: Any) {         ── thank you 버튼과 액션 연결해 삽입
        myLabel.text = "고맙습니다"        ── 코드를 추가합니다
    }

    override func viewDidLoad() {
        super.viewDidLoad()
        // Do any additional setup after loading the view, typically from a nib.
    }

    override func didReceiveMemoryWarning() {
        super.didReceiveMemoryWarning()
        // Dispose of any resources that can be recreated.
    }


}
```

버튼의 동작을 확인한다

프로젝트를 빌드해 동작을 확인해보겠습니다. hello 버튼을 탭하면 라벨에 [안녕하세요]라고 표시되고, thank you 버튼을 탭하면 [고맙습니다]라고 표시됩니다.

그림 12.15 hello 버튼과 thank you 버튼의 동작 확인

접속을 해제한다

아울렛 연결이나 액션 연결이 돼 있는 오브젝트를 화면에서 삭제하더라도 오류가 발생하지는 않지만, 오브젝트와 연결된 프로퍼티명이나 메서드명을 변경하거나 코드를 삭제하면 빌드했을 때 오류가 발생합니다.

빌드 오류가 발생하지 않게 하려면 코드를 수정하거나 삭제하기 전에 오브젝트와 코드의 연결을 해제합니다.

1 Connections 인스펙터를 연다

연결된 라벨 오브젝트를 선택하고 유틸리티 영역의 Connections 인스펙터를 엽니다.

2 ✖ 버튼을 클릭

해제하고자 하는 연결에 있는 ✖ 버튼을 클릭하면 연결이 해제됩니다.

그림 12.16 오브젝트의 아울렛 연결 해제

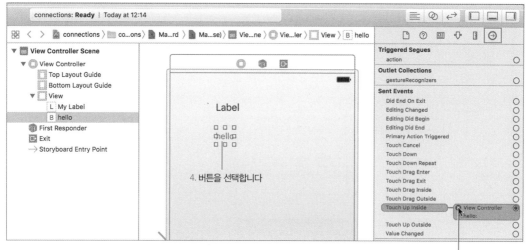

그림 12.17 오브젝트의 액션 연결 해제

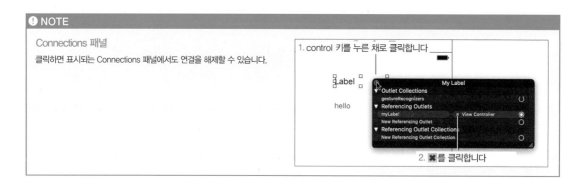

> ❗ NOTE
>
> **Connections 패널**
>
> 클릭하면 표시되는 Connections 패널에서도 연결을 해제할 수 있습니다.

코드에서 오브젝트로 연결한다

연결을 해제한 선언 코드를 다른 오브젝트에 연결하려면 코드의 앞에 있는 ⊙에서 오브젝트로 접속선을 드래그해 다시 연결합니다. 이때는 접속선을 늘릴 때 control 키를 누르지 않아도 됩니다. 잘 연결되지 않는다면 어시스턴트 에디터를 닫은 후 다시 열어보세요.

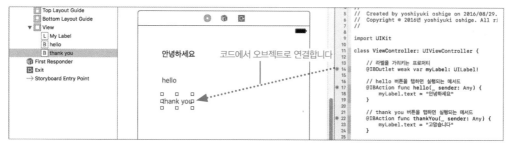

그림 12.19 코드에서 오브젝트로 연결

라벨 − UILabel 클래스

지금까지 간단하게 라벨을 사용해봤지만, 라벨에는 다른 설정도 많이 있습니다. 이 절에서는 다시 한번 라벨의 프로퍼티와 코드로 라벨을 작성하는 방법을 설명합니다.

라벨에 텍스트를 표시한다

라벨의 텍스트는 text 프로퍼티로 설정합니다. text 프로퍼티를 설정할 수 있는 값은 String이므로 수치 등은 String으로 변환해서 설정해야 합니다.

다음 예제는 라벨에 변수나 계산 결과를 표시합니다. myLabel은 라벨 myLabel2에 들어 있는 텍스트를 참조하지만, text 프로퍼티는 옵셔널이므로 myLabel2.text!처럼 언랩해 사용합니다.

또한 화면에 배치한 라벨은 아울렛 연결해 프로퍼티 변수와 연결합니다.

List	MyAnnotation 클래스의 헤더 파일

«sample» **uiLabel_text/ViewController.swift**

```
//
// ViewController.swift
// uiLabel_text
//

import UIKit

class ViewController: UIViewController {
    // 라벨 프로퍼티 선언
    @IBOutlet weak var myLabel1: UILabel!                    ── 라벨과 아울렛 연결합니다
    @IBOutlet weak var myLabel2: UILabel!
    @IBOutlet weak var myLabel3: UILabel!

    override func viewDidLoad() {
        super.viewDidLoad()

        // 단가와 개수
        let unitPrice = 1200
        let quantity = 4
        // 라벨에 표시한다
        myLabel1.text = "단가 \(unitPrice), \(quantity)개"           ── 라벨의 text 프로퍼티에 값을 설정합니다
        myLabel2.text = String(unitPrice*quantity)
        myLabel3.text = "금액 " + myLabel2.text! + "원"

    }
```

Part 3
Chapter 11
Chapter 12
Chapter 13
Chapter 14
Chapter 15
Chapter 16
Chapter 17
Chapter 18
Chapter 19

```
        override func didReceiveMemoryWarning() {
            super.didReceiveMemoryWarning()
            // Dispose of any resources that can be recreated.
        }
    }
```

네트워크 사업자 🛜   오후 12:39   🔋 ⚡

단가 1200, 4개 ——————————————— 라벨에 텍스트나 계산 결과를 표시합니다

4800

금액 4800원

그림 12.20 라벨에 텍스트와 계산 결과 표시

문자 정렬

라벨의 문자 정렬은 textAlignment 프로퍼티로 설정합니다. 그 값은 열거형의 NSTextAlignment로 가운데 정렬은 center, 오른쪽 정렬은 right, 왼쪽 정렬은 left로 정의돼 있습니다. myLabel1.textAlignment=.까지 입력하면 후보 값 목록이 나옵니다.

List   라벨의 문자 정렬을 코드로 설정한다

«sample» **uiLabel_alignment/ViewController.swift**

```
        myLabel1.textAlignment = .left
        myLabel2.textAlignment = .center
        myLabel3.textAlignment = .right
```

```
        myLabel1.textAlignment = .left
        myLabel2.textAlignment = .center
        myLabel3.textAlignment = .
    }
              NSTextAlignment center
              NSTextAlignment justified
override      NSTextAlignment left
    super     NSTextAlignment natural
    // Di      NSTextAlignment right
    }          Text is visually right aligned.
```

그림 12.21 문자 정렬 선택

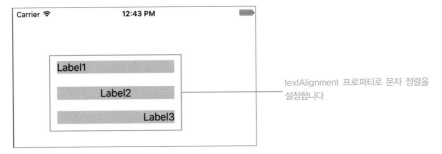

그림 12.22 문자 정렬

글자색과 배경색

라벨의 글자색은 textColor 프로퍼티, 배경색은 backgroundColor 프로퍼티로 설정합니다. 다음 예제는 myLabel에 들어 있는 값이 양수인지 음수인지에 따라 색이 바뀝니다.

myLabel에 들어 있는 값이 양수인지 음수인지 판정하려면 Double(myLabel.text!)을 이용해 문자를 수치로 형변환합니다. 형변환 결과가 수치가 되지 않을 수도 있으므로 guard-else 구문을 사용해 수치로 변환되지 않는다면 처리를 중단합니다.

이 예제에서는 myLabel의 값이 "10.2"일 때와 "-1.5"일 때를 테스트할 수 있습니다. 실제로 확인할 때에는 주석 처리된 줄을 바꾸면 됩니다.

Part 3
Chapter
11
Chapter
12
Chapter
13
Chapter
14
Chapter
15
Chapter
16
Chapter
17
Chapter
18
Chapter
19

List　값이 양수인지 음수인지에 따라 라벨의 글자색과 배경색을 변경한다

«sample» **uiLabel_color/ViewController.swift**

```
//
// ViewController.swift
// uiLabel_color
//

import UIKit

class ViewController: UIViewController {

    @IBOutlet weak var myLabel: UILabel!

    override func viewDidLoad() {
        super.viewDidLoad()

        // 양수일 때와 음수일 때의 값을 테스트해본다
        // myLabel1.text = "10.2"
        myLabel.text = "-1.5"

        // myLabel에 들어 있는 수치
        guard let num = Double(myLabel.text!) else {
            return                         라벨의 텍스트를 수치 Double 형으로 형변환합니다
```

```
        // 글자색과 배경색 설정
        if num >= 0.0 {
            myLabel.textColor = UIColor.black           ─── 라벨의 수치가 0을 포함한 양의 정수일 때
            myLabel.backgroundColor = UIColor.white
        } else {
            myLabel.textColor = UIColor.white            ─── 라벨의 수치가 음수일 때
            myLabel.backgroundColor = UIColor.red
        }

    }

    override func didReceiveMemoryWarning() {
        super.didReceiveMemoryWarning()
        // Dispose of any resources that can be recreated.
    }
}
```

값이 양수이면 검은색 글자, 흰 배경   값이 음수이면 흰 글자, 빨간색 배경

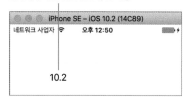

10.2

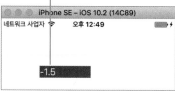

-1.5

[양수일 때]   [음수일 때]

그림 12.23 글자색과 배경색

라벨에 글자를 모두 표시할 수 없을 때 사용하는 방법

글자 수가 많아서 라벨에 글자를 모두 표시할 수 없으면 초깃값 설정으로는 [독도...]처럼 어미가 생략돼 표시됩니다. 이는 Line Break이 Truncate Tail로 설정돼 있을 때의 표시 방법입니다. Line Break은 Clip, Character Wrap, Word Wrap, Truncate Head, Truncate Middle, Truncate Tail로 설정할 수 있습니다.

Truncate Head, Truncate Middle, Truncate Tail은 [...]으로 생략할 위치를 지정합니다. Truncate Head를 선택하면 [...경 백삼십이]처럼 앞부분을 생략하고 끝부분을 표시합니다.

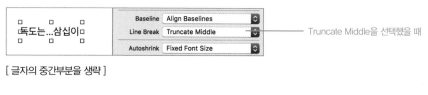

[글자의 중간부분을 생략]

[글자의 앞부분을 생략]

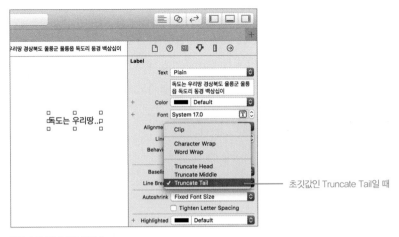

[글자의 뒷부분을 생략]

그림 12.24 글자 일부분을 생략해서 표시

Clip은 표시할 수 없는 부분이 잘려서 표시되며 생략 표시인 [...]을 붙이지 않습니다. Character Wrap과 Word Wrap은 라벨이 여러 줄일 때 반환점을 단어 단위로 할지, 문자 단위로 할지 지정합니다. 라벨은 Lines를 설정해 여러 줄로 표시할 수 있습니다.

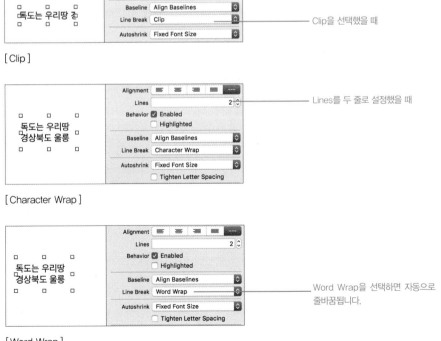

[Clip]

[Character Wrap]

[Word Wrap]

그림 12.25 글자 일부분을 잘라서 표시

lineBreakMode

이러한 설정을 코드로 한다면 생략 방법을 lineBreakMode 프로퍼티로 설정할 수 있습니다. lineBreakMode 값은 열거형의 NSLineBreakMode로 byCharWrapping이나 byTruncatingHead처럼 정의돼 있습니다. 줄 수는 numberOfLines 프로퍼티로 지정하지만 이미 배치된 라벨은 줄 수를 늘려도 표시 영역이 확대되지는 않습니다.

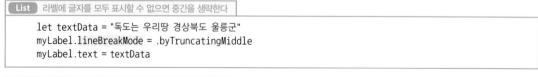

```
let textData = "독도는 우리땅 경상북도 울릉군"
myLabel.lineBreakMode = .byTruncatingMiddle
myLabel.text = textData
```

그림 12.26 lineBreakMode 프로퍼티를 byTruncatingMiddle 로 설정

글자 크기 자동 조정

Autoshrink를 Minimum Font Scale이나 Minimum Font Size로 설정하면 텍스트를 라벨에 모두 표시할 수 없을 때 글자 크기를 자동으로 줄여서 표시할 수 있습니다. 예를 들어 Minimum Font Size를 선택하고 글자 크기를 9로 지정하면 텍스트를 라벨에 모두 표시할 수 없을 때 글자 크기를 최소 9포인트까지 축소합니다.

그림 12.27 글자 크기 자동 조정

코드로 글자 크기 자동 조정을 설정하려면 adjustsFontSizeToFitWidth 프로퍼티와 minimumScaleFactor 프로퍼티를 모두 사용합니다. adjustsFontSizeToFitWidth 프로퍼티를 true로 하면 자동 조정이 활성화되고, 최소 축소 크기를 minimumScaleFactor 프로퍼티에 퍼센트(0.0~1.0)로 지정합니다. minimumScaleFactor 프로퍼티의 초깃값은 0.0이며, 이를 지정하지 않으면 모든 텍스트를 표시할 수 있게 글자 크기가 한없이 작아집니다.

List 라벨의 글자 크기를 글자 수에 맞춰 축소한다

«sample» **uiLabel_fontSizeScale/ViewController.swift**

```
//
// ViewController.swift
// uiLabel_fontSizeScale
//

import UIKit

class ViewController: UIViewController {

    @IBOutlet weak var myLabel1: UILabel!
    @IBOutlet weak var myLabel2: UILabel!
    @IBOutlet weak var myLabel3: UILabel!

    override func viewDidLoad() {
        super.viewDidLoad()

        let textdata = "상세! Swift iOS 앱 개발 입문 노트"
        // 고정된 크기로 표시한다
        myLabel1.text = textdata

        // 모두 표시할 수 있게 글자 크기를 축소한다
        myLabel2.adjustsFontSizeToFitWidth = true
        myLabel2.text = textdata

        // 글자 크기를 60%까지는 축소한다
        myLabel3.adjustsFontSizeToFitWidth = true
        myLabel3.minimumScaleFactor = 0.6
        myLabel3.text = textdata

    }

    override func didReceiveMemoryWarning() {
        super.didReceiveMemoryWarning()
        // Dispose of any resources that can be recreated.
    }
}
```

상세!Swift iOS 앱 개발... ——— 고정된 크기이므로 들어가지 않는 문자는 생략됩니다

상세!Swift iOS 앱 개발 입문 노트 ——— 글자 크기를 축소해서 모두 표시합니다

상세!Swift iOS 앱 개발 입문 노트 ——— 글자 크기를 60%까지는 축소해서 표시합니다

그림 12.28 글자 크기의 자동 축소

코드로 라벨을 만들어 화면에 표시한다

지금까지의 예제는 Object 라이브러리에서 화면에 배치한 라벨에 대해 프로퍼티를 설정해왔지만, 라벨을 코드로 만들어 화면에 표시할 수도 있습니다.

다음 코드를 실행하면 아무것도 없는 화면에 [헬로 월드] 라벨이 추가됩니다. 라벨의 배경색은 엷은 회색이고, 글자색은 검은색입니다.

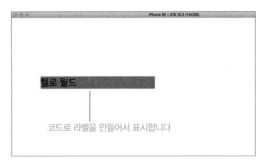

그림 12.29 코드로 생성한 라벨

List　코드로 라벨을 만들어서 화면에 표시한다

«sample» **uiLabel_new/ViewController.swift**

```
//
//  ViewController.swift
//  uiLabel_new
//

import UIKit

class ViewController: UIViewController {

    override func viewDidLoad() {
        super.viewDidLoad()

        // 라벨을 작성한다
        let myLabel = UILabel()
        myLabel.text = "헬로 월드"

        // 라벨의 영역
        myLabel.frame = CGRect(x: 50, y: 100, width: 200, height: 21)

        // 글자색과 배경색
        myLabel.textColor = UIColor.black
        myLabel.backgroundColor = UIColor.lightGray

        // 뷰에 추가한다
        view.addSubview(myLabel)

    }

    override func didReceiveMemoryWarning() {
        super.didReceiveMemoryWarning()
        // Dispose of any resources that can be recreated.
    }
}
```

라벨을 만든다

라벨은 UILabel 클래스의 인스턴스입니다. 따라서 UILabel()을 실행해 만들 수 있습니다. text 프로퍼티를 설정하면 표시할 텍스트가 설정됩니다.

List 라벨을 만든다
«sample» **uiLabel_new/ViewController.swift**

```
let myLabel = UILabel()
myLabel.text = "헬로 월드"
```

라벨의 영역

UILabel 클래스의 인스턴스를 만들어 텍스트를 설정해도 그것만으로는 라벨의 크기가 정해지지 않습니다. frame 프로퍼티는 라벨의 영역 즉, 기준 좌표인 왼쪽 상단의 좌표와 가로세로 크기를 나타내는 프로퍼티입니다. frame 프로퍼티 값은 CGRect 형입니다.

List 라벨의 영역
«sample» **uiLabel_new/ViewController.swift**

```
myLabel.frame = CGRect(x: 50, y: 100, width: 200, height: 21)
```

frame 프로퍼티 값을 그림으로 나타내면 다음과 같습니다.

그림 12.30 frame 프로퍼티

화면에 표시한다

라벨에 frame 프로퍼티를 설정하면 영역이 결정되지만, 이것만으로는 아직 화면에 표시되지 않습니다. 라벨을 화면에 표시하려면 addSubview() 메서드로 부모 뷰에 추가해야 합니다. 스토리보드의 도큐먼트 아웃라인을 보면 알겠지만, 화면에는 처음부터 하나의 뷰가 추가돼 있습니다. 화면에 라벨을 표시하려면 이 뷰의 서브 뷰로 라벨을 추가합니다. 뷰의 계층과 서브 뷰의 추가, 삭제 등은 뒤에서 다시 설명합니다(☞ P.355).

List 뷰에 추가한다
«sample» **uiLabel_new/ViewController.swift**

```
view.addSubview(myLabel)
```

Part 3
Chapter 11
Chapter 12
Chapter 13
Chapter 14
Chapter 15
Chapter 16
Chapter 17
Chapter 18
Chapter 19

버튼 – UIButton 클래스

앞 절에서 살펴본 라벨과 마찬가지로 버튼에는 배경 화면 등의 설정이 있습니다. 이 절에서는 버튼의 프로퍼티와 코드로 버튼을 작성하는 방법을 설명합니다.

버튼의 활성화/비활성화

버튼은 isEnabled 프로퍼티로 활성화하거나 비활성화할 수 있습니다. isEnabled가 false일 때는 버튼이 비활성화되고 회색으로 바뀝니다.

다음 예제는 Random 버튼을 탭하면 난수 num을 만든 다음 num이 50 이상이면 OK 버튼을 활성화하고, num이 50 미만이면 OK 버튼을 비활성화합니다. 버튼이 비활성화되면 회색으로 변하고 탭에 응답하지 않습니다.

List 값에 따라서 OK 버튼을 활성화/비활성화한다

«sample» **uiButton_isEnabled/ViewController.swift**

```
    // 라벨과 OK 버튼을 아울렛 연결한다
    @IBOutlet weak var myLabel: UILabel!
    @IBOutlet weak var okButton: UIButton!

    // Random 버튼으로 난수를 만든다
    @IBAction func random(_ sender: Any) {
        // 난수(0~99)를 만든다
        let num = arc4random_uniform(100)
        myLabel.text = String(num)

        // num이 50 이상일 때 OK 버튼을 활성화한다
        // 50 미만일 때는 비활성화한다
        okButton.isEnabled = (num>=50)
    }                    └──────── 유효/무효를 설정합니다

    // OK 버튼으로 실행하는 메서드
    @IBAction func tapOK(_ sender: Any) {
        print("OK")
    }
```

그림 12.31 Random 버튼을 클릭해 난수 생성

이미지가 있는 버튼

Attributes 인스펙터의 Image에서 이미지를 지정하면 선택한 이미지는 버튼 타이틀의 왼쪽에 표시됩니다. 초깃값으로는 글자색이 흰색이므로 Text Color에서 색을 선택합니다.

«sample» **uiButton_image_sakura.xcodeproj**

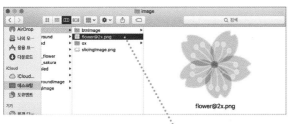

그림 12.32 버튼에 이미지 지정

배경 이미지를 이용한 버튼

버튼에는 Image와는 별도로 배경 이미지를 설정할 수 있습니다. 배경 이미지는 Attriburtes 인스펙터의 Image 아래에 있는 Background에서 설정합니다. Image에서는 이미지가 타이틀의 왼쪽에 표시되지만, Background에서는 이미지가 타이틀의 배경이 됩니다. 배경 화면이 있는 버튼을 탭하면 눌린 동안은 이미지가 하이라이트 돼 표시됩니다.

«sample» **uiButton_background.xcodeproj**

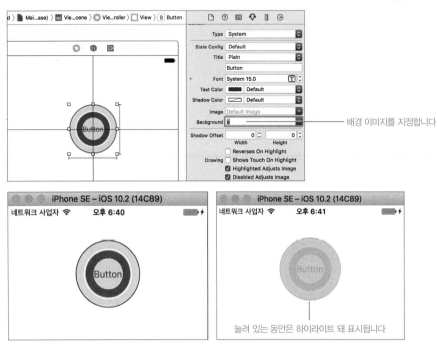

그림 12.33 버튼의 배경 이미지 설정

이미지 버튼을 코드로 만든다

버튼을 코드로 추가할 수도 있습니다. 버튼은 UIButton 클래스이므로 UIButton()으로 버튼을 만들 수 있습니다. 다음 예제는 배경 이미지를 설정한 OK 버튼을 만듭니다. 그리고 OK 버튼을 탭하면 ok() 메서드가 실행됩니다.

그림 12.34 코드로 생성한 버튼

List 배경 이미지가 있는 버튼을 만든다

《sample》 **uiButton_setBackgroundImage/ViewController.swift**

```
//
// ViewController.swift
// uiButton_setBackgroundImage
//

import UIKit

class ViewController: UIViewController {

    // 버튼으로 실행하는 메서드
    func ok(_ sender:UIButton) {
        print("OK")
    }

    override func viewDidLoad() {
        super.viewDidLoad()

        // 버튼을 만든다
        let okButton = UIButton()
        // 영역
        okButton.frame = CGRect(x: 100, y: 100, width: 120, height: 120)
        // 배경 이미지
        let bkgImage = UIImage(named: "o")
        okButton.setBackgroundImage(bkgImage, for: .normal)
        // 타이틀
        okButton.setTitle("OK", for: .normal)
        okButton.setTitleColor(UIColor.black, for: .normal)
```

Part 3
Chapter
11
Chapter
12
Chapter
13
Chapter
14
Chapter
15
Chapter
16
Chapter
17
Chapter
18
Chapter
19

```
                // 버튼을 탭하면 실행할 메서드
                okButton.addTarget(self, action: #selector(ViewController.ok(_:)), for: UIControlEvents.touchUpInside)
                // 뷰에 추가한다
                view.addSubview(okButton)                                              탭하여 실행합니다

        }
        (생략)
    }
```

배경 이미지가 있는 버튼을 만든다

버튼은 UIButton()으로 만들 수 있으며 버튼 영역은 frame 프로퍼티로 지정합니다. 배경 이미지는 setBackgroundImage() 메서드로 설정하며, 이때 두 번째 매개변수인 for:의 값을 보통 상태 이미지는 .normal, 하이라이트 상태 이미지는 .highlighted로 해서 상태에 따른 이미지를 지정할 수 있습니다. .highlighted 이미지를 지정하면 버튼을 누르고 있는 동안은 이미지가 어두워집니다. 표시할 이미지 데이터는 UIImage(named:"o")로 넣습니다. "o"는 이미지 파일을 Assets.xcassets으로 붙여넣었을 때 붙인 이름입니다. 타이틀은 setTitle(), 타이틀의 색은 setTitleColor()로 지정합니다.

List	버튼에 배경 이미지와 타이틀을 설정한다

«sample» **uiButton_setBackgroundImage/ViewController.swift**

```
// 배경 이미지
let bkgImage = UIImage(named: "o")
okButton.setBackgroundImage(bkgImage, for: .normal)
// 타이틀
okButton.setTitle("OK", for: .normal)
okButton.setTitleColor(UIColor.black, for: .normal)
```

버튼을 탭했을 때 실행할 메서드를 지정한다

버튼을 탭했을 때 실행할 메서드는 addTarget() 메서드로 지정합니다. 실행할 메서드인 ok(_sender:UIButton)를 따로 정의해 두고, action:#selector(ViewController.ok(_:))와 같이 지정합니다. 실행할 타이밍 이벤트는 세 번째 매개변수인 for:에서 지정합니다. 일반적인 버튼이라면 실행 이벤트는 UIControlEvents.touchUpInside입니다.

List	버튼을 탭했을 때 실행할 메서드로 ok() 메서드를 지정한다

«sample» **uiButton_setBackgroundImage/ViewController.swift**

```
okButton.addTarget(self, action: #selector(ViewController.ok(_:)), for: UIControlEvents.touchUpInside)
```

버튼을 뷰에 추가한다

UIButton()으로 버튼을 만들고 버튼의 이미지나 메서드를 설정했지만, 이대로는 인스턴스 okButton이 만들어져만 있는 상태이고 아직 화면에 표시되지 않습니다. 버튼을 화면에 표시하려면 버튼을 배치할 뷰(view)에

대해 addSubview(okButton)을 실행합니다. 이 조작으로 버튼이 뷰에 배치됩니다. 버튼을 배치할 위치와 크기는 코드의 앞부분에서 frame 프로퍼티로 지정했습니다.

List	버튼을 뷰에 추가한다
	«sample» **uiButton_setBackgroundImage/ViewController.swift**

```
view.addSubview(okButton)
```

이처럼 코드로 뷰에 버튼이나 이미지 등을 추가해 화면을 구성해가는 처리는 매우 중요합니다. 이는 다음 장의 Chapter 13 [뷰와 이미지]에서 자세히 설명하겠습니다(☞ P.352).

커스텀 타입의 이미지가 있는 버튼을 만든다

라벨 옆에 표시되는 이미지는 setImage()로 지정합니다. 이미지 데이터를 만들어 설정하는 코드는 배경 이미지를 설정하는 코드와 같습니다. 그러나 UIButton()으로 만든 버튼 이미지는 setImage()로 지정해도 반영되지 않습니다. 그 이유는 버튼에 이미지를 설정하려면 버튼 타입(buttonType)이 커스텀(UIButtonType. custom)이어야 하기 때문입니다.

UIButton()으로 만든 버튼의 buttonType은 UIButtonType.system입니다. buttonType은 읽기 전용 프로퍼티이므로 작성한 다음에는 변경할 수 없습니다. 따라서 버튼을 만들 때 이니셜라이저에서 지정해야 합니다. 이때 사용하는 이니셜라이저는 UIButton(type:)입니다. UIButton(type: .custom)과 같이 커스텀 타입을 지정해 버튼을 만듭니다.

List	커스텀 타입의 버튼을 만든다
	«sample» **uiButton_image/ViewController.swift**

```
let myButton = UIButton(type: .custom)
```

normal과 highlighted 이미지

다음 예제는 btnNormal@2x.png와 btnHighlighted@2x.png 두 종류의 이미지를 준비하고 각각 normal, highlighted 이미지로 설정합니다. 여러 개의 이미지는 폴더를 통째로 추가하면 Assets.xcassets에서도 그룹으로 관리할 수 있습니다.

2. 이미지를 폴더 통째로 추가합니다

Part 3
Chapter 11
Chapter 12
Chapter 13
Chapter 14
Chapter 15
Chapter 16
Chapter 17
Chapter 18
Chapter 19

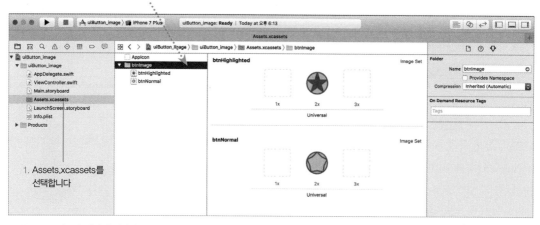

그림 12.35 커스텀 타입의 이미지 버튼

List   커스텀 타입의 이미지 버튼을 만든다

«sample» **uiButton_image/ViewController.swift**

```
//
//  ViewController.swift
//  uiButton_image
//
import UIKit

class ViewController: UIViewController {

    // 버튼을 탭했을 때 실행할 메서드
    func hello(_ sender:UIButton) {
        print("헬로")
    }

    override func viewDidLoad() {
        super.viewDidLoad()

        // 커스텀 타입의 버튼을 만든다
        let myButton = UIButton(type: .custom)
        // frame 영역
        myButton.frame = CGRect(x: 50, y: 100, width: 120, height: 50)
        // 버튼 이미지
        let image1 = UIImage(named: "btnNormal")
        let image2 = UIImage(named: "btnHighlighted")
        myButton.setImage(image1, for: .normal)        ———————— 보통 이미지
        myButton.setImage(image2, for: .highlighted)      ———————— 하이라이트일 때의 이미지
        // 타이틀
        myButton.setTitle("Hello", for: .normal)
        myButton.setTitleColor(UIColor.black, for: .normal)
```

```
        // 버튼을 탭했을 때 실행할 메서드
        myButton.addTarget(self, action: #selector(ViewController.hello(_:)),
                                                for: UIControlEvents.touchUpInside)

        // 뷰에 추가한다
        self.view.addSubview(myButton)
    }
}
```

그림 12.36 커스텀 타입의 이미지 버튼 확인

배경 이미지로 슬라이스 이미지를 이용한다

이미지를 가로, 세로로 당기면 보통 이미지는 균일하게 늘어나지만, Assets.xcassets에 등록한 이미지는 슬라이스(Slicing) 기능을 이용해 늘리지 않을 범위를 지정할 수 있습니다. 이 기능을 이용하면 다음 표처럼 다양한 버튼 크기에 같은 배경 이미지를 설정할 수 있습니다.

«sample» **uiButton_slicingImage.xcodeproj**

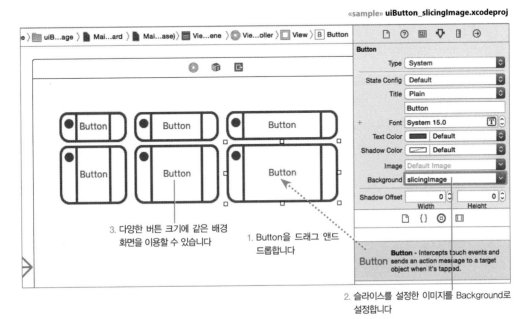

그림 12.37 배경 이미지로 슬라이스 이미지 이용

이미지에 슬라이스 설정하기

1 | Assets.xcassets의 Show Slicing에서 슬라이스 설정을 본다

Assets.xcassets에서 등록한 이미지를 선택하고 아래에 있는 Show Slicing을 클릭합니다.

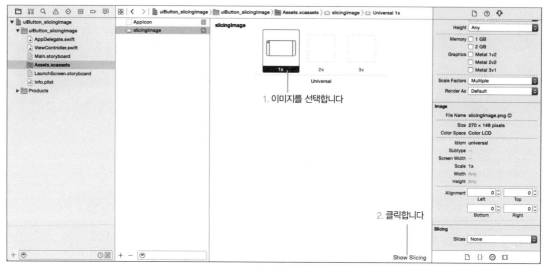

그림 12.38 이미지에 슬라이스 설정

2 | 슬라이스 설정을 시작한다

이미지에 슬라이스가 설정돼 있지 않으면 [Start Slicing] 버튼이 표시되므로 클릭합니다.

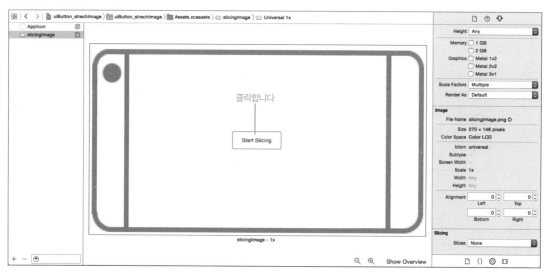

그림 12.39 슬라이스 설정

3 슬라이스 방향을 선택한다

슬라이스 방향을 선택할 수 있는 좌우, 상하좌우, 상하 3개의 화살표 버튼이 표시되면 가운데에 있는 상하좌우로 슬라이스하는 버튼을 클릭합니다.

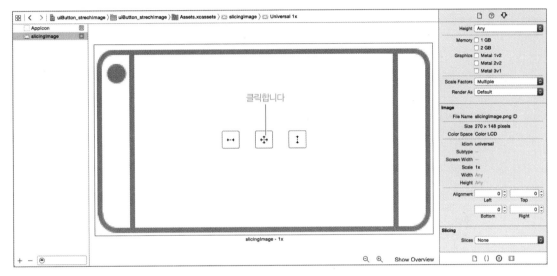

그림 12.40 슬라이스 방향 선택

4 이미지가 슬라이스 된다

이미지에서 자동으로 슬라이스 위치가 정해지며, 이 이미지를 버튼의 배경 화면으로 설정합니다. 슬라이스 범위가 생각했던대로 설정되지 않으면 수동으로 슬라이스 범위를 지정합니다. 슬라이스 범위는 유틸리티 영역에서 수치로 지정할 수도 있습니다.

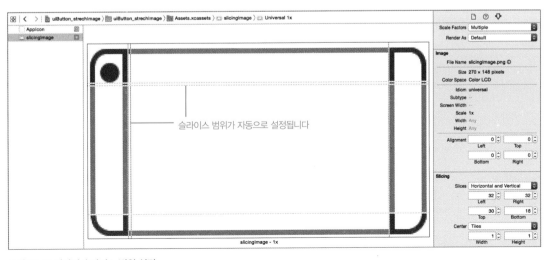

그림 12.41 이미지 슬라이스 범위 설정

❶ NOTE

버튼을 그린다

배경 이미지를 설정하지 않으면 사각형 모양의 버튼이지만, 버튼 모양을 그리는 방법도 있습니다. 다음의 addButton() 메서드에서는 모서리가 둥근 빨간색 사각형 버튼을 만들며, 버튼을 탭하면 hello() 메서드가 실행됩니다(둥근 사각형 버튼 ☞ P.348).

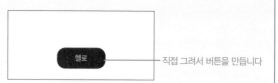

그림 12.42 버튼 그리기

—— 직접 그려서 버튼을 만듭니다

List 둥근 사각형의 빨간 버튼을 만든다

«sample» **uiButton_layer/ViewController.swift**

```
func hello(_ sender:UIButton) {
    print("헬로")
}
```
—— 버튼을 탭했을 때 실행할 메서드

```
// 버튼을 만들어 표시한다
func addButton() {
    let myButton = UIButton(frame: CGRect(x: 0, y: 0, width: 120, height: 50))
    // 모서리가 둥근 빨간색 사각형을 그린다
    myButton.layer.masksToBounds = true
    myButton.layer.cornerRadius = 20.0        —— 둥근 사각형을 그립니다
    myButton.backgroundColor = UIColor.red
    myButton.setTitle("헬로", for: .normal)
    // 화면의 아래쪽 중앙에 표시한다
    myButton.layer.position = CGPoint(x: view.bounds.width/2, y:view.bounds.height-50)
    // 탭하면 hello()를 실행한다
    myButton.addTarget(self, action: #selector(ViewController.hello(_:)), for: .touchUpInside)

    // 버튼을 View에 추가한다
    view.addSubview(myButton)
}
```

스테퍼 – UIStepper 클래스

이 절에서는 +, − 버튼으로 수치를 증가시키거나 감소시키는 스테퍼의 사용법을 설명합니다. 또한 액션 연결로 삽입되는 메서드의 매개변수인 sender에 관해 설명합니다.

스테퍼로 수치를 증가시키거나/감소시킨다

스테퍼(Stepper)는 +, − 버튼으로 수치를 증가시키거나 감소시키는 UIStepper 클래스의 버튼입니다. 스테퍼가 나타내는 현재값은 스테퍼 인스턴스의 value 프로퍼티로 유지되므로 변수 등으로 값을 관리할 필요는 없습니다. 다만 값이 유지되는 것은 스테퍼가 표시되는 동안이므로 다른 페이지로 이동하거나 앱을 종료하면 값이 사라지고 초깃값으로 돌아옵니다.

다음 예제는 스테퍼의 현재값이 라벨에 표시됩니다. 스테퍼의 + 버튼을 탭하면 수치가 1만큼 증가하고 − 버튼을 탭하면 1만큼 감소합니다.

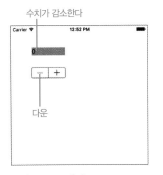

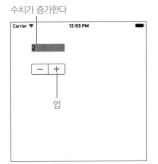

그림 12.43 스테퍼

1 라벨과 스테퍼를 배치한다

라벨(Label)과 스테퍼(Stepper)를 Object 라이브러리에서 드래그 앤 드롭해 화면에 배치합니다.

2 스테퍼 값의 범위 등을 설정한다

스테퍼의 최솟값(Minimum), 최댓값(Maximum), 현재값(Current), 증가시키거나 감소시킬 수치의 간격 (Step) 등을 Attributes 인스펙터에서 설정합니다.

Part 3
Chapter
11
Chapter
12
Chapter
13
Chapter
14
Chapter
15
Chapter
16
Chapter
17
Chapter
18
Chapter
19

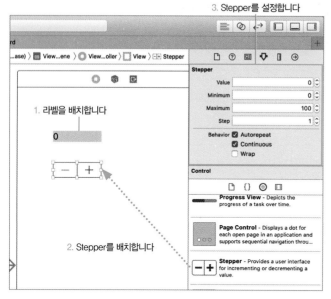

그림 12.44 라벨과 스테퍼 배치

3 | 라벨을 아울렛 연결한다

어시스턴트 에디터에서 라벨을 아울렛 연결하고, numLabel 프로퍼티를 선언해 연동합니다.

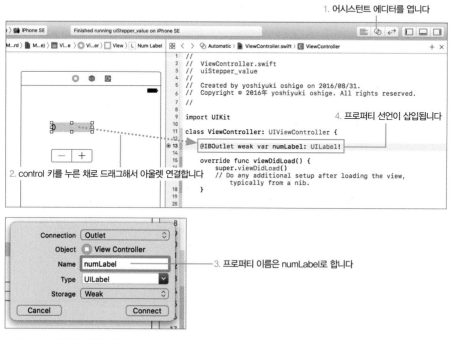

그림 12.45 라벨을 아울렛 연결

4 스테퍼를 액션 연결한다

스테퍼를 액션 연결하고, changedStepperValue() 메서드를 정의해 연동합니다. 이때 Connection 패널의
Type에서 [UIStepper]를 선택합니다.

1. 스테퍼를 control 키를 누른 채로 드래그 합니다

2. Action을 선택합니다
3. 메서드 이름을 changedStepperValue로 합니다
4. UIStepper를 선택합니다

5. changedStepperValue() 메서드가
삽입됩니다

그림 12.46 스테퍼를 액션 연결해 changedStepperValue() 메서드 삽입

5 코드를 작성한다

삽입된 changedStepperValue() 메서드에 스테퍼의 현재 값인 value 프로퍼티 값을 라벨에 표시하는 코드를
작성합니다.

List 스테퍼 값을 라벨에 표시한다

«sample» **uiStepper_value/ViewController.swift**

```
//
//  ViewController.swift
//  uiStepper_value
//
 import UIKit

class ViewController: UIViewController {
```

Part 3
Chapter
11
Chapter
12
Chapter
13
Chapter
14
Chapter
15
Chapter
16
Chapter
17
Chapter
18
Chapter
19

```
          // 라벨 프로퍼티 선언
          @IBOutlet weak var numLabel: UILabel!
                                                          sender는 UIStepper 형으로써 받습니다

          // 스테퍼로 호출하는 메서드
          @IBAction func changedStepperValue(_ sender: UIStepper) {
              // 스테퍼 값
              let num = Int(sender.value)
              // 라벨에 표시한다                            스테퍼의 value 프로퍼티를 구합니다
              numLabel.text = String(num)
          }

      (생략)
      }
```

Sender의 활용

스테퍼의 프로퍼티 값은 sender.value로 구합니다. sender는 changedStepperValue()의 매개변수이지만, 이는 어시스턴트 에디터에서 스테퍼를 액션 연결할 때 표시되는 Connection 패널의 Arguments에서 [Sender]로 설정하기 때문입니다. Sender에는 이 메서드를 호출한 이벤트를 보낸 쪽의 스테퍼 인스턴스의 참조가 들어 있습니다. 따라서 sender.value에서 스테퍼의 value 프로퍼티 즉, 현재값을 얻을 수 있습니다.

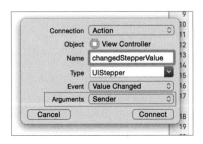

그림 12.47 Sender 의 활용

sender의 형

sender.value로 스테퍼의 value 프로퍼티에 접근할 수 있는 이유는 Connection 패널의 Type에서 UIStepper를 선택했기 때문입니다. 이 선택에 따라 sender의 형이 UIStepper가 됩니다.

Connection 패널에서 Type의 초깃값은 Any입니다. sender 형이 Any라면 sender.value로 접근했을 때 UIStepper 클래스의 value 프로퍼티는 얻을 수 없습니다. 그러나 sender as! UIStepper와 같이 sender 형을 UIStepper 형으로 형변환하면 value 프로퍼티로 접근할 수 있습니다.

Xcode 8.1부터 sender의 형이 AnyObject에서 Any로 바뀌었습니다. Xcode 8.1 이전 개발자는 AnyObject를 Any로 변경하세요.

List Any 형의 Sender를 이용한다

«sample» **uiStepper_sender_as/ViewController.swift**

```swift
// 스테퍼에서 호출되는 메서드
@IBAction func changedStepperValue(_ sender: Any) {
    // UIStepper 형으로 형변환한다
    let stepper = sender as! UIStepper
    // 스테퍼 값
    let num = Int(stepper.value)
    // 라벨에 표시한다
    numLabel.text = String(num)
}
```

Any형일 때

UIStepper 형으로 형변환합니다

---

❶ NOTE

UIStepper 클래스의 프로퍼티

스테퍼 설정값을 나타내는 프로퍼티로는 현재값 value:Double, 최솟값 minimumValue:Double, 최댓값 maximumValue:Double, 증가시키거나 감소시킬 수치 간격 stepValue:Double, 길게 누르는 자동 반복 autorepeat:Bool 등이 있습니다.

Part 3

Chapter
11

Chapter
12

Chapter
13

Chapter
14

Chapter
15

Chapter
16

Chapter
17

Chapter
18

Chapter
19

313

스위치 – UISwitch 클래스

이 절에서는 켜기/끄기를 전환하는 스위치 버튼의 사용법을 설명합니다. 스위치를 사용하는 예제로 뷰를 활성화/비활성화하는 방법을 소개합니다.

스위치로 활성화/비활성화를 바꾼다

스위치(Switch)는 true/false를 바꾸는 버튼입니다. 스위치의 현재 상태는 isOn 프로퍼티로 얻을 수 있고 하이라이트 상태가 true입니다. 다음 예제는 라벨의 활성화/비활성화를 스위치로 전환합니다.

1 라벨과 스위치를 배치한다

라벨(Label)과 스위치(Switch)를 Object 라이브러리에서 드래그 앤드 드롭해 화면에 배치합니다.

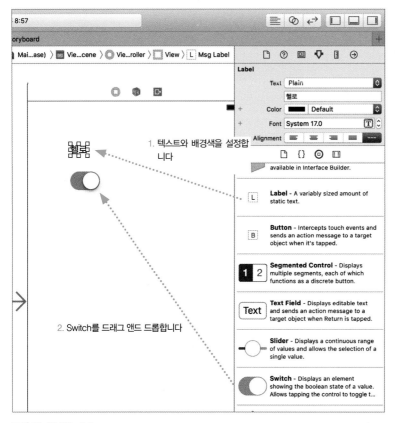

그림 12.48 UISwitch

2 라벨을 아울렛 연결한다

라벨을 아울렛 연결하고, msgLabel 프로퍼티를 선언해 연결합니다.

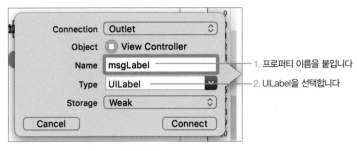

1. 프로퍼티 이름을 붙입니다
2. UILabel을 선택합니다

그림 12.49 msgLabel 프로퍼티 선언

3 스위치를 액션 연결한다

스위치를 액션 연결하고, showHide() 메서드를 정의해 연결합니다. 이때 Connection 패널의 type에서 [UISwitch]를 선택합니다.

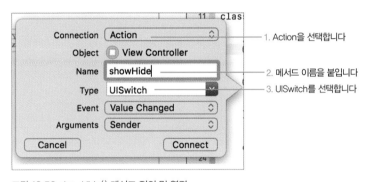

1. Action을 선택합니다
2. 메서드 이름을 붙입니다
3. UISwitch를 선택합니다

그림 12.50 showHide() 메서드 정의 및 연결

4 코드를 작성한다

추가한 showHide() 메서드에 스위치의 상태에 맞춰 라벨을 활성화하거나 비활성화하는 코드를 작성합니다.

라벨 활성화/비활성화는 isHidden 프로퍼티로 설정합니다. isHidden 프로퍼티가 true이면 라벨이 사라지고 false이면 표시됩니다. 따라서 스위치가 on일 때 표시되고, off일 때 사라지려면 스위치의 isOn 프로퍼티 값과 라벨의 isHidden 프로퍼티 값은 반대가 돼야 합니다. 그러므로 논리 부정 연산자 !를 사용해 isOn 프로퍼티 값을 반전한 다음 라벨의 isHidden 프로퍼티를 설정합니다.

Part 3
Chapter
11
Chapter
12
Chapter
13
Chapter
14
Chapter
15
Chapter
16
Chapter
17
Chapter
18
Chapter
19

List   스위치로 라벨을 보이거나 숨긴다

«sample» **uiSwitch_hidden/ViewController.swift**

```
//
// ViewController.swift
// uiSwitch_hidden
//

import UIKit

class ViewController: UIViewController {

    // 라벨 프로퍼티 선언
    @IBOutlet weak var msgLabel: UILabel!

    // 스위치를 변환하면 호출되는 메서드
    @IBAction func showHide(_ sender: UISwitch) {
        // 스위치의 켜기/끄기와 라벨의 isHidden 값을 반대로 한다
        msgLabel.isHidden = !sender.isOn
    }
                         !는 true/false를 반전시키는 부정 논리연산자입니다
    ( 생략 )
}
```

[스위치 ON]

[스위치 OFF]

그림 12.51 스위치 확인

세그먼티드 컨트롤 – UISegmentedControl 클래스

이 절에서는 여러 개의 선택 사항으로 나뉜 부품인 세그먼티드 컨트롤(UISegmentedControl)의 사용법을 설명합니다. 세그먼티드 컨트롤을 사용하는 예로 뷰의 색상을 세그먼티드 컨트롤을 이용해 변경해보겠습니다 .

세그먼티드 컨트롤에서 색을 고른다

세그먼티드 컨트롤(Segmented Control)은 여러 개의 선택지로 나뉜 부품입니다. 선택지 중에서 반드시 하나를 선택해야 하고, 초깃값으로는 두 가지 선택 사항 중 하나를 고를 수 있도록 2분할 되어 있습니다. 선택된 선택지는 인덱스 번호로 알 수 있습니다.

다음 예제는 선택지마다 색을 할당하고 뷰(View)에서 작성한 컬러바의 색을 설정합니다.

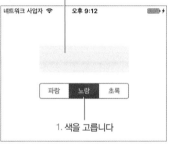

그림 12.52 세그먼티드 컨트롤

1 세그먼티드 컨트롤을 배치한다

Object 라이브러리에서 세그먼티드 컨트롤(Segmented Control)을 드래그 앤드 드롭해 화면에 배치합니다.

2 Attributes 인스펙터에서 선택지를 설정한다

세그먼티드 컨트롤의 선택지는 Attributes 인스펙터에서 설정합니다. 먼저 Segments를 3으로 설정해 선택지를 3개로 만들고, 그 아래에 있는 Segment 메뉴에서 [Segment 0]은 [파랑], [Segment 1]은 [노랑], [Segment 2]는 [초록]으로 설정해 선택지의 타이틀을 입력합니다.

Part 3

Chapter
11

Chapter
12

Chapter
13

Chapter
14

Chapter
15

Chapter
16

Chapter
17

Chapter
18

Chapter
19

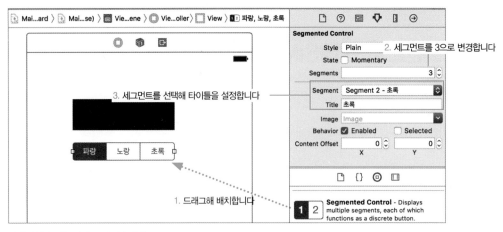

그림 12.53 세그먼티드 컨트롤 배치

3 뷰를 배치한다

Object 라이브러리에서 뷰(View)를 드래그 앤드 드롭해 화면에 배치합니다. 뷰의 Backgound 색을 선택지의
첫 색상인 파란색으로 설정합니다.

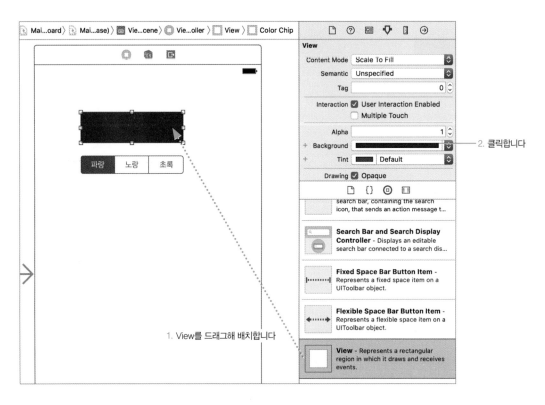

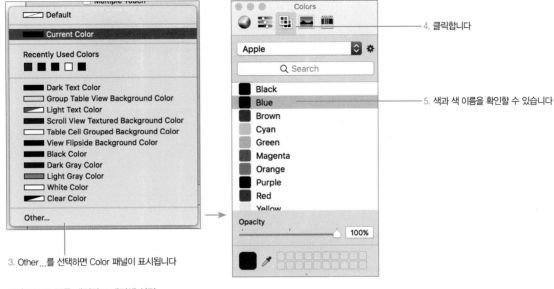

3. Other...를 선택하면 Color 패널이 표시됩니다

4. 클릭합니다

5. 색과 색 이름을 확인할 수 있습니다

그림 12.54 뷰를 배치하고 배경색 설정

4 뷰를 아울렛 연결한다

뷰를 아울렛 연결하고, colorChip 프로퍼티를 선언해 연결합니다.

5 세그먼티드 컨트롤을 액션 연결한다

세그먼티드 컨트롤을 액션 연결하고, changedColor() 메서드를 정의해 연결합니다. 이때 Connection 패널의 Type에서 [UISegmentedControl]을 선택합니다.

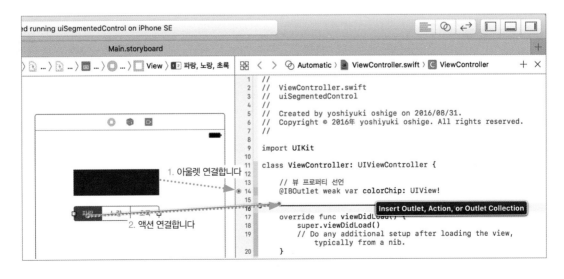

1. 아울렛 연결합니다

2. 액션 연결합니다

Part 3

Chapter 11

Chapter 12

Chapter 13

Chapter 14

Chapter 15

Chapter 16

Chapter 17

Chapter 18

Chapter 19

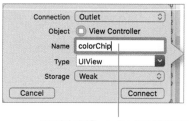

프로퍼티 이름을 colorChip으로 설정합니다

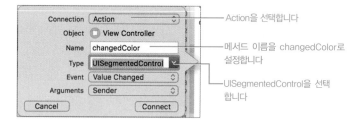

그림 12.55 세그먼티드 컨트롤을 액션 연결

6 뷰의 색을 설정하는 코드를 작성한다

선택된 인덱스 번호를 switch 문으로 분기해 뷰의 색을 설정하는 코드를 작성합니다. 선택된 인덱스 번호(0이 파란색, 1이 노란색, 2가 초록색)는 selectedSegmentIndex 프로퍼티로 구할 수 있습니다.

List 컬러칩을 세그먼티드 컨트롤에서 선택한 색으로 한다

«sample» **uiSegumentedControl/ViewController.swift**

```swift
//
//  ViewController.swift
//  uiSegmentedControl
//

import UIKit

class ViewController: UIViewController {

    // 뷰 프로퍼티 선언
    @IBOutlet weak var colorChip: UIView!
    // 세그먼티드 컨트롤러에서 색을 고르면 호출된다
    @IBAction func changedColor(_ sender: UISegmentedControl) {
        // 선택된 인덱스 번호로 처리를 분기한다
        switch sender.selectedSegmentIndex {
        case 0:
            colorChip.backgroundColor = UIColor.blue
        case 1:
            colorChip.backgroundColor = UIColor.yellow
        case 2:
            colorChip.backgroundColor = UIColor.green
        default :
            colorChip.backgroundColor = UIColor.blue
        }
    }

    ( 생략 )
}
```

선택된 세그먼트 번호를 알 수 있습니다

색 설정

뷰에서 만든 컬러바의 색은 UIView 클래스의 background 프로퍼티로 변경합니다. 설정할 색은 UIColor로 지정하지만, 대표적인 색은 blue, yellow처럼 타입 프로퍼티로 얻을 수 있습니다. 색을 RGB 컬러로 지정하려면 다음과 같은 서식의 이니셜라이저를 사용하며, 각 요소의 값은 0.0, 1.0 사이의 실수로 지정합니다(색상, 채도, 명도, 투명도로 색상을 지정한다 ☞ P.494).

> **서식** UIColor를 RGBA로 지정해 만든다
> ----
> **UIColor(red:** CGFloat, **green:** CGFloat, **blue:** CGFloat, **alpha:** CGFloat**)**

다음 RGBA() 함수는 (255,255,255) 형식의 RGB 컬러로 UIColor를 만드는 함수입니다. 0~255 범위에 없는 값을 지정하면 보정된 값으로 색을 만듭니다.

> **List** RGB 컬러(0 ~ 255)와 투명도 Alpha(0.0 List~1.0)를 UIColor로 변환한다
>
> «sample» **func_RGBA/ViewController.swift**

```
func RGBA(red:CGFloat, green:CGFloat, blue:CGFloat, alpha:CGFloat) -> UIColor {
    // 0~1 사이의 값으로 환산한다
    let r = red/255.0
    let g = green/255.0
    let b = blue/255.0
    let rgba = UIColor(red: r, green: g, blue: b, alpha: alpha)
    return rgba
}
```

Part 3
Chapter
11
Chapter
12
Chapter
13
Chapter
14
Chapter
15
Chapter
16
Chapter
17
Chapter
18
Chapter
19

321

슬라이더 – UISlider 클래스

이 절에서는 특정 범위의 값을 슬라이드로 지정하는 슬라이더의 사용법을 설명합니다. 슬라이더를 사용하는 예로 이미지의 알파값을 슬라이더로 설정해보겠습니다.

슬라이더로 투명도를 변경한다

슬라이더(Slider)를 사용하면 최솟값~최댓값(초깃값은 0~1.0) 사이의 값을 드래그 조작으로 설정할 수 있습니다. 슬라이더의 현재값은 value 프로퍼티로 얻거나 설정할 수 있습니다.

다음 예제는 표시되고 있는 이미지의 투명도(alpha 프로퍼티)를 슬라이더로 변경합니다. alpha 프로퍼티는 0~1.0 사이의 값이므로 슬라이더의 value 프로퍼티 값을 그대로 적응하면 투명도를 변경할 수 있습니다.

1 | 이미지를 준비한다

파인더에서 이미지를 드래그해 Assets.xcassets에 드롭합니다.

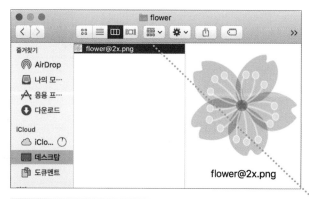

2. 이미지를 파인더에서 프로젝트로 드래그 앤드 드롭합니다

그림 12.56 이미지 준비

2 │ 읽은 이미지를 배치한다

유틸리티 영역에서 Media 라이브러리를 열고 읽어 들인 이미지를 드래그 앤드 드롭해 배치합니다.

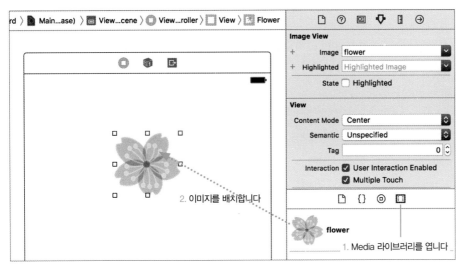

그림 12.57 이미지 배치

3 │ 슬라이더를 배치한다

Object 라이브러리에서 슬라이더(Slider)를 드래그 앤드 드롭해 화면에 배치합니다. 슬라이드의 초깃값으로 표시되는 Value 값을 1로 설정합니다.

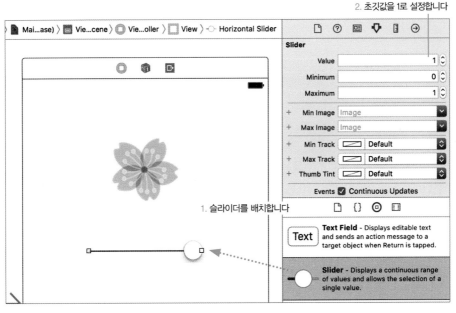

그림 12.58 슬라이더 배치

4 | 꽃 이미지를 아울렛 연결한다

꽃 이미지를 아울렛 연결하고, flower 프로퍼티를 선언해 연결합니다.

5 | 슬라이더를 액션 연결한다

슬라이더를 액션 연결하고, changedSlider() 메서드를 정의해 연결합니다. 이때 Connection 패널의 Type에서 [UISlider]를 선택합니다.

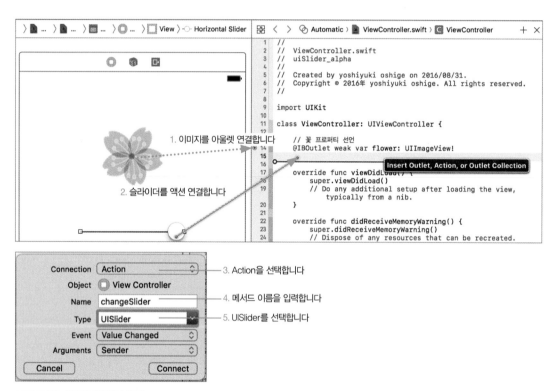

그림 12.59 슬라이더를 액션 연결

6 | 코드를 작성한다

추가된 changedSlider() 메서드에 슬라이더의 값 value를 flower의 투명도를 나타내는 alpha 프로퍼티로 설정하는 코드를 입력합니다.

List　슬라이더 값을 이미지의 알파 값으로 설정한다

"sample" uiSlider_alpha/ViewController.swift

```swift
//
// ViewController.swift
// uiSlider_alpha
//

import UIKit

class ViewController: UIViewController {

    // flower 프로퍼티 선언
    @IBOutlet weak var flower: UIImageView!

    // 슬라이더의 값이 변화하면 호출되는 메서드
    @IBAction func changedSlider(_ sender: UISlider) {
        // 알파 값을 슬라이더 값으로 설정한다
        flower.alpha = CGFloat(sender.value)
    }

(생략)
}
```

[투명도가 1 일 때]

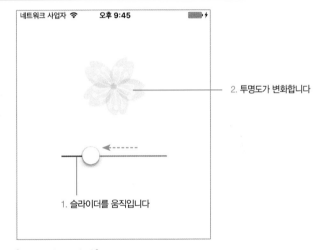

2. 투명도가 변화합니다

1. 슬라이더를 움직입니다

[투명도가 0.2 일 때]

그림 12.60 iOS 시뮬레이터에서 확인

Part 3
Chapter
11
Chapter
12
Chapter
13
Chapter
14
Chapter
15
Chapter
16
Chapter
17
Chapter
18
Chapter
19

텍스트 필드 – UITextField 클래스

이 절에서는 텍스트 입력 필드로 이용할 수 있는 텍스트 필드의 사용법을 설명합니다. 텍스트 필드는 이벤트 처리를 다른 클래스로 위탁하는 델리게이트라는 방법을 이용합니다. 이 델리게이트에 관해서도 설명합니다.

숫자를 키보드로 입력하는 텍스트 필드를 만든다

텍스트 필드(TextField)는 키보드의 텍스트 입력을 받을 수 있는 UI 부품입니다. 텍스트 필드를 탭하면 입력 상태가 되고 자동으로 키보드가 표시됩니다. 빈 상태에서는 회색 문자로 플레이스 홀더(무엇을 해야하는지 안내하는 가이드)를 표시하거나 클리어 버튼을 표시할 수 있습니다. 또한 텍스트 필드에 입력할 수 있는 텍스트는 한 줄입니다. 여러 줄을 입력하고 싶으면 텍스트 뷰(TextView)를 사용해주세요.

키보드로 입력한 수치에 25를 곱하는 앱을 만든다

텍스트 필드에 키보드로 수치를 입력하면 그 값에 25를 곱한 수를 라벨에 표시하는 앱을 만들어 보겠습니다. 텍스트 필드에 1을 넣으면 25가, 2를 넣으면 50이 계산 결과로 표시됩니다.

그림 12.61 키보드로 입력한 수치에 25 를 곱하는 앱

먼저 텍스트 필드와 라벨을 배치하고 필요한 설정을 합니다. 그리고 텍스트 필드와 라벨을 아울렛 연결해 각각 참조하는 프로퍼티를 선언합니다.

1 텍스트 필드를 배치하고 설정한다

텍스트 필드를 화면에 배치하고 Attributes 인스펙터에서 필요한 설정을 합니다. 우선 플레이스 홀더 (Placeholder)에 [개수를 넣는다]라고 입력하고, 입력 중에 클리어 버튼이 표시되게 Clear Button을 [Appears while editing]으로 설정합니다. 다음으로 [Clear when editing begins]에 체크합니다. 키보드 종류를 설정하는 Keyboard Type에서는 [Number Pad]를 선택합니다. Keyboard Type을 Number Pad로 설정하면 숫자만 입력할 수 있는 키보드가 표시됩니다.

«sample» **uiTextField_NumberPad.xcodeproj**

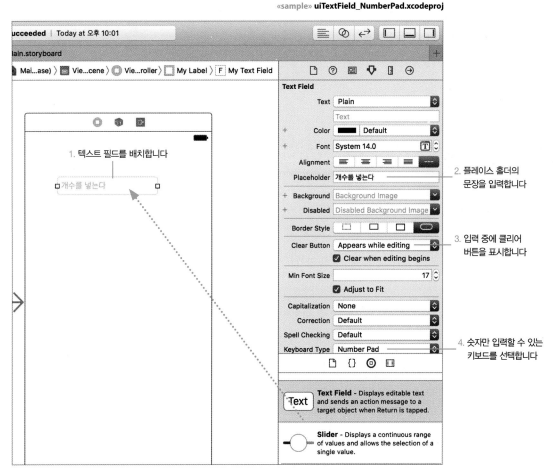

그림 12.62 **텍스트 필드 배치와 설정**

2 | 라벨을 배치하고 초깃값인 0으로 표시한다

화면에 라벨을 배치하고 라벨에 표시할 텍스트를 초깃값 0으로 합니다. Background에서는 배경색을 선택합니다.

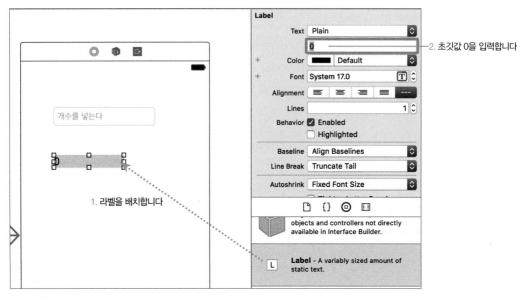

그림 12.63 라벨 배치

3 | 텍스트 필드와 라벨을 아울렛 연결한다

텍스트 필드와 라벨을 각각 control 키를 누른 채로 드래그해 아울렛 연결하고, 프로퍼티를 선언해 연결합니다. 텍스트 필드의 이름은 myTextField, 라벨 이름은 myLabel로 합니다.

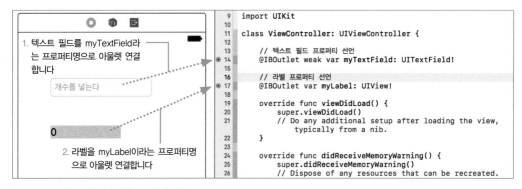

그림 12.64 텍스트 필드와 라벨 프로퍼티 선언

텍스트 필드와 라벨이 준비됐습니다. 이를 빌드해 확인해보면 텍스트 필드를 탭해 입력 상태로만 만들어도 키보드가 표시되며, 숫자를 입력하거나 수정할 수 있습니다.

1. 빈 상태에서는 플레이스 홀더의 글자가
   표시됩니다

2. 탭하면 입력 상태가 됩니다

3. 클리어 버튼이 표시됩니다

4. 키보드가 표시됩니다

그림 12.65 텍스트 필드의 입력 상태

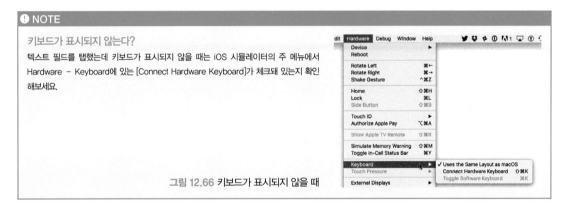

! NOTE

키보드가 표시되지 않는다?

텍스트 필드를 탭했는데 키보드가 표시되지 않을 때는 iOS 시뮬레이터의 주 메뉴에서
Hardware – Keyboard에 있는 [Connect Hardware Keyboard]가 체크돼 있는지 확인
해보세요.

그림 12.66 키보드가 표시되지 않을 때

텍스트 필드의 델리게이트 처리

이대로는 숫자를 입력만 할 수 있을 뿐 아무것도 처리되지 않습니다. 이번에는 입력한 수치에 25를 곱한 값을 아래에 있는 myLabel 라벨에 표시하게 만들어 보겠습니다. 이를 만들려면 다음 두 가지 기능을 구현해야 합니다.

1. 텍스트 필드의 값이 변화했다면 다시 계산하고 수치에 25를 곱해 myLabel 라벨에 표시한다.

2. 클리어 버튼을 탭하면 myLabel 라벨에 0을 표시한다.

계산하기 버튼을 배치하지 않았으므로 텍스트 필드의 값이 변화하면 다시 계산합니다.

Part 3
Chapter
11
Chapter
12
Chapter
13
Chapter
14
Chapter
15
Chapter
16
Chapter
17
Chapter
18
Chapter
19

델리게이트의 처리 절차

텍스트 필드는 키를 입력하거나 수정하면 액션에 따른 이벤트가 발생합니다. 이벤트 종류는 UITextField 클래스에서 정의하지만 이벤트에 어떻게 대응할지는 텍스트 필드를 이용하는 앱에서 목적에 맞춰 정의하는 것이므로 UITextField 클래스에서 처리하는 내용까지 정의하지는 않습니다. 앱을 실행하면 텍스트 필드는 이벤트 발생을 감지하고 실제 처리는 각 구현 클래스로 전달합니다. 이 방법이 바로 델리게이트(delegate)이며, 각 앱의 목적에 맞게 이벤트 처리를 구현하면 됩니다.

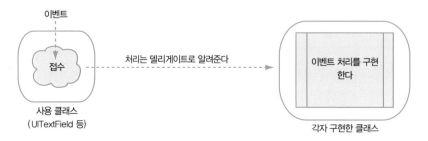

위탁하는 메서드를 델리게이트 메서드라고 부르며 델리게이트 메서드는 이벤트에 맞춰 준비돼 있습니다. 또한 어떤 델리게이트 메서드가 있는지 선언한 것을 델리게이트 프로토콜이라고 하며 UITextField가 클래스라면 UITextFieldDelegate가 델리게이트 프로토콜입니다(프로토콜 ☞ P.185).

텍스트 필드의 델리게이트 처리 흐름을 표로 나타내면 다음과 같습니다.

1. UITextFieldDelegate 델리게이트 프로토콜의 사용을 선언한다.

2. 이벤트를 처리할 텍스트 필드의 델리게이트로 설정된다.

3. 텍스트 필드에서 이벤트가 발생한다.

4. 델리게이트 메서드의 호출을 받아 내가 작성한 이벤트 처리 메서드가 호출된다.

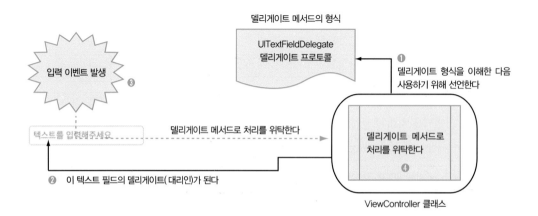

델리게이트 프로토콜 사용을 선언한다

먼저 델리게이트 프로토콜의 사용을 선언합니다. 텍스트 필드(UITextField 클래스)의 델리게이트 프로토콜은 UITextFieldDelegate입니다. 클래스 선언부에서 슈퍼클래스 선언 다음에 델리게이트 프로토콜을 기술합니다.

여기에서는 ViewController 클래스에 델리게이트 프로토콜을 추가하므로 UITextFieldDelegate 프로토콜을 사용하는 선언은 다음과 같습니다.

List UITextFieldDelegate 델리게이트 프로토콜의 사용을 선언한다

«sample» **uiTextField_delegate/ViewController.swift**

```
class ViewController: UIViewController, UITextFieldDelegate {
    ( 생략 )
}                              델리게이트 사용을 선언합니다
```

텍스트 필드의 델리게이트로 설정한다

계속해서 이벤트 처리를 대리하고자 하는 텍스트 필드의 델리게이트를 설정합니다. 델리게이트 설정은 텍스트 필드의 delegate 프로퍼티를 self로 지정해 설정하며, 앱을 실행했을 때 화면이 준비되면 호출되는 viewDidLoad()에 설정합니다.

List 텍스트 필드의 델리게이트를 설정한다

«sample» **uiTextField_delegate/ViewController.swift**

```
override func viewDidLoad() {
    super.viewDidLoad()

    // myTextField 델리게이트를 설정한다
    myTextField.delegate = self
}
        delegate 프로퍼티에 self를 지정합니다
```

델리게이트 메서드를 구현한다

ViewController가 텍스트 필드의 델리게이트로 설정되면 텍스트 필드에서 발생하는 모든 이벤트가 전달됩니다. 그중에서 처리할 이벤트 델리게이트 메서드만 구현합니다. 처리할 이벤트는 다음과 같습니다.

[1. 텍스트 필드의 값이 변화했을 때, 2. 클리어 버튼을 탭 했을 때]

각 이벤트에 대응하는 델리게이트 메서드를 구현합니다. 두 개의 델리게이트 메서드 모두 반환값은 Bool 형이며, true를 반환하면 텍스트의 입력이나 클리어를 확정하고, false를 반환하면 조작이 취소됩니다.

Part 3
Chapter 11
Chapter 12
Chapter 13
Chapter 14
Chapter 15
Chapter 16
Chapter 17
Chapter 18
Chapter 19

서식 텍스트 필드의 값이 변화했을 때 호출되는 델리게이트 메서드

··

```
textField(_ textField: UITextField, shouldChangeCharactersIn range: NSRange,
          replacementString string: String) -> Bool
```

텍스트 필드의 값은 입력이 확정된 시점이 아니면 읽을 수 없지만, 이 델리게이트는 텍스트 필드에 입력하면서 값이 변경될 때마다 발생하는 이벤트입니다. 첫 번째 매개변수인 textField는 대상인 텍스트 필드이고, 두 번째 매개변수 range는 입력된 범위, 세 번째 매개변수 string은 새로운 문자열입니다. 이 값들을 사용해 값을 아직 확정하지 않은 상태에서 현재 값을 사용해 다시 계산합니다.

List 텍스트 필드 입력 중에 값이 변경되면 다시 계산한다

«sample» **uiTextField_delegate/ViewController.swift**

```
func textField(_ textField: UITextField, shouldChangeCharactersIn range: NSRange,
        replacementString string: String) -> Bool {
                                          바꿔놓은 문자열        입력된 범위
    // 변경 후의 내용을 작성한다
    let tmpStr = textField.text! as NSString
    let replacedString = tmpStr.replacingCharacters(in: range, with: string)
    if replacedString == "" {
        // 변경 후 비어 있으면 라벨에 0을 표시한다
        myLabel.text = "0"
    } else {
        // 변경 후의 값을 계산해 라벨에 표시한다(25를 곱한 값)
        if let num = Int(replacedString) {
            myLabel.text = String(num * 25)
        }

    }
    // 텍스트 필드를 갱신한다
    return true

}
```

메서드의 매개변수로 알 수 있는 것은 변경된 부분에 대한 문자열뿐입니다. 그래서 전체 텍스트는 replacingCharacters(in:range, with:string) 메서드를 이용해 구해야 합니다. 이 메서드는 NSString 형의 문자열을 대상으로 하므로 textField.text! as NSString에서 NSString으로 형 변환하여 실행합니다. 치환 후의 결과는 String 형으로 반환됩니다. 마지막에 true를 반환하면 텍스트 필드가 갱신되고 myLabel에는 25를 곱한 값이 표시됩니다.

클리어 버튼을 탭했을 때 호출되는 델리게이트 메서드

```
textFieldShouldClear(_ textField: UITextField) -> Bool
```

클리어 버튼을 탭하면 텍스트 필드가 비게 되고 textFieldShouldClear() 델리게이트 메서드가 실행됩니다. 빈 텍스트 필드에는 0을 대입해 0으로 표시합니다. 마지막에 true를 반환하면 텍스트 필드가 갱신되어 비게 되고 myLabel의 계산 결과도 0이 됩니다.

화면을 탭해 키보드를 내린다

텍스트 필드를 탭해 입력 상태가 되면 자동으로 키보드가 나오지만, 입력이 끝나도 키보드가 자동으로 내려가지는 않습니다. 키보드를 내리려면 뷰에 대해 endEditing(true) 메서드를 실행해야 합니다.

화면을 탭할 때 키보드가 내려가게 하려면 뷰가 탭 액션을 인식할 수 있게 뷰에 Tap Gesture Recognizer를 드래그 앤드 드롭하고 액션 연결합니다(핑거 액션 ☞ P.482).

1 Tap Gesture Recognizer를 뷰에 추가한다

Tap Gesture Recognizer를 뷰에 드래그 앤드 드롭해 추가합니다. 그러면 화면 위에 Tap Gesture Recognizer 아이콘이 추가됩니다.

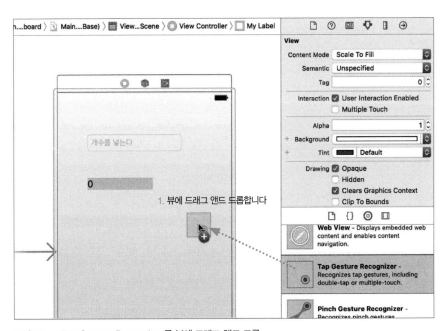

그림 12.67 Tap Gesture Recognizer를 뷰에 드래그 앤드 드롭

Part 3
Chapter 11
Chapter 12
Chapter 13
Chapter 14
Chapter 15
Chapter 16
Chapter 17
Chapter 18
Chapter 19

333

그림 12.68 Tap Gesture Recognizer 추가

2 | Tap Gesture Recognizer를 액션 연결한다

어시스턴트 에디터로 전환하고, Tap Gesture Recognizer 아이콘에서 코드로 control 키를 누른 채로 드래그해서 액션 연결합니다. 여기에서는 tapView( ) 메서드를 추가하고 연결합니다.

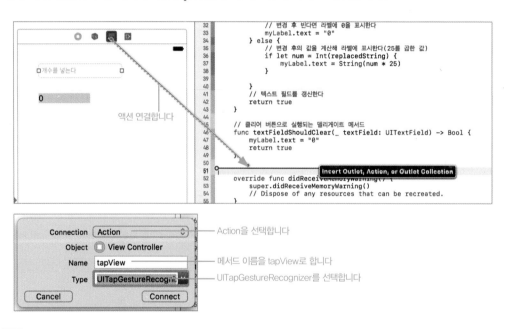

3 | 키보드를 내리는 코드를 추가한다

화면을 탭하면 tapView()가 실행되므로 tapView()에 키보드를 내리는 코드를 추가합니다.

List 화면 탭 시 키보드를 감춘다

«sample» **uiTextField_delegate/ViewController.swift**

```swift
@IBAction func tapView(_ sender: UITapGestureRecognizer) {
    // 입력이 종료되면 키보드를 내린다
    view.endEditing(true)
}
```

완성된 ViewController 클래스

완성된 ViewController 클래스는 다음과 같습니다. 빌드하고 실행한 다음 텍스트 필드를 탭하면 입력 모드가 되어 숫자를 입력할 수 있는 키보드가 나타나고, 입력한 수치에 25를 곱한 값이 바로 계산돼 아래에 있는 라벨에 표시됩니다. 그리고 화면을 탭하면 키보드가 내려갑니다.

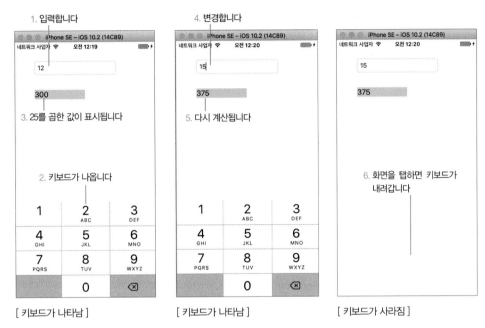

[키보드가 나타남]   [키보드가 나타남]   [키보드가 사라짐]

그림 12.70 iOS 시뮬레이터에서 확인

| List | 완성된 ViewController 클래스 |

«sample» **uiTextField_delegate/ViewController.swift**

```swift
//
// ViewController.swift
// uiTextField_delegate
//

import UIKit

class ViewController: UIViewController, UITextFieldDelegate {
                                        델리게이트 사용을 선언합니다
    // 텍스트 필드의 프로퍼티 선언
    @IBOutlet weak var myTextField: UITextField!
    // 라벨의 프로퍼티 선언
    @IBOutlet weak var myLabel: UILabel!

    override func viewDidLoad() {
        super.viewDidLoad()
        // myTextField 델리게이트를 설정한다
        myTextField.delegate = self      ——— 델리게이트를 설정합니다

    }
```

Part 3
Chapter
11
Chapter
12
Chapter
13
Chapter
14
Chapter
15
Chapter
16
Chapter
17
Chapter
18
Chapter
19

335

```swift
// 텍스트 필드의 값이 변경될 때 실행된다
func textField(_ textField: UITextField, shouldChangeCharactersIn range: NSRange,
            replacementString string: String) -> Bool {

    // 변경 후의 내용을 작성한다
    let tmpStr = textField.text! as NSString
    let replacedString = tmpStr.replacingCharacters(in: range, with: string)
    if replacedString == "" {
        // 변경 후 비어 있으면 라벨에 0을 표시한다
        myLabel.text = "0"
    } else {
        // 변경 후의 값을 계산해 라벨에 표시한다(25를 곱한 값)
        if let num = Int(replacedString) {
            myLabel.text = String(num * 25)
        }

    }
    // 텍스트 필드를 갱신한다
    return true
}
// 클리어 버튼을 클릭하면 실행되는 델리게이트 메서드
func textFieldShouldClear(_ textField: UITextField) -> Bool {
    myLabel.text = "0"
    return true
}
```

이벤트 처리를 맡은
델리게이트 메서드

```swift
// 화면을 탭해 키보드를 내린다
@IBAction func tapView(_ sender: UITapGestureRecognizer) {
    // 입력이 종료되면 키보드를 내린다
    view.endEditing(true)
}

override func didReceiveMemoryWarning() {
    super.didReceiveMemoryWarning()
    // Dispose of any resources that can be recreated.
}

}
```

개행 키로 키보드를 내린다

텍스트 필드는 1줄이므로 개행(return) 키로 입력을 마치고 키보드가 내려가게 할 수도 있습니다. 이때 데이터에는 개행이 들어가지 않게 합니다. 또한 개행 키의 문구는 Attributes 인스펙터에서 선택한 키보드의 종류와 Return Key 설정에 따라 Return, Go, Done 등으로 표시할 수 있습니다. 키보드 종류에 따라서는 개행 키가 없는 키보드도 있습니다.

개행 키의 입력 이벤트를 처리한다

개행 키의 입력 이벤트는 UITextFieldDelegate 델리게이트 프로토콜의 델리게이트 메서드의 한 가지인 textFieldShouldReturn()으로 받을 수 있습니다. 앞서 살펴본 예와 같이 UITextFieldDelegate 델리게이트 프로토콜의 사용을 선언하고 viewDidLoad() 메서드에서 myTextField의 delegate 델리게이트에 self를 설정합니다. 이어서 textFieldShouldReturn() 델리게이트 메서드에 키보드를 내리는 명령을 작성합니다. 키보드를 내리려면 현재 뷰에 대해 endEditing(true)을 실행합니다.

List 개행 키를 입력해 키보드를 내린다

«sample» **uiTextField_returnKey/ViewController.swift**

```swift
//
// ViewController.swift
// uiTextField_returnKey
//

import UIKit

// UITextFieldDelegate의 델리게이트 프로토콜을 추가합니다
class ViewController: UIViewController, UITextFieldDelegate {
                                       // 델리게이트 선언합니다
    // 텍스트필드의 프로퍼티 선언
    @IBOutlet weak var myTextField: UITextField!

    override func viewDidLoad() {
        super.viewDidLoad()
        // myTextField 델리게이트가 된다        // 델리게이트가 됩니다
        myTextField.delegate = self
    }

    // 개행 키가 눌렸다(델리게이트 메서드)
    func textFieldShouldReturn(textField: UITextField) -> Bool {    // 이벤트 처리를 맡는 델리게이트
        // 키보드를 내린다                                              // 메서드
        view.endEditing(true)
        return false // 개행은 입력하지 않는다
    }

    override func didReceiveMemoryWarning() {
        super.didReceiveMemoryWarning()
        // Dispose of any resources that can be recreated.
    }
}
```

Part 3
Chapter 11
Chapter 12
Chapter 13
Chapter 14
Chapter 15
Chapter 16
Chapter 17
Chapter 18
Chapter 19

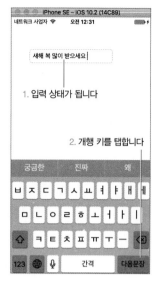
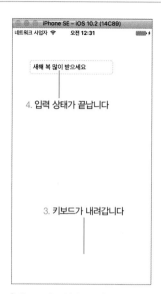

[텍스트 필드 입력 상태]   [텍스트 필드 입력 종료]

그림 12.71 개행 키의 입력 이벤트 처리

피커 뷰 – UIPickerView 클래스

이 절에서는 피커 뷰를 사용하는 방법을 설명합니다. 피커 뷰란 회전식 열쇠를 맞추는 것처럼 여러 개의 선택지 중에서 1개를 선택할 수 있는 회전 드럼식 컴포넌트를 제공하는 UI 부품입니다.

피커 뷰에서 요일과 시간대를 고른다

피커 뷰(PickerView)는 선택지를 회전하는 드럼 같은 컴포넌트로 표시하고, 컴포넌트마다 값을 한 개씩 선택하기 위한 UI 부품입니다. 한 개의 피커 뷰에는 여러 개의 컴포넌트(선택 항목)를 만들어 놓을 수 있습니다.

여기에서 만드는 예제는 두 개의 컴포넌트를 나란히 배치해 피커 뷰를 만듭니다. 한 개는 월요일~금요일을 선택하는 컴포넌트이고, 나머지 한 개는 새벽/오전/오후/야간 중에서 시간대를 고르는 컴포넌트입니다.

그림 12.72 피커 뷰

피커 뷰를 배치한다

먼저 화면에 피커 뷰를 배치합니다. 화면에 배치한 피커 뷰에 표시되는 항목명은 임시로 나오는 항목명이며 이대로 빌드하면 내용이 비어 있습니다.

Part 3

1 피커 뷰를 배치한다

피커 뷰를 Object 라이브러리에서 드래그 앤드 드롭해 화면에 배치하고 Constraints에서 위쪽 가장자리, 왼쪽 가장자리, 오른쪽 가장자리로부터의 거리와 피커 뷰의 높이(Height)를 고정해 배치합니다.

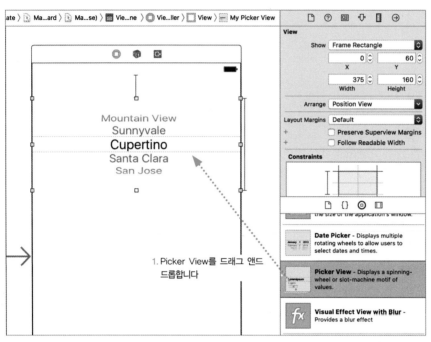

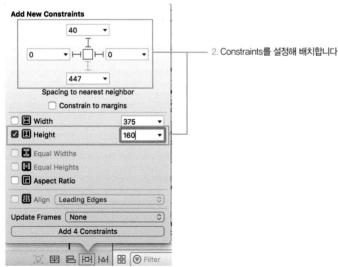

그림 12.73 피커 뷰를 배치하고 Constraints 설정

2 | 피커 뷰를 아울렛 연결한다

피커 뷰를 아울렛 연결하고, myPickerView 프로퍼티를 선언해 연결합니다.

1. 어시스턴트 에디터를 엽니다

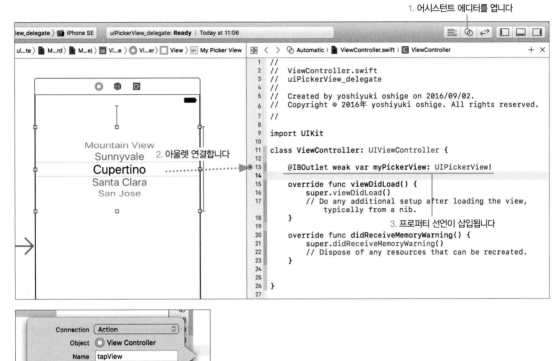

델리게이트 프로토콜과 데이터소스 프로토콜

피커 뷰를 사용하려면 이벤트 처리를 델리게이트하기 위한 UIPickerViewDelegate와 컴포넌트의 항목명을 설정하는 UIPickerViewDataSource 2개의 프로토콜을 사용해야 합니다.

> **List** UIPickerView 델리게이트 프로토콜과 데이터 소스의 선언을 추가한다
>
> «sample» **uiPickerView_delegate/ViewController.swift**

```
class ViewController: UIViewController, UIPickerViewDelegate, UIPickerViewDataSource {
    (생략)
}
```

프로토콜을 선언했다면 viewDidLoad() 메서드에서 myPickerView의 델리게이트와 myPickerView의 데이터 소스에 모두 self를 지정합니다.

> **List** self를 myPickerView의 델리게이트와 데이터 소스로 설정한다
>
> «sample» **uiPickerView_delegate/ViewController.swift**
>
> ```swift
> override func viewDidLoad() {
>     super.viewDidLoad()
>
>     // myPickerView 델리게이트가 된다
>     myPickerView.delegate = self
>     // myPickerView 데이터소스가 된다
>     myPickerView.dataSource = self
> }
> ```

UIPickerViewDataSource 프로토콜과 관련된 오류

그러나 UIPickerViewDataSource 프로토콜을 선언하면 에러가 발생합니다. 이는 UIPickerViewData Source 프로토콜을 사용하면 반드시 구현해야 하는 메서드가 있기 때문입니다. 아직 이 메서드를 구현하지 않아서 경고가 표시됐습니다. 구현해야 할 메서드는 다음에 설명하는 numberOfComponentsInPickerView()와 pickerView(pickerView:numberOfRowsIn Component:)입니다(프로토콜 정의를 확인하는 방법 ☞ P.381).

그림 12.75 UIPickerViewDataSource 프로토콜에 관련된 오류

피커 뷰의 내용물을 만든다

피커 뷰에 표시할 항목명은 컴포넌트마다 배열로 만듭니다. 이 피커 뷰에는 2개의 컴포넌트가 있으므로 먼저 각 항목명에 맞는 배열을 만들고, 2개의 배열을 compos 배열에 넣어서 하나의 배열로 합칩니다.

> **List** 컴포넌트에 표시할 항목명
>
> «sample» **uiPickerView_delegate/ViewController.swift**
>
> ```swift
> let compos = [["월", "화", "수", "목", "금"],["새벽","오전 중", "오후", "야간"]]
> ```
> 첫 번째 컴포넌트 값   두 번째 컴포넌트 값

항목명을 컴포넌트에 표시하려면 UIPickerViewDataSource 프로토콜에 따라서 2개의 메서드를 구현합니다. 하나는 numberOfComponents(in:)로 컴포넌트 개수를 반환하는 메서드이고, 나머지 하나는 pickerView(pickerView:numberOfRowsInComponent:)로 각 컴포넌트의 항목 수를 반환하는 메서드입니다.

List 컴포넌트의 개수와 항목 수를 반환한다

«sample» **uiPickerView_delegate/ViewController.swift**

```swift
// 피커 뷰의 컴포넌트 개수를 반환한다
func numberOfComponents(in pickerView: UIPickerView) -> Int {
    return compos.count  ─────────── 2를 반환하므로 2개의 컴포넌트가 만들어집니다
}

// 각 컴포넌트의 항목 수를 반환한다
func pickerView(_ pickerView: UIPickerView!, numberOfRowsInComponent component: Int) -> Int {
    let compo = compos[component]  ─────── 값이 들어간 배열을 꺼냅니다
    return compo.count  ─────────── 값의 개수가 항목 수가 됩니다
}
```

여러 개의 컴포넌트가 있으면 pickerView(pickerView:widthForComponent:)에서 컴포넌트의 너비를 지정합니다.

List 각 컴포넌트의 너비를 반환한다

«sample» **uiPickerView_delegate/ViewController.swift**

```swift
func pickerView(_ pickerView: UIPickerView, widthForComponent component: Int) -> CGFloat {
    if component == 0 {
        // 월~금      첫 번째 컴포넌트
        return 50
    } else {
        // 시간대
        return 100
    }
}
```

컴포넌트에 표시할 항목명은 다음 pickerView(pickerView:titleForRow:forComponent:) 메서드에서 차례로 꺼내 피커 뷰에 설정합니다. compos는 배열에 배열이 들어 있는 2차원 배열이므로 compos[component][row]로 값을 꺼냅니다.

List 컴포넌트의 행에 항목명을 반환한다

«sample» **uiPickerView_delegate/ViewController.swift**

```swift
func pickerView(_ pickerView: UIPickerView, titleForRow row: Int, forComponent component: Int) -> String? {
    // 컴포넌트의 행에 항목명을 반환한다
    let item = compos[component][row]  ─────── 2차원 배열로부터 값을 구합니다
    return item
}
```

선택된 항목을 조사한다

드럼을 회전해 항목이 선택되면 pickerView(pickerView:didSelectRow:inComponent:) 메서드가 호출되고 컴포넌트에서 선택된 행과 컴포넌트 번호를 매개변수로 보냅니다. 또한 selectedRowInComponent() 메서드를 사용하면 컴포넌트에서 선택된 행을 알 수 있고, 앞서 살펴본 pickerView(pickerView:titleForRow:) 메서드를 사용하면 컴포넌트에서 현재 선택된 항목명을 확인할 수 있습니다.

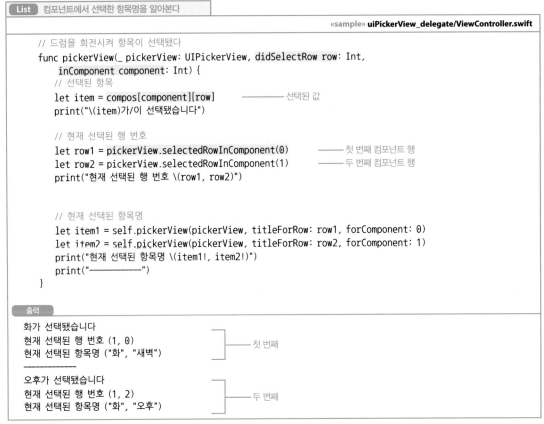

List   컴포넌트에서 선택한 항목명을 알아본다

«sample» **uiPickerView_delegate/ViewController.swift**

```swift
// 드럼을 회전시켜 항목이 선택됐다
func pickerView(_ pickerView: UIPickerView, didSelectRow row: Int,
    inComponent component: Int) {
    // 선택된 항목
    let item = compos[component][row]            ——— 선택된 값
    print("\(item)가/이 선택됐습니다")

    // 현재 선택된 행 번호
    let row1 = pickerView.selectedRowInComponent(0)   ——— 첫 번째 컴포넌트 행
    let row2 = pickerView.selectedRowInComponent(1)   ——— 두 번째 컴포넌트 행
    print("현재 선택된 행 번호 \(row1, row2)")


    // 현재 선택된 항목명
    let item1 = self.pickerView(pickerView, titleForRow: row1, forComponent: 0)
    let item2 = self.pickerView(pickerView, titleForRow: row2, forComponent: 1)
    print("현재 선택된 항목명 \(item1!, item2!)")
    print("——————————")
}
```

출력

```
화가 선택됐습니다
현재 선택된 행 번호 (1, 0)            ——— 첫 번째
현재 선택된 항목명 ("화", "새벽")
——————
오후가 선택됐습니다
현재 선택된 행 번호 (1, 2)            ——— 두 번째
현재 선택된 항목명 ("화", "오후")
```

1. 첫 번째 컴포넌트에서 [화] 선택

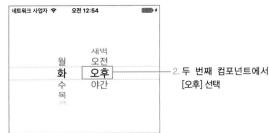

2. 두 번째 컴포넌트에서 [오후] 선택

완성된 ViewController 클래스

완성된 ViewController 클래스는 다음과 같습니다. 빌드하고 동작을 확인하면 피커 뷰에 2개의 컴포넌트가 나란히 있고, 스와이프로 드럼을 회전시킬 수 있습니다. 선택된 항목명은 출력 윈도 창에 표시됩니다.

```swift
// ViewController.swift
// uiPickerView_delegate
//

import UIKit

// UIPickerView의 델리게이트 프로토콜과 데이터 소스 선언을 추가한다
class ViewController: UIViewController, UIPickerViewDelegate, UIPickerViewDataSource {
                                                              2개의 프로토콜을 채용합니다
    // 피커 뷰 프로퍼티 선언
    @IBOutlet weak var myPickerView: UIPickerView!
    // 컴포넌트에 표시할 항목명
    let compos = [["월","화","수","목","금"],["새벽","오전","오후","야간"]]

    // 피커 뷰의 컴포넌트 개수를 반환한다
    func numberOfComponents(in pickerView: UIPickerView) -> Int {
        return compos.count
    }

    // 각 컴포넌트의 항목 수를 반환한다
    func pickerView(pickerView: UIPickerView, numberOfRowsInComponent component: Int) -> Int {
        let compo = compos[component]
        return compo.count
    }

    // 각 컴포넌트의 너비를 반환한다
    func pickerView(_ pickerView: UIPickerView, widthForComponent component: Int) -> CGFloat {
        if component == 0 {
            // 월~금
            return 50
        } else {
            // 시간대
            return 100
        }
    }

    // 선택한 컴포넌트, 행의 항목명을 반환한다
    func pickerView(_ pickerView: UIPickerView, titleForRow row: Int, forComponent component: Int) -> String? {
        // 컴포넌트에서 선택한 행의 항목명을 꺼낸다
        let item = compos[component][row]
        return item
    }

    // 드럼을 회전시켜 항목이 선택됐다
    func pickerView(_ pickerView:UIPickerView, didSelectRow row: Int, inComponent component: Int)
    {
```

Part 3
Chapter
11
Chapter
12
Chapter
13
Chapter
14
Chapter
15
Chapter
16
Chapter
17
Chapter
18
Chapter
19

```
        // 선택된 항목
        print("\(item)가 선택됐습니다")

        // 현재 선택된 행 번호
        let row1 = pickerView.selectedRowInComponent(0)        ——————— 1번째 컴포넌트
        let row2 = pickerView.selectedRowInComponent(1)        ——————— 2번째 컴포넌트
        print("현재 선택된 행 번호 \(row1, row2)")
                                                    이 메서드가 호출됩니다
        // 현재 선택된 항목명
        let item1 = self.pickerView(pickerView, titleForRow: row1, forComponent: 0)
        let item2 = self.pickerView(pickerView, titleForRow: row2, forComponent: 1)
        print("현재 선택된 항목명 \(item1!, item2!)")
        print("------------")
    }

    override func viewDidLoad() {
        super.viewDidLoad()

        // 델리게이트가 된다
        myPickerView.delegate = self
        // 데이터소스가 된다                    ——————— 델리게이트와 데이터 소스에 지정합니다
        myPickerView.dataSource = self
    }

    override func didReceiveMemoryWarning() {
        super.didReceiveMemoryWarning()
        // Dispose of any resources that can be recreated.
    }
}
```

Section 12-10

UI 부품의 클래스 상속

UI 부품은 종류가 많아서 프로퍼티나 메서드 등 사용법을 모두 외우기는 어렵습니다. 하지만 부품도 UIView 클래스를 상속받았기 때문에 화면에 표시하는 기능은 UIView 클래스와 공통되는 부분이 많습니다. 이렇게 상속을 확인하면 공통된 기능을 한 번에 이해할 수 있습니다.

UI 부품의 클래스 상속

UI 부품의 기능은 각 부품의 클래스에 정의하지만 화면 표시하는 것과 관련된 메서드나 프로퍼티 등은 모든 부품이 같습니다. 그 이유는 각 클래스가 상속하는 클래스를 확인해보면 쉽게 알 수 있습니다(상속 ☞ P.184).

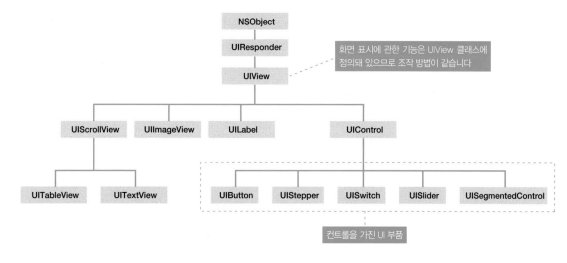

Attributes 인스펙터에서 확인할 수 있는 슈퍼클래스의 항목

화면의 오브젝트를 Attributes 인스펙터에서 보면 설정 항목이 여러 개로 나뉘는데 이는 상속하고 있는 각 클래스의 설정값입니다. UI 부품의 설정 항목을 비교하면 가장 위에 있는 설정 항목이 각 클래스에서 확장한 항목이고, 그 아래는 상속받고 있는 부모 클래스의 공통 항목입니다.

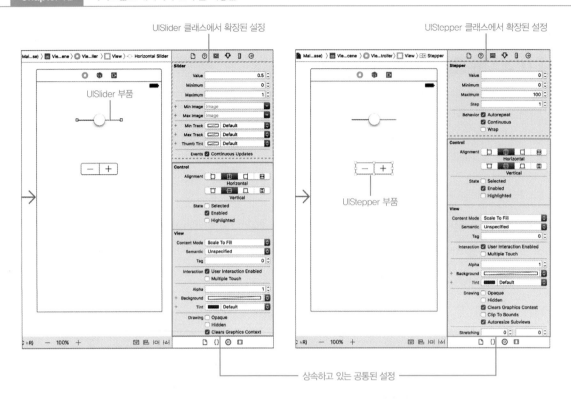

UISlider 클래스에서 확장된 설정

UIStepper 클래스에서 확장된 설정

상속하고 있는 공통된 설정

⊘ NOTE

Attributes 인스펙터에 커스텀 설정을 추가한다

커스텀 클래스 설정에서 인터페이스 빌더에 대해 명령하는 @IBDesignable, @IBInspectable 키워드를 이용함으로써 표준 Attributes 인스펙터에 없는 설정 항목을 추가할 수 있습니다. 다음 예제에서는 버튼과 라벨에 테두리 색, 테두리 두께, 모서리의 둥글기를 인스펙터에서 설정할 수 있도록 커스텀 설정을 추가합니다.

버튼 테두리에 설정할 수 있습니다

라벨 테두리에 설정할 수 있습니다

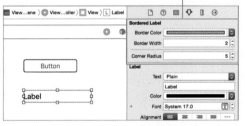

[버튼 테두리 설정]

[라벨 테두리 설정]

그림 12.78 Attributes 인스펙터에 커스텀 설정 추가

클래스 정의 앞에는 @IBDesignable을 붙이고, 프로퍼티는 앞에 @IBInspectable을 붙인 Computed 프로퍼티로 기술합니다(Computed 프로퍼티 ☞ P.200, didSet☞ P.202).

List Attribute 인스펙터에 외형 커스텀 설정을 추가한다

«sample» **myIBDesignable/ViewController.swift**

```swift
//
// ViewController.swift
// myIBDesignable
//

import UIKit

// 버튼에 테투리 선을 설정하는 커스텀 Attributes 패널
@IBDesignable class BorderedButton: UIButton {
    // 테두리 색 설정
    @IBInspectable var borderColor: UIColor? {
        get { return UIColor(CGColor: layer.borderColor!) }
        set { layer.borderColor = newValue?.cgColor ?? nil }
    }
    // 테두리 두께 설정
    @IBInspectable var borderWidth: CGFloat = 1.0 {
        didSet {
            layer.borderWidth = borderWidth
        }
    }
    // 테두리 둥글기(둥근 사각형) 설정
    @IBInspectable var cornerRadius: CGFloat = 0.0 {
        didSet {
            layer.cornerRadius = cornerRadius
            layer.masksToBounds = cornerRadius > 0.0
        }
    }
}

// 라벨에 테투리 선을 설정하는 커스텀 Attributes 패널
@IBDesignable class BorderedLabel: UILabel {
    // 테두리 색 설정
    @IBInspectable var borderColor: UIColor? {
        get { return UIColor(CGColor: layer.borderColor!) }
        set { layer.borderColor = newValue?.CGColor ?? nil }
    }
    // 두께 설정
    @IBInspectable var borderWidth: CGFloat = 1.0 {
        didSet {
            layer.borderWidth = borderWidth
        }
    }
    // 테두리 둥글기(둥근 사각형) 설정
    @IBInspectable var cornerRadius: CGFloat = 0.0 {
        didSet {
            layer.cornerRadius = cornerRadius
            layer.masksToBounds = cornerRadius > 0.0
        }
    }
}
```

Part 3
Chapter
11
Chapter
12
Chapter
13
Chapter
14
Chapter
15
Chapter
16
Chapter
17
Chapter
18
Chapter
19

```
class ViewController: UIViewController {
    (생략)
}
```

클래스를 정의했다면 화면에 배치한 버튼을 선택한 다음 Identity 인스펙터의 Class에서 커스텀 클래스인 BorderedButton으로 설정합니다. 라벨도 마찬가지로
커스텀 클래스인 BorderedLabel로 설정합니다.

[버튼에 커스텀 클래스 설정]

[라벨에 커스텀 클래스 설정]

그림 12.79 컴포넌트에 커스텀 클래스 설정

Chapter 13

뷰와 이미지

앱 화면은 뷰가 겹쳐있거나 자식으로 포함돼 있습니다. 뷰와 이미지 그리고 배치를 알게 되면 기타 오브젝트의 배치도 깊게 이해할 수 있습니다. 이 장에서는 스택 뷰, 테이블 뷰, 스크롤 뷰를 설명합니다.

뷰 작성과 이미지

화면은 여러 뷰(View)의 중첩과 계층 구조에 의해 구성됩니다. 이 절에서는 뷰를 작성하고 화면에 표시하는 방법과 뷰의 계층에 관해 설명합니다. 라벨(UILabel), 버튼(UIButton), 텍스트 필드(UITextField), 이미지(UIImageView) 등 화면에 표시하는 것은 모두 뷰 즉, UIView 클래스를 상속한 서브 클래스입니다. 뷰를 화면에 표시하는 절차나 설정 등은 기본적으로 UIView 클래스에 정의돼 있으므로 이러한 서브 클래스를 화면에 표시하는 절차나 설정도 UIView와 같다고 생각하면 됩니다.

뷰의 계층

여러 개의 뷰는 윈도우를 정점으로 한 트리 모양의 뷰 계층(View Hierarchy)으로 되어 있습니다. 뷰는 여러 개의 서브 뷰(자식 뷰)를 계층 구조로 가질 수 있습니다. 보통 윈도우는 1개의 루트 뷰를 갖고, 루트 뷰가 콘텐츠로써 여러 개의 서브 뷰를 가집니다. 그러므로 루트 뷰가 되는 뷰를 바꿈으로써 콘텐츠를 쉽게 바꿀 수 있습니다. 버튼이나 이미지 등도 UIView의 서브 클래스이며 서브 뷰로써 뷰에 추가해 표시합니다.

슈퍼 뷰(부모 뷰)를 이동시키거나 변형하면 안에 포함된 서브 뷰도 이동되거나 변경되고, 슈퍼 뷰를 반투명하게 만들면 서브 뷰도 반투명으로 표시됩니다. 또한 슈퍼 뷰를 뷰 계층에서 삭제하면 서브 뷰도 화면에서 사라집니다.

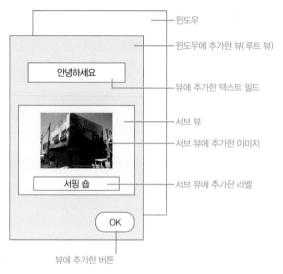

윈도우

윈도우에 추가한 뷰(루트 뷰)

뷰에 추가한 텍스트 필드

서브 뷰

서브 뷰에 추가한 이미지

서브 뷰에 추가한 라벨

서브 뷰에 추가한 버튼

그림 13.1 뷰의 중첩 계층 구조

윈도우를 정점으로 한 뷰의 계층

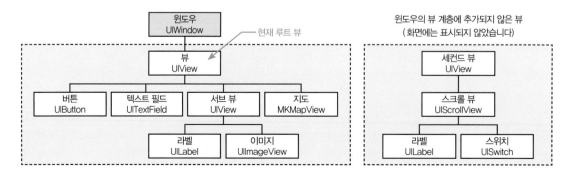

인터페이스 빌더에서 서브 뷰를 추가한다

프로그램으로 서브 뷰를 추가하기 전에 인터페이스 빌더에서 서브 뷰를 추가해 뷰 계층에 대해 살펴보겠습니다.

1 라벨 A를 배치한다

화면에 라벨을 배치하고 타이틀을 [라벨 A]로 변경합니다. 도큐먼트 아웃라인에서는 루트 뷰(처음부터 있던 View) 아래에 라벨 A가 추가됩니다.

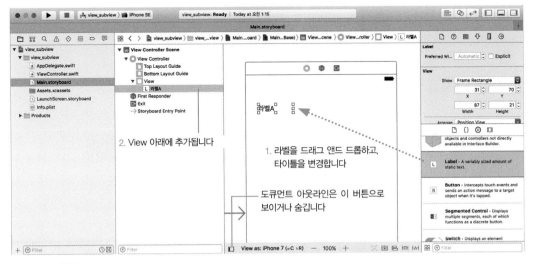

그림 13.2 라벨 추가

2 뷰를 배치한다

라벨 옆에 뷰(View)를 드래그해 놓습니다. 추가한 뷰의 영역을 알기 쉽게 배경색을 정합니다. 도큐먼트 아웃라인에서는 루트 뷰 아래에 라벨 A와 뷰가 나란히 추가됩니다. 라벨과 뷰 모두 루트 뷰의 서브 뷰가 됩니다.

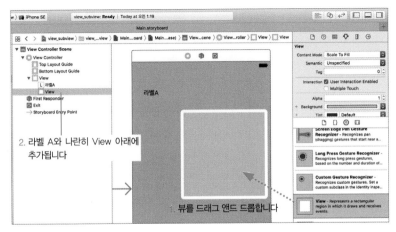

그림 13.3 서브 뷰 추가

Part 3
Chapter 11
Chapter 12
Chapter 13
Chapter 14
Chapter 15
Chapter 16
Chapter 17
Chapter 18
Chapter 19

3 │ 서브 뷰에 라벨 B를 추가한다

배치한 뷰에 라벨을 드래그 앤드 드롭해 라벨 B를 배치합니다. 도큐먼트 아웃라인에서 보면 라벨 B는 루트 뷰가 아닌 조금 전에 배치한 서브 뷰 아래에 추가됩니다.

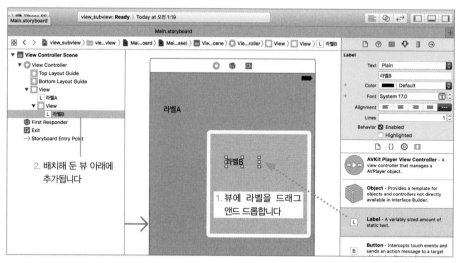

그림 13.4 서브 뷰에 라벨 추가

4 │ 서브 뷰의 위치를 움직인다

서브 뷰의 위치를 이동하면 라벨 B도 함께 이동합니다. 라벨 B는 서브 뷰와 겹쳐있는 게 아닌 서브 뷰에 포함돼 있음을 알 수 있습니다.

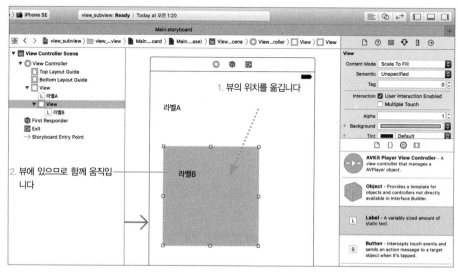

그림 13.5 서브 뷰의 이동

프로그램으로 라벨을 추가한다

이번에는 프로그램으로 라벨을 작성하고 뷰에 추가하는 방법을 알아보겠습니다. 라벨은 UILabel 클래스의 인스턴스입니다. UILabel 클래스로 인스턴스를 만들고 라벨에 표시할 타이틀, 라벨을 표시할 좌표를 설정한 다음 루트 뷰에 추가합니다.

라벨을 작성한다

라벨은 UILabel()로 만들며, 라벨에 표시할 텍스트는 text 프로퍼티로 설정합니다.

List 라벨 A를 만든다

«sample» **addSubView_label/ViewController.swift**

```
let labelA = UILabel()
labelA.text = "라벨A"
```

라벨의 좌표와 크기

라벨을 표시할 좌표와 크기는 frame 프로퍼티로 설정합니다. frame 프로퍼티의 값은 CGRect 형입니다. CGRect 형은 CGRect(x:y:width:height:)나 CGRect(origin:size:) 형식으로 만들 수 있습니다. x, y는 영역의 왼쪽 위 좌표를 의미하며(뷰의 좌표와 영역 ☞ P.366), 다음 예제는 라벨의 배경색과 글자색도 설정합니다.

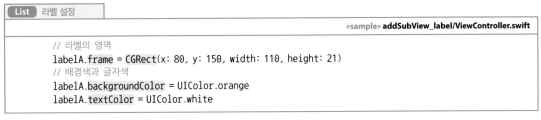

List 라벨 설정

«sample» **addSubView_label/ViewController.swift**

```
// 라벨의 영역
labelA.frame = CGRect(x: 80, y: 150, width: 110, height: 21)
// 배경색과 글자색
labelA.backgroundColor = UIColor.orange
labelA.textColor = UIColor.white
```

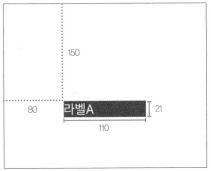

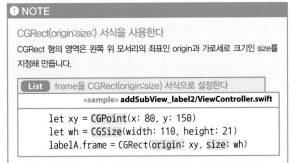

❶ NOTE

CGRect(origin:size:) 서식을 사용한다

CGRect 형의 영역은 왼쪽 위 모서리의 좌표인 origin과 가로세로 크기인 size를 지정해 만듭니다.

List frame을 CGRect(origin:size) 서식으로 설정한다

«sample» **addSubView_label2/ViewController.swift**

```
let xy = CGPoint(x: 80, y: 150)
let wh = CGSize(width: 110, height: 21)
labelA.frame = CGRect(origin: xy, size: wh)
```

라벨을 루트 뷰에 추가한다

라벨을 만드는 것만으로는 화면에 표시되지 않습니다. 화면에 표시하려면 루트 뷰의 계층에 추가합니다. 루트 뷰는 self.view로 참조할 수 있고 addSubview()로 추가합니다(self는 생략 가능). 표시할 위치와 크기는 frame에서 설정하므로 루트 뷰에 추가만 하면 설정한 위치에 표시됩니다.

Part 3
Chapter
11
Chapter
12
Chapter
13
Chapter
14
Chapter
15
Chapter
16
Chapter
17
Chapter
18
Chapter
19

List 라벨을 루트 뷰에 추가한다

«sample» **addSubView_label/ViewController.swift**

```
        self.view.addSubview(labelA)
```

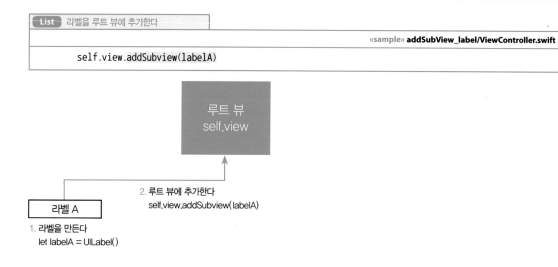

2. **루트 뷰에 추가한다**
   self.view.addSubview(labelA)

라벨 A

1. **라벨을 만든다**
   let labelA = UILabel()

완성된 ViewController 클래스

완성된 ViewController 클래스는 다음과 같습니다. 빌드해 확인해보면 [라벨 A]라는 라벨이 표시됩니다.

List 라벨을 작성해 화면에 표시한다

«sample» **addSubView_label/ViewController.swift**

```
//
//  ViewController.swift
//  addSubView_label
//

import UIKit

class ViewController: UIViewController {

    override func viewDidLoad() {
        super.viewDidLoad()

        // 라벨을 만든다
        let labelA = UILabel()
        labelA.text = "라벨A"
        // 라벨의 영역
        labelA.frame = CGRect(x: 80, y: 150, width: 110, height: 21)    ──── 표시할 좌표와 가로세로 크기를 정했
        // 배경색과 글자색                                                      지만 화면에는 표시되지 않습니다
        labelA.backgroundColor = UIColor.orange
        labelA.textColor = UIColor.white

        // 루트 뷰에 추가한다
        self.view.addSubview(labelA)    ──────── 화면에 표시됩니다
    }

(생략)
}
```

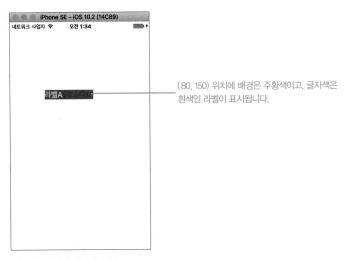

(80, 150) 위치에 배경은 주황색이고, 글자색은
흰색인 라벨이 표시됩니다.

그림 13.7 라벨 작성과 표시

서브 뷰에 라벨을 추가한다

앞에서도 설명했듯이 뷰는 계층으로 되어 있으며, 라벨을 루트 뷰가 아니라 기존의 서브 뷰에 추가할 수도 있습니다. 서브 뷰에 추가하면 라벨의 좌표가 서브 뷰를 기준으로 하는 로컬 좌표임을 주의하세요.

다음 예제는 라벨을 추가할 서브 뷰도 UIView 클래스로 작성합니다. 루트 뷰에 서브 뷰를 추가한 시점에 화면에 라벨이 표시됩니다.

뷰를 작성한다

뷰는 UIView()로 만듭니다. 뷰 영역을 만드는 방법과 배경색을 설정하는 방법은 앞서 살펴본 라벨을 만드는 방법과 같습니다.

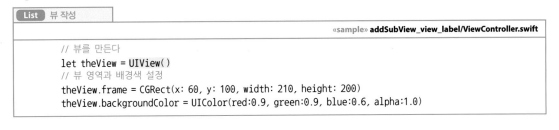

List　뷰 작성

«sample» **addSubView_view_label/ViewController.swift**

```
// 뷰를 만든다
let theView = UIView()
// 뷰 영역과 배경색 설정
theView.frame = CGRect(x: 60, y: 100, width: 210, height: 200)
theView.backgroundColor = UIColor(red:0.9, green:0.9, blue:0.6, alpha:1.0)
```

라벨 B를 만든다

라벨 A를 만들었을 때와 마찬가지로 라벨 B를 만듭니다. 여기에서 영역의 좌표를 지정하지만, 이 시점에서는 어디를 기준점으로 한 좌표인지 정해지지 않습니다.

Part 3
Chapter
11
Chapter
12
Chapter
13
Chapter
14
Chapter
15
Chapter
16
Chapter
17
Chapter
18
Chapter
19

라벨 B를 theView 뷰에 추가한다

계속해서 라벨 B를 theView 뷰에 추가하고 마지막에 theView 뷰를 루트 뷰에 추가합니다. 이것으로 theView 뷰와 theView에 추가한 라벨 B가 표시됩니다. 이때 라벨 B의 좌표는 추가한 theView 뷰를 기준으로 한 로컬 좌표라는 점에 주의하세요.

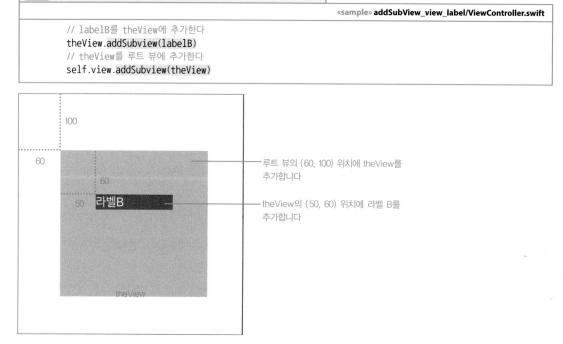

그림 13.8 라벨 B 를 추가한 theView를 루트 뷰에 추가

완성된 ViewController 클래스

완성된 ViewController 클래스는 다음과 같습니다. 빌드해 확인하면 라벨 B가 들어 있는 뷰가 표시됩니다.

List   루트 뷰에 서브 뷰를 만들고, 서브 뷰에 라벨 B를 추가한다

«sample» **addSubView_view_label/ViewController.swift**

```swift
//
// ViewController.swift
// addSubView_view_label
//
import UIKit

class ViewController: UIViewController {

    override func viewDidLoad() {
        super.viewDidLoad()
```
라벨 B를 추가할 theView
```swift
        // 뷰를 만든다
        let theView = UIView()
        // 뷰의 영역과 배경색
        theView.frame = CGRect(x: 60, y: 100, width: 210, height: 200)
        theView.backgroundColor = UIColor(red:0.9, green:0.9, blue:0.6, alpha:1.0)

        // 라벨을 만든다
        let labelB = UILabel()
        labelB.text = "라벨B"
        // 라벨의 영역
        labelB.frame = CGRect(x: 50, y: 60, width: 110, height: 21)
        // 배경색과 글자색
        labelB.backgroundColor = UIColor.orange
        labelB.textColor = UIColor.white

        // labelB를 theView에 추가한다
        theView.addSubview(labelB)              labelB가 theView의 서브 뷰가 됩니다
        // theView를 루트 뷰에 추가한다
        self.view.addSubview(theView)           theView를 화면에 표시합니다
    }

(생략)
}
```

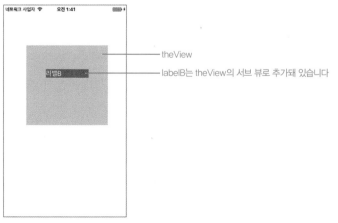

theView

labelB는 theView의 서브 뷰로 추가돼 있습니다

그림 13.9 라벨 B 를 추가한 서브 뷰를 루트 뷰에 표시

Part 3
Chapter
11
Chapter
12
Chapter
13
Chapter
14
Chapter
15
Chapter
16
Chapter
17
Chapter
18
Chapter
19

이미지 표시

이 절에서는 이미지를 표시하는 방법을 설명합니다. 이미지 데이터는 UIImage 클래스로 만들고 이미지 데이터 정보를 이미지 뷰(UIImageView)에 설정합니다.

이미지를 표시할 이미지 뷰를 만드는 UIImageView 클래스

이미지 뷰는 UIImageView(frame:rect)처럼 표시할 영역을 지정해 만듭니다. 다만 실제로 표시할 좌표는 다시 지정하므로 여기에서는 CGRect(x:0, y:0, width:300, height:200)처럼 좌표는 (0, 0)으로 하고, 너비와 높이만 지정합니다.

List 이미지 뷰를 만든다

«sample» **uiImageView_image/ViewController.swift**

```
let rect = CGRect(x: 0, y: 0, width: 300, height: 200)
let imageView = UIImageView(frame: rect)
```

표시할 이미지 데이터를 만드는 UIImage 클래스

작성한 imageView에는 의미 있는 이미지가 설정돼 있지 않습니다. 이미지 데이터는 UIImage 클래스로 작성한 다음 image 프로퍼티에 설정합니다. 다음 예제에서는 내비게이터 영역에 추가해둔 [sheep.jpg]로 이미지 데이터를 만들고, 이미지 데이터를 imageView의 image 프로퍼티에 설정합니다. 이미지를 어떻게 표시할지 지정하는 contentMode 프로퍼티도 설정합니다. scaleAspectFit은 이미지의 가로세로 비율을 유지한 채로 이미지 뷰에 들어가도록 맞추는 표시 방법입니다.

List 이미지를 읽어 이미지 뷰에 설정한다

«sample» **uiImageView_image/ViewController.swift**

```
// 이미지 표시 방법 설정
imageView.contentMode = .scaleAspectFit
// 이미지 뷰에 이미지를 설정한다
imageView.image = UIImage(named: "sheep.jpg")  ——— 이미지를 image 프로퍼티에 설정합니다
```

화면에 표시한다

화면의 중앙에 표시되게끔 루트 뷰의 중앙(self.view.center)에 이미지 뷰의 중앙(imageView.center)을 맞춥니다. 이제 이미지 뷰가 준비됐으므로 addSubview() 메서드로 루트 뷰에 추가해 이미지 뷰를 표시합니다.

List 화면 중앙에 이미지 뷰를 표시한다

«sample» **uiImageView_image/ViewController.swift**

```
// 이미지 뷰의 좌표를 루트 뷰 중앙으로 설정한다
imageView.center = self.view.center
// 이미지 뷰를 루트 뷰에 추가(표시)한다
self.view.addSubview(imageView)
```

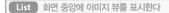

1. 이미지 뷰(UIImageView)를 만든다

3. 이미지를 image 프로퍼티에
   설정한다

2. 이미지를 읽어 들여 이미지
   (UIImage)를 만든다

4. 루트 뷰에 추가한다

그림 13.10 이미지 로딩과 표시

완성된 ViewController 클래스

완성된 ViewController 클래스는 다음과 같습니다. 빌드하면 화면의 중앙에 사진이 표시됩니다. 사진의 표시 모드를 ScaleAspectFit으로 설정했으므로 가로세로 비율을 유지하며 이미지 전체가 축소되어 표시됩니다.

List 이미지 뷰에 사진을 표시한다

«sample» **uiImageView_image/ViewController.swift**

```swift
//
// ViewController.swift
// uiImageView_image
//

import UIKit

class ViewController: UIViewController {

    override func viewDidLoad() {
        super.viewDidLoad()

        // 화면의 배경색을 회색으로 설정한다
        self.view.backgroundColor = UIColor.lightGray

        // 이미지 뷰를 만든다
        let rect = CGRect(x: 0, y: 0, width: 300, height: 200)    이미지를 표시하는 이미지 뷰를
        let imageView = UIImageView(frame: rect)                  만듭니다

        // 이미지 표시 방법 설정
        imageView.contentMode = .scaleAspectFit
        // 이미지 뷰에 이미지를 설정한다
        imageView.image = UIImage(named: "sheep.jpg")    이미지를 읽어 이미지 뷰에 설정
        // 이미지 뷰의 좌표를 루트 뷰 중앙으로 설정한다
        imageView.center = self.view.center
        // 이미지 뷰를 루트 뷰에 추가(표시)한다
        self.view.addSubview(imageView)                  이미지가 표시됩니다
    }

(생략)
}
```

───── 이미지를 읽은 이미지 뷰가 표시됩니다

그림 13.11 이미지 로딩과 표시

이미지 클리핑

앞서 살펴본 예제는 이미지 전체를 축소해서 표시하는 모드로 사진을 표시했습니다. 이 외에도 center, top, topLeft 등의 표시 모드로 설정하면 이미지를 축소하지 않고 표시할 수 있지만, 이미지 뷰의 영역을 벗어나 표시될 수도 있습니다. 이미지가 이미지 뷰의 영역에서 벗어나지 않게 설정하려면 이미지 뷰의 clipsToBounds 프로퍼티를 true로 설정해야 합니다.

List 이미지 뷰의 영역을 벗어난 부분을 잘라내 표시한다

«sample» **uiImageView_contentMode/ViewController.swift**

```
// 이미지를 축소하지 않고 가운데 부분을 표시합니다
imageView.contentMode = .center
imageView.clipsToBounds = true
```

———— 사진의 가운데 부분만 잘라내 표시합니다

그림 13.12 이미지 클리핑

서브 뷰를 클리핑한다

마찬가지로 슈퍼 뷰보다 서브 뷰가 클 때 그대로 빌드하면 서브 뷰가 밀려나서 표시됩니다. 예를 들어 다음 예는 슈퍼 뷰의 붉은 영역보다 서브 뷰의 꽃이 커서 꽃이 크게 밀려나 있습니다. 뷰 영역에서 밀려나온 서브 뷰 부분이 보이지 않게 클리핑하려면 슈퍼 뷰의 clipsToBounds 프로퍼티를 true로 설정합니다. 이는 Attributes 인스펙터의 View 항목에 있는 [Clip To Bounds]를 체크한 상태와 같습니다.

Part 3
Chapter 11
Chapter 12
Chapter 13
Chapter 14
Chapter 15
Chapter 16
Chapter 17
Chapter 18
Chapter 19

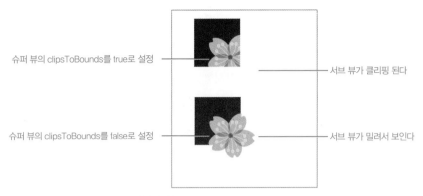

슈퍼 뷰의 clipsToBounds를 true로 설정 ──────────── 서브 뷰가 클리핑 된다

슈퍼 뷰의 clipsToBounds를 false로 설정 ──────────── 서브 뷰가 밀려서 보인다

그림 13.13 clipsToBounds 프로퍼티의 사용

이 예제를 코드로 작성하면 다음과 같습니다. 슈퍼 뷰로 myView 뷰를 만들고 여기에 꽃 그림의 imageView 이미지 뷰를 추가합니다. 초깃값으로는 꽃 그림이 myView 뷰의 밖으로 밀려나 표시되지만, myView 뷰의 clipsToBounds 프로퍼티를 true로 설정하면 꽃 그림이 잘려서 표시됩니다.

List   서브 뷰를 잘라서 표시한다

«sample» **view_clipsToBounds/ViewController.swift**

```
//
// ViewController.swift
// view_clipsToBounds
//

import UIKit

class ViewController: UIViewController {

    override func viewDidLoad() {
        super.viewDidLoad()

        // myView를 만든다
        let myView = UIView(frame: CGRect(x: 0, y: 0, width: 100, height: 100))
        myView.backgroundColor = UIColor.red

        // 이미지 뷰를 만든다
        let imageView = UIImageView(frame: CGRect(x: 0, y: 0, width: 100, height: 100))
        imageView.image = UIImage(named: "flower")
        // 이미지를 축소해 전체를 표시한다
        imageView.contentMode = .scaleAspectFit
        // myView 안에서의 좌표
        imageView.center = CGPoint(x: 80, y: 80)

        // myView의 서브 뷰로 추가한다
        myView.addSubview(imageView)
        // 서브 뷰를 잘라서 표시한다
        myView.clipsToBounds = true
```

```
            // myView를 화면에 표시한다
            myView.center = CGPoint(x: 100, y: 100)
            view.addSubview(myView)
        }

    (생략)
    }
```

이미지의 패턴 표시

뷰(UIView)는 뷰의 배경색인 backgroundColor에 패턴 이미지를 지정할 수 있습니다. UIColor 클래스에서 색상을 지정할 때 UIColor(patternImage:image!)와 같이 이미지를 지정합니다. 다음 예제는 stars.png 이미지를 만들고, 루트 뷰의 배경을 패턴으로 표시합니다.

List 루트 뷰의 배경을 패턴으로 표시한다

«sample» **background_patternImage/ViewController.swift**

```
            // 패턴 이미지
            let image = UIImage(named: "stars.png")
            // 화면 배경색을 패턴 이미지로 한다
            self.view.backgroundColor = UIColor(patternImage: image!)
```

패턴 이미지
"stars.png"

그림 13.14 이미지 패턴

Part 3
Chapter
11
Chapter
12
Chapter
13
Chapter
14
Chapter
15
Chapter
16
Chapter
17
Chapter
18
Chapter
19

365

Section 13-3

뷰의 좌표와 영역

이 절에서는 뷰를 표시하는 데 필요한 뷰의 좌표와 영역에 관한 기본적인 지식을 살펴봅니다. 뷰에는 좌표와 크기에 관한 프로퍼티로써 중심 좌표를 나타내는 center, 좌표 영역을 나타내는 frame, 각 크기를 나타내는 bounds가 있습니다.

뷰의 중심 좌표를 나타내는 center 프로퍼티

center는 뷰의 중앙 좌표를 나타내는 프로퍼티입니다. 값은 x 좌표와 y 좌표 2개의 값을 갖는 CGPoint 형으로 슈퍼 뷰의 왼쪽 위를 (0, 0)으로 하는 좌표계로 위치를 나타냅니다.

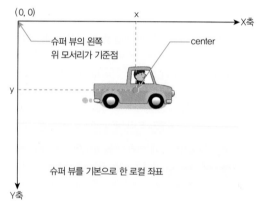

그림 13.15 뷰의 좌표와 영역

myCar의 center 프로퍼티

중심 좌표를 나타내는 center 프로퍼티 값은 CGPoint 형 값입니다. 예를 들어 myCar 이미지 뷰가 있을 때 다음과 같이 중심 좌표, x 좌표, y 좌표를 구하고 설정할 수 있습니다.

myCar.center	중심 좌표(x, y) CGPoint 형
myCar.center.x	x 좌표
myCar.center.y	y 좌표

오른쪽 예제는 [홈으로 돌아가기] 버튼을 탭하면 자동차가 지정한 홈 좌표로 이동하고, [오른쪽으로 나아간다] 버튼을 탭하면 탭할 때마다 10픽셀씩 오른쪽으로 이동합니다.

[홈으로 이동]

[오른쪽으로 이동]

그림 13.16 버튼을 누르면 이동하는 자동차

[홈으로 돌아가기] 버튼을 탭하면 실행되는 코드는 다음과 같습니다. 다음 코드를 실행하면 myCar가 좌표 (100, 150)으로 이동합니다.

List myCar가 좌표(100, 150)으로 이동한다

«sample» **view_center/ViewController.swift**

```
@IBAction func goHome(_ sender: AnyObject) {
    myCar.center = CGPoint(x:100, y:150)
}
```

[오른쪽으로 나아간다] 버튼을 탭하면 실행되는 코드는 다음과 같습니다. myCar.center.x로 중심의 x 좌표를 꺼낸 다음 10을 더합니다.

List myCar를 오른쪽으로 10픽셀 이동시킵니다

«sample» **view_center/ViewController.swift**

```
@IBAction func move(_ sender: AnyObject) {
    myCar.center.x += 10        ——— 중심의 x 좌표에 10을 더합니다
}
```

뷰가 표시될 때 좌표를 지정한다

뷰가 표시된 직후에 자동차를 홈 좌표에 표시하고 싶을 때, 그 실행 타이밍은 viewDidLoad()에서 맞출 수 없습니다. 처음 좌표를 지정하려면 다음과 같이 viewDidLayoutSubviews()를 추가해 실행합니다.

List 뷰를 표시한 직후에 자동차의 좌표를 지정한다

«sample» **viewDidLayoutSubviews/ViewController.swift**

```
//
// ViewController.swift
// viewDidLayoutSubviews
//

import UIKit

class ViewController: UIViewController {

    @IBOutlet weak var myCar: UIImageView!
    // 홈 좌표를 정한다
    let homePoint = CGPoint(x:100, y:150)

    // 홈으로 돌아가기
    @IBAction func goHome(_ sender: AnyObject) {
        myCar.center = homePoint
    }

    // 오른쪽으로 나아간다
    @IBAction func move(_ sender: AnyObject) {
        myCar.center.x += 10
```

Part 3
Chapter
11
Chapter
12
Chapter
13
Chapter
14
Chapter
15
Chapter
16
Chapter
17
Chapter
18
Chapter
19

```
        }

        // 시작 시에 홈으로 이동한다                        ┌─── 시작 시에 홈에 표시하려면 화면으로의
        override func viewDidLayoutSubviews() {              배치 완료와 동시에 좌표를 설정합니다
            myCar.center = homePoint
        }

        override func viewDidLoad() {
            super.viewDidLoad()
            // Do any additional setup after loading the view, typically from a nib.
        }

    (생략)
    }
```

뷰 영역을 나타내는 frame 프로퍼티

frame은 뷰 영역을 나타내는 프로퍼티입니다. frame 영역은 CGRect(x:30, y:100, width:320, height: 240)처럼 왼쪽 위의 x 좌표, y 좌표, 너비 width, 높이 height로 구성됩니다.

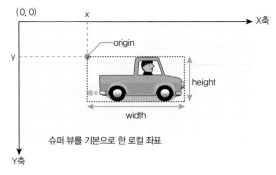

그림 13.17 뷰 영역의 frame 프로퍼티

myCar의 frame 프로퍼티

frame은 origin과 size를 가진 CGRect 형 값입니다. origin은 영역의 왼쪽 위 좌표를 나타내는 CGPoint 형 값이고, size는 영역의 너비인 width와 높이인 height를 나타내는 CGSize 형 값입니다(CGRect(origin:size:) 의 서식 ☞ P.355).

따라서 myCar 이미지 뷰가 있을 때 영역, 왼쪽 위 좌표, 너비, 높이는 다음과 같이 구하고 설정합니다.

myCar.frame	영역(origin, size) CGRect 형
myCar.frame.origin	왼쪽 위 좌표(x, y) CGPoint형
myCar.frame.origin.x	왼쪽 위 x 좌표
myCar.frame.origin.y	왼쪽 위 y 좌표
myCar.frame.size	너비와 높이(width, height) CGSize 형
myCar.frame.size.width	너비 width
myCar.frame.size.height	높이 height

다음 예제는 [크게 표시], [작게 표시] 버튼을 탭해 사진의 frame 값을 변경합니다. 변경에 따라 사진을 표시하는 위치와 가로세로 크기가 바뀝니다.

[사진 크게 표시]

[사진 작게 표시]

그림 13.18 사진 크기를 변경

List   사진 크기를 변경한다

«sample» **view_frame/ViewController.swift**

```swift
//
// ViewController.swift
// view_frame
//

import UIKit

class ViewController: UIViewController {
    @IBOutlet weak var myPhoto: UIImageView!

    @IBAction func changedFrame(_ sender: UISegmentedControl) {
        let index = sender.selectedSegmentIndex
        switch index {
        case 0 : // 크게 표시
            myPhoto.frame = CGRect(x: 30, y: 100, width: 320, height: 240)
        case 1 : // 작게 표시
            myPhoto.frame = CGRect(x: 110, y: 160, width: 160, height: 120)
        default :
            myPhoto.frame = CGRect(x: 30, y: 100, width: 320, height: 240)
        }
    }

    override func viewDidLoad() {
        super.viewDidLoad()
        // 표시 모드 설정
        myPhoto.contentMode = .scaleAspectFill
    }

(생략)
}
```

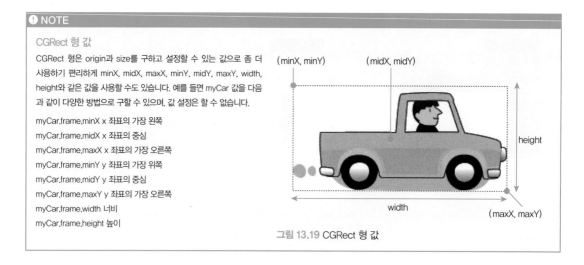

CGRect 형 값

CGRect 형은 origin과 size를 구하고 설정할 수 있는 값으로 좀 더 사용하기 편리하게 minX, midX, maxX, minY, midY, maxY, width, height와 같은 값을 사용할 수도 있습니다. 예를 들면 myCar 값을 다음과 같이 다양한 방법으로 구할 수 있으며, 값 설정은 할 수 없습니다.

myCar.frame.minX x 좌표의 가장 왼쪽
myCar.frame.midX x 좌표의 중심
myCar.frame.maxX x 좌표의 가장 오른쪽
myCar.frame.minY y 좌표의 가장 위쪽
myCar.frame.midY y 좌표의 중심
myCar.frame.maxY y 좌표의 가장 오른쪽
myCar.frame.width 너비
myCar.frame.height 높이

그림 13.19 CGRect 형 값

뷰 크기를 나타내는 bounds 프로퍼티

bounds는 뷰가 차지하는 직사각형의 가로세로 크기를 나타내는 프로퍼티입니다. bounds는 CGRect 형 값이지만 좌표를 나타내는 origin 값은 항상 (0, 0)으로 설정해 사용하지 않고, size이 너비와 높이만 사용합니다. 예를 들어 CGRect(x:0, y:0, width:320, height:240)와 같은 값입니다.

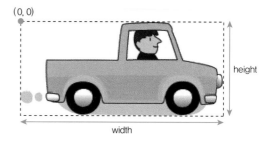

그림 13.20 bounds 프로퍼티

로컬 좌표의 변환

frame과 center 좌표는 슈퍼 뷰를 기준으로한 로컬 좌표입니다. 따라서 슈퍼 뷰와 다른 뷰와의 사이에서 좌표를 다룰 때는 어느 한 쪽의 좌표계에 맞춰야 합니다. UIView에는 좌표를 변환할 수 있는 convert( ) 메서드가 있습니다.

서식 로컬 좌표의 변환

```
convert(point: CGPoint, to view: UIView?) -> CGPoint
convert(point: CGPoint, from view: UIView?) -> CGPoint
```

이 메서드를 view 뷰에 대해 사용하면 첫 번째 메서드는 view 좌표계의 좌표인 point를 toView 뷰의 좌표계로 변환합니다. 두 번째 메서드는 fromView 좌표계의 좌표인 point를 view 좌표계로 변환합니다.

다음 예제는 두 번째 서식을 사용해 좌표를 변환합니다. 화면 즉, view에 arrow와 sky가 있고 sky에는 dragonfly가 들어 있습니다. arrow로 dragonfly를 가리키려면 dragonfly 좌표를 view 좌표로 변환해 그 좌표를 화살표가 가리키는 것처럼 arrow를 이동시킵니다.

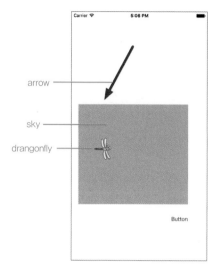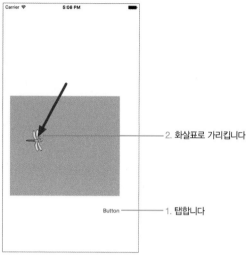

그림 13.21 drangonfly 좌표와 sky 좌표

List sky에 있는 dragonfly를 가리킨다

«sample» **view_convertPoint/ViewController.swift**

```swift
//
// ViewController.swift
// view_convertPoint
//

import UIKit

class ViewController: UIViewController {

    @IBOutlet weak var arrow: UIImageView!
    @IBOutlet weak var sky: UIView!
    @IBOutlet weak var drangonfly: UIImageView!

    @IBAction func catchTombo(_ sender: AnyObject) {
        // sky 뷰의 좌표 dargonfly.center를 view 뷰 좌표계로 변환한다
        var point = view.convert(drangonfly.center, from: sky)
        // 화살표 끝이 point를 가리키게 조정한다
        point.x += arrow.bounds.width/2
        point.y -= arrow.bounds.height/2
        // 화살표를 이동시킨다
        arrow.center = point
    }

(생략)
}
```

Part 3
Chapter 11
Chapter 12
Chapter 13
Chapter 14
Chapter 15
Chapter 16
Chapter 17
Chapter 18
Chapter 19

Section 13-4

스택 뷰 – UIStackView 클래스

스택 뷰를 활용하면 오브젝트를 수직 방향, 수평 방향으로 균등하게 나열할 수 있습니다. 하나의 스택 뷰로는 단순한 레이아웃만 구성할 수 있지만, 스택 뷰를 중첩 구조로 조합하면 복잡한 레이아웃도 구성할 수 있습니다.

스택 뷰를 사용해본다

스택 뷰는 다른 오브젝트의 슈퍼 뷰로 사용하므로 스택 뷰 자체의 가로세로 크기나 배경색 등은 설정할 수 없습니다. 스택 뷰에는 오브젝트를 수평 방향으로 나열하는 Horizontal Stack View와 수직 방향으로 나열하는 Vertical Stack View가 있습니다. 이 2개는 옵션이므로 변경할 수 있습니다.

다음 예는 스택 뷰를 조합해 여러 개의 스위치와 라벨을 다음과 같이 배치합니다.

스위치와 라벨을 가로로 나란히 배치한
스택 뷰

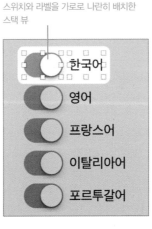

스위치와 라벨이 들어가 있는 스택 뷰를
세로로 나란히 배치한 스택 뷰

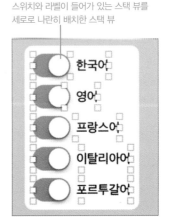

1 Horizontal Stack View를 배치한다

Object 라이브러리에서 Horizontal Stack View를 드래그 앤드 드롭해 스택 뷰를 만듭니다.

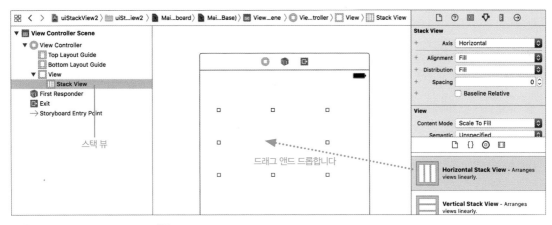

그림 13.23 Horizontal Stack View 배치

2 스위치를 배치한다

스택 뷰에 스위치를 드래그 앤드 드롭해 배치합니다. 스택 뷰는 스위치에 맞는 크기가 됩니다.

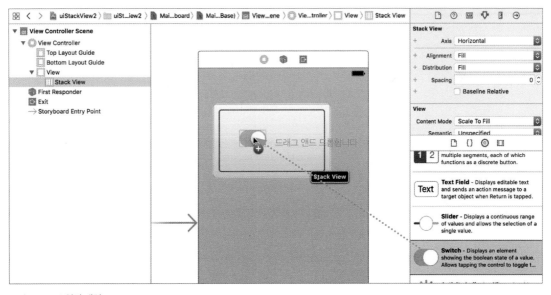

그림 13.24 스위치 배치

3 | 라벨을 드래그 앤드 드롭한다

스택 뷰에 있는 스위치 오른쪽에 라벨을 드래그 앤드 드롭합니다. 스택 뷰에 스위치와 라벨이 수평 방향으로 나란히 배치됩니다.

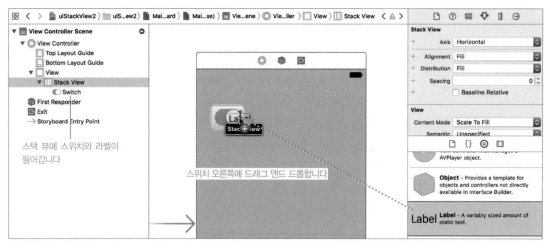

그림 13.25 스택 뷰에 라벨 배치

4 | 오브젝트 간격을 넓힌다

스택 뷰를 선택한 상태에서 Attributes 인스펙터의 Spacing 값을 10으로 변경합니다. 스위치와 라벨 간격이 10픽셀로 넓어집니다.

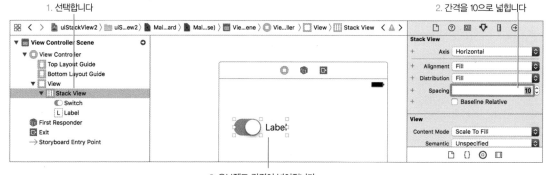

그림 13.26 오브젝트 스페이싱 설정

5 | 스택 뷰를 복제한다

스위치와 라벨이 들어있는 스택 뷰 전체를 마우스로 선택하고 Edit 메뉴의 Duplicate를 실행합니다. 내용이 담긴 상태로 스택 뷰가 복제되며, 복제를 반복해서 5개 스택 뷰를 만듭니다.

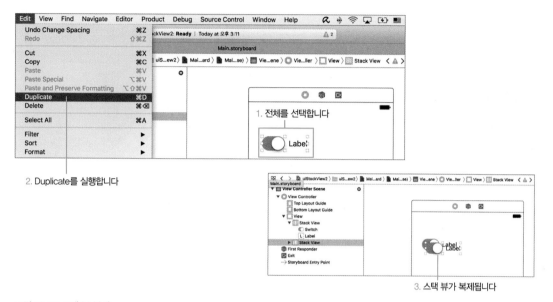

그림 13.27 스택 뷰 복제

6 | Vertical Stack View에 넣는다

5개의 스택 뷰를 선택한 상태에서 화면 아래에 있는 Embed In Stack 툴 버튼 ▦을 클릭합니다. Embed In Stack 툴 버튼을 누르면 5개의 스택 뷰가 Vertical Stack View에 들어가 수직으로 나열됩니다.

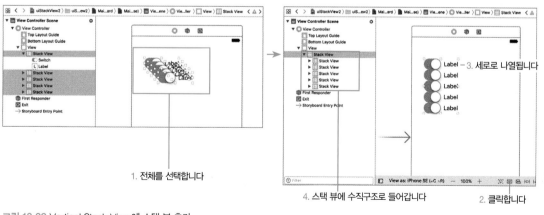

그림 13.28 Vertical Stack View에 스택 뷰 추가

Part 3
Chapter
11
Chapter
12
Chapter
13
Chapter
14
Chapter
15
Chapter
16
Chapter
17
Chapter
18
Chapter
19

7   스택 뷰의 간격을 넓힌다

바깥쪽의 스택 뷰 전체를 선택한 상태에서 Attributes 인스펙터의 Spacing 값을 10으로 변경합니다. 안에 나열된 스택 뷰의 간격이 10픽셀로 넓어집니다.

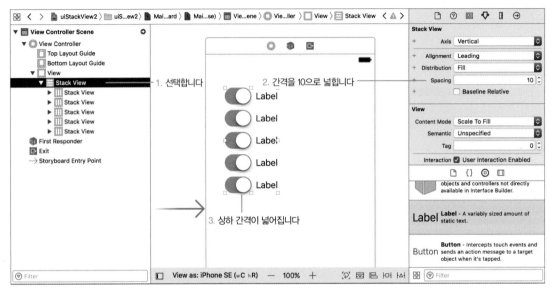

그림 13.29 스택 뷰 정렬

8   라벨에 텍스트를 설정한다

도큐먼트 아웃라인에서 라벨을 선택하고 Attributes 인스펙터에서 [한국어], [영어] 등으로 텍스트를 변경합니다. 스택 뷰의 크기는 가장 긴 텍스트에 맞춰집니다.

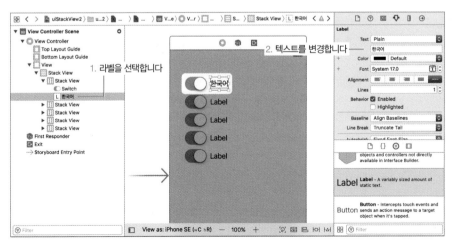

그림 13.30 라벨에 텍스트 설정

9 Constraints를 설정한다

바깥쪽의 스택 뷰를 선택하고 위치를 결정하는 Constraints를 설정합니다.

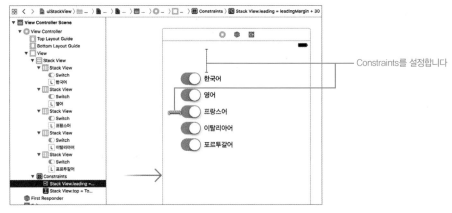

그림 13.31 Constraints 설정

코드로 스택 뷰에 오브젝트를 삽입한다

스택 뷰는 UIStackView 클래스로 만들고 준비해 둔 뷰를 addArrangedSubview( ) 메서드로 추가합니다. 서 브 뷰를 나열하는 방향은 axis 프로퍼티로 지정하며 가로 방향으로 나열하려면 horizontal, 세로 방향으로 나 열하려면 vertical로 설정합니다.

다음 예제는 세로 방향으로 뷰를 나열하는 스택 뷰를 만들고, 그 안에 2개의 뷰와 3개의 사진을 추가합니다.

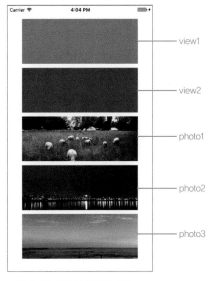

그림 13.32 스택 뷰에 객체 삽입

Part 3

Chapter
11

Chapter
12

Chapter
13

Chapter
14

Chapter
15

Chapter
16

Chapter
17

Chapter
18

Chapter
19

List 스택 뷰를 만든다

«sample» **uiStackView_arrangedSubviews/ViewController.swift**

```swift
//
// ViewController.swift
// uiStackView_arrangedSubviews
//
import UIKit

class ViewController: UIViewController {

    override func viewDidLoad() {
        super.viewDidLoad()

        // 스택 뷰에 넣을 뷰를 준비한다
        let view1 = UIView()
        view1.backgroundColor = .lightGray
        let view2 = UIView()
        view2.backgroundColor = .gray
        // 사진 이미지 뷰
        let photo1 = UIImageView(image: UIImage(named: "IMG_4048.jpg"))
        let photo2 = UIImageView(image: UIImage(named: "IMG_4202.jpg"))
        let photo3 = UIImageView(image: UIImage(named: "IMG_4854.jpg"))
        photo1.contentMode = .scaleAspectFill
        photo1.clipsToBounds = true
        photo2.contentMode = .scaleAspectFill
        photo2.clipsToBounds = true
        photo3.contentMode = .scaleAspectFill
        photo3.clipsToBounds = true

        // 스택 뷰를 만든다
        let rect = CGRect(x: 0, y: 0, width: 300, height: 600)
        let stackView = UIStackView(frame: rect)
        stackView.axis = .vertical          세로로 한다
        stackView.distribution = .fillEqually
        stackView.spacing = 10
```
———— 스택 뷰를 만든다
```swift
        // 스택 뷰에 준비해둔 뷰를 추가한다
        stackView.addArrangedSubview(view1)
        stackView.addArrangedSubview(view2)
        stackView.addArrangedSubview(photo1)
        stackView.addArrangedSubview(photo2)
        stackView.addArrangedSubview(photo3)
```
———— 스택 뷰에 서브 뷰를 추가한다
```swift
        // 스택 뷰를 화면 중앙에 표시한다
        stackView.center = self.view.center
        self.view.addSubview(stackView)
    }

    override func didReceiveMemoryWarning() {
        super.didReceiveMemoryWarning()
        // Dispose of any resources that can be recreated.
    }
}
```

테이블 뷰 – UITableView 클래스

테이블 뷰(UITableView)는 텍스트나 이미지를 행으로 표시할 수 있는 뷰입니다. 위, 아래로 스크롤할 수 있고 행을 탭해서 선택할 수 있습니다. 테이블 뷰는 조금 복잡하므로 이 절에서는 테이블 뷰를 만드는 기본적인 방법을 설명합니다.

테이블 뷰의 구조

테이블 뷰는 여러 개의 데이터를 목록 형태로 표시하기 위한 뷰로 UITableView 클래스로 작성합니다. 테이블은 여러 개의 섹션으로 구분할 수 있고 각 섹션마다 5행, 10행과 같이 데이터를 나란히 표시합니다.

테이블의 각 행에 데이터를 표시하려면 데이터의 용기가 되는 셀을 만들어야 하며, 셀은 UITableViewCell 클래스로 만듭니다. 다음 예제는 곤충을 종류별로 나눈 테이블 뷰로 [나비목]이 섹션 0, [메뚜기목]이 섹션1, [갑충목]이 섹션 2로 나뉘어 있습니다. 각 섹션의 행은 [셀]이라는 단위로 부르며, 셀에는 텍스트 라벨과 상세 텍스트 라벨이 있습니다. 텍스트 라벨에는 곤충 이름, 상세 텍스트 라벨에는 곤충의 과목명이 들어가 있습니다.

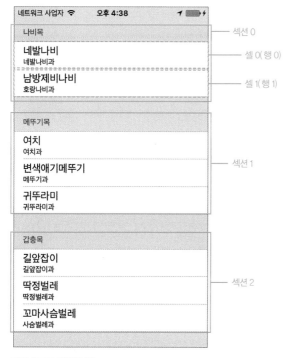

그림 13.33 테이블 뷰

Part 3
Chapter 11
Chapter 12
Chapter 13
Chapter 14
Chapter 15
Chapter 16
Chapter 17
Chapter 18
Chapter 19

테이블 뷰에 표시할 데이터 준비

우선 테이블 뷰에 표시할 데이터를 준비합니다. 이 예제에서는 3개의 섹션 타이틀을 sectionTitle에 넣고, 각 섹션의 셀 데이터를 section0, section1, section2에 넣습니다. 섹션 데이터는 [section0, section1, section2]처럼 tableData 배열에 넣습니다. 각 섹션 값은 다음 코드와 같이 행 값을 (이름, 과) 튜플로 한 배열입니다.

List	테이블 뷰에 표시할 데이터

«sample» **insects_tableView/ViewController.swift**

```
let sectionTitle = ["나비목", "메뚜기목", "갑충목"]
let section0 = [("네발나비","네발나비과"),("남방제비나비","호랑나비과")]
let section1 = [("여치","여치과"),("변색애기메뚜기","메뚜기과"),("귀뚜라미","귀뚜라미과")]
let section2 = [("길앞잡이","길앞잡이과"),("딱정벌레","딱정벌레과"),("꼬마사슴벌레","사슴벌레과")]
let tableData = [section0, section1, section2]
```

델리게이트와 데이터 소스

테이블 뷰는 UITableView 클래스로 만들지만, 테이블 뷰를 표시하려면 테이블을 표시하고 조작 이벤트를 처리하기 위한 델리게이트와 테이블에 표시할 내용을 제공하는 데이터 소스를 정해야 합니다.

따라서 테이블 뷰를 표시하는 클래스는 UITableViewDelegate와 UITableViewDataSource 2개의 프로토콜을 따라야 합니다. UITableViewDelegate는 테이블을 조작하기 위한 이벤트 처리, UITableViewDataSource는 테이블의 섹션이나 셀의 값을 설정하기 위한 메서드가 정의된 프로토콜입니다 (UITableViewController클래스 ☞ P.432). ViewController 클래스의 class 선언에 2개의 프로토콜을 추가합니다.

delegate와 dataSource 지정

프로토콜을 선언했다면 UITableView 클래스에서 myTableView 테이블 뷰를 작성하고, 테이블 뷰에서 발생한 이벤트를 ViewController에서 처리하기 위해 myTableView의 delegate를 self로 설정합니다. 또한 myTableView 테이블 뷰에 표시할 데이터도 ViewController에서 제공하므로 myTableView의 dataSource도 self로 설정합니다.

List　테이블 뷰를 만들고 프로토콜을 설정한다

«sample» **insects_tableView/ViewController.swift**

```swift
class ViewController: UIViewController, UITableViewDelegate, UITableViewDataSource {
                                          프로토콜을 추가합니다
    override func viewDidLoad() {
        super.viewDidLoad()

        // 테이블 뷰를 만든다
        let myTableView = UITableView(frame: view.frame, style: .grouped)
        // 테이블 뷰의 델리게이트를 설정한다
        myTableView.delegate = self
        // 테이블 뷰의 데이터 소스를 설정한다
        myTableView.dataSource = self
        // 테이블 뷰를 표시한다
        view.addSubview(myTableView)
    }

    (생략)
}
```

UITableViewDataSource 프로토콜로 테이블을 만든다

UITableViewDataSource 프로토콜을 추가하면 에디터에 경고가 표시됩니다. 이는 UITableViewDataSource 프로토콜에 구현해야 할 메서드가 있기 때문입니다. 다음과 같은 방법으로 프로토콜이 요구하는 메서드를 확인하고, ViewController 클래스에 메서드 정의를 작성합니다.

1　UITableViewDataSource 프로토콜 정의를 연다

에디터에서 UITableViewDataSource 문자를 ⌘(command) 키를 누른 채로 클릭하면 UITableView DataSource의 프로토콜 정의가 표시됩니다.

이 시점에서는 경고가 표시됩니다

그림 13.34 UITableViewDataSource 프로토콜 정의

2 | 메서드 선언문을 복사한다

optional func은 필요에 따라 선택해서 구현할 수 있는 메서드지만, optional이 붙어 있지 않은 메서드는 필수 메서드입니다. 필수 메서드의 선언문을 복사해 에디터의 왼쪽 위에 있는 [Go Back] 버튼을 클릭합니다.

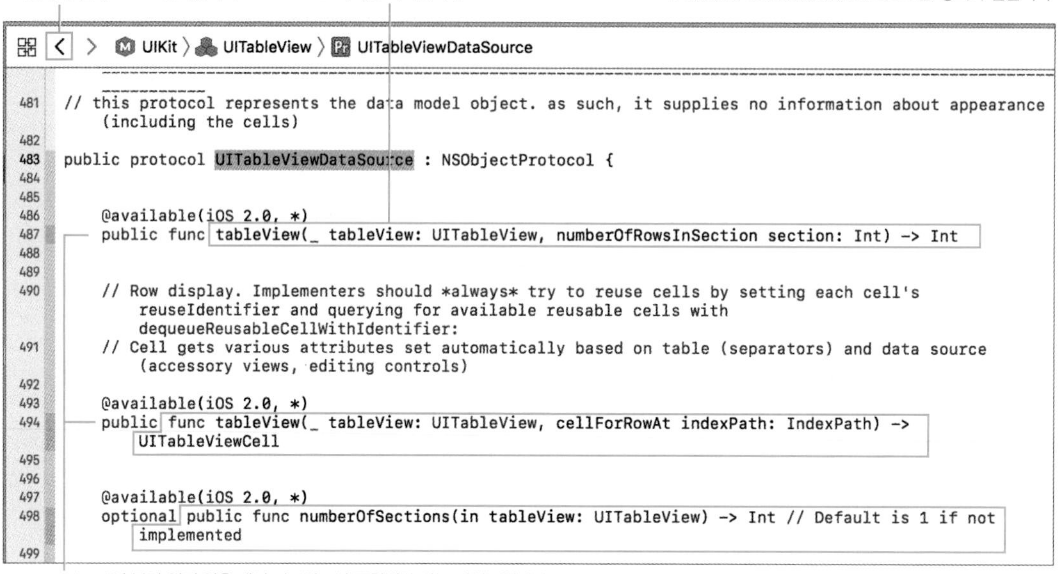

3. 클릭해 원래 코드로 돌아갑니다   2. 서식을 복사합니다   1. UITableViewDataSource 프로토콜 정의가 열립니다

```
481   // this protocol represents the data model object. as such, it supplies no information about appearance
          (including the cells)
482
483   public protocol UITableViewDataSource : NSObjectProtocol {
484
485
486       @available(iOS 2.0, *)
487       public func tableView(_ tableView: UITableView, numberOfRowsInSection section: Int) -> Int
488
489
490       // Row display. Implementers should *always* try to reuse cells by setting each cell's
              reuseIdentifier and querying for available reusable cells with
              dequeueReusableCellWithIdentifier:
491       // Cell gets various attributes set automatically based on table (separators) and data source
              (accessory views, editing controls)
492
493       @available(iOS 2.0, *)
494       public func tableView(_ tableView: UITableView, cellForRowAt indexPath: IndexPath) ->
              UITableViewCell
495
496
497       @available(iOS 2.0, *)
498       optional public func numberOfSections(in tableView: UITableView) -> Int // Default is 1 if not
              implemented
499
```

optional이 붙어 있지 않은 메서드는 반드시 구현해야 하는 메서드입니다

그림 13.35 메서드 선언문 복사

3 | 필요한 메서드 정의 서식을 만든다

원래의 ViewController 클래스 정의 파일로 돌아가서 복사한 선언문을 붙여넣습니다. 같은 방법으로 다음 4개의 메서드 정의 서식을 만듭니다. 이 시점에서는 필요한 값을 리턴하지 않았으므로 오류가 표시되며 복사하여 붙여넣을 때 optional 키워드는 제거합니다.

List 테이블 작성에 필요한 메서드 정의 서식

«sample» ex_tableView/ViewController.swift

```swift
tableView(_ tableView: UITableView, numberOfRowsInSection section: Int) -> Int {
    // 섹션마다 행 수를 반환한다(필수 메서드)
}
func tableView(_ tableView: UITableView, cellForRowAt indexPath: IndexPath) ->
    UITableViewCell {
    // 각 행에 표시하는 셀을 반환한다(필수 메서드)
}
func numberOfSections(in tableView: UITableView) -> Int {
    // 섹션 수를 반환한다(초깃값은 1)
}
func tableView(_ tableView: UITableView, titleForHeaderInSection section: Int) -> String? {
    // 섹션 타이틀을 반환한다(초깃값은 비어 있음)
}
```

섹션 수와 각 섹션의 행 수

테이블은 여러 개의 섹션(그룹)으로 나눌 수 있고, 각 섹션의 행 수를 지정할 수 있습니다. 섹션 수는 지정하지 않으면 기본값은 1개이고 numberOfSections(in tableView:) 메서드로 섹션 수를 지정할 수 있습니다. 섹션 의 타이틀을 넣는 배열인 sectionTitle의 count를 반환함으로써 sectionTitle에 담긴 개수만큼 섹션을 만들 수 있습니다. 예제에서는 3개의 섹션 타이틀이 들어 있으므로 3개의 섹션을 만듭니다.

List	섹션 수를 정한다

«sample» **ex_tableView/ViewController.swift**

```
func numberOfSections(in tableView: UITableView) -> Int {
    return sectionTitle.count  ———— 배열 sectionTitle에 담긴 타이틀 개수만큼 섹션을 만듭니다
}
```

각 섹션의 행수는 다음의 tableView(tableView:numberOfRowsInSection:) 메서드로 반환합니다. tableData [section]에서 각 섹션의 값이 들어간 배열을 sectionData로 꺼낸 다음 sectionData.count를 그 섹션의 행 수 로 반환합니다.

List	섹션마다 행 수를 반환한다

«sample» **ex_tableView/ViewController.swift**

```
func tableView(_ tableView: UITableView, numberOfRowsInSection section: Int) -> Int {
    let sectionData = tableData[section]
    return sectionData.count  ———— 각 섹션 값의 개수를 행 수로 반환합니다
}
```

섹션의 타이틀

tableView(tableView:titleForHeaderInSection:) 메서드에서 타이틀을 지정하면 섹션 단락에 타이틀이 들 어갑니다. 역시 두 번째 매개변수 section이 섹션 번호이므로 sectionTitle 배열에서 sectionTitle[section]으 로 꺼내 섹션의 타이틀을 반환합니다.

List	섹션의 타이틀

«sample» **ex_tableView/ViewController.swift**

```
func tableView(_ tableView: UITableView, titleForHeaderInSection section: Int) -> String? {
    return sectionTitle[section]
}
```

셀을 만든다

tableView(tableView:cellForRowAt:) 메서드에서는 각 행에 표시할 셀을 UITableViewCell 클래스로 작성 해 반환합니다. 셀 스타일은 subtitle로 설정하며, 이 셀에 포함되는 라벨에 텍스트를 설정함으로써 각 행에 문 자를 표시할 수 있습니다. 각 셀의 textLabel 프로퍼티가 곤충 이름을 표시하는 라벨이고 detailTextLabel 프 로퍼티가 곤충의 과목을 표시하는 라벨입니다. 매개변수 indexPath의 row 프로퍼티로 현재의 행 번호를 얻을 수 있습니다.

Part 3

Chapter
11

Chapter
12

Chapter
13

Chapter
14

Chapter
15

Chapter
16

Chapter
17

Chapter
18

Chapter
19

List 각 행에 표시하는 셀에 문자를 설정해 반환한다

«sample» **ex_tableView/ViewController.swift**

```swift
func tableView(_ tableView: UITableView, cellForRowAt indexPath: IndexPath) -> UITableViewCell {
    let cell = UITableViewCell(style: .subtitle, reuseIdentifier: "cell")    ——— 셀을 만듭니다
    let sectionData = tableData[(indexPath as NSIndexPath).section]
    let cellData = sectionData[(indexPath as NSIndexPath).row]
    cell.textLabel?.text = cellData.0
    cell.detailTextLabel?.text = cellData.1
    return cell                        cellData는 (곤충 이름, 과목) 튜플입니다
}
```

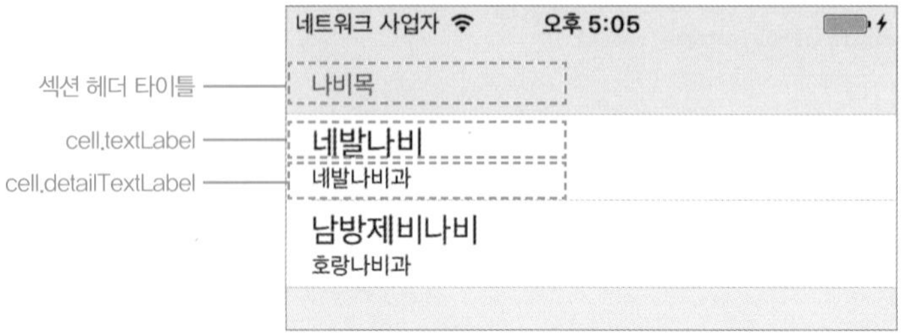

섹션 헤더 타이틀 ——— 나비목

cell.textLabel ——— 네발나비

cell.detailTextLabel ——— 네발나비과

남방제비나비
호랑나비과

네트워크 사업자 🔎   오후 5:05

그림 13.36 셀 만들기

UITableViewDelegate 델리게이트 메서드에서 이벤트를 처리한다

행을 선택할 때의 이벤트는 UITableViewDelegate 델리게이드 메시드에시 치리합니다. 디옴의 tableView(tableView:didSelectRowAtIndexPath:) 메서드를 추가하면 선택된 행의 섹션 번호를 indexPath.section으로 구할 수 있고, 셀의 행 번호를 indexPath.row로 얻을 수 있습니다.

섹션 번호를 알면 배열 sectionTitle로 섹션의 타이틀을 구할 수 있고, tableData에서 섹션의 데이터인 sectionData를 구할 수 있습니다. 그리고 선택된 행의 값 cellData는 sectionData[indexPath. row]로 구할 수 있습니다. cellData는 (곤충의 이름, 과목)으로 구성된 튜플이므로 cellData.0과 cellData.1로 곤충 이름과 과목을 꺼냅니다.

List 행이라면 섹션 번호와 셀 번호를 출력한다

«sample» **ex_tableView/ViewController.swift**

```swift
func tableView(_ tableView: UITableView, didSelectRowAt indexPath: IndexPath) {
    let title = sectionTitle[indexPath.section]
    let sectionData = tableData[indexPath.section]
    let cellData = sectionData[indexPath.row]    ┌— 선택된 섹션 번호
    print("\(title)\(cellData.1)")
    print("\(cellData.0)")        선택된 행 번호
}
```

완성된 ViewController 클래스

완성된 ViewController 클래스는 다음과 같습니다. 빌드하면 [나비목],
[메뚜기목], [갑충목] 3개의 섹션으로 나뉜 테이블이 표시됩니다. 테이블의
행을 탭하면 탭한 행의 값이 출력됩니다.

2. 탭한 행의 내용이 출력됩니다

그림 13.37 iOS 시뮬레이터에서 확인

List 3개의 섹션이 있는 테이블 뷰를 만든다

«sample» insects_tableView/ViewController.swift

```
//
// ViewController.swift
// insects_tableView
//


import UIKit

// 테이블 뷰에 표시할 데이터
let sectionTitle = ["나비목", "메뚜기목", "갑충목"]
let section0 = [("네발나비","네발나비과"),("남방제비나비","호랑나비과")]
let section1 = [("여치","여치과"),("변색애기메뚜기","메뚜기과"),("귀뚜라미","귀뚜라미과")]
let section2 = [("길앞잡이","길앞잡이과"),("딱정벌레","딱정벌레과"),("꼬마사슴벌레","사슴벌레과")]
let tableData = [section0, section1, section2]

class ViewController: UIViewController, UITableViewDelegate, UITableViewDataSource {

    @IBOutlet weak var myTableView: UITableView!

    override func viewDidLoad() {
        super.viewDidLoad()

        // 테이블 뷰를 만든다
        let myTableView:UITableView!
        myTableView = UITableView(frame: view.frame, style: .grouped)
        // 테이블 뷰의 델리게이트를 설정한다
        myTableView.delegate = self
```

Part 3
Chapter 11
Chapter 12
Chapter **13**
Chapter 14
Chapter 15
Chapter 16
Chapter 17
Chapter 18
Chapter 19

```
        // 테이블 뷰의 데이터 소스를 설정한다
        myTableView.dataSource = self
        // 테이블 뷰를 표시한다
        view.addSubview(myTableView)
    }

    /* UITableViewDataSource 프로토콜 */
    // 섹션 개수를 정한다
    func numberOfSections(in tableView: UITableView) -> Int {
        return sectionTitle.count  ——————— sectionTitle은 여러 개의 타이틀이 들어 있는 배열입니다
    }

    // 섹션마다 행 수를 정한다
    func tableView(_ tableView: UITableView, numberOfRowsInSection section: Int) -> Int {
        let sectionData = tableData[section]
        return sectionData.count  ——————— sectionData는 여러 개의 튜플이 들어 있는 배열입니다
    }

    // 섹션 타이틀을 정한다
    func tableView(_ tableView: UITableView, titleForHeaderInSection section: Int) -> String? {
        return sectionTitle[section]
    }

    // 셀을 만든다
    func tableView(_ tableView: UITableView, cellForRowAt indexPath: IndexPath) -> UITableViewCell {
        let cell = UITableViewCell(style: .subtitle, reuseIdentifier: "cell")
        let sectionData = tableData[(indexPath as NSIndexPath).section]
        let cellData = sectionData[(indexPath as NSIndexPath).row]
        cell.textLabel?.text = cellData.0
        cell.detailTextLabel?.text = cellData.1  ——————— 셀에 표시할 곤충 이름과 과목을 설정합니다
        return cell
    }

    /* UITableViewDelegate 델리게이트 메서드*/
    // 행을 탭하면 실행된다
    func tableView(_ tableView: UITableView, didSelectRowAt indexPath: IndexPath) {
        let title = sectionTitle[indexPath.section]  ——————— indexPath로 탭한 섹션과 행을 알 수 있습니다
        let sectionData = tableData[indexPath.section]
        let cellData = sectionData[indexPath.row]
        print("\(title)\(cellData.1)")
        print("\(cellData.0)")
    }

    override func didReceiveMemoryWarning() {
        super.didReceiveMemoryWarning()
        // Dispose of any resources that can be recreated.
    }

}
```

▌출력

```
메뚜기목귀뚜라미과
귀뚜라미
갑충목딱정벌레과
딱정벌레
```

스크롤 뷰 – UIScrollView 클래스

스크롤 뷰는 화면 크기보다 가로나 세로가 긴 콘텐츠를 표시할 때 이용합니다. 이 절에서는 스크롤 뷰의 사용법에 맞춰 키보드 때문에 텍스트 필드가 숨겨질 때의 대처 방법을 소개합니다.

스크롤 뷰를 이해한다

스크롤 뷰는 그 자체가 콘텐츠가 아닌 부품을 배치하는 컨테이너로 이용됩니다. 텍스트 필드 등이 나타나도록 뷰를 스크롤할 수 있는 점이 그 장점이지만 스크롤하는 것은 스크롤 뷰 자신이 아니라 스크롤의 서브 뷰로 배치하는 콘텐츠입니다.

즉, 스크롤 뷰보다 가로나 세로가 긴 서브 뷰를 배치하면 화면을 스와이프해 스크롤 뷰에서 벗어나는 범위를 볼 수 있습니다. 당연히 서브 뷰의 크기가 작고, 서브 뷰가 스크롤 뷰의 범위 내에 위치하면 스와이프해도 화면이 움직이지 않지만, 코드를 사용하면 스크롤시킬 수도 있습니다.

스크롤 뷰보다 세로가 긴 서브 뷰에 부품을 배치한다

스토리보드에서 스크롤 뷰보다 세로가 긴 서브 뷰를 배치하고, 그 안에 부품을 나열하기에는 약간의 문제가 있습니다. 스토리보드에서는 스크롤 뷰를 벗어난 범위에 부품을 나열할 수 없고 원래 뷰의 바깥 범위는 표시되지 않습니다. 따라서 스토리보드의 레이아웃 영역을 넓혀서 부품을 배치하고, 실행할 때 코드를 이용해 표시할 사이즈를 지정하는 방법이 가장 적절합니다.

1 ViewController의 시뮬레이션 크기를 세로로 길게 한다

도큐먼트 아웃라인에서 ViewController를 선택하고 Size 인스펙터를 연 다음 Simulated Size로 [Freeform]을 선택합니다. Freeform을 선택하면 아래에 가로세로 크기를 지정하는 필드가 나오고, Height에 충분한 높이를 지정합니다. 여기서는 800을 지정했습니다.

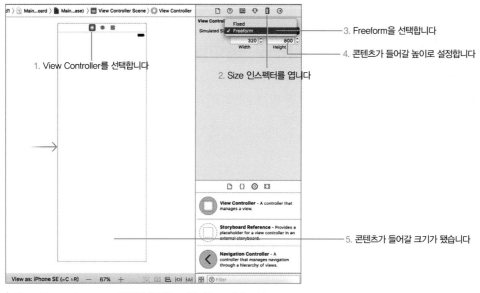

그림 13.38 ViewController 의 시뮬레이션 크기를 세로로 길게 표시

2 | 스크롤 뷰를 배치한다

뷰에 스크롤 뷰를 드래그 앤드 드롭해 뷰와 같은 크기로 넓힙니다.

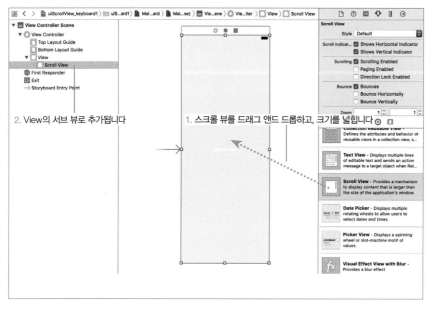

그림 13.39 스크롤 뷰 배치

3 스크롤 뷰에 서브 뷰를 추가한다

스크롤 뷰에 뷰를 드래그 앤드 드롭해 서브 뷰를 추가하고, 이 서브 뷰에 콘텐츠를 배치합니다.

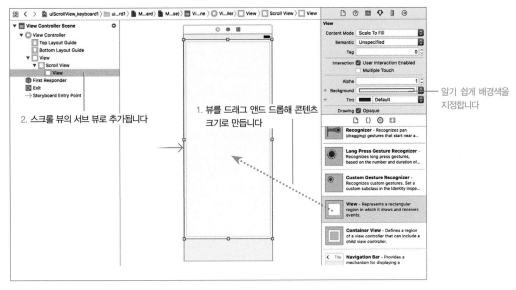

그림 13.40 스크롤 뷰에 서브 뷰 추가

4 서브 뷰에 라벨과 텍스트 필드를 배치한다

서브 뷰에 라벨과 텍스트 필드를 드래그 앤드 드롭해 배치합니다. 도큐먼트 아웃라인에서 뷰 → 스크롤 뷰 → 뷰 아래에 라벨과 텍스트 필드가 들어 있는 모습을 확인할 수 있습니다.

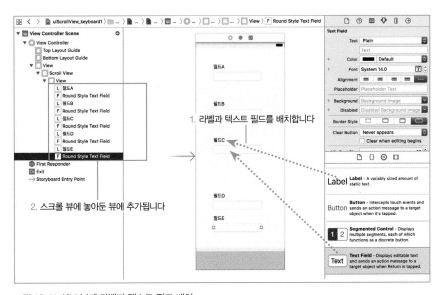

그림 13.41 서브 뷰에 라벨과 텍스트 필드 배치

5 │ 스크롤 뷰와 서브 뷰를 아울렛 연결한다

스크롤 뷰와 서브 뷰를 아울렛 연결하고, 각 프로퍼티 이름은 myScrollView, contentView로 설정합니다. 두 개의 뷰는 겹쳐져 있으므로 아울렛 연결할 때 도큐먼트 아웃라인에서 접속선을 늘리면 쉽게 연결할 수 있습니다.

그림 13.42 스크롤 뷰와 서브 뷰를 아울렛 연결

6 │ 스크롤 뷰와 콘텐츠의 사이즈를 코드로 지정한다

viewDidLoad()에 다음과 같이 코드를 작성해 스크롤 뷰가 실행될 때 frame과 서브 뷰 즉, 콘텐츠 크기를 코드로 지정합니다. 콘텐츠 크기는 contentSize 프로퍼티로 지정합니다.

List 스크롤 뷰와 콘텐츠 크기를 지정한다

«sample» **uiScrollView_keyboard/ViewController.swift**

```swift
override func viewDidLoad() {
    super.viewDidLoad()

    // 스크롤 뷰 영역을 지정한다
    let scrollFrame = CGRect(x: 0, y: 20, width: view.frame.width, height: view.frame.height-20)
    myScrollView.frame = scrollFrame
    // 콘텐츠 사이즈를 지정한다
    let contentRect  = contentView.bounds
    myScrollView.contentSize = CGSize(width:contentRect.width, height:contentRect.height)
}
```

7 빌드해 스크롤되는지 확인해본다

프로젝트를 빌드한 다음 화면을 위로 스와이프해 스크롤이 작동하는지 확인합니다.

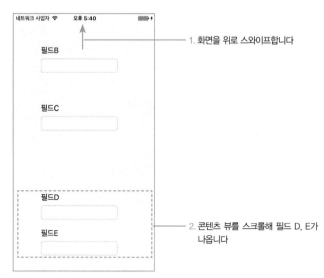

1. 화면을 위로 스와이프합니다

2. 콘텐츠 뷰를 스크롤해 필드 D, E가
   나옵니다

필드 D, E는 아래에 있어서 보이지 않습니다

그림 13.43 스와이프해서 스크롤 확인

텍스트 필드가 키보드로 가려지지 않게 스크롤한다

텍스트 필드가 입력 상태가 되면 자동으로 키보드가 표시되지만, 텍스트 필드가 화면의 아래쪽에 있으면 키보드에 가려집니다.

1. 텍스트 필드를 탭 해 입력
   상태로 만듭니다

2. 키보드가 나타나 텍스트
   필드가 가려집니다

그림 13.44 텍스트 필드가 키보드에 가려짐

따라서 필드 B~E가 입력 상태가 된다면 입력 필드가 키보드에 가려지지 않는 높이까지 스크롤 뷰를 스크롤해서 입력할 수 있게 합니다. 그리고 입력을 마치고 키보드가 내려가면 스크롤을 원래대로 되돌립니다.

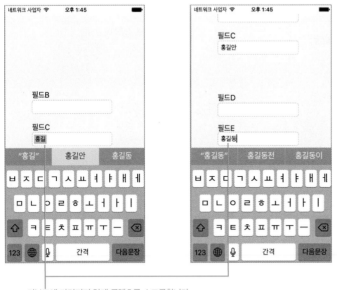

키보드에 가려지지 않게 콘텐츠를 스크롤합니다

키보가 내려가면 스크롤을 원래 위치로 되돌립니다

그림 13.45 텍스트 필드가 키보드에 가려지지 않게 스크롤

텍스트 필드를 아울렛 컬렉션(Outlet Collection) 연결한다

텍스트 필드가 입력 상태가 되어 키보드가 나타났을 때 어떤 텍스트 필드가 키보드에 가려지는지 알아보려면 입력 중인 텍스트 필드가 어떤 것인지 알아야 합니다. 이를 알아보려면 텍스트 필드의 입력 시작과 입력 종료를 통보하는 UITextFieldDelegate 델리게이트 메서드를 이용합니다.

여러 개의 텍스트 필드에 델리게이트를 설정해야 하므로 텍스트 필드를 개별적으로 아울렛 연결하지 않고, 아울렛 컬렉션(Outlet Collection) 연결을 사용해 하나의 배열에 모두 등록합니다.

첫 번째 텍스트 필드를 아울렛 컬렉션 연결하고, 프로퍼티명을 myTextFields로 설정했다면 두 번째부터는 반대로 코드 앞에 있는 ◉에서 접속선을 늘려서 텍스트 필드로 연결합니다.

1. control 키를 누른 채로 드래그해 접속선을 늘립니다

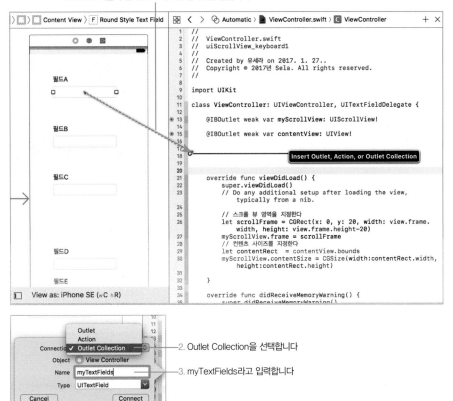

2. Outlet Collection을 선택합니다

3. myTextFields라고 입력합니다

4. 삽입한 코드에서 나머지 텍스트 필드로 연결합니다

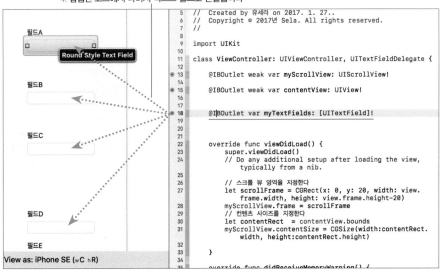

Part 3
Chapter
11
Chapter
12
Chapter
13
Chapter
14
Chapter
15
Chapter
16
Chapter
17
Chapter
18
Chapter
19

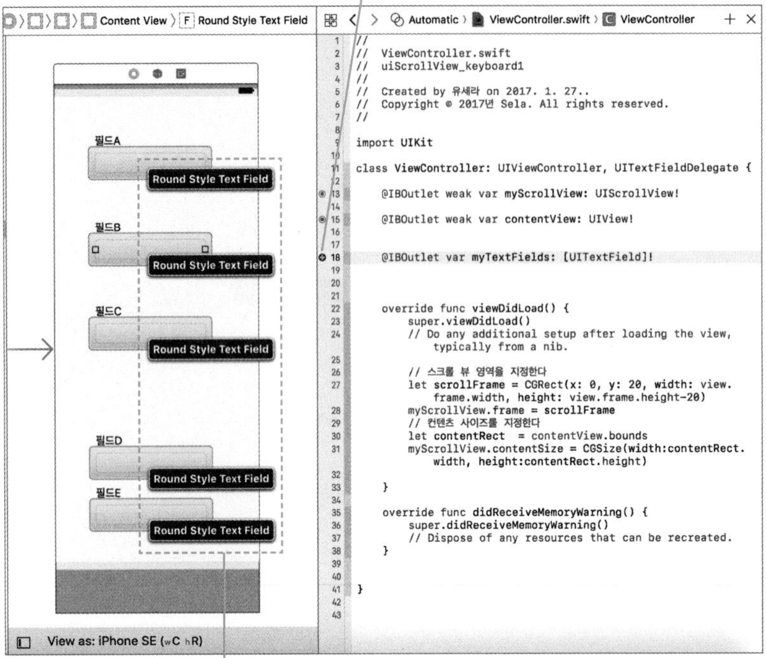

5. 커서를 롤오버합니다

6. 모든 텍스트 필드가 myTextFields와 연결된 것을 확인합니다

그림 13.46 텍스트 필드를 아울렛 컬렉션 연결

모든 텍스트 필드의 델리게이트를 설정한다

ViewController 클래스에서 UITextFieldDelegate 델리게이트를 사용해 텍스트 필드의 델리게이트를 설정합니다. myTextFields 배열에 모든 텍스트 필드의 참조를 넣으므로 for-in 문을 사용해 차례로 꺼내고 각 delegate 값을 self로 설정합니다.

List 텍스트 필드의 delegate를 self로 설정한다

«sample» uiScrollView_keyboard/ViewController.swift

```
class ViewController: UIViewController, UITextFieldDelegate {
    · · ·
    // 모든 텍스트 필드의 배열(Outlet Collection)
    @IBOutlet var myTextFields: [UITextField]!        ——— myTextField는 텍스트 필드 배열입니다
        · · ·
        // 모든 텍스트 필드의 델리게이트를 설정한다
        for fld in myTextFields {
            fld.delegate = self
        }
        · · ·
}
```

입력 중인 텍스트 필드를 특정한다

입력 중인 텍스트 필드가 키보드에 가려졌는지 알아보려면 어떤 텍스트 필드가 입력 중인지 알아야 합니다. 따라서 입력을 시작하면 호출되는 델리게이트 메서드인 textFieldDidBeginEditing()에서 보내온 입력 대상의 텍스트 필드를 editingField 변수에 대입합니다. 반대로 입력을 종료하면 호출되는 델리게이트 메서드인 textFieldDidEndEditing()에서는 editingField에 nil을 대입합니다.

List 입력 중인 텍스트 필드를 특정한다

«sample» **uiScrollView_keyboard/ViewController.swift**

```swift
// 입력 중인 텍스트 필드
var editingField:UITextField?

// 입력 시작
func textFieldDidBeginEditing(_ textField: UITextField) {
    // 입력 중인 텍스트 필드
    editingField = textField        ——————— 입력 중인 텍스트 필드가 들어갑니다
}

// 입력 종료
func textFieldDidEndEditing(_ textField: UITextField) {
    editingField = nil      ——————— 입력 중인 텍스트 필드가 없어졌으므로 nil로 설정합니다
}
```

노티피케이션 센터에 이벤트 핸들러를 등록한다

키보드가 나오고 사라지는 것에 맞춰서 텍스트 뷰의 크기를 조정하려면 키보드가 나오고 사라지는 이벤트를 받아야 합니다. 키보드 이벤트는 NotificationCenter 클래스의 노티피케이션 센터를 이용해 받을 수 있습니다.

먼저 NotificationCenter.default로 노티피케이션 센터의 참조를 꺼내 notification에 담습니다. 그리고 addObserver()로 사용할 이벤트의 종류와 이벤트가 발생했을 때 실행할 메서드의 조합을 notification에 이벤트 핸들러로 등록합니다.

List 노티피케이션 센터에 이벤트 핸들러를 등록한다

«sample» **uiScrollView_keyboard/ViewController.swift**

```swift
        // 기본 노티피케이션 센터를 구한다
        let notification = NotificationCenter.default
        // 키보드의 frame이 변화했다
        notification.addObserver(self,
                        selector: #selector(ViewController.keyboardChangeFrame(_:)),
                        name: NSNotification.Name.UIKeyboardDidChangeFrame, object: nil)
        // 키보드가 나타났다
        notification.addObserver(self,
                        selector: #selector(ViewController.keyboardWillShow(_:)),
                        name: NSNotification.Name.UIKeyboardWillShow, object: nil)
```

Part 3
Chapter 11
Chapter 12
Chapter 13
Chapter 14
Chapter 15
Chapter 16
Chapter 17
Chapter 18
Chapter 19

```
        // 키보드가 사라졌다
        notification.addObserver(self,
                            selector: #selector(ViewController.keyboardDidHide(_:)),
                            name: NSNotification.Name.UIKeyboardDidHide, object: nil)
```

입력 중인 텍스트 필드가 가려지지 않게 스크롤한다

키보드의 크기가 변화하면 UIKeyboardDidChangeFrame 이벤트가 발생해 keyboardChangeFrame() 메서드가 실행됩니다. 다만 키보드가 사라질 때도 UIKeyboardDidChangeFrame 이벤트가 발생하므로 guard~else에서 현재 입력 중인 텍스트 필드 editingField가 nil인지 확인해서 nil이면 처리를 중단합니다.

> List   현재 입력 중인 텍스트 필드 editingField가 없으면 중단한다
>
> «sample» **uiScrollView_keyboard/ViewController.swift**
>
> ```
>     func keyboardChangeFrame(_ notification: Notification) {
>         // 입력 중인 텍스트 필드가 없으면 중단한다
>         guard let fld = editingField else {
>             return
>         }
>         . . .
>     }
> ```

텍스트 필드와 키보드가 겹쳐졌는지 알아본다

키보드의 frame 값은 호출된 메서드에서 매개변수로 받은 노티피케이션 이벤트인 notification의 userInfo로 확인합니다. userInfo는 딕셔너리 오브젝트로 키가 UIKeyboardFrameEndUserInfoKey인 값을 NSValue 형으로 형 변환한 다음 cgRectValue를 참조하면 frame 형식으로 꺼낼 수 있습니다.

> List   키보드의 frame을 알아본다
>
> «sample» **uiScrollView_keyboard/ViewController.swift**
>
> ```
>     // 키보드의 frame이 변화했다
>     func keyboardChangeFrame(_ notification: Notification) {
>         . . .
>         // 키보드의 frame을 확인한다
>         let userInfo = (notification as NSNotification).userInfo!
>         let keybordFrame = (userInfo[UIKeyboardFrameEndUserInfoKey] as! NSValue).cgRectValue
> ```

현재 입력 중인 텍스트 필드가 가려져 있는지는 텍스트 필드의 가장 아래쪽 Y좌표(maxY)와 키보드의 가장 위쪽 Y좌표(minY)의 차이로 알 수 있습니다. 이때 텍스트 필드 좌표의 기준은 contentView이므로 키보드와 같은 view 좌표계로 변환한 다음 비교합니다. 추가로 더한 5는 키보드와 텍스트 필드 사이가 조금 벌어질 수 있게 간격을 준 것입니다.

List 키보드와 텍스트 필드 좌표계를 일치시키고 비교한다

«sample» **uiScrollView_keyboard/ViewController.swift**

```
// 텍스트 필드의 frame을 키보드와 같은 좌표계로 변환한다
let fldFrame = view.convert(fld.frame, from: contentView)
// 텍스트 필드의 frame을 키보드와 같은 좌표계로 변환한다
overlap = fldFrame.maxY - keybordFrame.minY + 5
```

스크롤 뷰를 스크롤한다

앞서 구한 overlap이 0보다 크면 텍스트 뷰와 키보드가 겹친 것이므로 overlap 값만큼 스크롤 뷰를 위쪽 방향으로 스크롤합니다. 스크롤 뷰는 setContentOffset(_:animated:) 메서드로 스크롤할 수 있으며, 첫 번째 매개변수를 CGPoint(x:0, y:overlap)로 지정하면 위쪽으로 overlap 값만큼 스크롤 합니다. 두 번째 매개변수를 true로 하면 스크롤이 애니메이션됩니다. 이동하는 위치는 현재 스크롤에 겹쳐져 있는 높이를 더한 위치입니다.

List 입력 중인 텍스트 필드와 키보드가 겹쳐져 있으면 스크롤한다

«sample» **uiScrollView_keyboard/ViewController.swift**

```
if overlap>0 {
    // 키보드로 가려진 부분만 스크롤한다
    overlap += myScrollView.contentOffset.y        ———— 즉시 스크롤한 만큼 더합니다
    myScrollView.setContentOffset(CGPoint(x: 0, y: overlap), animated: true)
}
```

입력이 끝나면 키보드를 내린다

키보드를 내리는 타이밍으로는 3개가 있습니다. 첫 번째는 텍스트 필드에서 개행 키를 입력했을 때이고, 두 번째는 텍스트 필드 이외의 장소를 탭했을 때이며, 세 번째는 키보드가 나온 상태에서 스와이프해 화면을 스크롤할 때입니다.

개행 키를 입력했을 때 키보드를 숨기려면 textFieldShouldReturn() 델리게이트 메서드에서 view.endEditing(true)을 실행합니다.

List 개행 키를 입력하면 키보드를 내린다

«sample» **uiScrollView_keyboard/ViewController.swift**

```
func textFieldShouldReturn(_ textField: UITextField) -> Bool {
    view.endEditing(true)
    // 개행 코드는 입력하지 않는다
    return false
}
```

화면을 탭했을 때 키보드를 내리려면 콘텐츠를 배치한 뷰에 Tap Gesture Recognizer를 드래그 앤드 드롭해 추가하고 액션 연결합니다. 그리고 나서 다음 메서드를 정의합니다.

Part 3
Chapter 11
Chapter 12
Chapter **13**
Chapter 14
Chapter 15
Chapter 16
Chapter 17
Chapter 18
Chapter 19

List   뷰를 탭하면 키보드를 내린다

«sample» **uiScrollView_keyboard/ViewController.swift**

```
@IBAction func tapView(_ sender: AnyObject) {
    view.endEditing(true)
}
```

스와이프했을 때 키보드가 내려가게 하려면 스크롤 뷰의 keyboardDismissMode 프로퍼티를 onDrag로 설정합니다. 이 설정은 스크롤 뷰의 Attributes 인스펙터에 있는 Keyboard 항목에서 [Dismiss on drag]를 선택해 설정할 수 있습니다.

List   스와이프로 스크롤하면 키보드를 내린다

«sample» **uiScrollView_keyboard/ViewController.swift**

```
myScrollView.keyboardDismissMode = .onDrag
```

키보드가 내려가면 스크롤을 원래대로 되돌린다

키보드가 내려가면 스크롤 한 콘텐츠를 되돌려야 합니다. 이를 위해 키보드가 등장했을 때의 스크롤 값인 contentOffset.y를 변수 lastOffsetY에 저장해 두고, 키보드가 사라질 때의 스크롤을 lastOffsetY로 되돌립니다. 키보드의 등장은 UIKeyboardWillShow에 통지되는데 이 통지는 변환 후보를 표시하는 영역이 나왔을 때도 통보됩니다. 그래서 아래에 있던 콘텐츠가 위로 올라가 여백이 된 위치가 기록되어 있는 위치로, 콘텐츠 뷰의 아래 가장자리와 스크롤 뷰의 아래 가장자리를 모두 아래로 스크롤합니다.

List   스크롤 위치를 저장해두고 키보드가 사라질 때 원래대로 되돌린다

«sample» **uiScrollView_keyboard/ViewController.swift**

```
func keyboardWillShow(_ notification: Notification) {
    // 현재 스크롤 값을 저장해둔다
    lastOffsetY = myScrollView.contentOffset.y
}

// 키보드가 사라졌다
func keyboardDidHide(_ notification: Notification) {
    // 스크롤을 원래대로 되돌린다
    let baseline = (contentView.bounds.height - myScrollView.bounds.height)
    lastOffsetY = min(baseline, lastOffsetY)
    myScrollView.setContentOffset(CGPoint(x: 0, y: lastOffsetY), animated: true)
}
```

완성된 ViewController 클래스

완성된 ViewController 클래스는 다음과 같습니다.

List 텍스트 필드가 키보드에 가려져 있으면 스크롤해 표시한다

«sample» **uiScrollView_keyboard/ViewController.swift**

```swift
//
// ViewController.swift
// uiScrollView_keyboard
//

import UIKit

class ViewController: UIViewController, UITextFieldDelegate {

    // 스크롤 뷰
    @IBOutlet weak var myScrollView: UIScrollView!
    // 스크롤 뷰의 서브 뷰
    @IBOutlet weak var contentView: UIView!
    // 모든 텍스트 필드의 배열(Outlet Collection)
    @IBOutlet var myTextFields: [UITextField]!
    // 입력 중인 텍스트 필드
    var editingField:UITextField?
    // 겹쳐있는 높이
    var overlap:CGFloat = 0.0
    var lastOffsetY:CGFloat = 0.0

    // 입력 시작
    func textFieldDidBeginEditing(_ textField: UITextField) {
        // 입력 중인 텍스트 필드
        editingField = textField
    }

    // 입력 종료
    func textFieldDidEndEditing(_ textField: UITextField) {
        editingField = nil
    }


    // 개행 키를 입력하면 키보드를 내린다
    func textFieldShouldReturn(_ textField: UITextField) -> Bool {
        view.endEditing(true)
        // 개행 코드는 입력하지 않는다
        return false
    }

    // 뷰를 탭하면 키보드를 내린다
    @IBAction func tapView(_ sender: AnyObject) {
        view.endEditing(true)
    }

    override func viewDidLoad() {
        super.viewDidLoad()
```

Part 3
Chapter 11
Chapter 12
Chapter 13
Chapter 14
Chapter 15
Chapter 16
Chapter 17
Chapter 18
Chapter 19

```swift
    // 스와이프로 스크롤하면 키보드를 내린다
    myScrollView.keyboardDismissMode = .onDrag

    // 스크롤 뷰 영역을 지정한다
    let scrollFrame = CGRect(x: 0, y: 20, width: view.frame.width, height: view.frame.height-20)
    myScrollView.frame = scrollFrame
    // 콘텐츠 사이즈를 지정한다
    let contentRect = contentView.bounds
    myScrollView.contentSize = CGSize(width:contentRect.width, height:contentRect.height)

    // 모든 텍스트 필드의 델리게이트로 설정한다
    for fld in myTextFields {
        fld.delegate = self
    }

    // 기본 노티피케이션 센터를 구한다
    let notification = NotificationCenter.default

    // 키보드의 frame이 변화했다
    notification.addObserver(self,
                        selector: #selector(ViewController.keyboardChangeFrame(_:)),
                        name: NSNotification.Name.UIKeyboardDidChangeFrame, object: nil)
    // 키보드가 나타났다
    notification.addObserver(self,
                        selector: #selector(ViewController.keyboardWillShow(_:)),
                        name: NSNotification.Name.UIKeyboardWillShow, object: nil)
    // 키보드가 사라졌다
    notification.addObserver(self,
                        selector: #selector(ViewController.keyboardDidHide(_:)),
                        name: NSNotification.Name.UIKeyboardDidHide, object: nil)
}

// 키보드의 frame이 변화했다
func keyboardChangeFrame(_ notification: Notification) {
    // 입력 중인 텍스트 필드가 없으면 중단한다
    guard let fld = editingField else {
        return
    }
    // 키보드의 frame을 확인한다
    let userInfo = (notification as NSNotification).userInfo!
    let keybordFrame = (userInfo[UIKeyboardFrameEndUserInfoKey] as! NSValue).cgRectValue
    // 텍스트 필드의 frame을 키보드와 같은 좌표계로 변환한다
    let fldFrame = view.convert(fld.frame, from: contentView)
    // 입력 중인 텍스트 필드가 키보드와 겹쳐있는지 알아본다
    overlap = fldFrame.maxY - keybordFrame.minY + 5
    if overlap>0 {
        // 키보드로 가려져 있는 부분만 스크롤한다
        overlap += myScrollView.contentOffset.y   ─────── 이미 스크롤하고 있는 부분을 더합니다
        myScrollView.setContentOffset(CGPoint(x: 0, y: overlap), animated: true)

    }
}

func keyboardWillShow(_ notification: Notification) {
    // 현재 스크롤 값을 저장해둔다
```

```
        lastOffsetY = myScrollView.contentOffset.y
    }

    // 키보드가 사라졌다
    func keyboardDidHide(_ notification: Notification) {
        // 스크롤을 원래대로 되돌린다
        let baseline = (contentView.bounds.height - myScrollView.bounds.height)
        lastOffsetY = min(baseline, lastOffsetY)
        myScrollView.setContentOffset(CGPoint(x: 0, y: lastOffsetY), animated: true)
    }

    override func didReceiveMemoryWarning() {
        super.didReceiveMemoryWarning()
        // Dispose of any resources that can be recreated.
    }
}
```

Chapter 14

씬 작성과 이동

여러 개의 씬을 이동하는 앱을 만들면 설계의 폭이 넓어집니다. 이 장
에서는 세그웨이를 사용한 씬의 이동, 코드를 사용한 씬 이동, 뷰 컨트
롤과 씬의 관계 등을 설명합니다. 또한 알림과 액션 시트를 설명합니다.

씬과 뷰 컨트롤러

씬 작성과 이동을 설명하기 전에 씬이 무엇인지 설명합니다. 씬과 뷰 컨트롤러의 관계와 초기 씬을 지정하는 방법 등을 설명합니다.

뷰를 정의하는 뷰 컨트롤러

스토리보드에서는 하나의 화면 구성을 [씬]이라 합니다. Single View Application 템플릿으로 작성한 프로젝트의 스토리보드에는 1개의 씬이 있습니다.

도큐먼트 아웃라인을 보면 알겠지만 씬에는 뷰 컨트롤러, First Responder, Exit 등이 포함됩니다. 그 중 뷰 컨트롤러는 화면에 표시할 버튼, 라벨, 이미지와 같은 오브젝트의 동작을 관리합니다.

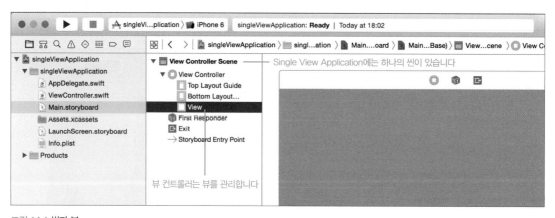

그림 14.1 씬과 뷰

뷰 컨트롤러와 커스텀 클래스의 연동

스토리보드의 뷰 컨트롤러를 선택하고 어시스턴트 에디터를 열면 ViewController.swift가 열리는 것을 보면 알 수 있듯이 뷰 컨트롤러와 ViewController.swift에서 정의하는 ViewController 클래스는 연동돼 있습니다. 연동을 한 뷰 컨트롤러는 Identity 인스펙터의 Custom Class를 보면 ViewController 클래스가 설정돼 있음을 알 수 있습니다.

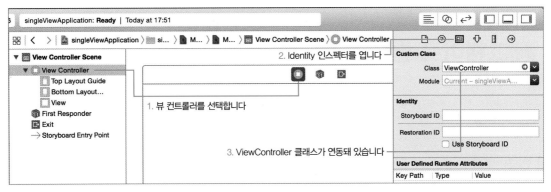

그림 14.2 뷰 컨트롤러와 커스텀 클래스의 연동

시작 씬(이니셜 뷰 컨트롤러)

여러 개의 씬이 있을 때도, Single View Application처럼 씬이 1개일 때도 어떤 씬부터 시작할지 지정해야 합니다. 뷰 컨트롤러를 선택한 다음 Attributes 인스펙터에서 View Controller의 [Is Initial View Controller]를 체크하면 이 뷰 컨트롤러의 화면이 처음 표시하는 시작 씬(이니셜 뷰 컨트롤러)이 됩니다. 스토리보드에서 보면 시작 씬의 뷰 컨트롤러에는 왼쪽에서 가리키는 화살표가 있습니다.

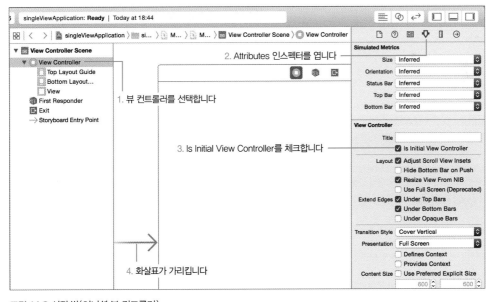

그림 14.3 시작씬(이니셜 뷰 컨트롤러)

Part 3
Chapter 11
Chapter 12
Chapter 13
Chapter 14
Chapter 15
Chapter 16
Chapter 17
Chapter 18
Chapter 19

405

세그웨이로 씬을 이동한다

씬의 이동에는 여러 형태가 있습니다. 이 절에서는 씬을 추가하는 방법과 뷰 컨트롤러를 위에 겹쳐서 씬을 이동하는 present modally 타입을 설명합니다.

씬을 추가한다

Single View Application 템플릿으로 프로젝트를 작성하면 1개의 씬이 만들어져 있는 상태입니다. 새로운 씬은 뷰 컨트롤러를 추가해 만듭니다.

[1] 뷰 컨트롤러를 드래그 앤드 드롭한다   «sample» **segue_presentModally.xcodeproj**

Object 라이브러리에서 뷰 컨트롤러(View Controller)를 스토리보드의 빈 곳으로 드래그 앤드 드롭합니다. 뷰 컨트롤러를 선택한 상태에서 Attributes 인스펙터의 title에 [Frog]라고 입력하면 뷰 컨트롤러의 타이틀이 씬 이름으로 표시됩니다.

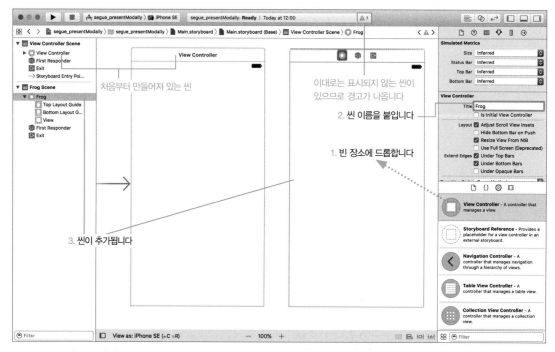

그림 14.4 뷰 컨트롤러 추가

2 Frog 씬을 만든다

씬을 구별하기 쉽게 Frog 씬의 배경색을 변경하고, 개구리 그림을 추가합니다.

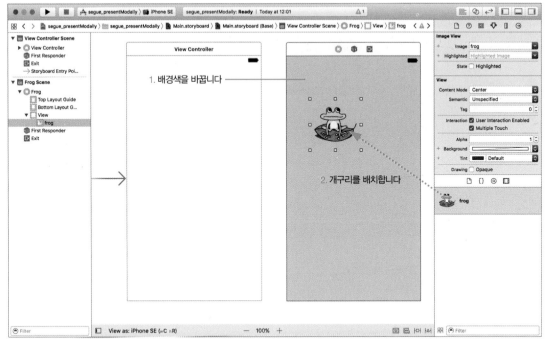

그림 14.5 개구리 추가

세그웨이로 씬을 이동한다

이번에는 탭하면 Frog 씬으로 이동하는 버튼을 만들어 보겠습니다.

1 이동 버튼을 만든다

처음 씬에서 Frog 씬으로 이동하기 위한 [Go to Frog] 버튼을 추가합니다. 버튼이 화면의 오른쪽에 표시되게 Constraints도 설정합니다.

2 Frog 씬과 세그웨이(present modally)로 연결한다

[Go to Frog] 버튼을 control 키를 누른 채 드래그해 접속선을 늘려서 Frog 씬의 화면과 연결합니다. 이 조작은 어시스턴트 에디터로 전환하지 않아도 할 수 있습니다.

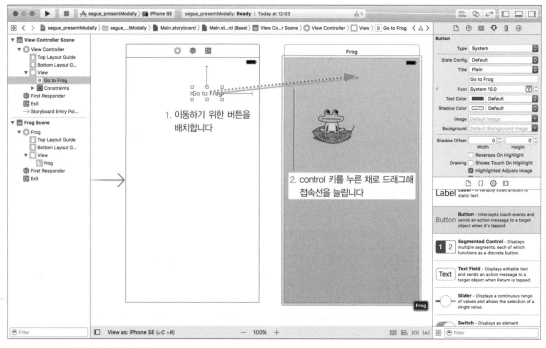

그림 14.6 Frog 씬과 세그웨이로 연결

3 연결 방법을 선택한다

Action Segue 패널이 표시되면 [Present Modally]를 선택합니다.

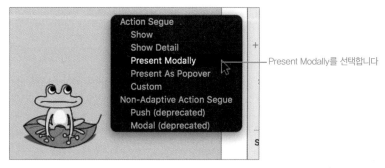

그림 14.7 연결 방법 선택

4 세그웨이로 연결된다

이동하기 전 씬에서 Frog 씬을 향해 화살표 선이 연결됩니다. 이 선을 세그웨이(segue)라 합니다. 도큐먼트 아웃라인에도 [Present modally segue to "Frog"]라고 추가됩니다. Attributes 인스펙터에서 확인하면 Storyboard Segue의 Kind가 [Present Modally]로 되어 있습니다.

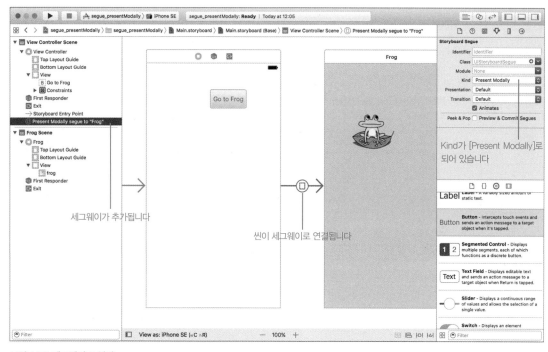

그림 14.8 세그웨이로 연결

이동을 확인한다

빌드해 동작을 확인해 보겠습니다. 버튼을 탭하면 Frog 씬이 화면 아래에서 나옵니다.

그림 14.9 씬 사이의 이동을 확인

Part 3
Chapter 11
Chapter 12
Chapter 13
Chapter 14
Chapter 15
Chapter 16
Chapter 17
Chapter 18
Chapter 19

409

트랜지션을 설정한다

씬을 전환할 때 트랜지션(이미지 전환 효과)의 종류는 세그웨이로 설정합니다. 세그웨이를 클릭해 선택하면 Attributes 인스펙터에 Storyboard Segue 설정이 표시됩니다. Transition을 Cover Vertical, Flip Horizontal, Cross Dissolve, Partial Curl 중에서 선택합니다. 기본값은 Cover Vertical입니다.

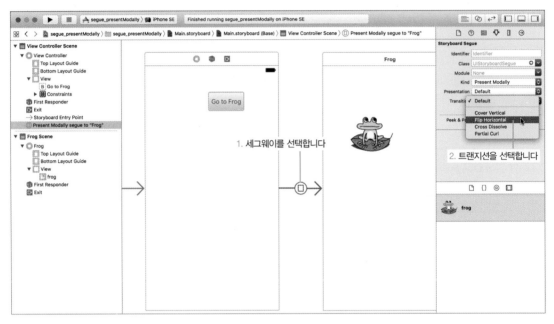

그림 14.10 트랜지션 설정

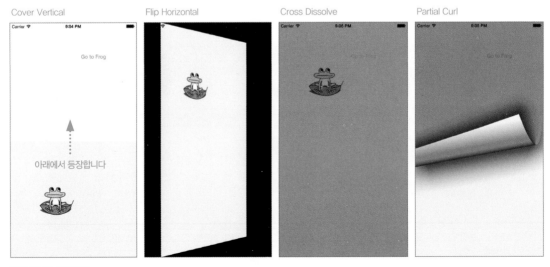

그림 14.11 트랜지션

Unwind 세그웨이를 이용해 되돌아간다

버튼을 탭하면 Frog 씬으로 이동하도록 만들었습니다. 이어서 Frog 씬에서 이전 씬으로 돌아오는 버튼을 만듭니다.

1 Unwind 세그웨이에서 호출하는 메서드를 정의한다

ViewController.swift를 열고 ViewController 클래스에 @IBAction func comeHome(segue: UIStoryboardSegue){ }라고 입력합니다. 메서드 내에서 실행할 내용은 특별히 기술하지 않아도 되며 메서드 이름도 자유입니다.

List comeHome( ) 메서드를 추가한 ViewController 클래스

«sample» **segue_presentModally/ViewController.swift**

```
//
//  ViewController.swift
//  segue_presentModally
//

import UIKit

class ViewController: UIViewController {
    // 이 뷰 컨트롤러로 되돌아온다
    @IBAction func comeHome (_ segue: UIStoryboardSegue) {    ──── 메서드 정의를 추가합니다
    }
                                            ──── 매개변수 형이 중요합니다
    override func viewDidLoad() {
        super.viewDidLoad()
        // Do any additional setup after loading the view, typically from a nib.
    }
    인터페이스 빌더로 접속하는 것을
    가리킵니다

(생략)
}
```

---

2 Exit과 액션 연결한다

Frog 뷰 컨트롤러에 [Go back Home] 버튼을 배치하고 control 키를 누른 채로 드래그해 접속선을 늘려서 Dock에 있는 Exit 아이콘과 액션 연결합니다. Action Segue 패널에 ViewController 클래스에 정의한 comeHome( ) 메서드가 표시되므로 이를 선택합니다.

Part 3
Chapter 11
Chapter 12
Chapter 13
Chapter 14
Chapter 15
Chapter 16
Chapter 17
Chapter 18
Chapter 19

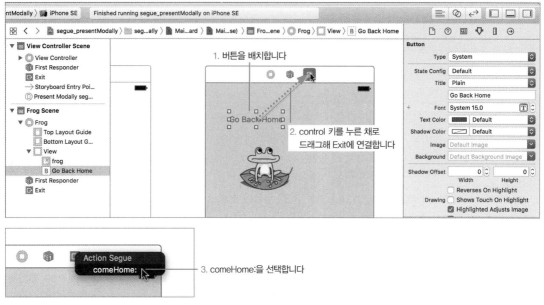

그림 14.12 Exit 과 액션 연결

3 | Unwind 세그웨이가 추가됩니다

되돌아가는 화살표는 추가되지 않았지만, 도큐먼트 아웃라인에 Unwind 세그웨이가 추가됩니다.

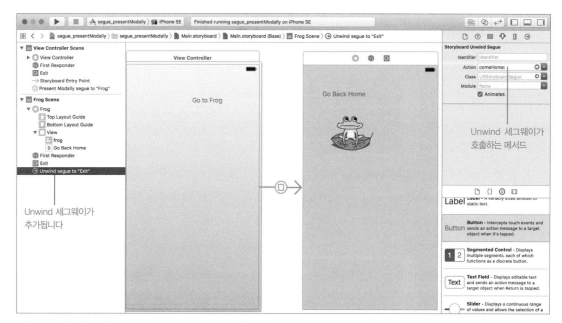

그림 14.13 세그웨이 연결

그림 14.14 Unwind 세그웨이

코드를 사용해 씬을 이동한다

이 절에서는 세그웨이를 사용하지 않고 코드를 이용해 씬을 이동하는 방법을 설명합니다. 코드로 이동하므로 상황에 따라서 이동 화면을 선택할 수도 있습니다.

treePage 씬을 추가한다

스토리보드에 뷰 컨트롤러를 추가하고 새로운 씬을 만듭니다. 씬을 구별하려면 뷰 컨트롤러를 선택해 Identity 인스펙터를 열고 Storyboard ID에 [treePage]처럼 식별자를 입력합니다. 겉만 보고 씬을 구별할 수 있게 뷰의 배경색을 바꾸고 나무 그림을 배치합니다.

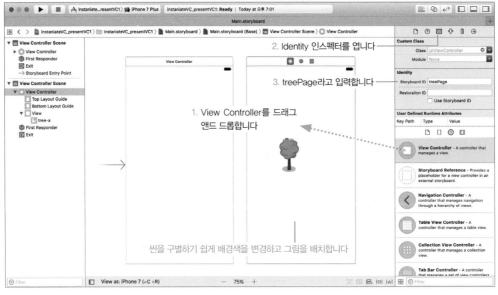

그림 14.15 treePage 씬 추가

버튼을 탭하면 treePage 씬으로 이동한다

treePage 씬으로 이동하는 버튼을 만들고 버튼을 액션 연결해 gotoTreePage() 메서드를 삽입합니다. 씬을 이동하려면 먼저 storyboard에 대해 instantiateViewController(withIdentifier:"treePage")를 실행해 앞에서 추가한 treePage 씬에 대한 참조를 만듭니다. 그리고 presentViewController() 메서드로 씬을 이동합니다.

씬을 이동할 때의 트랜지션 효과는 이동하는 씬의 뷰 컨트롤러에서 modalTransitionStyle 프로퍼티에 설정합니다. 초깃값은 coverVertical이며, 예제에서는 flipHorizontal을 지정합니다.

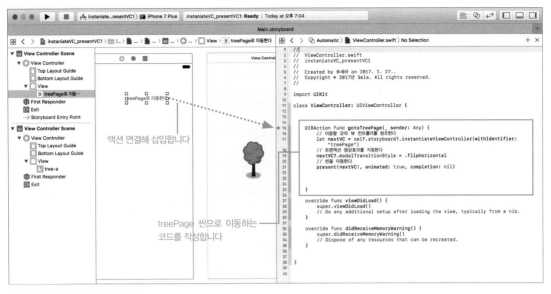

그림 14.16 코드를 사용한 씬 이동

List treePage 씬으로 이동한다

«sample» **instaniateVC_presentVC/ViewController.swift**

```swift
@IBAction func gotoTreePage(_ sender: Any) {
    // 이동할 씬의 뷰 컨트롤러를 참조한다
    let nextVC = self.storyboard?.instantiateViewController(withIdentifier: "treePage")
    // 트랜지션 이미지 진환 효과를 지정한다
    nextVC?.modalTransitionStyle = .flipHorizontal     이동할 곳의 Storyboard ID
    // 씬을 이동한다
    present(nextVC!, animated: true, completion: nil)
}
                  이동할 곳의 뷰 컨트롤러
```

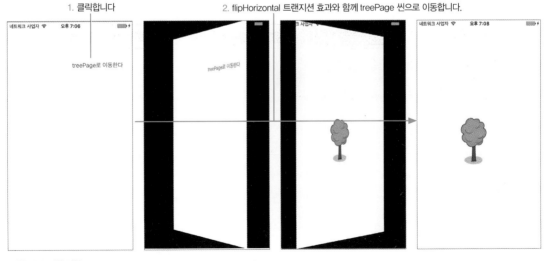

1. 클릭합니다   2. flipHorizontal 트랜지션 효과와 함께 treePage 씬으로 이동합니다.

그림 14.17 씬 이동

Part 3
Chapter
11
Chapter
12
Chapter
13
Chapter
14
Chapter
15
Chapter
16
Chapter
17
Chapter
18
Chapter
19

treePage 씬의 커스텀 클래스를 만든다

treePage 씬에서 원래의 씬으로 돌아가는 코드는 treePage 씬에 연동된 커스텀 클래스에 기술해야 합니다. 먼저 treePage 씬 용의 커스텀 클래스를 만듭니다. 뷰 컨트롤러에 연동된 클래스이므로 UIViewController 클래스를 상속받은 클래스를 만듭니다.

1 UIViewController를 상속받은 커스텀 클래스를 만든다

File 메뉴의 New 〉 File...을 선택하고 iOS의 Source 〉 Cocoa Touch Class를 선택한 다음 Next 버튼을 클릭합니다. 다음에 표시된 대화상자의 Subclass of에서 UIViewController 클래스를 선택하고 클래스 이름을 TreePageViewController로 설정한 다음 저장합니다.

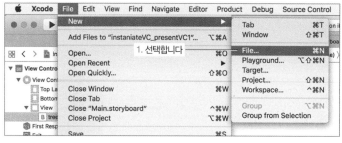

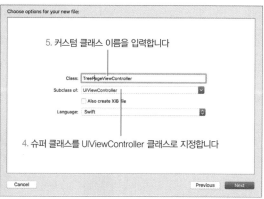

그림 14.18 커스텀 클래스 만들기

2 TreePageViewController.swift가 추가된다

내비게이터 영역에 TreePageViewController.swift가 추가됩니다. TreePageViewController를 선택해 코드를 확인하면 UIViewController 클래스를 상속받은 TreePageViewController 클래스가 정의돼 있습니다.

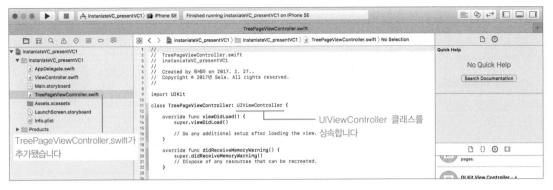

그림 14.19 TreePageViewController.swift

씬에 커스텀 클래스를 연동한다

다음으로 treePage 씬의 뷰 컨트롤러에 TreePageViewController 클래스를 연동합니다. View Controller 씬의 뷰 컨트롤러를 선택하고 Identity 인스펙터의 Custom Class에서 TreePageViewController를 지정합니다.

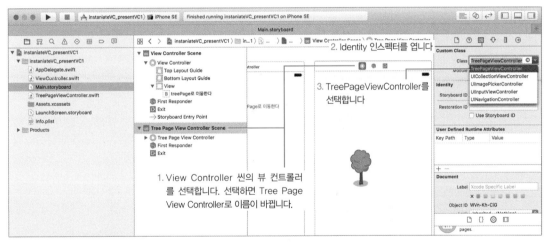

그림 14.20 씬에 커스텀 클래스 연동

▌ 원래 씬으로 돌아간다

treePage 씬에 [홈으로 되돌아간다] 버튼을 만들고 어시스턴트 에디터를 엽니다. 커스텀 클래스가 제대로 연동됐다면 TreePageViewController.swift가 열리며, 버튼을 액션 연결해 backToHome() 메서드를 삽입합니다.

Part 3
Chapter
11
Chapter
12
Chapter
13
Chapter
14
Chapter
15
Chapter
16
Chapter
17
Chapter
18
Chapter
19

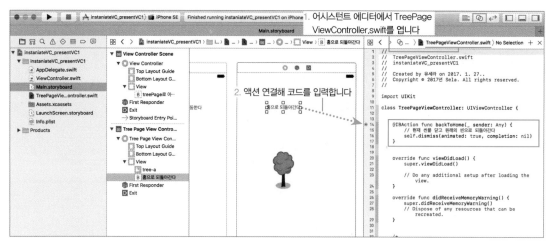

그림 14.21 원래 씬으로 돌아가기

원래 씬으로 돌아가려면 dismiss(animated:true, completion:nil)를 실행해 현재 씬을 닫습니다.

List 현재 씬을 닫고 원래 씬으로 돌아간다

«sample» **instaniateVC_presentVC/TreePageViewController.swift**

```
@IBAction func backToHome(_ sender: Any) {
    // 현재 씬을 닫고 원래 씬으로 되돌아간다
    self.dismiss(animated: true, completion: nil)
}
```

---

treePage 씬에서 되돌아가는 버튼을 만들었으므로 씬을 오갈 수 있게 됐습니다. treePage 씬을 열 때와는 반대 방향으로 전환하면서 페이지가 닫힙니다.

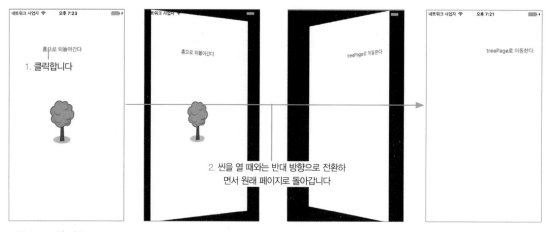

그림 14.22 씬 이동

내비게이션 컨트롤러로 이동한다

내비게이션 컨트롤러(UINavigationController)를 이용하면 여러 개의 씬을 나뭇가지가 여러 갈래로 갈라진 것처럼 구성할 수 있습니다. 화면 위에는 내비게이션 바가 표시되고 이동해 온 씬을 거꾸로 거슬러 돌아갈 수도 있습니다. 테이블 뷰와 조합해서 사용할 때가 많아서 어려운 부분도 있지만, 많이 사용하는 UI이므로 기본적인 사용법부터 살펴보겠습니다.

내비게이션 컨트롤러와 버튼

내비게이션 컨트롤러는 그 자체가 뷰는 아니고 기존 뷰와 조합해 사용합니다. 우선 Single View Application 템플릿의 뷰에 내비게이션 컨트롤러를 넣어 사용하는 사용법을 살펴보겠습니다. 다음 예제에는 [시작], [바다], [산] 3개의 씬이 있으며, 씬 이동을 그림으로 나타내면 다음과 같습니다.

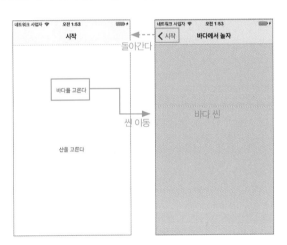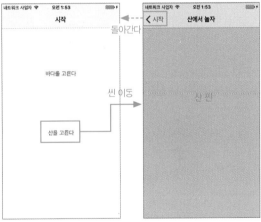

그림 14.23 네비게이션 컨트롤러로 씬 이동

---

1 │ 내비게이션 컨트롤러를 내장한다   «sample» **embed_navigationController.xcodeproj**

Single View Application 템플릿으로 프로젝트를 만들고, 스토리보드에서 뷰 컨트롤러를 선택합니다. Editor 메뉴의 Embed In 〉 Navigation Controller를 선택합니다.

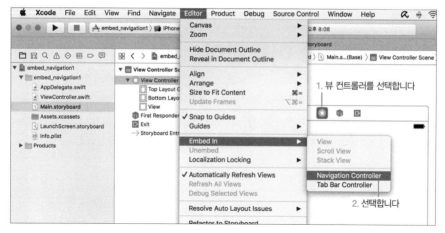

그림 14.24 Navigation Controller

2 | 내비게이션 컨트롤러가 내장된다

Navigation Controller라고 쓰인 화면이 추가되고 View Controller로 화살표 선이 연결됩니다. 이 화살표 선은 Relationship Segue 타입의 세그웨이입니다. ViewController의 위에는 내비게이션 바가 배치됩니다.

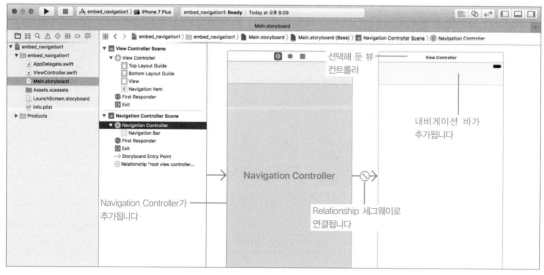

그림 14.25 내비게이션 컨트롤러와 세그웨이 연결

3 타이틀을 설정한다

내비게이션 바를 더블 클릭하면 타이틀을 설정할 수 있습니다. 여기에서는 [시작]이라고 입력합니다.

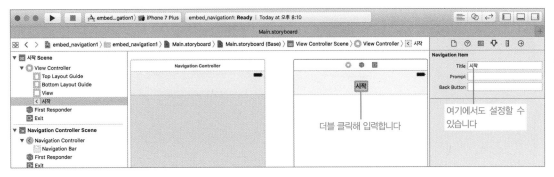

그림 14.26 타이틀을 설정

4 2개의 씬 뷰 컨트롤러를 추가한다

Object 라이브러리에서 2개의 View Controller를 드래그 앤드 드롭해 옆에 나란히 배치합니다. 위에 있는 뷰 컨트롤러를 바다 씬, 아래에 있는 뷰 컨트롤러를 산 씬이라고 부르겠습니다. 씬을 구별하기 쉽게 뷰의 배경색을 변경합니다. 스토리보드는 화면 아래에 있는 − 버튼으로 축소해 표시할 수 있습니다.

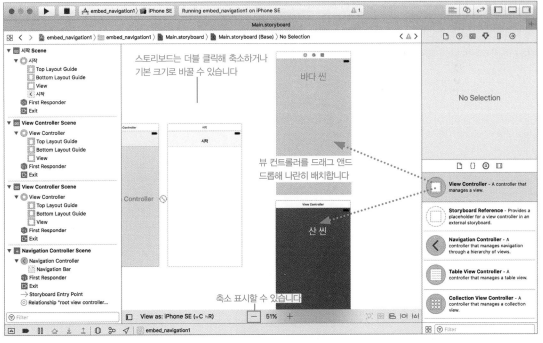

그림 14.27 2 개의 씬 뷰 컨트롤러 추가

5 이동 버튼을 배치한다

시작 화면에 [바다를 고른다]와 [산을 고른다] 버튼을 배치합니다. 화면의 가운데에 표시되게 Constraints도 설정합니다(Constraints 설정 ☞P.261).

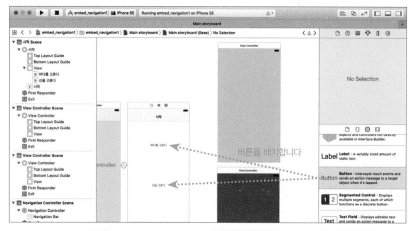

그림 14.28 이동 버튼을 배치

6 바다 씬을 세그웨이(Show)로 연결한다

control 키를 누른 채로 [바다를 고른다] 버튼을 드래그해 접속선을 늘린 다음 위에 있는 뷰 컨트롤러아 연결합니다. 접속 패널의 Segue 패널에서 [Show]를 선택합니다. 시작 씬과 바다 씬의 뷰 컨트롤러가 세그웨이로 연결되고 바다 씬 위에 내비게이션 바(Navigation Bar)가 추가됩니다.

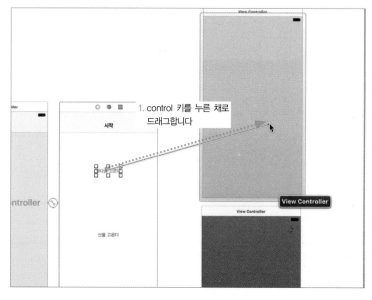

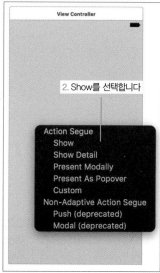

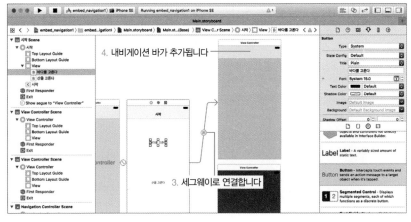

그림 14.29 바다 씬을 세그웨이(Show)로 연결

7 내비게이션 바에 타이틀을 추가한다

Object 라이브러리에서 내비게이션 아이템(Navigation Item)을 찾아서 바다 씬으로 드래그 앤드 드롭합니다. 내비게이션 아이템을 드롭하면 내비게이션 바에 [Title]이 추가되며, 타이틀을 더블 클릭해 [바다에서 놀자]라고 입력합니다.

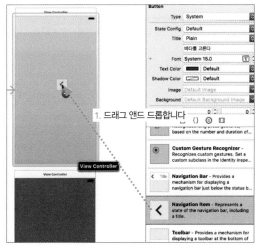

그림 14.30 내비게이션 바에 타이틀 추가

8 산 씬을 세그웨이(Show)로 연결한다

마찬가지로 [산을 고른다] 버튼으로부터 연결선을 늘려 산 씬에 연결하고 Segue 패널에서 [Show]를 선택해 세그웨이로 연결합니다. Object 라이브러리에서 내비게이션 아이템을 드래그 앤드 드롭하고 타이틀에 [산에서 놀자]라고 입력합니다.

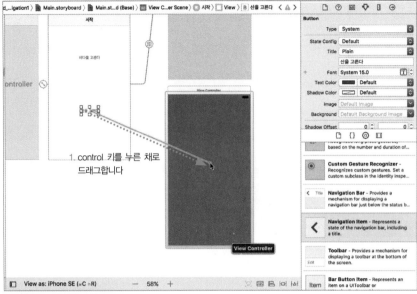

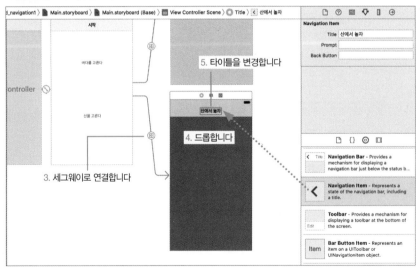

그림 14.31 산 씬을 세그웨이(Show)로 연결

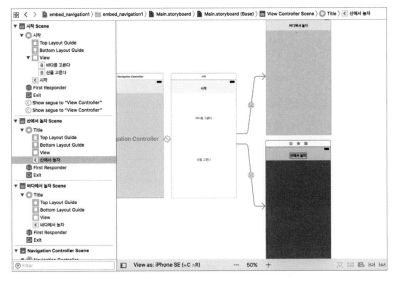

그림 14.32 완성된 내비게이션 컨트롤러

씬 이동을 확인한다

완성한 씬의 이동을 확인해 보겠습니다. 시작 씬에서 [바다를 고른다] 버튼을 탭하면 [바다에서 놀자]라고 적힌 바다 씬으로 이동하고, 바다 씬의 왼쪽 위에 있는 [시작] 버튼을 탭하면 시작 씬으로 돌아옵니다. 시작 씬에서 [산을 고른다] 버튼을 탭하면 [산에서 놀자]라고 적힌 산 씬으로 이동하고, 산 씬의 왼쪽 위에 있는 [시작] 버튼을 탭하면 시작 씬으로 돌아갈 수 있습니다. [바다를 고른다], [산을 고른다] 버튼을 탭하면 바다 씬과 산 씬은 화면의 오른쪽에서 등장하고 각 씬에서 왼쪽 위에 있는 [시작] 버튼을 탭하면 반대로 오른쪽으로 씬이 사라집니다. 또는 화면 왼쪽 가장자리에서 오른쪽으로 스와이프해 이전 씬으로 돌아갈 수도 있습니다.

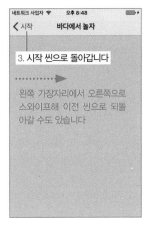

그림 14.33 씬 이동을 확인

Section 14-5

내비게이션 컨트롤러와 테이블 뷰

Object 라이브러리에 있는 Navigation Controller를 스토리보드로 드래그 앤드 드롭하면 테이블 뷰에 내비게이션 컨트롤러가
내장된 씬이 만들어집니다. 테이블 뷰에 내비게이션 컨트롤러를 내장하면 테이블에서 선택한 항목의 페이지를 표시하는 앱을
만들 수 있습니다.

웹 목록을 만든다

내비게이션 컨트롤러는 테이블 뷰와 조합해서 많이 사용합니다. Object 라이브러리의 Navigation Controller
도 테이블 뷰에 내비게이션 컨트롤러가 내장돼 있습니다. 다음 예제에서는 이를 사용해 웹 페이지 목록을 만들
고 목록에서 선택한 웹 페이지를 표시하는 앱을 만듭니다.

«sample» **navigationController_weblist.xcodeproj**

그림 14.34 **웹 목록과 웹 뷰**

1 내비게이션 컨트롤러를 추가한다

Object 라이브러리에서 Navigation Controller를 드래그 앤드 드롭하면 내비게이션 컨트롤러와 테이블 뷰가
연결된 오브젝트가 만들어집니다. 이를 기존의 뷰 컨트롤러 왼쪽에 드롭합니다.

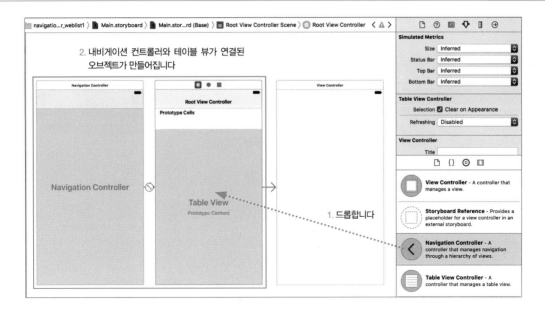

그림 14.35 내비게이션 컨트롤러 추가

2 이니셜 뷰 컨트롤러를 변경한다

가장 왼쪽에 있는 내비게이션 컨트롤러를 선택하고 Attributes 인스펙터의 View Controller 분류에 있는 [Is Intitial View Controller]에 체크합니다. [Is Intitial View Controller]에 체크하면 첫 번째 뷰 컨트롤러의 왼쪽에 있던 화살표가 사라지고 선택한 내비게이션 컨트롤러 왼쪽에 화살표가 추가됩니다. 이는 앱을 실행했을 때 처음에 보여줄 씬을 지정하는 것입니다. 또는 화살표를 드래그해 가리키는 씬을 바꿀 수도 있습니다.

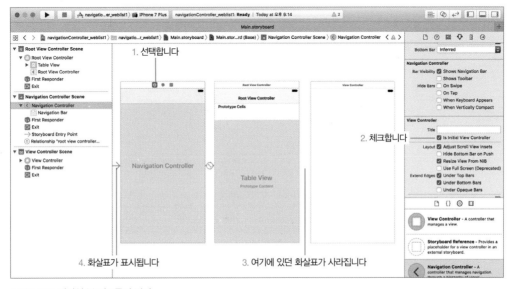

그림 14.36 이니셜 뷰 컨트롤러 변경

3 타이틀을 변경한다

Root View Controller의 Navigation Item을 선택하고 Title을 [Web 목록]으로 변경합니다.

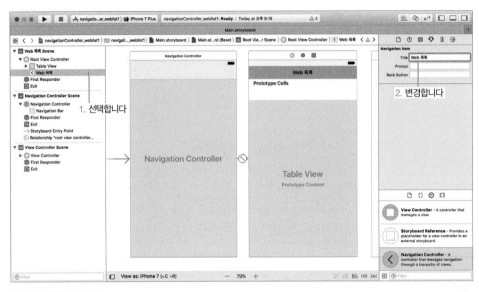

그림 14.37 타이틀 변경

4 테이블 뷰의 셀을 설정한다

셀을 선택한 다음 Style을 [Subtitle], Identifier를 [Cell], Accessory를 [Disclosure Indicator]로 설정합니다. Style을 [Subtitle]로 설정하면 셀에 Title과 Subtitle이 나란히 표시되고, Accessory에서 [Disclosure Indicator]를 선택하면 셀 오른쪽에 〉기호가 표시됩니다.

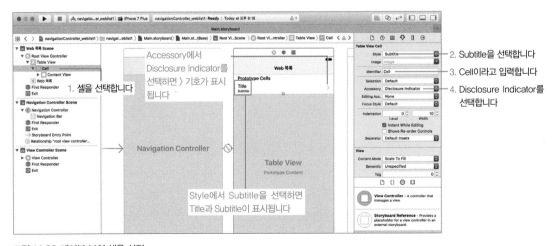

그림 14.38 테이블 뷰의 셀을 설정

5 | 세그웨이로 연결한다

셀과 처음부터 있었던 뷰 컨트롤러를 세그웨이로 연결합니다. 연결 방법은 Selection Segue에서 [Show]를 선택합니다. 연결되면 씬 위에 내비게이션 바가 추가됩니다.

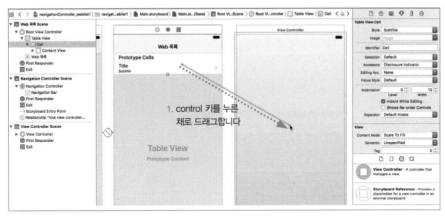

그림 14.39 셀과 뷰 컨트롤러를 세그웨이로 연결

6 | 세그웨이의 Identifier를 설정한다

연결된 세그웨이를 선택하고 Identifier에 [showWebPage]라고 입력합니다.

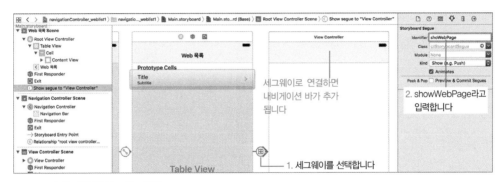

그림 14.40 세그웨이의 Identifier 설정

7 | 웹 뷰를 배치한다

Object 라이브러리에서 Web View를 드래그 앤드 드롭한 다음 화면 전체 크기로 넓힙니다. 웹 뷰의 윗부분은 내비게이션 바로 가려지지만 이대로 괜찮습니다. Attributes 인스펙터의 Web View 항목에서 [Scales Page To Fit]에 체크합니다.

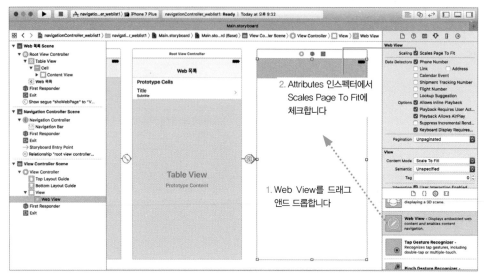

그림 14.41 웹 뷰 배치

8 | Constraints 설정

웹 뷰를 선택하고 Constraints의 Pin 설정을 엽니다. 상하좌우 공간을 고정하는 Constraints를 추가합니다.

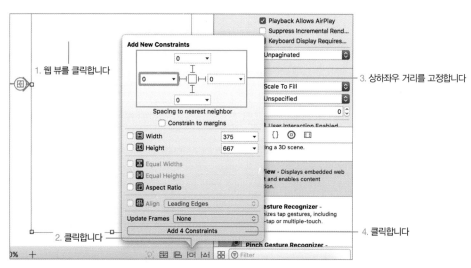

그림 14.42 Constraints 설정

9 웹 뷰를 아울렛 연결한다

웹 뷰를 선택하고 어시스턴트 에디터에서 ViewController.swift를 엽니다. 웹 뷰를 아울렛 연결하고, webView 프로퍼티를 삽입해 연결합니다.

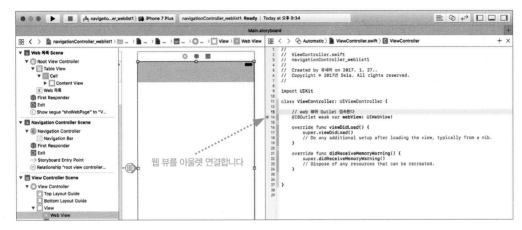

그림 14.43 웹 뷰를 아울렛 연결

테이블 뷰 컨트롤러의 커스텀 클래스를 만든다

다음으로 웹 목록을 표시하는 테이블 뷰의 커스텀 클래스를 만들어 테이블 뷰에 연동해 보겠습니다. 만들 클래스는 WebListTableViewController 클래스입니다.

1 커스텀 클래스를 만든다

Cocoa Touch Class 템플릿을 선택하고 WebListTableViewController 클래스를 작성합니다. 슈퍼 클래스로는 UITableViewController 클래스를 지정합니다.

그림 14.44 테이블 뷰 컨트롤러의 커스텀 클래스 만들기

Part 3
Chapter 11
Chapter 12
Chapter 13
Chapter 14
Chapter 15
Chapter 16
Chapter 17
Chapter 18
Chapter 19

2 | 웹 목록의 뷰 컨트롤러와 연동한다

웹 목록의 뷰 컨트롤러를 선택하고 Identity 인스펙터의 Custom Class 설정에서 [WebListTableView Controller]를 선택해 연동합니다.

그림 14.45 웹 목록의 뷰 컨트롤러와 연동

WebListTableViewController 클래스에서 웹 목록을 만든다

웹 페이지의 목록은 WebListTableViewController 클래스에서 테이블 뷰로 작성합니다. Section 13-5에 서는 UIViewController를 상속받고 UITableViewDelegate와 UITableViewDataSource 프로토콜을 추 가한 클래스로 테이블 뷰를 만들었으나(☞ P.380), 이번 예제의 WebListTableViewController 클래스는 UITableViewController 클래스만 상속받습니다.

사실은 UITableViewController 클래스가 UIViewController를 상속받고 UITableViewDelegate와 UITableViewDataSource를 프로토콜로 추가한 클래스이므로 UITableViewController 클래스를 상속받는 것만으로 테이블 뷰를 만들 수 있습니다. UITableViewController 클래스를 상속받으면 프로토콜로 지정된 메 서드를 직접 구현하는 것이 아니라 UITableViewController 클래스에서 구현한 메서드를 오버라이드해 사용 합니다.

WebListTableViewController 클래스의 코드를 먼저 살펴보겠습니다. 템플릿에서 UITableViewController 클래스를 상속받은 클래스를 만들면 오버라이드가 필요한 메서드가 처음부터 작성돼 있습니다. 다음과 같이 필 요한 내용을 추가합니다. 다만 아직 ViewController.swift에 추가해야 할 내용이 있으므로 마지막 prepare() 에서는 data 프로퍼티를 찾지 못했다는 에러가 표시됩니다.

List 웹 목록을 만드는 WebListTableViewController 클래스

«sample» navigationController_weblist/WebListTableViewController.swift

```swift
//
//  WebListTableViewController.swift
//  navigationController_weblist
//

import UIKit

class WebListTableViewController: UITableViewController {

    // 셀에 표시할 데이터
    let webList = [
        (name:"애플", url:"http://www.apple.com/kr/"),
        (name:"구글", url:"http://www.google.com"),
        (name:"네이버", url:"http://www.naver.com"),
        (name:"위키북스", url:"http://wikibook.co.kr/")
    ]

    // MARK: - Table view data source

    // 섹션의 개수
    override func numberOfSections(in tableView: UITableView) -> Int {
        return 1
    }

    // 섹션 내의 행 수
    override func tableView(_ tableView: UITableView, numberOfRowsInSection section: Int) -> Int {
        // 배열 webList 값의 개수
        return webList.count
    }

    // 셀을 만든다
    override func tableView(_ tableView: UITableView, cellForRowAt indexPath: IndexPath) -> UITableViewCell {
        // 테이블 셀을 참조한다
        let cell = tableView.dequeueReusableCell(withIdentifier: "Cell", for: indexPath)
        // 테이블에 WebList 데이터를 표시한다                          셀에 붙인 이름
        let webData = webList[(indexPath as NSIndexPath).row]
        cell.textLabel?.text = webData.name
        cell.detailTextLabel?.text = webData.url

        return cell
    }

    // MARK: - Navigation

    // 세그웨이로 이동하기 전에 데이터를 주고받는다
    override func prepare(for segue: UIStoryboardSegue, sender: Any?) {
        // 세그웨이가 showWebPage일 때의 처리
        if segue.identifier == "showWebPage" {          셀에 붙인 이름
            // 세그웨이 showWebPage 일 때 실행한다
            if let indexPath = self.tableView.indexPathForSelectedRow {
                // 행 데이터를 꺼낸다
```

Part 3

Chapter 11

Chapter 12

Chapter 13

Chapter **14**

Chapter 15

Chapter 16

Chapter 17

Chapter 18

Chapter 19

```
                    let webData = webList[(indexPath as NSIndexPath).row]
                    // 이동할 곳의 뷰 컨트롤러 data 프로퍼티에 값을 설정한다
                    (segue.destination as! ViewController).data = webData
                }                                        │
            }                          이동할 곳의 뷰 컨트롤러를 설정합니다
        }

    (생략)

    }
```

웹 페이지 데이터

셀에 표시할 웹 페이지 데이터는 웹 사이트의 이름과 URL입니다. 우선 이를 튜플 형식으로 만들고, webList 배열에 추가합니다.

List 셀에 표시할 데이터

«sample» **navigationController_weblist/WebListTableViewController.swift**

```
let webList = [
    (name:"애플", url:"http://www.apple.com/kr/"),
    (name:"구글", url:"http://www.google.com"),
    (name:"네이버", url:"http://www.naver.com"),
    (name:"위키북스", url:"http://wikibook.co.kr/")
]
```

셀에 값을 설정한다

테이블을 만드는 방법은 Section 13-5에서 설명한 방법과 같지만, 이번에는 테이블의 셀 설정을 스토리보드에서 하므로 dequeueReusableCell(withIdentifier:for:)을 사용해 스토리보드의 셀을 참조하면서 값을 설정합니다. 셀 값은 webList 배열에서 각 행의 데이터를 꺼내 셀의 라벨에 설정합니다. 타이틀은 cell.textLabel. text, 서브 타이틀은 cell.detailTextLabel.text 프로퍼티로 접근할 수 있습니다(☞ P.384).

List 셀의 타이틀과 서브 타이틀

«sample» **navigationController_weblist/WebListTableViewController.swift**

```
// 셀을 만든다
override func tableView(_ tableView: UITableView, cellForRowAt indexPath: IndexPath) -> UITableViewCell {
    // 테이블 셀을 참조한다
    let cell = tableView.dequeueReusableCell(withIdentifier: "Cell", for: indexPath)
    // 테이블에 WebList 데이터를 표시한다                        Attributes 인스펙터로 셀에
    let webData = webList[(indexPath as NSIndexPath).row]      붙인 식별자
    cell.textLabel?.text = webData.name
    cell.detailTextLabel?.text = webData.url
    return cell
}                        셀에 표시할 사이트명과 URL을 대입합니다
```

선택한 셀의 데이터를 이동할 씬으로 전달한다

세그웨이로 이동할 때 prepare(segue:sender:) 메서드가 호출됩니다. 그리고 이동할 씬의 뷰 컨트롤러는 세
그웨이의 segue.identifier 프로퍼티로 구할 수 있습니다. 여기에서 이동할 씬의 뷰 컨트롤러는 웹 페이지를 표
시할 ViewController 클래스입니다. ViewController 클래스의 data 프로퍼티로 webData를 주고 받습니다.

List 이동할 씬의 뷰 컨트롤러로 webData를 주고받습니다

«sample» **navigationController_weblist/WebListTableViewController.swift**

```
// 세그웨이로 이동하기 전에 데이터를 주고받는다
override func prepare(for segue: UIStoryboardSegue, sender: Any?) {
    // 세그웨이가 showWebPage 일 때의 처리
    if segue.identifier == "showWebPage" {  ─── 세그웨이에 설정한 식별자
        // 세그웨이가 showWebPage 일 때 실행한다
        if let indexPath = self.tableView.indexPathForSelectedRow {
            // 행 데이터를 꺼낸다                              탭한 행의 Web 데이터를 꺼냅니다
            let webData = webList[(indexPath as NSIndexPath).row]  ───
            // 이동할 씬의 뷰 컨트롤러에서 data 프로퍼티에 값을 설정한다
            (segue.destination as! ViewController).data = webData
        }                        웹 데이터를 이동할 씬으로 전달합니다
    }
}
```

---

❶ NOTE

// MARK:–

에디터 위에 있는 점프 메뉴에는 정의된 프로퍼티나 메서드가 자동으로 등록됩니다. // MARK:–로 시작하는 주석문을 적으면 단락선과 분류명이 삽입됩니다.

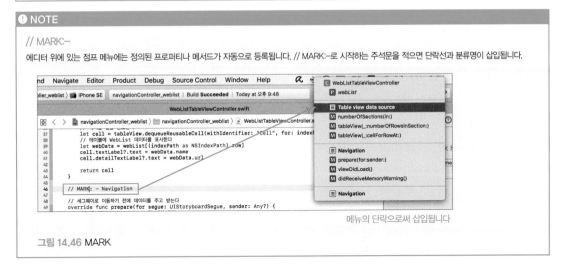

그림 14.46 MARK

Part 3
Chapter 11
Chapter 12
Chapter 13
Chapter 14
Chapter 15
Chapter 16
Chapter 17
Chapter 18
Chapter 19

웹 페이지를 표시한다

웹 목록에서 하나를 선택하면 웹 페이지를 표시하는 ViewController 클래스의 씬으로 이동합니다. 세그웨이로 이동하기 전에 WebListTableViewController 클래스의 prepare(segue:sender:) 메서드가 실행되고, ViewController 클래스의 data 프로퍼티는 앞으로 표시할 웹 페이지의 데이터인 webData로 설정됩니다. ViewController 클래스에는 webData와 같은 형의 data 프로퍼티를 선언해둡니다.

ViewController 클래스의 씬으로 이동했다면 ViewDidLoad()의 openWeb()이 실행되고 웹 페이지가 열립니다. openWeb()에서는 다음과 같이 3단계에 걸쳐 웹 페이지를 표시합니다. 먼저 웹 페이지의 URL을 문자열에서 NSURL 오브젝트로 변환합니다. 그다음에 NSURL 오브젝트를 매개변수로 NSURLRequest 오브젝트인 urlReq를 만듭니다. 마지막으로 웹 페이지를 표시할 webView에 loadRequest(urlReq)를 실행하면 웹 페이지가 표시됩니다.

완성된 ViewController 클래스

완성된 ViewController 클래스의 코드는 다음과 같습니다. 웹 목록에서 선택한 웹 페이지를 표시합니다.

List   웹 목록에서 선택한 웹 페이지를 표시할 ViewController 클래스

«sample» **navigationController_weblist/ViewController.swift**

```
//
// ViewController.swift
// navigationController_weblist
//

import UIKit

class ViewController: UIViewController {

    // 웹 뷰와 아울렛 연결한다
    @IBOutlet weak var webView: UIWebView!

    // 씬을 이동할 때 설정되는 웹 데이터        ──── 세그웨이로 이동할 때 열리는 웹 페이지의 데이터가 설정됩니다
    var data:(name:String, url:String)?

    // 웹 페이지를 연다
    func openWeb() {
        // data가 설정돼 있다면 webData에 넣는다
        if let webData = data {
            // 접근할 URL을 만든다
            if let url = NSURL(string:webData.url) {        ──── 웹 페이지를 엽니다
                let urlReq = NSURLRequest(URL: url)
                // 웹 페이지를 연다
                webView.loadRequest(urlReq)
            }
        }
    }
```

```
    override func viewDidLoad() {
        super.viewDidLoad()

        // 웹 페이지를 연다
        openWeb()
    }

(생략)
}
```

시큐리티 설정

마지막으로 시큐리티를 설정합니다. 다음 그림과 같이 Info.plist를 열고 Key에 App Transport Security Settings를 추가합니다. 그리고 Allow Arbitrary Loads 아이템을 추가하고 값을 YES로 설정합니다.

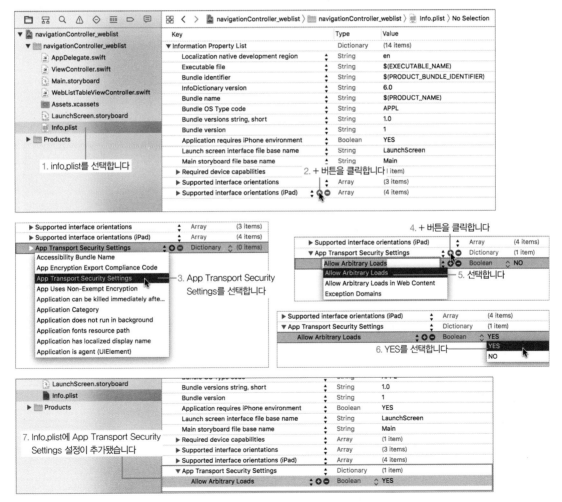

그림 14.47 시큐리티 설정

Part 3
Chapter
11
Chapter
12
Chapter
13
Chapter
14
Chapter
15
Chapter
16
Chapter
17
Chapter
18
Chapter
19

437

Section 14-6

탭 바로 씬을 전환한다

탭 바 컨트롤러(UITabBarController)를 사용하면 탭을 선택해 씬을 전환하는 앱을 만들 수 있습니다. 이 절에서는 Tabbed Application 템플릿으로 프로젝트를 만들며 탭을 추가하는 방법과 탭을 전환하는 이벤트 처리에 관해 설명합니다.

탭 바가 있는 앱을 만든다

탭 바 컨트롤러(UITabBarController)는 여러 뷰 컨트롤러를 병렬로 관리하며 전환할 수 있습니다. Tabbed Application 템플릿으로 프로젝트를 만들면 First View, Second View 2개의 뷰 컨트롤러가 세그웨이로 연결됩니다.

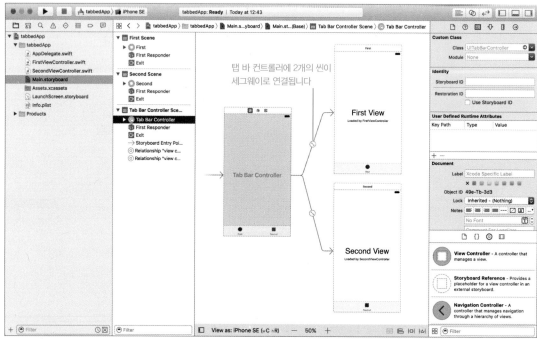

그림 14.48 Tabbed Application 생성

빌드하면 탭으로 2개의 씬을 전환할 수 있습니다.

그림 14.49 Tabbed Application

탭을 추가한다

이번에는 3번째 탭을 추가해보겠습니다. First View, Second View와 같이 추가할 탭에서 표시할 뷰 컨트롤러와 연동할 클래스도 만듭니다.

1 뷰 컨트롤러를 추가한다

«sample» **tabbedApp.xcodeproj**

Object 라이브러리에서 뷰 컨트롤러를 찾아서 스토리보드의 비어있는 곳으로 드래그 앤드 드롭합니다. [ThirdView] 라벨을 추가하고 Constraint도 설정합니다. [First View] 라벨을 복사, 붙여넣기 하면 간단하게 만들 수 있습니다.

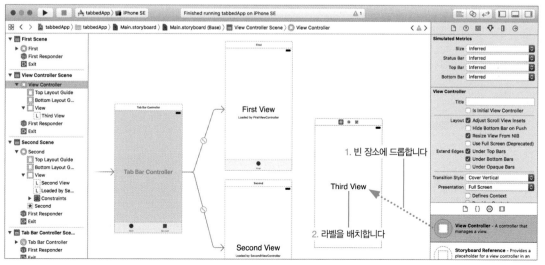

그림 14.50 탭 추가

2 탭 바 컨트롤러와 세그웨이로 연결한다

option 키를 누른 채로 탭 바 컨트롤러를 드래그해 연결선을 늘린 다음 추가한 뷰 컨트롤러와 연결합니다. 표시된 Segue 패널에서 [view controllers]를 선택합니다.

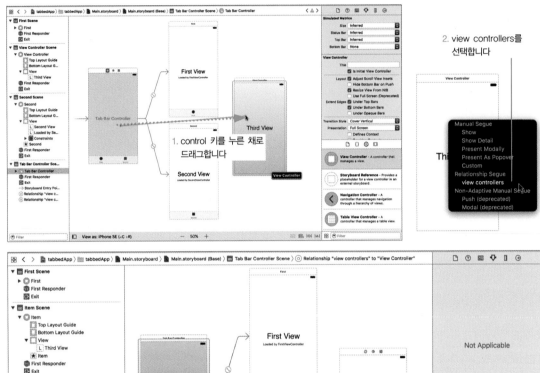

그림 14.51 탭 바 컨트롤러와 뷰 컨트롤러를 세그웨이로 연결

3 │ 새로운 뷰 컨트롤러의 클래스를 만든다

추가한 탭 뷰 컨트롤러의 클래스인 ThirdViewController를 UIViewController 클래스를 상속해 만듭니다.

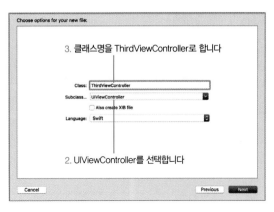

그림 14.52 새로운 뷰 컨트롤러의 클래스 생성

4 │ ThirdViewController 클래스와 연동한다

추가한 탭의 뷰 컨트롤러를 선택하고 Identity 인스펙터의 Custom Class에서 ThirdViewController 클래스를 지정합니다.

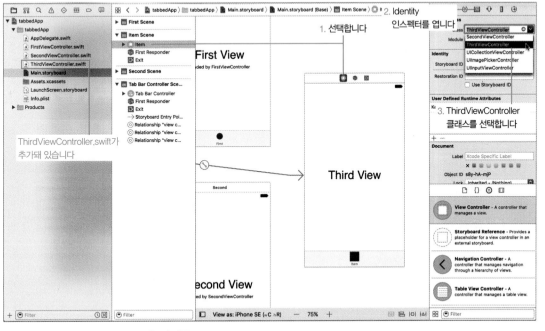

그림 14.53 ThirdViewController 클래스와 연동

탭 바 아이템의 이미지를 설정한다

탭 바에는 탭을 전환하는 버튼과 타이틀이 나란히 있습니다. 추가한 탭 버튼에는 이미지가 설정돼 있지 않으므로 이미지를 설정합니다.

1 │ 이미지를 준비한다

내비게이터 영역에서 Assets.xcassets를 열고 탭 바 아이템에 표시할 이미지를 드래그 앤드 드롭해 추가합니다. Assets.xcassets에는 First View, Second View용 이미지가 등록돼 있으므로 이를 참고하여 이미지를 준비합니다. 구체적으로는 30×30픽셀로 배경이 투명한 PNG 파일을 등록합니다. Scale 설정에서 [Single Scale]을 선택합니다.

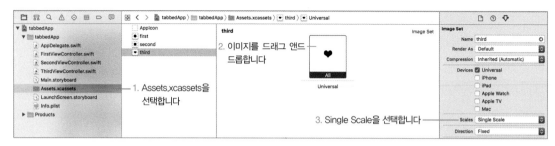

그림 14.54 이미지 준비

2 │ 탭 바 아이템을 설정한다

스토리보드에서 세 번째 뷰 컨트롤러를 선택하고 Attributes 인스펙터를 엽니다. Bar Item 설정의 Title에 [Third]라고 입력하고 Image에는 등록한 third 이미지를 선택합니다.

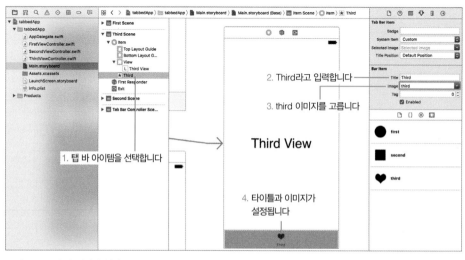

그림 14.55 탭 바 아이템 설정

탭 전환을 확인한다

세 번째 탭을 추가했으므로 동작을 확인해보겠습니다. 프로젝트를 빌드하면 세 개의 탭이 나란히 있고 추가된 third 탭을 탭하면 탭 바 아이템이 하이라이트되면서 ThirdViewController 뷰 컨트롤러의 씬이 표시됩니다.

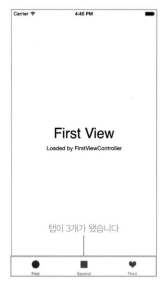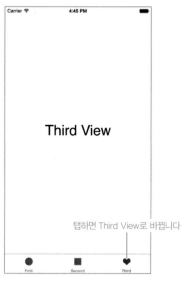

그림 14.56 탭 전환 확인

Part 3
Chapter
11
Chapter
12
Chapter
13
Chapter
14
Chapter
15
Chapter
16
Chapter
17
Chapter
18
Chapter
19

443

탭 바 컨트롤러의 커스텀 클래스

탭의 전환 이벤트 처리와 탭 아이템의 설정은 탭 바 컨트롤러로 구현합니다. 탭 바 컨트롤러를 구현하려면 탭
바 컨트롤러의 커스텀 클래스를 작성해야 합니다.

1 │ 탭 바 컨트롤러의 클래스를 만든다

UITabBarController 클래스를 상속받아 탭 바 컨트롤러의 커스텀 클래스를 만듭니다. 다음 예제는 클래스 이
름을 MyTabBarController로 합니다.

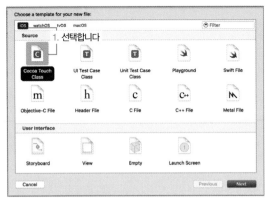

그림 14.57 탭 바 컨트롤러의 클래스 생성

2 │ 탭 바 컨트롤러와 연동한다

탭 바 컨트롤러를 선택한 다음 Identity 인스펙터의 Custom Class에서 MyTabBarController 클래스를 지정
합니다.

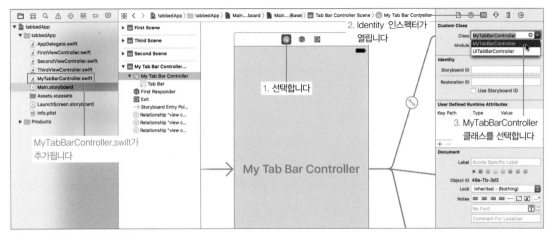

그림 14.58 탭 바 컨트롤러와 연동

탭 아이템에 배지를 표시한다

탭 아이템에는 [New]나 [5]처럼 노티피케이션에 사용하는 배지를 겹쳐서 표시할 수 있습니다. 여기에서는 [New]라는 배지를 표시하고, 탭을 선택하면 이벤트를 받아서 배지가 사라지게 만들어 보겠습니다.

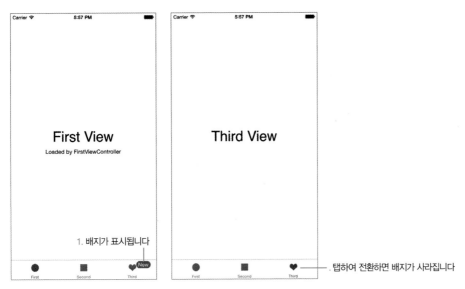

그림 14.59 탭 아이템에 배지 표시

배지를 표시한다

탭 아이템에 배지를 표시하려면 배지를 붙이고 싶은 탭의 badgeValue 프로퍼티에 표시하고 싶은 문자열을 설정합니다. 예를 들어 3번째 탭의 아이템을 참조하려면 탭 바의 items 프로퍼티에서 인덱스 번호가 2인 탭 아이템을 꺼냅니다.

> **List** 3번째 탭에 "New" 배지를 붙인다
>
> «sample» **tabbedApp/MyTabBarController.swift**
>
> ```swift
> let tabBartItem = tabBar.items?[2]        ——— 탭 아이템을 선택합니다
> tabBartItem?.badgeValue = "New"           ——— 배지를 붙입니다
> ```

탭 전환 이벤트를 받는다

탭 전환 이벤트 처리는 tabBar(tabBar:didSelect:) 델리게이트 메서드로 처리할 수 있습니다. 배지를 지우려면 badgeValue 프로퍼티의 값을 nil로 설정합니다.

Part 3
Chapter 11
Chapter 12
Chapter 13
Chapter 14
Chapter 15
Chapter 16
Chapter 17
Chapter 18
Chapter 19

«sample» **tabbedApp/MyTabBarController.swift**

```swift
// 탭 바가 바뀔 때의 델리게이트 메서드
override func tabBar(_ tabBar: UITabBar, didSelect item: UITabBarItem) {
    // Third 탭이면 배지를 지운다
    if item.title == "Third" {
        item.badgeValue = nil            ——————— 배지를 지운다
    }
}
```

완성된 MyTabBarController 클래스

완성된 MyTabBarController 클래스는 다음과 같습니다.

List   탭 바 컨트롤러의 커스텀 클래스

«sample» **tabbedApp/MyTabBarController.swift**

```swift
//
// MyTabBarController.swift
// tabbedApp
//
import UIKit

class MyTabBarController: UITabBarController {            ——————— UITabBarController 클래스를 상속합니다

    // 탭 바가 바뀔 때의 델리게이트 메서드
    override func tabBar(_ tabBar: UITabBar, didSelect item: UITabBarItem) {
        // Third 탭이면 배지를 지운다
        if item.title == "Third" {
            item.badgeValue = nil
        }
    }
                                          탭이 바뀌면 실행됩니다
    override func viewDidLoad() {
        super.viewDidLoad()
        // 3번째 탭에 "New" 배지를 붙인다
        let tabBartItem = tabBar.items?[2]
        tabBartItem?.badgeValue = "New"
    }

(생략)
}
```

알림을 표시한다

화면에 선택지를 표시하는 알림을 만드는 방법을 설명합니다. 알림은 현재 뷰 컨트롤러의 화면과 함께 표시됩니다. 알림에는 텍스트 입력 필드를 표시할 수도 있습니다.

알림을 만든다

알림은 UIAlertController 클래스로 만듭니다. 표시할 타이틀이나 메시지를 설정해 UIAlertController 클래스의 인스턴스를 만들고, 그 인스턴스에 액션(Action)을 추가합니다.

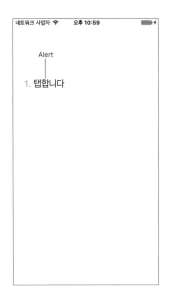
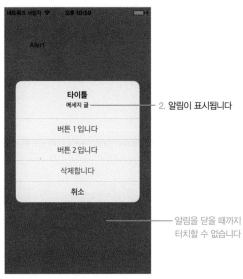

그림 14.60 알림 표시

UIAlertController 클래스의 인스턴스인 alert을 만들 때 알림의 타이틀, 메시지, 알림 스타일(preferredStyle)을 지정합니다. 스타일은 UIAlertControllerStyle 형으로 알림을 만들려면 alert을 지정합니다.

다음 예제는 타이틀과 메시지를 nil로 설정해 알림을 작성하고, 뒤에서 title 프로퍼티와 message 프로퍼티를 이용해 타이틀과 메시지를 설정합니다. 스타일은 나중에 변경할 수 없으므로 인스턴스를 만들 때 매개변수로 지정합니다.

Part 3

Chapter
11

Chapter
12

Chapter
13

Chapter
14

Chapter
15

Chapter
16

Chapter
17

Chapter
18

Chapter
19

List 알림을 만든다

«sample» **uiAlertController_alert/ViewController.swift**

```
let alert = UIAlertController(title: nil, message: nil, preferredStyle: .alert)
alert.title = "타이틀"
alert.message = "메시지 글"
```
알림을 만듭니다

알림에 버튼을 추가한다

알림에 표시할 버튼의 액션을 UIAlertAction()으로 만들고 addAction() 메서드로 추가합니다. 액션 타입을 지정하는 UIAlertActionStyle에는 default, cancel, destructive가 있으며, destructive로 설정하면 빨간 글씨가 됩니다. 버튼은 추가한 순서대로 위에서부터 나열되지만, cancel 타이틀은 추가한 순서와 상관없이 가장 아래에 표시됩니다. 버튼의 기능은 handler 매개변수에 클로저형으로 기술합니다. 여기에서는 탭한 버튼의 타이틀을 출력합니다.

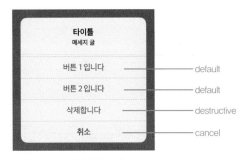

그림 14.61 알림에 버튼 추가

다음 코드는 default 스타일의 액션을 만들어 알림에 추가합니다. 표시된 알림에서 버튼1을 선택하면 hello()가 실행됩니다.

List 버튼을 만든다

«sample» **uiAlertController_alert/ViewController.swift**

```
alert.addAction(
    UIAlertAction(
        title: "버튼 1 입니다",
        style: .defalt,              버튼 스타일
        handler: {(action) -> Void in
        self.hello(action.title!)             선택하면 실행할 처리
    })              클로저에서 호출하므로 self가 필요합니다
)

// 선택하면 실행될 메서드
func hello(_ msg:String) {
    print(msg)              msg에는 선택된 버튼의 타이틀이 들어갑니다
}
```

알림을 표시한다

UIAlertController 클래스에서 알림을 만든 것만으로는 화면에 표시되지 않습니다. 알림은 뷰 컨트롤러이므로 present()를 사용해 화면에 모달로 표시합니다. 알림의 뒷면인 뷰는 어둡게 표시되고, 알림을 닫을 때까지 조작할 수 없습니다.

List 알림을 표시한다

«sample» **uiAlertController_alert/ViewController.swift**

```
// 알림을 표시한다
self.present(
    alert,                    ──────── 만들어 둔 alert 뷰 컨트롤러
    animated: true,
    completion: {
        // 표시 종료 후에 실행
        print("알림이 표시됐다")
    }
)
```

완성된 ViewController 클래스

완성된 ViewController 클래스는 다음과 같습니다.

List 알림을 표시한다

«sample» **uiAlertController_alert/ViewController.swift**

```
//
// ViewController.swift
// uiAlertController_alert
//

import UIKit

class ViewController: UIViewController {

    @IBAction func showAlert(_ sender: Any) {
        // 알림을 만든다
        let alert = UIAlertController(title: nil, message: nil, preferredStyle: .alert)
        alert.title = "타이틀"
        alert.message = "메세지 글"                              알림을 만듭니다

        // 버튼1
        alert.addAction(
            UIAlertAction(
                title: "버튼 1 입니다",
                style: .default,
                handler: {(action) -> Void in
                self.hello(action.title!)    ──── 버튼으로 실행할 메서드를 클로저로 지정합니다
            })
        )
```

Part 3
Chapter 11
Chapter 12
Chapter 13
Chapter 14
Chapter 15
Chapter 16
Chapter 17
Chapter 18
Chapter 19

```
        // 버튼 2
    alert.addAction(
            UIAlertAction(
                title: "버튼 2 입니다",
                style: .default,
                handler: {(action) -> Void  in
                    self.hello(action.title!)
                })
        )

        // 취소(추가 순서와 상관없이 마지막에 표시된다)
    alert.addAction(
            UIAlertAction(
                title: "취소",
                style: .cancel,
                handler: nil)
        )

    // 빨간 버튼
    alert.addAction(
        UIAlertAction(
            title: "삭제합니다",
            style: .destructive,
            handler: {(action) -> Void in
                self.hello(action.title!)
            })
        )
    }
```

```
    // 알림을 표시한다
    self.present(
        alert,
        animated: true,
        completion: {
            // 표시 종료 후에 실행
            print("알림이 표시됐다")
        }
    )
}
```
───── 작성한 알림을 표시합니다

```
func hello(_ msg:String) {
    print(msg)
}
```
───── 알림 선택 버튼으로 실행될 메서드

```
(생략)
}
```

표시할 버튼이 2개, 1개일 때

버튼이 2개일 때는 버튼이 좌우로 나란히 표시됩니다. 첫 번째 예제는 default 스타일의 [OK] 버튼과 cancel 스타일의 [취소] 버튼 2개를 추가한 것입니다. 추가한 순서에 관계없이 cancel 스타일 버튼이 왼쪽에 배치됩니다.

«sample» **uiAlertController_alert_OK.xcodeproj**

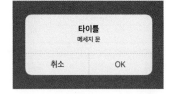

다음 예제는 destructive 스타일의 [삭제합니다] 버튼과 cancel 스타일의 [취소] 버튼 2개를 추가한 것입니다.

«sample» **uiAlertController_alert_Destructive.xcodeproj**

마지막 예제는 default 스타일의 [OK] 버튼이 1개일 때입니다.

«sample» **uiAlertController_alert_oneButton.xcodeproj**

그림 14.62 다양한 알림의 형태

알림에 텍스트 필드를 추가한다

알림에는 텍스트 필드를 넣을 수 있습니다. 다음 예제는 텍스트 필드, OK 버튼, 취소 버튼을 추가한 알림입니다.

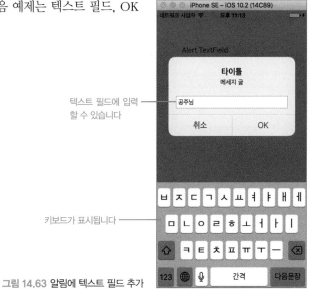

텍스트 필드에 입력할 수 있습니다

키보드가 표시됩니다

그림 14.63 알림에 텍스트 필드 추가

Part 3
Chapter 11
Chapter 12
Chapter 13
Chapter 14
Chapter 15
Chapter 16
Chapter 17
Chapter 18
Chapter 19

알림에 텍스트 필드를 표시하려면 addTextField() 메서드로 텍스트 필드의 델리게이트가 되는 클로저를 작성해 매개변수로 전달합니다. ViewController 클래스는 UITextFieldDelegate 프로토콜을 따라야 합니다.

List UITextFieldDelegate 프로토콜을 사용한다

«sample» **uiAlertController_alert_textfield/ViewController.swift**

```
class ViewController: UIViewController, UITextFieldDelegate {
    (생략)
}                                           텍스트 필드를 표시하려면 프로토콜을 추가합니다
```

List 알림에 텍스트 필드를 추가한다

«sample» **uiAlertController_alert_textfield/ViewController.swift**

```
    alert.addTextField{(textField) -> Void in
        // 텍스트 필드의 델리게이트가 된다
        textField.delegate = self
    }
```

텍스트 필드에 입력된 텍스트를 받고 키보드를 내리려면 textFieldDidEndEditing() 델리게이트 메서드를 구현합니다. 이 메서드가 실행되는 시점은 텍스트 필드에 개행(return) 키를 입력했을 때와 취소 버튼을 포함한 버튼을 눌러 알림이 사라진 타이밍에도 실행됩니다.

List 입력이 끝나면 키보드를 내린다

«sample» **uiAlertController_alert_textfield/ViewController.swift**

```
    func textFieldDidEndEditing(textField: UITextField!) {
        print(textField.text)        텍스트 필드에 입력된 값을 꺼냅니다
    }
```

완성된 ViewController 클래스

완성된 ViewController 클래스는 다음과 같습니다.

List 텍스트 필드가 있는 알림

«sample» **uiAlertController_alert_textfield/ViewController.swift**

```
//
// ViewController.swift
// uiAlertController_alert_textfield
//

import UIKit

class ViewController: UIViewController, UITextFieldDelegate {        프로토콜을 추가합니다

    @IBAction func showAlert(_ sender: Any) {
        // 알림을 만든다
```

```
let alert = UIAlertController(title: nil, message: nil, preferredStyle: .alert)
alert.title = "타이틀"
alert.message = "메시지 글"
```

텍스트 필드를 추가합니다

```
// 텍스트 필드
alert.addTextField{(textField) -> Void  in
    // 텍스트 필드의 델리게이트가 된다
    textField.delegate = self
}
```

```
// OK 버튼
alert.addAction(
    UIAlertAction(
        title: "OK",
        style: .default,
        handler: {(action) -> Void in
            self.hello(action.title!)
    })
)
```

```
// 취소 버튼
alert.addAction(
    UIAlertAction(
        title: "취소",
        style: .cancel,
        handler: nil)
)
```

```
// 알림을 표시한다
self.present(
    alert,
    animated: true,
    completion: {
        // 표시 종료 후에 실행
        print("알림이 표시됐다")
    }
)
}
```

텍스트 필드로 실행할 처리

```
// 텍스트 필드의 입력 종료(키보드를 내린다)
func textFieldDidEndEditing(_ textField: UITextField) {
    print(textField.text)
}
```

텍스트 필드에 입력된 값을 꺼냅니다

```
// 선택으로 실행되는 메서드
func hello(_ msg:String) {
    print(msg)
}
```

OK 버튼으로 실행할 처리

```
(생략)
}
```

Part 3
Chapter
11
Chapter
12
Chapter
13
Chapter
14
Chapter
15
Chapter
16
Chapter
17
Chapter
18
Chapter
19

Section 14-8

액션 시트를 표시한다

액션 시트는 화면 아래에서 올라오는 대화상자입니다. 앞에서 설명한 알림과 표시 스타일만 다르며, 만드는 방법과 표시하는 방법은 알림과 같습니다.

액션 시트를 만든다

액션 시트도 알림과 마찬가지로 UIAlertController 클래스로 만듭니다. UIAlertController 클래스의 인스턴스를 만들 때 preferredStyle 매개변수로 지정하는 스타일을 UIAlertControllerStyle의 actionSheet로 설정하면 액션 시트가 됩니다.

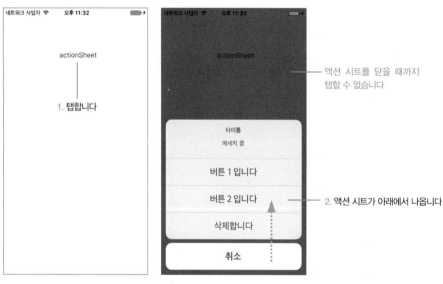

그림 14.64 액션 시트

| List | 액션 시트의 인스턴스를 만든다 |

«sample» **uiAlertController_actionSheet/ViewController.swift**

```swift
let actionSheet = UIAlertController(
    title: "타이틀",
    message: "메시지 글",
    preferredStyle: .actionSheet) // 액션 시트 형식이 된다
```

액션 시트에 버튼을 추가한다

액션 시트에 선택 버튼을 추가하는 방법은 알림과 같습니다. 다만 액션 시트에는 텍스트 필드를 추가할 수 없습니다.

다음 코드는 default 스타일의 액션을 만들어 액션 시트에 추가합니다. 표시된 액션 시트에서 버튼 1을 선택하면 hello()가 실행됩니다.

List 버튼을 만든다

«sample» **uiAlertController_actionSheet/ViewController.swift**

```swift
actionSheet.addAction(
    UIAlertAction(
        title: "버튼 1 입니다",
        style: .default,
        handler: {(action) -> Void in
            self.hello(action.title!)        ———— 선택하면 실행할 처리
    })
)

. . .

// 선택된 버튼으로 실행할 메서드
func hello(_ msg:String) {
    print(msg)
}
```

액션 시트를 표시한다

액션 시트는 present()를 사용해 화면에 모달 방식으로 표시합니다. 액션 시트의 아래에 있는 뷰는 화면이 어두워지고 액션 시트를 닫을 때까지 조작할 수 없습니다.

List 액션 시트를 표시한다

«sample» **uiAlertController_actionSheet/ViewController.swift**

```swift
// 액션 시트를 표시한다
self.present(
    actionSheet,
    animated: true,
    completion: {
        // 표시 종료 후에 실행
        print("액션 시트가 표시되었다")
    }
)
```

완성된 ViewController 클래스

완성된 ViewController 클래스는 다음과 같습니다.

Part 3
Chapter 11
Chapter 12
Chapter 13
Chapter 14
Chapter 15
Chapter 16
Chapter 17
Chapter 18
Chapter 19

List　액션 시트를 표시한다

«sample» **uiAlertController_actionSheet/ViewController.swift**

```swift
//
// ViewController.swift
// uiAlertController_actionSheet
//

import UIKit

class ViewController: UIViewController {

    @IBAction func showActionSheet(_ sender: Any) {
        // 액션 시트를 만든다
        let actionSheet = UIAlertController(
            title: "타이틀",
            message: "메시지 글",
            preferredStyle: .actionSheet
        )                           ┌──── 액션 시트를 만듭니다

        // 버튼1
        actionSheet.addAction(
            UIAlertAction(
                title: "버튼 1 입니다",
                style: .default,
                handler: {(action) -> Void in
                    self.hello(action.title!)
            })
        )

        // 버튼2
        actionSheet.addAction(
            UIAlertAction(
                title: "버튼 2 입니다",
                style: .default,
                handler: {(action) -> Void  in
                    self.hello(action.title!)
            })
        )

        // 취소(추가 순서와 관계없이 마지막에 표시된다)
        actionSheet.addAction(
            UIAlertAction(
                title: "취소",
                style: .cancel,
                handler: nil)
        )

        // 빨간색 버튼
        actionSheet.addAction(
            UIAlertAction(
                title: "삭제합니다",
                style: .destructive,
                handler: {(action) -> Void in
```

```
                    self.hello(action.title!)
        })
    )

    // 액션 시트를 표시한다
    self.present(
        actionSheet,
        animated: true,
        completion: {
            // 표시 종료 후에 실행
            print("액션 시트가 표시됐다")
        }
    )
}

// 선택된 버튼으로 실행할 메서드
func hello(_ msg:String) {
    print(msg)
}

(생략)
}
```

─────액션 시트를 표시합니다

Part 3

Chapter
11

Chapter
12

Chapter
13

Chapter
14

Chapter
15

Chapter
16

Chapter
17

Chapter
18

Chapter
19

457

Chapter 15

애니메이션과 영상효과

뷰와 이미지 뷰를 사용한 기본적인 애니메이션 방법과 영상 효과를 설명합니다. 이 장에서 사용하는 타이머는 애니메이션 이외의 목적으로도 넓게 이용됩니다. 제스처 리커그나이저, 트랜스폼 변형 같은 중요한 키워드도 살펴봅니다.

타이머를 사용한 애니메이션

타이머(Timer)를 사용하면 지정한 초 간격으로 정기적인 메서드를 반복할 수 있습니다. 이를 활용해 좌표 등의 프로퍼티 값을 조금씩 변화시키는 애니메이션을 만들어 보겠습니다.

좌표 이동 애니메이션

좌표 이동 애니메이션은 현재의 위치를 조금씩 변화시켜서 이동하는 것처럼 보이게 하는 애니메이션입니다. 타이머를 사용하면 좌표를 이동시키는 메서드를 반복해 정기적으로 실행하게 할 수 있습니다.

타이머 작성과 시작

반복 타이머는 Timer 클래스의 scheduledTimer()로 작성합니다. 타이머의 호출 간격은 timeInterval(초 단위), 호출 시 실행할 메서드는 #selector로 지정합니다. 이 예제는 ViewController 클래스에 정의된 step() 메서드를 실행합니다. step()에는 매개변수가 없으므로 ()을 붙이지 않고 self.step으로 지정합니다. self를 사용하지 않고 ViewController.step이라고 작성할 수도 있습니다. repeats가 true이므로 타이머는 timeInterval로 지정한 0.1초 간격으로 step()을 반복해서 실행합니다. 또한 타이머는 생성과 동시에 자동으로 시작합니다.

List 타이머를 만든다

«sample» **timer_car/ViewController.swift**

```
Timer.scheduledTimer(
    timeInterval: 0.1, // 반복할 간격(초)
    target: self,
    selector: #selector(self.step), // 실행할 메서드
    userInfo: nil,
    repeats: true // 반복 재생한다
)
```

오른쪽으로 이동한다

step()에서는 자동차(car 이미지 뷰)의 x 좌표를 5씩 더해서 자동차를 오른쪽으로 이동시킵니다. 차가 화면의 오른쪽으로 나가 버렸다면 즉, 자동차의 x 좌표가 뷰의 너비와 자동차 너비의 절반을 더한 값보다 크면 좌표를 −carWidth로 설정해 화면의 왼쪽으로 되돌립니다. 이때 y 좌표를 뷰 높이의 범위 내에서 랜덤 값으로 변경함으로써 왼쪽에서 나오는 높이가 매번 다른 장소로 바뀌게 만듭니다.

그림 15.1 자동차의 이동 애니메이션

자동차를 오른쪽으로 움직이려면 center.x에 값을 더합니다.

| List | 자동차를 오른쪽으로 이동 |

«sample» **timer_car/ViewController.swift**

```
car.center.x += 10
```

자동차가 오른쪽 끝에 도착했는지는 뷰의 너비에 자동차 너비의 절반을 더한 좌표로 판단합니다. 높이는 난수를 뷰의 높이로 나눈 나머지를 구해 뷰 높이의 범위 내에 있는 y 좌표로 합니다. 뷰의 가로세로 크기는 view. bounds로 구합니다.

| List | 오른쪽 끝에 도착하면 왼쪽으로 되돌아간다 |

«sample» **timer_car/ViewController.swift**

```
// 오른쪽 가장자리에서 밖으로 나가면
let carWidth = car.bounds.width            ──────── 차의 너비
if car.center.x>(view.bounds.width + carWidth/2) {
    // 왼쪽 끝의 바로 앞으로 되돌아간다         └──────── 뷰의 너비
    car.center.x = -carWidth
    // y 좌표는 랜덤인 높이로 변경
    let viewH = view.bounds.height          ──────── 뷰의 높이
    car.center.y = CGFloat(arc4random_uniform(UInt32(viewH)))
}
```

> ❶ NOTE
>
> 화면의 가로세로 크기
> 화면의 가로세로 크기는 UIScreen.mainScreen.bounds로 확인할 수 있습니다.

완성된 ViewController 클래스

완성된 ViewController 클래스는 다음과 같습니다. 빌드하면 자동차가 오른쪽으로 나아가고 화면 밖으로 사라지자 반대편에서 나옵니다. 반대편에서 나오는 위치는 랜덤한 값이므로 반복할 때마다 매번 다른 높이에 위치합니다.

List 타이머로 자동차가 달리는 애니메이션

«sample» **timer_car/ViewController.swift**

```swift
//
//  ViewController.swift
//  timer_car
//
import UIKit

class ViewController: UIViewController {
    // 차
    @IBOutlet weak var car: UIImageView!               ──────── 차를 아울렛 연결합니다

    override func viewDidLoad() {
        super.viewDidLoad()
        // 타이머를 만든다
        Timer.scheduledTimer(
            timeInterval: 0.1, // 반복할 간격(초)
            target: self,
            selector: #selector(self.step), // 실행할 메서드
            userInfo: nil,
            repeats: true // 반복 재생한다
        )
    }
                        차를 조금씩 움직이는 애니메이션

    // 타이머로 정기적으로 호출되는 메서드
    func step(){
        // 수평 방향으로 이동
        car.center.x += 10
        // 오른쪽 가장자리에서 밖으로 나가면
        let carWidth = car.bounds.width
        if car.center.x>(view.bounds.width + carWidth/2) {
            // 왼쪽 끝의 바로 앞으로 되돌아간다
            car.center.x = -carWidth
            // y 좌표는 랜덤인 높이로 변경
            let viewH = view.bounds.height
            car.center.y = CGFloat(arc4random_uniform(UInt32(viewH)))
        }
    }

(생략)
}
```

이즈 인 아웃 애니메이션

UIView 클래스에는 좌표나 투명도 등의 최종값을 지정해서 최종값에 서서히 가까워지는 이즈 인 아웃(ease in out) 애니메이션을 재생할 수 있는 편리한 메서드가 있습니다. 이 절에서는 그 기능과 더불어 뷰에서 터치 이벤트를 받기 위한 제스처 리커그나이저를 설명합니다.

효과를 서서히 자연스럽게 적용하는 이즈 인 아웃 애니메이션

좌표, 투명도, 크기 등의 프로퍼티 설정값의 최종값을 지정해서 현재값을 서서히 변화시키는 편리한 메서드가 있습니다. 조금씩 가속하면서 움직이고, 감속하면서 멈추는 이즈 인 아웃 값의 변화를 지정할 수 있습니다.

뷰를 탭한다

뷰도 버튼과 똑같이 탭 액션으로 메서드를 동작시킬 수 있지만 뷰의 초깃값으로는 터치 조작 등의 핑거 액션에는 응답하지 않게 설정돼 있습니다. 따라서 뷰에서의 탭 동작을 인식하려면 Tap Gesture Recognizer라는 기능을 사용합니다(제스처 리커그나이저 ☞ P.483).

다음 예는 화면(뷰)을 탭하면 그 위치에 바다표범이 이즈 인 아웃 애니메이션 되며 다가옵니다.

1 바다표범을 화면에 배치한다

바다표범 이미지를 가져와서 화면에 배치합니다.

2 뷰에 Tap Gesture Recognizer를 드래그 앤드 드롭한다

Object 라이브러리에 있는 [Tap Gesture Recognizer]를 뷰로 드래그 앤드 드롭합니다. 화면에는 아무것도 표시되지 않지만, 도큐먼트 아웃라인과 Dock에 Tap Gesture Recognizer 아이콘이 등록됩니다.

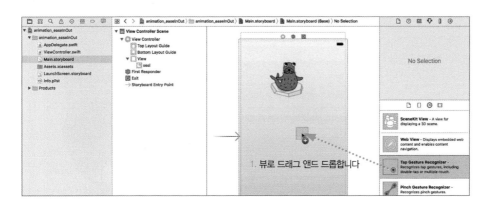

Part 3
Chapter
11
Chapter
12
Chapter
13
Chapter
14
Chapter
15
Chapter
16
Chapter
17
Chapter
18
Chapter
19

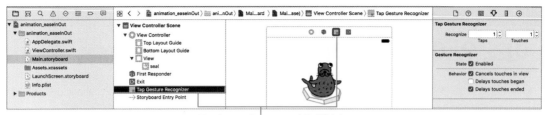

2. Tap Gesture Recognizer가 추가됩니다

그림 15.2 뷰에 Tap Gesture Recognizer 추가

3 Tap Gesture Recognizer를 액션 연결한다

어시스턴트 에디터를 열고 버튼을 액션 연결하는 것처럼 Tap Gesture Recognizer 아이콘을 control 키를 누른 채로 드래그해 연결선을 늘려서 ViewController 클래스와 연결합니다. 메서드 이름은 tapView로 설정하고 Type은 UITapGestureRecognizer 클래스를 선택합니다.

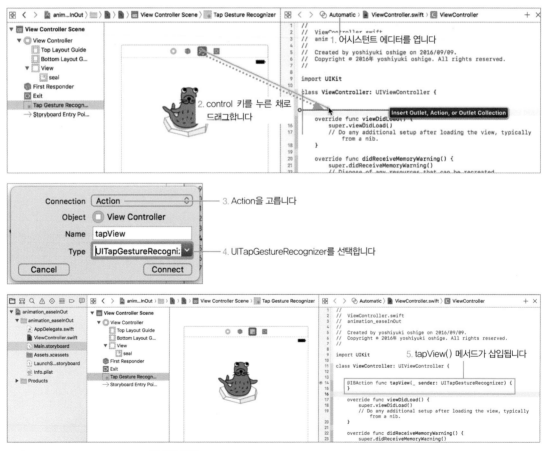

그림 15.3 Tap Gesture Recognizer를 액션 연결

바다표범을 아울렛 연결한다

바다표범의 이미지 뷰는 ViewController 클래스와 아울렛 연결하고, 프로퍼티명은 seal로 설정합니다.

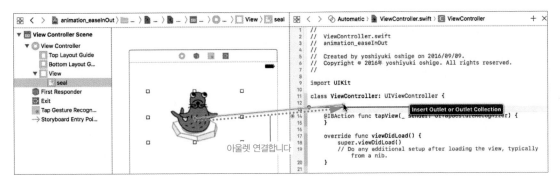

그림 15.4 바다표범을 아울렛 연결

탭한 위치로 이동하는 애니메이션

Tap Gesture Recognizer와 액션 연결해 삽입한 tapView( ) 메서드에 탭한 위치로 바다표범을 이동시키는 애니메이션을 작성합니다. 여기에서 사용하는 메서드는 UIView 클래스의 animate(withDuration:) 클래스 메서드입니다. 첫 번째 매개변수에는 애니메이션에 걸리는 시간(초)을 지정하고, 매개변수 delay에 애니메이션을 시작할 때까지의 대기 시간, 매개변수 options에 애니메이션 방법을 지정합니다. 그리고 매개변수 animations에는 애니메이션시키는 뷰 프로퍼티의 최종값을 지정합니다. 탭한 위치로 이동하는 애니메이션을 만들려면 뷰의 center 프로퍼티 값을 탭한 좌표로 설정합니다. completion은 애니메이션을 종료한 시점에서 실행하고자 하는 메서드가 있을 때 지정합니다(연속된 애니메이션 ☞ P.473).

> **List** 탭한 좌표로 이동하는 애니메이션
>
> «sample» **animation_easeInOut/ViewController.swift**
>
> ```
> UIView.animate(withDuration: 1.0, // 1초 간격으로 재생
>     delay: 0, // 기다리는 시간 없음
>     options: [.curveEaseInOut], //이즈 인 아웃
>     animations: {
>         // 탭한 좌표로 이동
>         self.seal.center = tapPoint
>     },
>     completion: nil)
> ```

애니메이션 옵션 UIViewAnimationOptions

매개변수 options는 애니메이션 방법을 UIViewAnimationOptions 형의 배열로 지정합니다. curveEaseInOut은 현재값부터 종료값까지의 변화를 이즈 인 아웃(움직이기 시작하면서 가속하고 점점 감속하면서 멈춘다)으로 합니다.

Part 3
Chapter 11
Chapter 12
Chapter 13
Chapter 14
Chapter 15
Chapter 16
Chapter 17
Chapter 18
Chapter 19

> **List** 애니메이션 옵션
>
> «sample» **animation_easeInOut/ViewController.swift**
>
> ```
> options: [.curveEaseInOut], //이즈인아웃
> ```

탭한 좌표

탭한 좌표인 tapPoint는 sender를 이용해 다음과 같이 구할 수 있습니다. view는 좌표의 기준인 뷰를 지정합니다.

> **List** 탭한 좌표를 알아본다
>
> «sample» **animation_easeInOut/ViewController.swift**
>
> ```
>         let tapPoint = sender.location(in: view)
> ```

완성된 ViewController 클래스

완성된 ViewController 클래스는 다음과 같습니다. 화면을 탭하면 그 위치로 바다표범이 쓱~하고 이동해 멈춥니다. 이동 중에 다른 곳을 탭하면 도중에 탭한 위치로 방향을 바꿉니다.

> **List** 탭한 좌표로 바다표범이 이동하는 애니메이션
>
> «sample» **animation_easeInOut/ViewController.swift**
>
> ```swift
> //
> //  ViewController.swift
> //  animation_easeInOut
> //
>
> import UIKit
>
> class ViewController: UIViewController {
>
>     // 바다표범
>     @IBOutlet weak var seal: UIImageView!
>
>     // 뷰를 탭하면 실행
>     @IBAction func tapView(_ sender: UITapGestureRecognizer) {
>         // 탭한 좌표를 알아본다
>         let tapPoint = sender.location(in: view)
>
>         // 지정한 최종값이 될 때까지 애니메이션한다
>         UIView.animate(withDuration: 1.0, // 1초 간격으로 재생
>             delay: 0, // 기다리는 시간 없음
>             options: [.curveEaseInOut], // 이즈인아웃
>             animations: {
>                 // 탭한 좌표로 이동
>                 self.seal.center = tapPoint
>             },
>             completion: nil)
>     }
> (생략)
> }
> ```

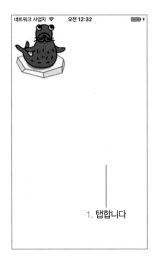

1. 탭합니다

2. 탭한 위치로 스윽~하고 이즈 인
아웃으로 이동합니다

그림 15.5 탭 한 위치로 이동하는 바다표범

왕복 애니메이션

options에서 지정하는 애니메이션 방식에는 반대로 재생, 반복 재생과 같은 옵션도 있습니다. 다음 예제는 바다표범 그림이 좌우로 왕복하며 이즈 인 아웃으로 반복합니다.

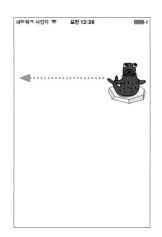

좌우 왕복을 이즈인 아웃으로
반복합니다

그림 15.6 왕복 애니메이션

애니메이션 옵션을 조합한다

앞서 살펴본 애니메이션과 마찬가지로 이 애니메이션에도 animate(withDuration:)를 사용해 애니메이션합니다. 다음과 같이 옵션을 배열 형식으로 지정합니다.

List 3개의 애니메이션 옵션을 조합한다

«sample» **animation_reverse_repeat/ViewController.swift**

```
options: [.curveEaseInOut, // 이즈인아웃
        .autoreverse, // 반대로 재생
        .repeat], // 반복
```

ViewController 클래스를 완성한다

이 예제는 바다표범을 코드로 배치합니다. 우선 "seal" 이미지로 바다표범의 이미지 뷰를 만들고, 이를 애니메이션의 시작 지점인 화면의 왼쪽에 표시합니다. 이어서 그 위치에서 애니메이션이 끝나는 곳인 화면 오른쪽 좌표를 지정하고 애니메이션을 시작합니다.

List 왕복 애니메이션을 반복한다

«sample» **animation_reverse_repeat/ViewController.swift**

```
//
// ViewController.swift
// animation_reverse_repeat
//

import UIKit

class ViewController: UIViewController {

    override func viewDidLoad() {
        super.viewDidLoad()

        // 바다표범을 뷰에 추가한다
        let seal = UIImageView(image: UIImage(named: "seal"))
        seal.center = CGPoint(x: 50, y: 150)
        view.addSubview(seal)

        // 화면을 가로로 왔다갔다 한다
        UIView.animate(withDuration: 1.0, // 1초 간격으로 재생
            delay: 0, // 기다리는 시간 없음
            options: [.curveEaseInOut, // 이즈인아웃
                    .autoreverse, // 반대로 재생
                    .repeat], // 반복
            animations: {
                // 화면의 오른쪽 끝으로 이동한다
                seal.center.x = self.view.frame.width - 50
            },
            completion: nil)        오른쪽 끝으로 이동하는 것만 지정했지만, 반대로 재생하는 옵션과 반복 옵션을
    }                               설정했으므로 시작 위치와 종료 위치 사이에서 반복해서 왕복합니다

(생략)
}
```

여러 개의 애니메이션을 합성한다

투명도를 변경하는 동시에 확대하고 회전하는 등 여러 개의 변화를 동시에 재생하는 애니메이션을 만들 수 있습니다. 확대와 회전 그리고 트랜스폼을 합성해 설정하는 방법도 설명합니다.

여러 개의 값의 변화를 합성한 애니메이션

UIView 클래스의 animate(withDuration:) 메서드로는 alpha, center와 같은 프로퍼티 값을 변화시키는 애니메이션을 동시에 재생할 수 있습니다. 다음 예제는 화면을 탭하면 그 위치에 꽃 이미지가 추가되는데, 이때 페이드인, 확대, 회전을 합성한 애니메이션과 함께 등장합니다.

그림 15.7 여러 개의 애니메이션을 합성

이 애니메이션을 만드는 순서를 정리하면 다음과 같습니다.

1. flower 이미지 뷰를 만든다.

2. flower 이미지 뷰를 변형(투명, 축소, 회전)한다.

3. 탭한 좌표에 flower 이미지 뷰를 표시한다.

4. 이미지 뷰의 변형을 이즈 인 아웃으로 원래 상태로 돌아가는 애니메이션을 실행한다.

자세하게 설명하기 전에 ViewController 클래스의 코드를 살펴보겠습니다.

List   확대와 회전을 하면서 탭한 좌표로 페인드인한다

«sample» **animation_transform_alpha/ViewController.swift**

```swift
//
// ViewController.swift
// animation_transform_alpha
//

import UIKit

class ViewController: UIViewController {

    @IBAction func tapView(_ sender: UITapGestureRecognizer) {
        // flower를 만든다
        let flower = UIImageView(image: UIImage(named: "flower"))
        // 투명도를 0으로 한다
        flower.alpha = 0          ──────── 지워둔다

        // 0.2 배 크기로 한다
        let scaleTransform = CGAffineTransform(scaleX: 0.2, y: 0.2)
        // -π/2 회전한다
        let rotationTransform = CGAffineTransform(rotationAngle: CGFloat(-M_PI_2))
        // 트랜스폼을 더해 합한다
        let transform = scaleTransform.concatenating(rotationTransform)
        // flower를 변형시킨다
        flower.transform = transform

        // 탭한 좌표에 flower를 추가한다
        flower.center = sender.location(in: self.view)
        view.addSubview(flower)          ─────────── 사라지고 있는 상태에서 추가합니다

        // 애니메이션
        UIView.animate(withDuration: 1.0, // 1초간 재생
            delay: 0, // 기다리는 시간 없음
            options: [.curveEaseInOut], //이즈인아웃
            animations: {
                // 투명도를 1로 한다
                flower.alpha = 1.0
                // 변형을 반환한다
                flower.transform = .identity
            },
            completion: nil)
    }
```

처음에 크기를 변형합니다

변형이 없는 상태의 트랜스폼

사라지고 있는 상태에서 표시와 변형을 반환하는 애니메이션을 실행합니다

(생략)
}

탭한 좌표에 flower를 추가한다

뷰에 Tap Gesture Recognizer를 드래그 앤드 드롭하고 액션 연결해 tapView()를 정의합니다

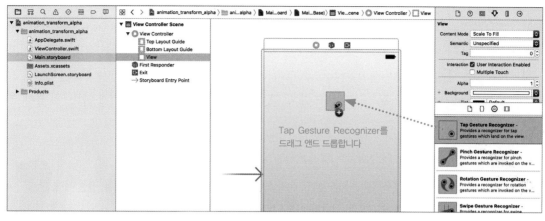

그림 15.8 Tap Gesture Recognizer 배치

tapView()에서는 "flower" 이미지로 flower 이미지 뷰를 만들고, 변형의 시작 상태를 설정한 다음 탭한 좌표를 조사해 그 좌표에 이미지 뷰를 추가하는 코드를 작성합니다.

그림 15.9 tapView() 에 코드 작성

List 탭한 좌표에 flower를 추가한다

«sample» **animation_transform_alpha/ViewController.swift**

```swift
@IBAction func tapView(_ sender: UITapGestureRecognizer) {
    // flower를 만든다
    let flower = UIImageView(image: UIImage(named: "flower"))
    ...
    // 탭한 좌표에 flower를 추가한다
    flower.center = sender.location(in: self.view)
    self.view.addSubview(flower)
    ...
}
```
탭한 좌표

트랜스 폼을 사용한 변형

UIView 클래스의 transform 프로퍼티는 평행이동, 확대 축소, 회전의 변형을 하는 행렬식을 값으로 가지는 프로퍼티입니다. 각 값은 CGAffineTransform(translationX:y:), CGAffineTransform(scaleX:y:), CGAffineTransform(rotationAngle:) 함수로 만들 수 있고, 그 값을 뷰의 transform 프로퍼티에 설정하면 뷰가 변형됩니다.

트랜스폼을 합성한다

확대와 동시에 회전하려면 확대 트랜스폼과 회전 트랜스폼의 값을 모두 합친 트랜스폼을 만들어야 합니다. 트랜스폼을 합칠 때는 concatenating() 메서드를 사용합니다.

다음 코드에서는 뷰를 0.2배로 하는 scaleTransform 트랜스폼과 뷰를 시계 반대 방향으로 45도 회전시키는 rotationTransform 트랜스폼을 만들고 두 개의 트랜스폼을 합성한 transform을 만듭니다. 그 값을 flower 뷰의 transform 프로퍼티에 설정함으로써 flower 뷰는 0.2배 사이즈로 축소되고, 45도만큼 시계 반대방향으로 회전한 상태가 됩니다. 이 상태가 애니메이션의 시작 상태입니다.

> **List** 확대와 회전을 변형한다
>
> «sample» **animation_transform_alpha/ViewController.swift**

```swift
// 0.2 배 크기로 한다
let scaleTransform = CGAffineTransform(scaleX: 0.2, y: 0.2)
// -π/2 회선한나
let rotationTransform = CGAffineTransform(rotationAngle: CGFloat(-M_PI_2))
// 트랜스폼을 더해 합한다
let transform = scaleTransform.concatenating(rotationTransform)
// flower를 변형시킨다
flower.transform = transform  ——————— 애니메이션 시작 상태
```

페이드인과 변형 애니메이션을 동시에 재생한다

페이드인과 변형 애니메이션을 동시에 재생하려면 animate(withDuration:)의 animations 매개변수로 alpha와 transform 2개의 프로퍼티 값을 애니메이션의 최종값으로 설정하면 됩니다. 페이드인은 alpha 값을 0에서 1로 서서히 변화시키고, flower는 처음에 0.2배 확대되고 시계 반대 방향으로 45도 회전된 상태이므로 변형 없이 그 상태를 최종값으로 합니다. 변형 없는 트랜스폼 값은 CGAffineTransform.identity으로 정의합니다.

> **List** 확대와 동시에 회전하는 변형의 animations 매개변수 값
>
> «sample» **animation_transform_alpha/ViewController.swift**

```swift
animations: {
    // 투명도를 1로 한다
    flower.alpha = 1.0
    // 변형을 반환한다
    flower.transform = .identity
},          ——————— 변형이 없는 상태의 트랜스폼
```

Section 15-4

애니메이션을 연결한다

animate(withDuration:) 메서드의 마지막 매개변수인 completion을 설정함으로써 여러 개의 애니메이션을 연결해 재생하거나 애니메이션을 완료한 후의 처리를 할 수 있습니다.

애니메이션을 연결한 동작

다음 예제는 크게 3가지 흐름이 있습니다. 이 예제의 핵심은 각 애니메이션이 완료되기를 기다렸다가 다음 동작으로 전환하는 것입니다.

1. 탭한 위치에 flower를 추가하고 페이드인한다.

2. 페이드인이 완료되고 3초 후에 페이드아웃을 시작한다.

3. 페이드아웃이 완료되면 flower를 뷰에서 제거한다.

탭한 위치에 2초 동안
페이드 인합니다

3초 후에 사라지기
시작합니다

2초 동안 페이드
아웃합니다

완전히 사라지면
뷰에서 제거됩니다

그림 15.10 애니메이션 연결

애니메이션이 완료되기를 기다렸다가 실행한다

UIView 클래스의 animate(withDuration:) 메서드에서 마지막 매개변수인 completion에는 애니메이션이 완료되고 나서 실행하고자 하는 내용을 작성합니다.

Part 3

Chapter
11

Chapter
12

Chapter
13

Chapter
14

Chapter
15

Chapter
16

Chapter
17

Chapter
18

Chapter
19

페이드인이 완료됐으면 실행한다

flower 이미지 뷰의 alpha 값이 0으로 설정된 상태에서 다음 animate(withDuration:)를 실행하면 2초에 걸쳐 alpha 값이 1로 변화하면서 페이드인됩니다. 그리고 페인드 인이 완료되면 completion에 있는 self. fadeoutAndRemove(flower) 즉, 페이드아웃 메서드를 호출합니다. 클로저에서 호출하므로 self을 붙여서 메서드를 호출해야 합니다.

List 페이드인이 완료되면 페이드아웃으로 바뀐다

«sample» **animation_fadeInOut_remove/ViewController.swift**

```
// 페이드인한다
UIView.animate(
    withDuration: 2.0, // 2.0초에 걸쳐서 표시된다
    delay: 0, // 바로 시작한다                           ──── 2초 동안 페이드인합니다
    options: [.curveEaseInOut],
    animations: {
        // 표시한다
        flower.alpha = 1.0
    },
    completion:{(finished:Bool) in
        // 페이드인이 종료되면 실행한다              ──── 페이드인이 종료되면 실행합니다
        self.fadeoutAndRemove(flower)
})
```

3초 후에 페이드아웃한다

페이드인을 완료했다면 fadeoutAndRemove(flower)가 호출됩니다. fadeoutAndRemove()에서는 매개변수로 받은 뷰 즉, flower의 alpha 값이 2초에 걸쳐 0으로 페이드아웃됩니다. 이때 delay:3 매개변수를 지정하므로 fadeoutAndRemove()를 호출하고 3초 후에 페이드아웃이 시작됩니다. 앞의 애니메이션을 연속으로 보면 페이드인 애니메이션을 완료하고 나서 페이드아웃 애니메이션까지 3초간 기다립니다.

List 3초 후에 페이드아웃을 시작한다

«sample» **animation_fadeInOut_remove/ViewController.swift**

```
// 페이드아웃한다
func fadeoutAndRemove(_ view:UIView) {
    // 페이드아웃한다
    UIView.animate(
        withDuration: 2.0, // 2.0초 걸쳐 사라진다
        delay: 3.0, // 3초 후에 지우기 시작한다  ──── 3초 후에 페이드 아웃을 시작합니다
        options: UIViewAnimationOptions(),
        animations: {
            // 지운다
            view.alpha = 0.0
        },
        completion:{(finished:Bool) in
            // 뷰에서 지운다                    ──── 페이드아웃이 종료되면 실행합니다
            view.removeFromSuperview()
    })
}
```

페이드아웃이 완료되면 뷰에서 제거한다

페이드아웃이 완료되고 뷰가 완전히 보이지 않으면 completion에서 지정한 view.removeFromSuperview()
가 실행됩니다. 이로써 flower는 자신의 슈퍼 뷰 즉, view에서 제거됩니다.

List 페이드아웃이 완료되면 뷰에서 삭제한다

«sample» **animation_fadeInOut_remove/ViewController.swift**

```
                completion:{(finished:Bool) in
                    // 뷰에서 지운다
                    view.removeFromSuperview()
                })                      └── 슈퍼 뷰에서 삭제합니다
```

완성된 ViewController 클래스

완성된 ViewController 클래스는 다음과 같습니다. 탭한 위치에 페이드인 효과와 함께 꽃 그림이 추가되고, 3
초 후에 페이드아웃하면서 사라집니다. 또한 뷰에는 Tap Gesture Recognizer를 드래그 앤 드롭해 액션 연
결로 tapView()와 연동해두어야 합니다(☞ P.483).

List 탭한 위치에 꽃을 페이드인 효과와 함께 추가하고, 페인드 아웃 효과와 함께 제거합니다

«sample» **animation_fadeInOut_remove/ViewController.swift**

```
//
//  ViewController.swift
//  animation_fadeInOut_remove
//

import UIKit

class ViewController: UIViewController {

    @IBAction func tapView(_ sender: UITapGestureRecognizer) {
        // flower를 만든다
        let flower = UIImageView(image: UIImage(named: "flower"))
        // 투명도를 0으로 한다
        flower.alpha = 0
        // 탭한 좌표에 flower를 추가한다
        flower.center = sender.location(in: self.view)
        view.addSubview(flower)          ──── 탭한 위치에 투명한 상태로 추가합니다

        // 페이드인한다
        UIView.animate(
            withDuration: 2.0, // 2.0초에 걸쳐서 표시한다
            delay: 0, // 바로 시작한다
            options: [.curveEaseInOut],
            animations: {
```

Part 3
Chapter 11
Chapter 12
Chapter 13
Chapter 14
Chapter 15
Chapter 16
Chapter 17
Chapter 18
Chapter 19

```swift
                // 표시한다
                flower.alpha = 1.0
            },
            completion:{(finished:Bool) in
                // 페이드인이 종료되면 실행한다
                self.fadeoutAndRemove(flower)
        })


    }

    // 페이드아웃이 종료되면 지운다
    func fadeoutAndRemove(_ view:UIView) {
        // 페이드아웃한다
        UIView.animate(
            withDuration: 2.0, // 2.0초에 걸쳐 사라진다
            delay: 3.0, // 3초 후에 지우기 시작한다 ─────── 3초간 기다립니다
            options: UIViewAnimationOptions(),
            animations: {
                // 지운다
                view.alpha = 0.0        ─────── 2초 걸쳐서 페이드아웃합니다
            },
            completion:{(finished:Bool) in
                // 뷰에서 지운다
                view.removeFromSuperview()   ─────── 페이드아웃이 종료되면 뷰에서 삭제합니다
        })
    }
```

Section 15-5

이미지 뷰의 프레임 애니메이션

이미지 뷰(UIImageView 클래스)는 정지 이미지뿐만 아니라 자동 재생되는 프레임 애니메이션을 표시할 수 있습니다. 움직이는 캐릭터와 인터랙션 응답 등에서 활용할 수 있으며 연속된 이미지를 동적으로 작성하면 이용 범위도 넓어집니다.

▌UIImageView의 animationImages 프로퍼티

UIImageView 클래스의 animationImages 프로퍼티에 플립북 같이 프레임이 연속된 이미지를 설정하면 GIF 애니메이션처럼 재생할 수 있습니다. 재생 프레임을 건너뛰거나 재생 범위를 지정할 수는 없지만, 애니메이션의 시작, 종료, 재생 속도, 반복 횟수 등을 지정할 수 있습니다.

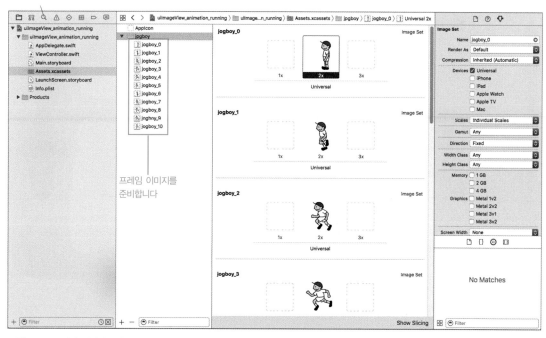

그림 15.11 프레임 애니메이션

프레임 이미지 배열을 만든다

animationImages 프로퍼티에는 재생 순서대로 나열한 UIImage 배열을 만들어 설정합니다. 다음 jogboy Images() 함수는 프로젝트에 넣어 둔 jogboy_1~jogboy_10 이미지를 배열로 만들어 반환합니다. 애니메이션의 재생 순서는 배열의 나열 순서와 같으며, 이미지 이름은 일련 번호로 하지 않아도 됩니다.

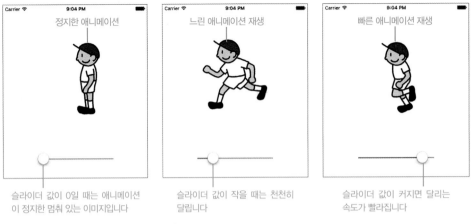

슬라이더 값이 0일 때는 애니메이션 이 정지한 멈춰 있는 이미지입니다	슬라이더 값이 작을 때는 천천히 달립니다	슬라이더 값이 커지면 달리는 속도가 빨라집니다

그림 15.12 슬라이더로 애니메이션 속도 조정

List jogboy_1~jogboy_10의 이미지 배열을 만든다

«sample» **uilmageView_animation_running/ViewController.swift**

```swift
// 프레임 이미지 배열을 만든다
func jogboyImages () -> Array<UIImage> {
    var theArray = Array<UIImage>()
    for num in 1...10 {
        // jogboy_1~jogboy_10 이미지를 만든다
        let imageName = "jogboy_" + String(num)
        let image = UIImage(named: imageName)    ———— 재생 수으로 이미지를 만든다
        // 배열에 추가한다
        theArray.append(image!)    ———— 배열에 추가합니다
    }
    return theArray
}
```

이 함수를 사용해 boyView 이미지 뷰의 animationImages 프로퍼티에 이미지 배열을 설정합니다.

List 이미지 뷰에 연속된 이미지 배열을 설정한다

«sample» **uilmageView_animation_running/ViewController.swift**

```swift
// 재생할 이미지 배열을 설정한다
boyView.animationImages = jogboyImages()    ———— 재생할 이미지 배열을 설정한다
```

재생 속도 설정

애니메이션의 재생 속도는 animationDuration 프로퍼티로 설정합니다. 이 값은 설정된 모든 이미지를 1회 재생하는 데 걸리는 시간(초)입니다. 값이 클수록 오래 재생하므로 애니메이션이 느려집니다. 다만 같은 시간으로 설정하더라도 이미지가 몇 장인지에 따라 프레임률이 바뀌므로 재생 속도를 설정하려면 그 점에 주의해야 합니다.

«sample» **uiImageView_animation_running/ViewController.swift**

```
boyView.animationDuration = TimeInterval(sec)
```

애니메이션의 시작과 정지

이미지 뷰의 animationImages 프로퍼티에 프레임 이미지를 설정하는 것만으로는 애니메이션이 재생되지 않습니다. 애니메이션을 시작하려면 startAnimating(), 애니메이션을 멈추려면 stopAnimating()을 실행합니다. 애니메이션이 재생 중인지는 isAnimating으로 확인할 수 있습니다. isAnimating()이 true이면 재생 중인 것이고, false이면 멈춘 것입니다. 또한 정지한 애니메이션을 startAnimating()으로 다시 시작하면 멈춘 프레임부터 재생되는 것이 아니라 첫 프레임부터 재생됩니다.

List 애니메이션이 멈춰있다면 재생한다

«sample» **uiImageView_animation_running/ViewController.swift**

```
// 애니메이션이 멈춰있다면 재생한다
if !boyView.isAnimating {              ——————— !연산자를 사용해 중지 중일 때 true로 합니다
    // 재생할 이미지 배열을 설정한다
    boyView.animationImages = jogboyImages()
    // 재생할 이미지 배열을 설정한다
    boyView.animationRepeatCount = 0   ——————— 0일 때 무한 반복됩니다
    // 애니메이션을 시작한다
    boyView.startAnimating()
}
```

재생 횟수를 설정하는 프로퍼티

animationRepeatCount 프로퍼티는 재생 횟수를 설정하는 프로퍼티로 초깃값은 1입니다. 예를 들어 3으로 설정하면 애니메이션이 3회 반복되고, 0으로 설정하면 stopAnimating()으로 멈출 때까지 반복 재생됩니다.

완성된 UIViewController 클래스

완성된 UIViewController 클래스는 다음과 같습니다. 다음 예제는 이미지를 배치한 이미지 뷰의 애니메이션 재생 속도를 슬라이더로 변경합니다. 주의할 점은 앞에서 설명한 것처럼 animationDuration 값이 커질수록 재생 속도가 느려진다는 점입니다. 일반적으로는 슬라이더의 값을 줄이면 속도가 느려질 것이라고 생각하므로 슬라이더가 최솟값일 때 animationDuration 값을 최대화해 애니메이션 속도가 느려지게 하고, 반대로 슬라이더가 최댓값일 때 animationDuration 값을 최소화해 애니메이션 속도가 빨라지게 합니다. 또한 슬라이더 값이 0이 되면 애니메이션 재생을 멈추고 정지한 이미지인 jogboy_0으로 변경합니다.

Part 3

Chapter 11

Chapter 12

Chapter 13

Chapter 14

Chapter 15

Chapter 16

Chapter 17

Chapter 18

Chapter 19

List 애니메이션 재생 속도를 슬라이더로 조정한다

«sample» **uiImageView_animation_running/ViewController.swift**

```swift
//
// ViewController.swift
// uiImageView_animation_running
//

import UIKit

class ViewController: UIViewController {

    // 애니메이션 이미지 뷰를 아울렛 연결한다
    @IBOutlet weak var boyView: UIImageView!

    // 슬라이더와 액션 연결한다
    @IBAction func runSpeed(_ sender: UISlider) {
        // 재생 시간을 슬라이더로 정한다
        let sec = (1 - sender.value) * 3
        // 재생에 걸리는 시간을 설정한다
        boyView.animationDuration = TimeInterval(sec)        ———— 슬라이더 애니메이션의 재생 시간을 정합니다

        // 슬라이더 값이 0이면 멈춘다
        if sender.value == 0 {
            // 애니메이션을 정지한다
            boyView.stopAnimating()        ———— 애니메이션 재생을 멈춘다
            // 정지한 이미지로 바꾼다
            boyView.image = UIImage(named: "jogboy_0")
        } else {
            // 애니메이션이 멈춰있으면 재생한다
            if !boyView.isAnimating {
                // 재생할 이미지 배열을 실장한다
                boyView.animationImages = jogboyImages()
                // 무한으로 반복해 재생한다
                boyView.animationRepeatCount = 0        ———— 애니메이션을 설정해 재생합니다
                // 애니메이션을 시작한다
                boyView.startAnimating()
            }
        }
    }


    // 프레임 이미지 배열을 만든다
    func jogboyImages () -> Array<UIImage> {
        var theArray = Array<UIImage>()
        for num in 1...10 {
            // jogboy_1~jogboy_10 이미지를 만든다
            let imageName = "jogboy_" + String(num)        ———— 애니메이션 이미지를 재생 순으로 배열에 넣습니다
            let image = UIImage(named: imageName)
            //배열에 추가한다
            theArray.append(image!)
        }
        return theArray
    }

(생략)
}
```

Chapter 16

핑거 액션

iOS 앱에서는 탭, 스와이프, 핀치 등의 핑거 액션으로 발생하는 다양한 이벤트를 받아 처리합니다. 뷰에서 핑거 액션 이벤트를 받으려면 액션에 맞는 제스처 리커그나이저(Gesture Recognizer)를 이용해야 합니다. 하나의 액션 흐름 속에 여러 개의 이벤트가 발생하는 점에 주의합니다.

제스처 리커그나이저

이 절에서는 탭이나 스와이프 등 핑거 액션을 감지하는 제스처 리커그나이저의 기본적인 사용법과 코드로 뷰에 제스처 리커그 나이저를 적용하는 방법을 설명합니다.

제스처 리커그나이저의 종류

뷰에서 핑거 액션 이벤트를 감지하려면 액션에 맞는 제스처 리커그나이저(Gesture Recognizer)를 적용합니다.

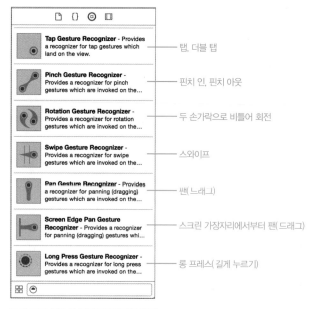

그림 16.1 제스처 리커그나이저의 종류

제스처 리커그나이저의 종류와 터치 이벤트

제스처 리커그나이저	터치 이벤트
Tap Gesture Recognizer	탭, 더블 탭
Pinch Gesture Recognizer	핀치 인, 핀치 아웃
Rotation Gesture Recognizer	두 손가락으로 비틀어 회전
Swipe Gesture Recognizer	스와이프
Pan Gesture Recognizer	팬(드래그)
Screen Edge Pan Gesture Recognizer	스크린 가장자리에서부터 팬(드래그)
Long Press Gesture Recognizer	롱 프레스(길게 누름)

사용자 인터랙션을 받는 설정

탭 등의 핑거 액션을 감지하려면 Attributes 인스펙터의 Interaction 항목에 있는 [User Interaction Enabled]에 체크합니다. [Multiple Touch]는 여러 개의 손가락으로 하는 조작을 받을 것인지 정하는 설정입니다.

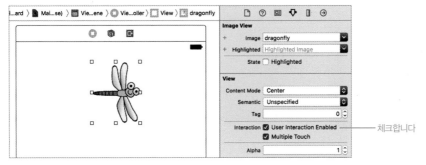

그림 16.2 사용자 인터랙션을 받는 설정

뷰를 탭한다

뷰를 탭하는 제스처 리커그나이저는 앞서 몇 번 사용해봤습니다. 다음은 이미지 뷰에 Tap Gesture Recognizer를 적용해 탭에 대응하는 예제입니다.

1 제스처 리커그나이저를 뷰로 드래그 앤드 드롭한다

뷰를 탭하려면 Tap Gesture Recognizer를 뷰에 드래그 앤드 드롭합니다. Tap Gesture Recognizer를 추가하면 도큐먼트 아웃라인과 Dock에 아이콘이 추가됩니다.

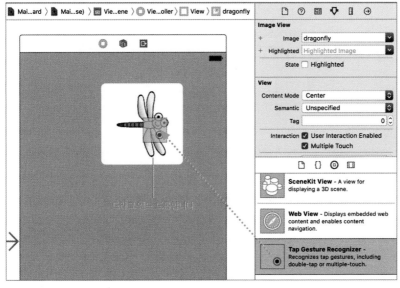

그림 16.3 제스처 리커그나이저를 뷰로 드래그 앤드 드롭

Part 3
Chapter 11
Chapter 12
Chapter 13
Chapter 14
Chapter 15
Chapter 16
Chapter 17
Chapter 18
Chapter 19

2 제스처 리커그나이저 아이콘이 추가된다

제스처 리커그나이저를 뷰에 드래그 앤드 드롭하면 도큐먼트 아웃라인과 Dock에 아이콘이 추가됩니다.

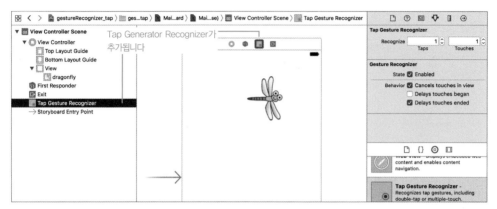

그림 16.4 제스처 리커그나이저 아이콘 추가

3 제스처 리커그나이저 아이콘으로 액션 연결한다

액션 연결하기 전에 어시스턴트 에디터를 엽니다. 다시 스토리보드에서 제스처 리커그나이저 아이콘을 control 키를 누른 채로 드래그해 연결선이 늘어나면 ViewControler 클래스로 액션 연결해 tapDragonfly() 메서드를 삽입합니다.

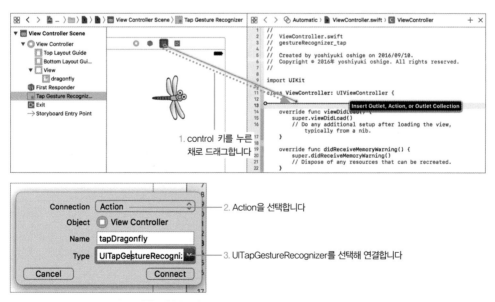

그림 16.5 제스처 리커그나이저 아이콘으로 액션 연결

탭으로 이동시킨다

탭 제스처 리커그나이저는 준비됐으므로 이와 연동된 tapDragonfly()에 탭하면 잠자리를 이동시키는 코드를 작성합니다. 탭한 잠자리는 sender.view!로 참조할 수 있습니다.

List　잠자리를 탭하면 다른 장소로 간다

«sample» **gestureRecognizer_tap/ViewController.swift**

```swift
//
//  ViewController.swift
//  gestureRecognizer_tap
//

import UIKit

class ViewController: UIViewController {
                                              잠자리를 탭하면 실행됩니다
    // Tap Gesture Recognaizer와 액션 연결한다
    @IBAction func tapDragonfly(_ sender: UITapGestureRecognizer) {
        // 탭한 잠자리
        let dragonfly = sender.view!        ─── 탭 된 뷰
        // 화면의 랜덤 위치로 이동한다
        let newX = arc4random_uniform(UInt32(view.frame.width))
        let newY = arc4random_uniform(UInt32(view.frame.height))
        dragonfly.center = CGPoint(x: Double(newX), y: Double(newY))
    }

(생략)
}
```

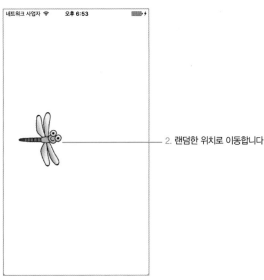

그림 16.6 탭하면 잠자리를 랜덤 위치로 이동

코드로 제스처 리커그나이저를 설정한다

뷰를 코드로 작성했을 때는 제스처 리커그나이저도 코드로 설정해야 할 때가 있습니다. 다음 예제는 코드로 작성한 myView 뷰에 hello()를 실행하는 탭 제스처 리커그나이저를 설정합니다.

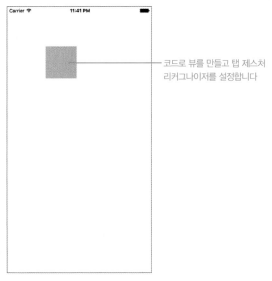

코드로 뷰를 만들고 탭 제스처
리커그나이저를 설정합니다

그림 16.7 코드로 제스처 리커그나이저 설정

탭 제스처 리커그나이저는 UITapGestureRecognizer 클래스로 작성합니다. 탭으로 실행할 메서드는 이니셜라이저의 매개변수 action으로 지정합니다. ViewController에 정의하고 외부 매개변수명이 없는 매개변수가한 개인 hello()를 실행하고자 하므로 action 값은 #selector(self.hello(_:))가 됩니다. 또한 hello()가 받는 매개변수는 제스처 리커그나이저의 인스턴스입니다.

List   hello()를 실행하는 탭 제스처 리커그나이저를 만든다

«sample» **addGestureRecognizer_tap/ViewController.swift**

```swift
let tapGesture = UITapGestureRecognizer(target: self, action: #selector(self.hello(_:)))
```

작성한 탭 제스처 리커그나이저를 addGestureRecognizer()로 뷰에 추가합니다.

List   뷰에 탭 제스처 리커그나이저를 추가한다

«sample» **addGestureRecognizer_tap/ViewController.swift**

```swift
        myView.addGestureRecognizer(tapGesture)
```

완성된 ViewController 클래스는 다음과 같습니다.

«sample» **addGestureRecognizer_tap/ViewController.swift**

```swift
//
//  ViewController.swift
//  addGestureRecognizer_tap
//

import UIKit

class ViewController: UIViewController {

    override func viewDidLoad() {
        super.viewDidLoad()

        // hello()를 실행하는 탭 제스처 리커그나이저
        let tapGesture = UITapGestureRecognizer(target: self,action: #selector(self.hello(_:)))
        // 뷰를 만든다
        let myView = UIView(frame: CGRect(x: 100, y: 100, width: 80, height: 80))
        myView.backgroundColor = UIColor.green()
        // tag에 번호를 붙인다
        myView.tag = 1                                   tag는 자유로운 목적으로 이용할 수 있습니다
        // 뷰에 탭 제스처 리커그나이저를 추가한다
        myView.addGestureRecognizer(tapGesture)
        view.addSubview(myView)
    }

    // 탭 제스처 리커그나이저로 실행하는 메서드
    func hello(_ sender:UITapGestureRecognizer) {
        // tag 번호를 알아본다
        let tagNo = sender.view?.tag               첫 번째 매개변수에는 제스처 리커그나이저 인스턴스가
        print("헬로", tagNo!)                        들어옵니다
    }

(생략)
}
```

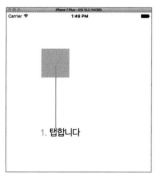

1. 탭합니다

2. 출력됩니다

헬로 1

그림 16.8 **탭 결과 확인**

Section 16-2

더블 탭을 감지한다

Tap Gesture Recognizer는 싱글 탭뿐만 아니라 더블 탭과 트리플 탭, 여러 손가락으로 하는 멀티 탭을 구별해 감지할 수 있습니다. 이 절에서는 더블 탭을 감지하고 처리하는 예를 설명합니다.

더블 탭으로 확대/축소한다

Tap Gesture Recognizer는 더블 탭과 멀티 탭(여러 개의 손가락으로 탭)을 감지할 수도 있습니다. 다음 예제는 사진을 더블 탭하면 확대하고 다시 더블 탭하면 원래 크기로 되돌립니다.

그림 16.9 더블 탭으로 그림 확대 / 축소

Tap Gesture Recognizer 설정

이미지 뷰에 Tap Gesture Recognizer를 드래그 앤드 드롭한 다음 Dock에서 Tap Gesture Recognizer를 선택하고 Recognize Taps에 감지하는 탭 수를 지정합니다. Recognize Taps를 2로 설정하면 더블 탭을 감지하게 되고 싱글 탭에는 응답하지 않습니다.

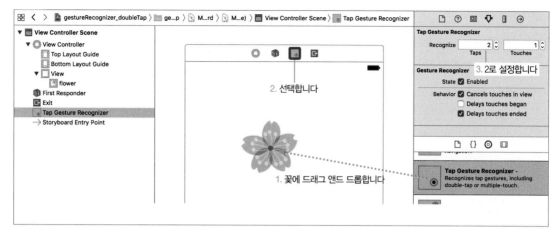

그림 16.10 Tap Gesture Recognizer 설정

Tap Gesture Recognizer를 액션 연결해 doubleTapFlower( ) 메서드를 삽입하고 코드를 작성합니다.

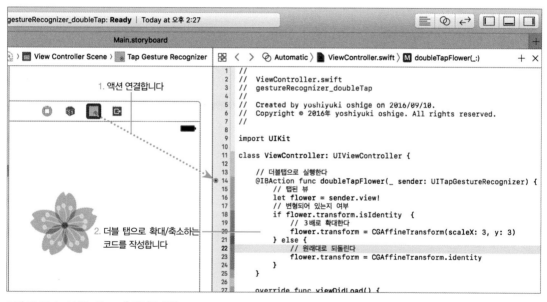

그림 16.11 doubleTapFlower() 메서드 삽입

뷰를 확대/축소하는 코드

뷰의 확대/축소는 transform 값을 설정해 변경합니다. 더블 탭했을 때 뷰가 변형됐는지는 flower.transform. isIdentity로 확인할 수 있습니다. 변형돼 있지 않다면 CGAffineTransform(scaleX:3, y:3)으로 3배 크기의 트랜스폼을 만들어 flower.transform에 설정하고, 변형돼 있다면 CGAffineTransform.identity를 flower. transform에 설정해 원래 크기로 되돌립니다 (☞ P.472).

List 더블 탭으로 확대/축소한다

«sample» **gestureRecognizer_doubleTap/ViewController.swift**

```
//
//  ViewController.swift
//  gestureRecognizer_doubleTap
//

import UIKit

class ViewController: UIViewController {

    // 더블 탭되면 실행한다
    @IBAction func doubleTapFlower(_ sender: UITapGestureRecognizer) {
        // 탭한 뷰
        let flower = sender.view!
        // 뷰가 변형됐는지 여부          ┌─────── 변형돼 있지 않으면 true가 됩니다
        if flower.transform.isIdentity {
            // 3배로 확대한다
            flower.transform = CGAffineTransform(scaleX: 3, y: 3)
        } else {
            // 원래대로 되돌린다
            flower.transform = CGAffineTransform.identity
        }
    }

(생략)
}
```

뷰를 드래그한다

뷰의 드래그는 Pan Gesture Recognizer를 사용해 드래그 조작을 읽고, 조작에 맞춰 뷰를 따라다니게 처리합니다.

뷰를 드래그한다

Pan Gesture Recognizer는 팬(드래그 조작)을 감지합니다. 다만 손가락을 움직이는 팬 조작에 따라 이벤트가 발생할 뿐 손가락의 움직임에 맞춰서 뷰를 드래그할 수는 없습니다. 뷰를 드래그하려면 손가락으로 누르고 있는 좌표에 맞춰서 뷰 좌표를 움직여야 합니다.

다음 예제는 잠자리 이미지 뷰에 Pan Gesture Recognizer를 드래그 앤드 드롭해 이미지 뷰를 드래그할 수 있게 설정합니다.

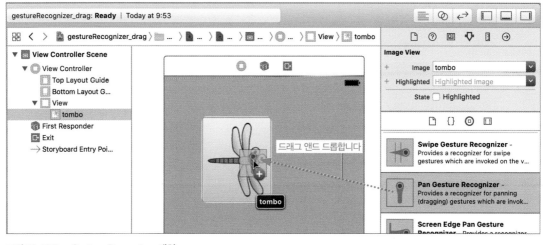

그림 16.12 Pan Gesture Recognizer 배치

드래그 중에 연속으로 호출되는 메서드

뷰로 드래그 앤드 드롭한 Pan Gesture Recognizer를 액션 연결하면 연결된 메서드는 손가락으로 뷰를 누른 상태로 움직일 때마다 계속해 호출됩니다.

따라서 그 시점에 손가락이 가리키는 좌표를 알아낸 뒤 뷰의 center 좌표에 대입하면 뷰를 드래그하는 것처럼 보입니다.

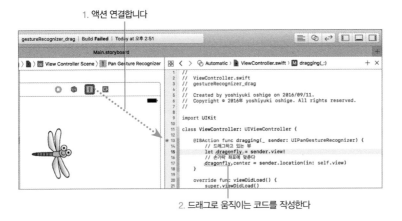

그림 16.13 뷰를 드래그해 잠자리를 움직임

«sample» **gestureRecognizer_drag/ViewController.swift**

```
//
//  ViewController.swift
//  gestureRecognizer_drag
//

import UIKit

class ViewController: UIViewController {          드래그하는 동안 계속 실행됩니다

    @IBAction func dragging(_ sender: UIPanGestureRecognizer) {
        // 드래그하고 있는 뷰
        let dragonfly = sender.view!          ——— 잠자리를 아울렛 연결하지 않아도 sender.
        // 손가락 좌표에 맞춘다                      view!로 참조할 수 있습니다
        dragonfly.center = sender.location(in: self.view)
    }

(생략)
}
```

드래그한 양을 계측한다

매개변수 sender(UIPanGestureRecognizer 형)는 팬과 관련된 몇 가지 상태 정보를 제공하는데, 그중 하나는 드래그한 양을 알아내는 sender.translation(in:)입니다.

«sample» **gestureRecognizer_drag_color/ViewController.swift**

```
        let translation = sender.translation(in: view)
```

이처럼 sender에 대해 실행하면 드래그한 양을 벡터로 돌려줍니다. translation.x는 수평 방향으로 드래그한 양이고, translation.y는 수직 방향으로 드래그한 양입니다.

다음 예제는 화면의 뷰에 Pan Gesture Recognizer를 드래그 앤드 드롭하고 화면의 드래그 조작을 감지해 화면을 수평 방향으로 드래그함으로써 화면의 배경 색상(hue)을 변화시킵니다.

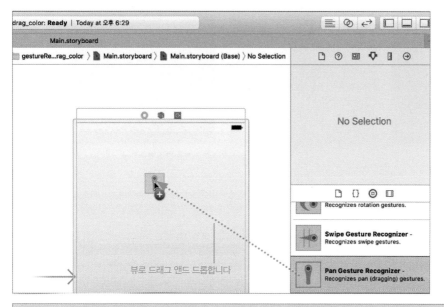

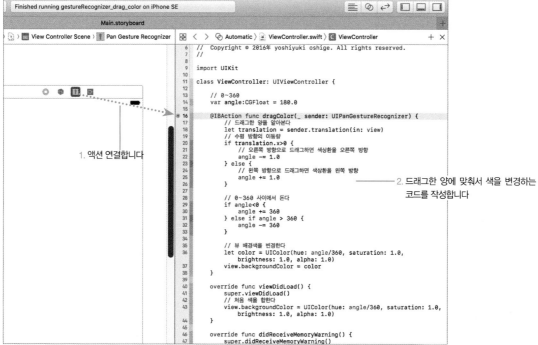

그림 16.14 Gesture Recognizer 배치

뷰를 왼쪽, 오른쪽으로 드래그하면
색상이 변합니다

그림 16.15 뷰 드래그

색상을 변화시킨다

뷰의 배경색은 color 프로퍼티를 UIColor로 지정합니다. UIColor 색을 만드는 방법 중 한 가지로 색상(hue),
채도(saturation), 명도(brightness), 투명도(alpha) 값을 지정해 만드는 서식이 있습니다. 이 예제에서는 색상
값을 드래그 조작으로 변화시켜서 색을 만듭니다(RGBA로 색을 설정한다 ☞ P.216, P.321).

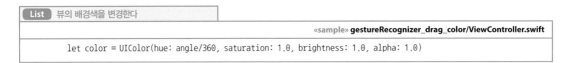

> **List** 뷰의 배경색을 변경한다
>
> «sample» **gestureRecognizer_drag_color/ViewController.swift**
>
> ```
> let color = UIColor(hue: angle/360, saturation: 1.0, brightness: 1.0, alpha: 1.0)
> ```

색상은 그림 16.16과 같은 색상환으로 360도 원형으로 표시되므로 변화량을 차례차례 더한 angle이 0~360을
회전하게 보정하고 360으로 나누어 hue 값을 정합니다. 수평으로 드래그한 양인 translation.x는 오른쪽으로
드래그하면 플러스 값이 되고, 왼쪽으로 드래그하면 마이너스 값이 됩니다. 따라서 오른쪽으로 드래그하면 현
재 각도 angle에서 1을 빼서 색상환을 시계 방향(오른쪽)으로 회전시키고, 왼쪽 방향으로 드래그하면 1을 더해
서 색상환을 시계 반대 방향(왼쪽)으로 회전시켜 색을 바꿉니다.

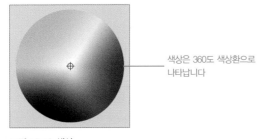

색상은 360도 색상환으로
나타납니다

그림 16.16 색상

List 드래그 조작으로 배경색을 변화시킨다

«sample» **gestureRecognizer_drag_color/ViewController.swift**

```
//
//  ViewController.swift
//  gestureRecognizer_drag_color
//

import UIKit

class ViewController: UIViewController {

    // 0 ~ 360
    var angle:CGFloat = 180.0

    @IBAction func dragColor(_ sender: UIPanGestureRecognizer) {
        // 드래그한 양을 알아본다
        let translation = sender.translation(in: view)
        // 수평 방향의 이동량
        if translation.x>0 {
            // 오른쪽으로 드래그하면 색상환을 시계 방향으로 회전
            angle -= 1.0
        } else {
            // 왼쪽으로 드래그하면 색상환을 시계 반대 방향으로 회전
            angle += 1.0
        }

        // 0~360 사이에서 회전한다
        if angle<0 {
            angle += 360
        } else if angle>360 {
            angle -= 360
        }

        // 뷰의 배경색을 변경한다
        let color = UIColor(hue: angle/360, saturation: 1.0, brightness: 1.0, alpha: 1.0)
        view.backgroundColor = color
    }

    override func viewDidLoad() {
        super.viewDidLoad()
        // 처음 색을 합한다
        view.backgroundColor = UIColor(hue: angle/360, saturation: 1.0, brightness: 1.0, alpha: 1.0)
    }

(생략)
}
```

— 액션 연결해 두면 드래그 중에 계속해서 호출됩니다

드래그 이동량을 알 수 있습니다

— 색상환을 순환합니다

— 색상을 변경시킵니다. 채도, 명도, 투명도는 1.0으로 고정합니다

Part 3
Chapter 11
Chapter 12
Chapter 13
Chapter 14
Chapter 15
Chapter 16
Chapter 17
Chapter 18
Chapter 19

Section 16-4

두 손가락을 비틀어 뷰를 돌린다

두 손가락을 사용해서 비틀듯이 뷰를 돌리는 액션은 Rotation Gesture Recognizer를 사용해 감지할 수 있습니다. 이 절에서는 뷰를 회전시키기 위해 제스처의 시작과 종료 상태를 나타내는 state 프로퍼티를 이용합니다.

두 손가락을 비틀어 뷰를 돌리는 액션

Rotation Gesture Recognizer는 두 손가락으로 뷰를 돌리는 액션을 감지합니다. 회전시킨 양은 Rotation Gesture Recognizer의 rotation 프로퍼티로 간단하게 얻을 수 있으므로 이 회전량에 맞춰서 뷰를 회전시키면 뷰를 손가락으로 돌리는 것처럼 보입니다. 뷰의 회전은 transform 프로퍼티에 CGAffineTransform(rotationAngle:)으로 만든 회전 트랜스폼을 설정합니다(☞ P.472).

다음은 잠자리를 손가락으로 돌리는 예제입니다. Rotation Gesture Recognizer를 잠자리에 드래그 앤드 드롭해도 되지만 잠자리는 작으므로 루트 뷰에 Rotation Gesture Recognizer를 드래그 앤드 드롭해 화면 어디를 돌려도 잠자리가 회전되게 합니다.

List	회전 각도에 잠자리를 맞춘다

«sample» **gestureRecognizer rotation/ViewController.swift**

```
dragonfly.transform = CGAffineTransform(rotationAngle: sender.rotation)
```

2. Rotation Gesture Recognizer를 액션 연결합니다

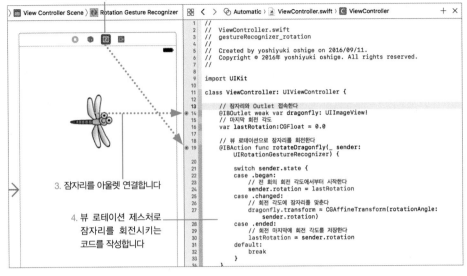

```
1   //
2   //  ViewController.swift
3   //  gestureRecognizer_rotation
4   //
5   //  Created by yoshiyuki oshige on 2016/09/11.
6   //  Copyright © 2016年 yoshiyuki oshige. All rights reserved.
7   //
8
9   import UIKit
10
11  class ViewController: UIViewController {
12
13      // 잠자리와 Outlet 접속한다
14      @IBOutlet weak var dragonfly: UIImageView!
15      // 마지막 회전 각도
16      var lastRotation:CGFloat = 0.0
17
18      // 뷰 로테이션으로 잠자리를 회전한다
19      @IBAction func rotateDragonfly(_ sender:
            UIRotationGestureRecognizer) {
20
21          switch sender.state {
22          case .began:
23              // 전 회의 회전 각도에서부터 시작한다
24              sender.rotation = lastRotation
25          case .changed:
26              // 회전 각도에 잠자리를 맞춘다
27              dragonfly.transform = CGAffineTransform(rotationAngle:
                    sender.rotation)
28          case .ended:
29              // 회전 마지막에 회전 각도를 저장한다
30              lastRotation = sender.rotation
31          default:
32              break
33          }
34      }
```

3. 잠자리를 아울렛 연결합니다

4. 뷰 로테이션 제스처로
   잠자리를 회전시키는
   코드를 작성합니다

그림 16.17 Rotation Gesture Recognizer 배치

iOS 시뮬레이터에서 두 손가락을 비트는 조작

iOS 시뮬레이터에서 두 개의 손가락을 비트는 조작을 시뮬레이션하려면 option 키를 누른 채로 드래그합니다. 손가락으로 누르고 있는 위치가 두 개의 원으로 표시되며 손가락 두 개로 조작하고 있는 상태가 됩니다. shift 키를 함께 누르면 손가락 두 개의 중심 위치를 이동시킬 수 있습니다(☞ P.16).

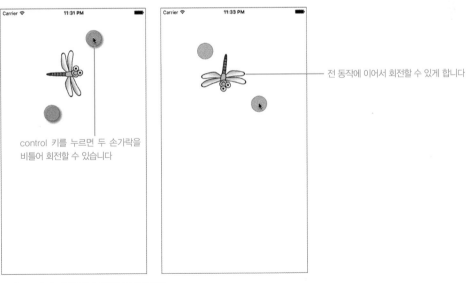

전 동작에 이어서 회전할 수 있게 합니다

control 키를 누르면 두 손가락을
비틀어 회전할 수 있습니다

그림 16.18 손가락으로 조작해 이미지 회전

Part 3
Chapter 11
Chapter 12
Chapter 13
Chapter 14
Chapter 15
Chapter 16
Chapter 17
Chapter 18
Chapter 19

앞서 했던 동작에 이어서 회전

dragonfly의 transform을 현재 회전 각도(sender.rotation)에 맞추면 잠자리가 회전하기는 하지만, 회전한 상태의 잠자리를 더 돌리려고 할 때 회전 각도를 0부터 다시 계산하므로 처음부터 다시 회전하게 됩니다.

앞서 했던 동작에 이어서 돌아가게 하려면 회전이 끝난 곳에서 각도를 저장하고 다음 회전부터는 그 각도부터 회전을 시작해야 합니다. 이를 위해 제스처의 페이즈를 이용해 조작 후의 회전 각도를 저장해 두고 회전을 시작할 때 저장해 둔 각도부터 계측하게 합니다.

제스처의 페이즈

UIRotationGestureRecognizer의 슈퍼 클래스인 UIGestureRecognizer 클래스에는 제스처의 페이즈를 나타내는 state 프로퍼티가 있으며, state 프로퍼티에는 제스처 시작, 제스처 중, 제스처 종료를 나타내는 값이 있습니다.

state 값	상태
possible	제스처를 인식할 수 있음(초깃값)
began	제스처 시작
changed	제스처 중(갱신 중)
ended	제스처 종료
canceled	취소
failed	실패

List   손가락 두 개를 비틀어 잠자리를 돌린다

«sample» **gestureRecognizer_rotation/ViewController.swift**

```swift
//
//  ViewController.swift
//  gestureRecognizer_rotation
//

import UIKit

class ViewController: UIViewController {

    // 잠자리와 아울렛 연결한다
    @IBOutlet weak var dragonfly: UIImageView!
    // 마지막 회전 각도
    var lastRotation:CGFloat = 0.0

    // 뷰 로테이션으로 잠자리를 회전한다
    @IBAction func rotateDragonfly(_ sender: UIRotationGestureRecognizer) {

        switch sender.state {          ——— 제스처 상태로 처리를 나눕니다
        case .began:
            // 이전 회전 각도에서부터 시작한다
            sender.rotation = lastRotation
        case .changed:
            // 회전 각도에 잠자리를 맞춘다
            dragonfly.transform = CGAffineTransform(rotationAngle: sender.rotation)
        case .ended:
            // 회전 마지막에 회전 각도를 저장한다
            lastRotation = sender.rotation
        default:
            break
        }
    }

(생략)
}
```

Part 3
Chapter
11
Chapter
12
Chapter
13
Chapter
14
Chapter
15
Chapter
16
Chapter
17
Chapter
18
Chapter
19

ⓘ NOTE

UIResponder 클래스의 터치 이벤트 메서드

UIViewController 클래스의 슈퍼 클래스인 UIResponder 클래스에는 터치 이벤트를 받는 메서드가 있습니다. 따라서 뷰에 제스처 리커그나이저를 추가하지 않아도 터치 이벤트를 처리할 수 있습니다. ViewController 클래스에 다음과 같이 작성하면 터치의 페이즈, 터치된 뷰, 터치된 좌표를 알 수 있습니다.

List UIResponder 클래스에서 터치 이벤트를 받는다

«sample» **uiResponder_touches/ViewController.swift**

```
//
//  ViewController.swift
//  uiResponder_touches
//

import UIKit

class ViewController: UIViewController {

    // 터치 시작
    override func touchesBegan(_ touches: Set<UITouch>, withEvent event: UIEvent?) {
        print(#function)              ─────── 현재 메서드를 출력합니다
        // 터치된 뷰
        let target = touches.first?.view
        print(target!.frame)
    }

    // 터치 중
    override func touchesMoved(_ touches: Set<UITouch>, withEvent event: UIEvent?) {
        print(#function)
        // 터치되고 있는 좌표
        let loc = touches.first?.locationInView(view)
        print(loc!)
    }

    // 터치 종료
    override func touchesEnded(_ touches: Set<UITouch>, withEvent event: UIEvent?) {
        print(#function)
    }

    // 취소
    override func touchesCancelled(_ touches: Set<UITouch>?, withEvent event: UIEvent?) {
        print(#function)
    }

(생략)
}
```

Chapter 17

도형 그리기

사각형, 원형, 직선, 베지에 곡선 등 도형을 그릴 수 있고, 도형과 텍스트를 합성한 이미지도 만들 수 있습니다. 도형을 그리는 방법을 알아두면 활용할 곳이 많으며 동적인 애니메이션을 작성하는 데에도 도움됩니다.

도형 이미지를 그린다

이 절에서는 CoreGraphics 이미지 컨텍스트에 사각형과 모서리가 둥근 사각형을 그리고, 그 이미지를 UIImageView에 표시해 보겠습니다.

이미지 처리 시작과 종료

CoreGraphics를 이용해 이미지를 그리려면 UIGraphicsBeginImageContextWithOptions()를 실행해 이미지 처리를 시작합니다. 이때 컨텍스트의 크기, 즉 도형 크기는 첫 번째 매개변수로 지정합니다.

> **서식** 이미지 처리를 시작한다
>
> `UIGraphicsBeginImageContextWithOptions(_ size: CGSize, _ opaque: Bool, _ scale: CGFloat)`

그리기가 끝나면 UIGraphicsEndImageContext()를 실행해 처리를 종료합니다. 그리기는 이 구간에서 하고 그린 이미지인 image는 UIGraphicsGetImageFromCurrentImageContext()로 꺼냅니다.

> **List** 도형 이미지를 만든다
>
> «sample» **uiBezierPath_rect/ViewController.swift**
>
> ```swift
> // 도형 크기
> let size = CGSize(width: w, height: h)
> UIGraphicsBeginImageContextWithOptions(size, false, 1.0)
> 
> · · · ·  ──── 여기에서 그린다
> 
> // 이미지 컨텍스트로부터 UIImage를 만든다
> let image = UIGraphicsGetImageFromCurrentImageContext()  ──── 그린 다음의 컨텍스트를 취득
> // 그리기 종료
> UIGraphicsEndImageContext()  ──── 그리기 종료
> ```

사각형 그리기

도형은 다음과 같은 순서로 그릴 수 있습니다.

1. 도형 패스를 만든다   UIBezierPath()

2. 칠할 색을 결정한다   setFillColor(red:green:blue:alpha:)

3. 패스를 칠한다   fill()

4. 선 색을 정한다   setStrokeColor(red:green:blue:alpha:)

5. 패스를 그린다   stroke()

기본적인 도형 패스는 UIBezierPath 클래스로 설정합니다. 사각형이라면 UIBezierPath(rect:) 이니셜라이저를 사용합니다. 칠할 색은 컨텍스트에 대해 setFillColor(red:green:blue:alpha:)로 지정하고, 패스에 fill()을 실행해 패스 내부를 칠합니다.

마찬가지로 선 색은 컨텍스트에 setStrokeColor(red:green:blue:alpha:)로 지정하고, 패스에 stroke()를 실행해 그립니다.

List 컨텍스트에 사각형을 그린다

«sample» **uiBezierPath_rect/ViewController.swift**

```
// 컨텍스트
let context = UIGraphicsGetCurrentContext()            ——— 그릴 컨텍스트

// 크기를 정한다
let drawRect = CGRect(x: 0, y: 0, width: w, height: h)
// 패스를 만든다(사각형)
let drawPath = UIBezierPath(rect: drawRect)            ——— 사각형 패스를 만듭니다

// 칠할 색
context?.setFillColor(red: 0.0, green: 1.0, blue: 1.0, alpha: 1.0)
// 패스를 칠한다
drawPath.fill()
// 선 색
context?.setStrokeColor(red: 0.0, green: 0.0, blue: 1.0, alpha: 1.0)
// 패스를 그린다
drawPath.stroke()
```

도형을 표시할 ViewController 클래스

사각형의 이미지 데이터(UIImage)를 작성하고 이를 이미지 뷰(UIImageView)에 설정해 화면에 표시하는 ViewController 클래스는 다음과 같습니다. 사각형의 이미지 데이터를 만드는 함수는 makeBoxImage (width:height:)로 정의합니다.

Part 3
Chapter 11
Chapter 12
Chapter 13
Chapter 14
Chapter 15
Chapter 16
Chapter 17
Chapter 18
Chapter 19

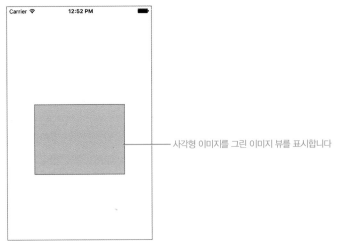

사각형 이미지를 그린 이미지 뷰를 표시합니다

그림 17.1 사각형 이미지

List   사각형의 도형 이미지를 만들어 표시한다

«sample» **uiBezierPath_rect/ViewController.swift**

```
//
//  ViewController.swift
//  uiBezierPath_rect
//

import UIKit

class ViewController: UIViewController {

    // 사각형의 도형 이미지를 만든다
    func makeBoxImage(witdh w:CGFloat, height h:CGFloat) -> UIImage {
        // 그리기 사이즈
        let size = CGSize(width: w, height: h)
        // 그리기 시작
        UIGraphicsBeginImageContextWithOptions(size, false, 1.0)
        // 컨텍스트
        let context = UIGraphicsGetCurrentContext()

        // 크기를 정한다
        let drawRect = CGRect(x: 0, y: 0, width: w, height: h)
        // 패스를 만든다(사각형)
        let drawPath = UIBezierPath(rect: drawRect)

        // 색 칠하기
        context?.setFillColor(red: 0.0, green: 1.0, blue: 1.0, alpha: 1.0)
        // 패스를 칠한다
        drawPath.fill()
        // 선 색
        context?.setStrokeColor(red: 0.0, green: 0.0, blue: 1.0, alpha: 1.0)
        // 패스를 그린다
        drawPath.stroke()
```

사각형을 그립니다

```
          // 이미지 컨텍스트로부터 UIImage를 만든다
          let image = UIGraphicsGetImageFromCurrentImageContext()  ──────  이미지 처리를 종료하기 전에 그려진
          // 이미지 처리 종료                                                 도형 이미지를 구합니다
          UIGraphicsEndImageContext()

          return image  ──────  사각형의 그린 이미지(UIImage)를 반환합니다
     }

     override func viewDidLoad() {
          super.viewDidLoad()

          // 사각형 이미지를 만든다
          let boxImage = makeBoxImage(witdh: 240, height: 180)  ──────  사각형 그림 이미지를 반환합니다
          // 이미지 뷰에 설정한다
          let boxView = UIImageView(image: boxImage)
          // 화면에 표시한다
          boxView.center = view.center
          view.addSubview(boxView)  ──────  뷰에 추가합니다
     }

  ( 생략 )
}
```

모서리가 둥근 사각형의 패스를 만든다

모서리가 둥근 사각형의 패스는 UIBezierPath(roundedRect:cornerRadius:)로 만들 수 있습니다. 모서리가 둥근 사각형의 도형 이미지를 만드는 순서는 앞서 살펴본 사각형 패스를 만드는 경우와 같습니다. 다음 예제는 모서리가 둥근 사각형의 패스에 색만 칠합니다.

> List ┃ 모서리가 둥근 사각형의 도형 이미지를 만들어 표시한다

«sample» **uiBezierPath_roundRect/ViewController.swift**

```
// 모서리가 둥근 사각형의 도형 이미지를 만든다
func makeRoundRectImage(witdh w:CGFloat, height h:CGFloat, corner r:CGFloat) -> UIImage {
     // 이미지 처리 시작
     let size = CGSize(width: w, height: h)
     UIGraphicsBeginImageContextWithOptions(size, false, 1.0)
     // 컨텍스트
     let context = UIGraphicsGetCurrentContext()                  모서리가 둥근 사각형을 그립니다
     ┌─────────────────────────────────────────────────────────────────────────┐
     │  // 크기를 정한다                                                           │
     │  let drawRect = CGRect(x: 0, y: 0, width: w, height: h)                    │
     │  // 도형 패스를 만든다(모서리가 둥근 사각형)                                  │
     │  let drawPath = UIBezierPath(roundedRect: drawRect, cornerRadius: r)       │
     │                                                                           │
     │  // 색 채우기                                                              │
     │  context?.setFillColor(red: 0.8, green: 0.8, blue: 0.8, alpha: 1.0)       │
     │  // 패스를 칠한다                                                          │
     │  drawPath.fill()                                                          │
     └─────────────────────────────────────────────────────────────────────────┘
```

Part 3
Chapter 11
Chapter 12
Chapter 13
Chapter 14
Chapter 15
Chapter 16
Chapter **17**
Chapter 18
Chapter 19

```
            // 이미지 컨텍스드모부터 UIImage를 만든다
        let image = UIGraphicsGetImageFromCurrentImageContext()
            // 이미지 처리 종료
        UIGraphicsEndImageContext()

        return image!
    }
```

타원형 패스를 만든다

타원형 패스는 UIBezierPath(ovalIn:ovalRect)로 만듭니다. 타원형의 가로세로 크기는 매개변수로 지정한 직사각형에 내접하는 크기입니다.

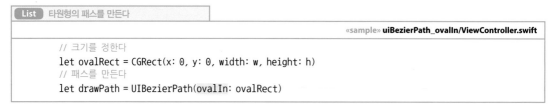

List   타원형의 패스를 만든다

«sample» **uiBezierPath_ovalIn/ViewController.swift**

```
            // 크기를 정한다
        let ovalRect = CGRect(x: 0, y: 0, width: w, height: h)
            // 패스를 만든다
        let drawPath = UIBezierPath(ovalIn: ovalRect)
```

모서리가 둥근 사각형을 그린다

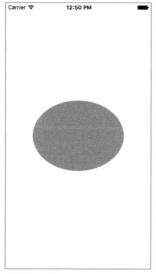

타원형을 그린다

그림 17.2 모서리가 둥근 사각형과 타원형

원호와 부채꼴을 그린다

이 절에서는 원호를 그리는 방법과 원호에서 중심으로 선을 늘리고 도형을 닫아 부채꼴을 칠하는 방법을 설명합니다. 또한 텍스트를 이미지화해 원호 그래프로 합성하는 방법도 설명합니다.

원호를 그린다

원호 패스도 UIBezierPath 클래스의 이니셜라이저로 그릴 수 있습니다. 원호는 원주 일부분에 해당하는 곡선이므로 원의 반지름, 시작 각도, 종료 각도, 그리고 시계 방향/시계 반대 방향 방향을 지정합니다. 또한 각도의 단위는 라디안이며, 시작 각도는 시계의 3시가 0도이므로 주의하세요.

서식 원호의 패스를 만든다

```
UIBezierPath(arcCenter center: CGPoint, radius: CGFloat,
                       startAngle: CGFloat, endAngle: CGFloat, clockwise: Bool)
```

List 원호의 패스를 만든다

«sample» **uiBezierPath_arc/ViewController.swift**

```
let arcPath = UIBezierPath(
    arcCenter: CGPoint(x: view.center.x, y: 200),          ——— 중심좌표
    radius: 80.0,          ——— 반경
    startAngle: 0.0,          ——— 시작 각도
    endAngle: CGFloat(M_PI*5/3),          ——— 종료 각도
    clockwise: true // 시계 방향
)
```

선 끝의 모양

선이 굵을 때는 선의 양 끝 모양이 눈에 띕니다. 선 끝의 모양은 UIBezierPath의 lineCapStyle 프로퍼티로 설정합니다. 값은 enum의 CGLineCap에 정의돼 있으며 butt, round, square 3종류가 있습니다. butt와 square는 비슷하지만, butt는 곡선의 중심을 향해 선이 잘리고, square는 선이 직각으로 잘립니다. square를 선택하면 선이 굵으면 곡선 끝이 늘어난 것처럼 됩니다.

List 선의 끝 모양을 round로 한다

«sample» **uiBezierPath_arc/ViewController.swift**

```
arcPath.lineCapStyle = .round
```

lineCapStyle(선 끝의 모양)

butt　　　　　　　　　　　round　　　　　　　　　　square

그림 17.3 선 끝의 모양

원호를 그리는 ViewController

원호를 그리는 ViewController 클래스의 코드는 다음과 같습니다. clockwise가 true이므로 시작 각도인 0도
(시계의 3시)부터 시작하고 300도(π * 5/3)까지 시계 방향의 원호가 됩니다

List 원호를 그린다

«sample» **uiBezierPath_arc/ViewController.swift**

```
//
// ViewController.swift
// uiBezierPath_arc
//

import UIKit

class ViewController: UIViewController {

    func drawLine() -> UIImage {
        // 이미지 처리 시작
        let size = view.bounds.size
        UIGraphicsBeginImageContextWithOptions(size, false, 1.0)

        // 원호 패스를 만든다
        let arcPath = UIBezierPath(
            arcCenter: CGPoint(x: view.center.x, y: 200),      ──── 원호를 그립니다
            radius: 80.0,
            startAngle: 0.0,
            endAngle: CGFloat(M_PI*5/3),
            clockwise: true // 시계 방향
        )
        arcPath.lineWidth = 40
        arcPath.lineCapStyle = .round
        arcPath.stroke()

        // 이미지 컨텍스트로부터 UIImage를 만든다
        let image = UIGraphicsGetImageFromCurrentImageContext()
        // 이미지 처리 종료
        UIGraphicsEndImageContext()
        return  image!
    }
```

```
    override func viewDidLoad() {
        super.viewDidLoad()
        // 도형 이미지를 만든다
        let drawImage = drawLine()
        // 이미지 뷰에 설정한다
        let drawView = UIImageView(image: drawImage)
        // 화면에 표시한다
        view.addSubview(drawView)
    }

( 생략 )

}
```

부채꼴을 그린다

부채꼴은 원호의 패스 양 끝과 중심점을 이어 닫은 도형입니다. 원호의 양쪽 끝에서 중심으로 2개의 선을 긋는 것이 아니라 원호를 그린 패스의 종료점부터 중심점까지 직선을 긋고 패스를 닫습니다. 패스 종료점에서 중심점까지 직선을 그리려면 addLine(to:center)을 실행합니다(☞ P.515). 패스를 닫은 도형으로 만들려면 close()를 실행합니다. 직선과 곡선으로 그린 선도 똑같이 close()로 닫을 수 있습니다.

List 패스를 닫고 칠한다

«sample» **uiBezierPath_closePath/ViewController.swift**

```
    // 중심까지 직선 패스를 추가한다
    arcPath.addLine(to: center)
    // 패스를 닫는다
    arcPath.close()        ——— 중심부터 시작점 사이의 패스를 닫습니다

    // 패스를 칠한다
    UIColor.cyan.setFill()     ——— 칠하는 색을 옥색으로 설정합니다
    arcPath.fill()
    // 패스를 그린다
    arcPath.lineWidth = 5
    arcPath.lineCapStyle = .Butt
    arcPath.stroke()
```

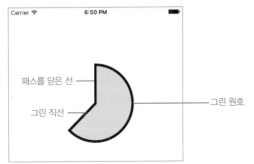

그림 17.4 패스를 닫은 선

부채꼴을 그리는 ViewController 클래스

완성한 ViewController 클래스는 다음과 같습니다.

List 원호의 패스를 닫고 부채꼴을 그린다

«sample» **uiBezierPath_closePath/ViewController.swift**

```
//
// ViewController.swift
// uiBezierPath_closePath
//

import UIKit

class ViewController: UIViewController {

    func drawLine() -> UIImage {
        // 이미지 처리 시작
        let size = view.bounds.size
        UIGraphicsBeginImageContextWithOptions(size, false, 1.0)

        // 원호 패스를 만든다
        let center = CGPoint(x: view.center.x, y: 200)
        let arcPath = UIBezierPath(
            arcCenter: center,
            radius: 80.0,
            startAngle: CGFloat(-M_PI_2),
            endAngle: CGFloat(M_PI_4*3),
            clockwise: true // 시계 방향
        )

        // 중심까지 직선 패스를 추가한다
        arcPath.addLine(to: center)
        // 패스를 닫는다
        arcPath.close()

        // 패스를 칠한다
        UIColor.cyan.setFill()
        arcPath.fill()
        // 패스를 그린다
        arcPath.lineWidth = 5
        arcPath.lineCapStyle = .butt
        arcPath.stroke()

        // 이미지 컨텍스트로부터 UIImage를 만든다
        let image = UIGraphicsGetImageFromCurrentImageContext()
        // 이미지 처리 종료
        UIGraphicsEndImageContext()
        return image!
    }

    override func viewDidLoad() {
        super.viewDidLoad()
        // 도형 이미지를 만든다
        let drawImage = drawLine()
```

원호 패스를 그립니다

원호의 패스 종점부터 중심점을 연결하는 패스를 추가해 패스를 닫습니다

```
        // 이미지 뷰에 설정한다
        let drawView = UIImageView(image: drawImage)
        // 화면에 표시한다
        view.addSubview(drawView)
    }

( 생략 )
}
```

원호로 백분율 그래프를 만든다

마지막으로 원호를 이용해 백분율을 나타내는 도넛 모양의 그래프를 만들어 보겠습니다. 원의 반지름과 백분율을 매개변수로 하는 원호의 패스를 만드는 함수를 정의하고, 이를 지정한 좌표에 그립니다. 여기에서는 패스를 평행이동하는 방법으로 배치합니다. 또한, [58.2%]처럼 텍스트를 컨텍스트로 그려서 원호 그래프와 합성합니다.

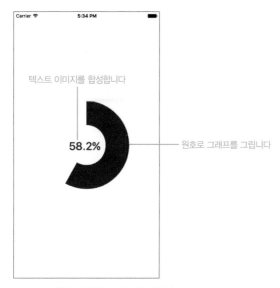

그림 17.5 원호로 백분율 그래프를 만들기

백분율을 표시한 원호 패스를 만드는 함수

다음 예제는 반지름과 퍼센트 수치를 매개변수로 전달해서 원호 패스를 만드는 함수를 arcPercent()에 정의합니다. 원호의 시작 각도는 시계의 3시 위치인데, 12시 위치에서 시작할 수 있게 −90도(−π/2)로 설정합니다. 끝 각도는 360도(2π)에 백분율을 곱한 각도에서 90도(π/2)를 뺀 각도입니다. 보통 백분율은 플러스 값이므로 원호를 시계 방향으로 그리지만, 마이너스라면 시계 반대 방향으로 원호를 그릴 수 있게 clockwise 값을 percent > 0으로 합니다. 여기서 M_PI_2는 π/2의 정수입니다(☞ P.53).

Part 3
Chapter 11
Chapter 12
Chapter 13
Chapter 14
Chapter 15
Chapter 16
Chapter 17
Chapter 18
Chapter 19

List 백분율 원호 패스를 만든다

«sample» **uiBezierPath_arc_percent/ViewController.swift**

```
func arcPercent(_ radius:CGFloat, _ percent:Double) -> UIBezierPath {
    let endAngle = 2*M_PI*percent/100 - M_PI_2        ——— 백분율 각도를 계산합니다
    let path = UIBezierPath(
        arcCenter: CGPoint(x: 0, y: 0),
        radius: radius,
        startAngle: CGFloat(-M_PI_2),        ——— 12시 위치에서 시작합니다
        endAngle: CGFloat(endAngle),
        clockwise: percent>0
    )
    return path
}
```

패스를 평행이동한다

arcPercent()에서는 원호의 중심 좌표가 (0, 0)입니다. 이대로는 화면의 왼쪽 위 모서리를 중심으로 한 원그래프가 됩니다. 이는 그래프의 표시 위치를 나중에 결정하는 것을 전제로 합니다.

이 예제는 그래프를 컨텍스트의 중심에 표시합니다. 패스를 이동하려면 CGAffineTransform(translationX:y:)로 평행이동 트랜스폼을 만들고 이를 매개변수로 apply()를 실행해 패스에 적용합니다.

List 패스를 평행이동한다

«sample» **uiBezierPath_arc_percent/ViewController.swift**

```
let tf = CGAffineTransform(translationX: view.center.x, y: view.center.y)
arcPath.apply(tf)        ——— 뷰의 중심으로 평행이동합니다
```

문자를 합성한다

이번에는 매개변수 percent 값을 사용해 [58.2%]처럼 텍스트를 원호의 그래프와 합성합니다. 텍스트를 컨텍스트로 그리려면 문자열에 대해 표시할 좌표와 글꼴 속성을 매개변수로 draw()를 실행합니다. 폰트 속성은 폰트, 문자 크기, 글자색 등을 포함합니다.

List 백분율 수치를 그린다

«sample» **uiBezierPath_arc_percent/ViewController.swift**

```
let font = UIFont.boldSystemFont(ofSize: 28)
let textFontAttributes = [NSFontAttributeName: font,
                NSForegroundColorAttributeName: UIColor.gray]
let drawString = String(percent) + "%"
let poxX = view.center.x - 45                              폰트 속성을 만듭니다
let posY = view.center.y - 15
let rect = CGRect(x: posX, y: posY, width: 90, height: 30)
drawString.draw(in: rect, withAttributes: textFontAttributes)        ——— 텍스트를 그립니다
```

완성된 ViewController 클래스

완성된 ViewController 클래스는 다음과 같습니다. 지금은 요소가 1개뿐인 그래프이므로 요소를 여러 개로 하는 등 개선해야 할 부분이 많습니다.

List 원호로 백분율 그래프를 만든다

«sample» **uiBezierPath_arc_percent/ViewController.swift**

```swift
//
// ViewController.swift
// uiBezierPath_arc_percent
//

import UIKit

class ViewController: UIViewController {

    // 백분율 원호의 패스를 만든다
    func arcPercent(_ radius:CGFloat, _ percent:Double) -> UIBezierPath {
        let endAngle = 2*M_PI*percent/100 - M_PI_2    ——— 퍼센트를 마지막 각도로 변환합니다
        let path = UIBezierPath(
            arcCenter: CGPoint(x: 0, y: 0),    ——— (0,0)을 중심으로 원호를 그립니다
            radius: radius,
            startAngle: CGFloat(-M_PI_2),
            endAngle: CGFloat(endAngle),
            clockwise: percent>0
        )
        return path
    }

    func drawLine() -> UIImage {
        // 이미지 처리 시작
        let size = view.bounds.size
        UIGraphicsBeginImageContextWithOptions(size, false, 1.0)

        let percent = 58.2
        // 원호 패스를 만든다
        UIColor.red.setStroke()    ——— 빨간색으로 합니다
        let arcPath = arcPercent(80, percent)
        arcPath.lineWidth = 60                          원호를 중앙으로 이동합니다
        arcPath.lineCapStyle = .butt
        // 패스를 평행이동한다
        let tf = CGAffineTransform(translationX: view.center.x, y: view.center.y)
        arcPath.apply(tf)
        arcPath.stroke()

        // [몇 %] 숫자를 쓴다
        let font = UIFont.boldSystemFont(ofSize: 28)
        let textFontAttributes = [NSFontAttributeName: font,
                        NSForegroundColorAttributeName: UIColor.gray]
        let drawString = String(percent) + "%"
        let posX = view.center.x - 45
        let posY = view.center.y - 15
```

Part 3

Chapter
11

Chapter
12

Chapter
13

Chapter
14

Chapter
15

Chapter
16

Chapter
17

Chapter
18

Chapter
19

513

```
        let rect = CGRect(x: posX, y: posY, width: 90, height: 30)
        drawString.draw(in: rect, withAttributes: textFontAttributes)    ──── 텍스트를 그립니다

        // 이미지 컨텍스트로부터 UIImage를 만든다
        let image = UIGraphicsGetImageFromCurrentImageContext()
        // 이미지 처리 종료
        UIGraphicsEndImageContext()
        return image!
    }

    override func viewDidLoad() {
        super.viewDidLoad()
        // 도형 이미지를 만든다
        let drawImage = drawLine()
        // 이미지 뷰에 설정한다
        let drawView = UIImageView(image: drawImage)
        // 화면에 표시한다
        view.addSubview(drawView)
    }

( 생략 )
}
```

직선을 긋는다

이 절에서는 직선을 긋는 기본적인 방법에 추가로 선의 두께, 선의 색, 선의 모양(점선, 실선), 선 끝의 모양 등 선의 속성을 설정하는 방법을 설명합니다. 선의 속성은 사각형, 타원형 등의 선도 모두 같으며, 곡선을 긋는 방법은 다음 절에서 설명합니다.

직선을 긋는 방법

직선 패스를 만들려면 선의 시작점 pt0에서 move(to: pt0)로 펜촉을 옮긴 뒤 addLine(to:pt1)으로 종료점 pt1을 추가합니다. 이 패스에 stroke()를 실행하면 pt0과 pt1 두 개의 점을 잇는 직선이 그어집니다.

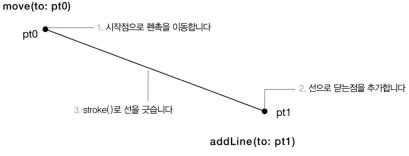

그림 17.6 직선 긋기

선의 시작점을 move(to:pt0)로 지정하고, addLine(to:)을 여러 번 반복하면 여러 개의 점을 추가된 순서대로 잇는 패스가 됩니다.

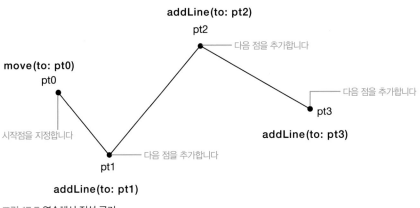

그림 17.7 연속해서 직선 긋기

Part 3
Chapter 11
Chapter 12
Chapter 13
Chapter 14
Chapter 15
Chapter 16
Chapter 17
Chapter 18
Chapter 19

도중에 moveToPoint()에 새로운 시작점을 넣으면 새로운 시작점부터 새로운 선이 그려집니다. 또한 여러 개의 선을 그은 경우 새 선의 패스를 appendPath()로 추가하는 방법도 있습니다(☞ P.522).

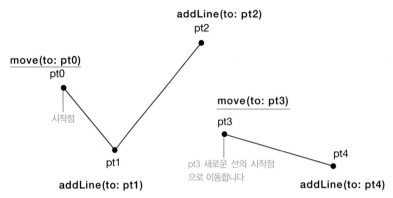

그림 17.8 직선을 그리는 중간에 새로운 점에서 긋기

배열에 들어 있는 좌표를 바탕으로 꺾은 선을 그린다

배열에 들어 있는 여러 개의 좌표를 이어서 꺾은 선을 그려보겠습니다. 지금까지는 도형을 실선으로 그렸는데, 이번 예제에서는 점선으로 점을 연결합니다.

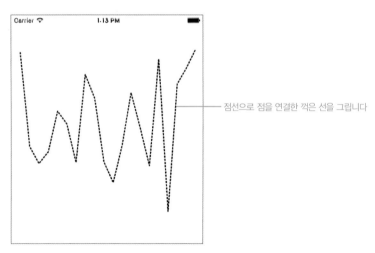

점선으로 점을 연결한 꺾은 선을 그립니다

그림 17.9 배열에 들어 있는 좌표를 바탕으로 꺾은 선 긋기

선을 연결하는 점의 배열을 만든다

연결할 점의 좌표가 들어있는 배열 pointList를 만듭니다. 곡선 그래프로 만들려면 x 좌표는 일정한 간격(dx)으로 늘려가고, y 좌표 값은 난수로 결정합니다. dx 값은 화면의 너비를 값의 개수 pointCount로 나눠 결정합

니다. y 난수의 폭은 화면 높이의 절반으로 해 아래 방향으로 50만큼 내려 설정합니다. 이 예는 20개의 점을 만듭니다.

List 점 배열 pointList를 만든다

«sample» **uiBezierPath_line/ViewController.swift**

```
// 꺾은선을 그릴 점의 배열
var pointList = Array<CGPoint>()          ——— 점 좌표가 들어 있는 배열을 준비합니다
let pointCount = 20 // 점의 개수
// x 간격
let dx = Int(view.frame.width)/pointCount
// y 간격
let height = UInt32(view.frame.height)/2
// 점 배열을 만든다
for n in 1...pointCount {
    let px = CGFloat(dx * n)              ——— x는 dx씩 늘어납니다
    let py = CGFloat(arc4random_uniform(height) + 50)    ——— y는 난수로 만듭니다
    let point = CGPoint(x: px, y: py)     ——— 선으로 잇는 점을 만듭니다
    pointList.append(point)
}
```

시작점을 지정한다

우선 UIBezierPath()로 빈 패스인 drawPath를 만듭니다. 다음으로 배열에서 첫 번째 값을 꺼내서 move(to:pointList[0])를 실행해 선의 시작점으로 추가합니다. 시작점을 추가했다면 removeFirst()로 배열에서 첫 번째 좌표를 제거합니다.

List 시작점으로 펜을 이동한다

«sample» **uiBezierPath_line/ViewController.swift**

```
// 패스 초기화
let drawPath = UIBezierPath()
// 시작점으로 이동한다
drawPath.move(to: pointList[0])          ——— 패스의 시작점을 지정합니다
// 배열에서 시작점 값을 제거한다
pointList.removeFirst()
```

패스에 점을 추가한다

배열 pointList에서 점의 좌표를 차례로 꺼내 addLine(to:pt)로 패스에 점 좌표를 추가합니다.

List 점을 연결해간다

«sample» **uiBezierPath_line/ViewController.swift**

```
// 배열에서 점을 꺼내서 연결해간다
for pt in pointList {
    drawPath.addLine(to: pt)             ——— 꺾은 선 그래프 점을 패스에 추가합니다
}
```

Part 3
Chapter
11
Chapter
12
Chapter
13
Chapter
14
Chapter
15
Chapter
16
Chapter
17
Chapter
18
Chapter
19

선의 속성

꺾은선을 나타내는 패스 drawPath를 만들었다면 다음은 drawPath에 stroke()를 실행할 차례입니다. 하지만 그 전에 미리 선의 속성을 설정합니다.

선에는 여러 가지 속성이 있는데 지금은 선의 색, 선의 두께, 선 끝의 모양, 선의 모양(점선) 등을 설정합니다.

선의 색과 두께

선의 초깃값은 색은 검은색이며 두께는 1.0입니다. 색은 UIColor의 setStroke()로 지정하거나 setStrokeColor(red:green:blue:alpha:)로 지정하는 방법도 있습니다(☞ P.503). 선의 두께는 패스의 linewidth 프로퍼티에 설정합니다.

> **List** 선 색과 폭
>
> «sample» **uiBezierPath_line/ViewController.swift**
>
> ```
> // 선 색
> UIColor.blue.setStroke()
> // 선 두께
> drawPath.lineWidth = 2.0
> ```

이음새의 모양

선이 가늘 때는 선과 선의 이음새 모양이 눈에 띄지 않지만, 선이 굵을 때는 두드러지는 속성입니다. 이음새의 모양은 패스의 lineJoinStyle 프로퍼티에 설정합니다. 종류는 enum의 CGLineJoin으로 정의하고 miter, round, bevel 3가지 타입이 있습니다. 또한 선의 양 끝 모양은 lineCapStyle 프로퍼티로 설정할 수 있습니다(☞ P.507).

> **List** 선의 이음새 모양을 설정한다
>
> «sample» **uiBezierPath_line/ViewController.swift**
>
> ```
> // 선의 이음새 형태
> drawPath.lineJoinStyle = .round        ——— 꺾은선의 이음새를 둥글게 합니다
> ```

점선으로 긋는다

선을 점선으로 그으려면 setLineDash()에 점선 패턴을 지정합니다. 점선의 패턴은 [4.0, 2.0]처럼 점선의 칠할 부분의 길이와 공백 부분의 길이를 배열로 지정합니다. [4.0, 2.0]이면 검은색 4픽셀, 빈 공간 2픽셀을 반복하는 점선입니다. 두 번째 매개변수는 배열의 요소 개수입니다.

> **List** 점선 패턴을 지정한다
>
> «sample» **uiBezierPath_line/ViewController.swift**
>
> ```
> // 점선으로 한다
> drawPath.setLineDash([4.0, 2.0], count: 2, phase: 0.0)      ——— 검은색 4픽셀 흰색 2픽셀인 점선이 됩니다
> ```

화면에 맞춰서 도형을 그린다

마지막으로 drawLine()으로 꺾은선 그래프 이미지 데이터를 만들고, 이를 화면에 표시합니다. 콘텐츠의 크기는 view.bounds.size로 설정합니다. 따라서 그대로 뷰에 설정해 붙이면 화면의 좌표계와 일치합니다.

> **List** 콘텐츠 크기를 화면에 맞춘다
>
> «sample» **uiBezierPath_line/ViewController.swift**
>
> ```swift
> // 이미지 처리 시작
> let size = view.bounds.size
> UIGraphicsBeginImageContextWithOptions(size, false, 1.0)
> ```

완성된 ViewController 클래스

완성된 ViewController 클래스는 다음과 같습니다.

> **List** 배열에 들어 있는 좌표를 바탕으로 꺾은선을 그린다
>
> «sample» **uiBezierPath_line/ViewController.swift**

```swift
//
//  ViewController.swift
//  uiBezierPath_line
//

import UIKit

class ViewController: UIViewController {

    func drawLine() -> UIImage {
        // 꺾은선을 그릴 점의 배열
        var pointList = Array<CGPoint>()
        let pointCount = 20 // 점의 개수
        // x 간격
        let dx = Int(view.frame.width)/pointCount
        // y 간격
        let height = UInt32(view.frame.height)/2
        // 점 배열을 만든다
        for n in 1...pointCount {                              ─── 선을 잇는 점의 배열을 만듭니다
            let px = CGFloat(dx * n)
            let py = CGFloat(arc4random_uniform(height) + 50)
            let point = CGPoint(x: px, y: py)
            pointList.append(point)
        }

        // 이미지 처리 시작
        let size = view.bounds.size           ─── 그리는 영역을 뷰와 같게 합니다
        UIGraphicsBeginImageContextWithOptions(size, false, 1.0)

        // 패스 초기화
        let drawPath = UIBezierPath()      ─── 패스를 준비합니다
```

Part 3
Chapter 11
Chapter 12
Chapter 13
Chapter 14
Chapter 15
Chapter 16
Chapter **17**
Chapter 18
Chapter 19

```swift
        // 시작점으로 이동한다
        drawPath.moveToPoint(pointList[0])  ——— 시작점을 지정합니다
        // 배열에서 시작점 값을 없앤다
        pointList.removeFirst()
        // 배열에서 점을 꺼내서 연결해간다
        for pt in pointList {
            drawPath.addLine(to: pt)  ——— 패스에 잇는 점을 추가합니다
        }

        // 선 색
        UIColor.blue.setStroke()
        // 선 두께
        drawPath.lineWidth = 2.0
        // 선의 이음새 형태
        drawPath.lineJoinStyle = .round
        // 점선의 패턴
        drawPath.setLineDash([4.0, 2.0], count: 2, phase: 0.0)  ——— 점선을 지정합니다
        // 선을 그린다
        drawPath.stroke()  ——— 선을 그립니다

        // 이미지 컨텍스트로부터 UIImage를 만든다
        let image = UIGraphicsGetImageFromCurrentImageContext()
        // 이미지 처리 종료
        UIGraphicsEndImageContext()
        return image!  ——— 꺾은선 그래프 이미지를 반환합니다
    }

    override func viewDidLoad() {
        super.viewDidLoad()
        // 도형 이미지를 만든디
        let drawImage = drawLine()
        // 이미지 뷰에 설정한다
        let drawView = UIImageView(image: drawImage)
        // 화면에 표시한다
        view.addSubview(drawView)
    }

    ( 생략 )
}
```

베지에 곡선을 긋는다

이 절에서는 베지에 곡선을 그리는 방법을 설명합니다. 베지에 곡선에는 컨트롤 포인트를 1개 사용해 긋는 곡선과 2개 사용해 긋는 곡선 2종류가 있습니다. 직선처럼 곡선을 연결해 자유로운 곡선을 그릴 수도 있습니다.

컨트롤 포인트가 1개인 베지에 곡선

UIBezierPath 클래스는 원래 베지에 곡선을 그리기 위한 클래스입니다. 베지에 곡선에는 곡선의 기울기를 정하는 컨트롤 포인트가 1개인 타입과 2개인 타입이 있습니다. 1개인 타입은 addQuadCurve(to:controlPoint:) 메서드로 U자형 곡선 패스를 만듭니다.

다음 코드에서는 점 a부터 점 c로 곡선을 그립니다. 이때, 컨트롤 포인트를 점 b의 위치에 두면 a-b, c-b를 접선으로 하는 곡선 패스가 만들어집니다.

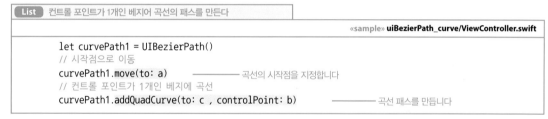

> **List** 컨트롤 포인트가 1개인 베지어 곡선의 패스를 만든다
>
> «sample» **uiBezierPath_curve/ViewController.swift**

```
let curvePath1 = UIBezierPath()
// 시작점으로 이동
curvePath1.move(to: a)              ——— 곡선의 시작점을 지정합니다
// 컨트롤 포인트가 1개인 베지에 곡선
curvePath1.addQuadCurve(to: c , controlPoint: b)          ——— 곡선 패스를 만듭니다
```

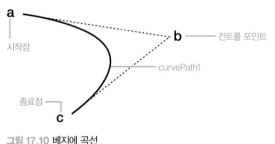

그림 17.10 베지에 곡선

컨트롤 포인트가 2개인 베지에 곡선

컨트롤 포인트가 2개 있는 베지에 곡선은 addCurve(to:controlPoint1:controlPoint2:) 메서드를 사용하는 S자형 곡선이 됩니다. 다음 코드에서는 점 d에서부터 점 f로 곡선을 그립니다. 이때, 컨트롤 포인트를 점 e와 점 g의 위치에 두면 d-e와 f-g를 접선으로 하는 곡선 패스가 만들어집니다.

Part 3
Chapter
11
Chapter
12
Chapter
13
Chapter
14
Chapter
15
Chapter
16
Chapter
17
Chapter
18
Chapter
19

```
let curvePath2 = UIBezierPath()
// 시작점으로 이동
curvePath2.move(to: d)
// 컨트롤 포인트가 2개인 베지에 곡선
curvePath2.addCurve(to: f , controlPoint1: e , controlPoint2: g)
```

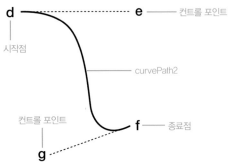

그림 17.11 컨트롤 포인트가 2개인 베지에 곡선

여러 개의 보조선을 점선으로 긋는다

다음 예제에서는 베지에 곡선의 보조선을 점선으로 긋는 코드를 설명합니다. 먼저 여러 개의 보조선을 긋기 위해 시작점과 종료점을 지정하면 직선 패스를 만드는 makeLinePath() 함수를 정의합니다.

List 직선 패스를 만드는 함수

«sample» **uiBezierPath_curve/ViewController.swift**

```
func makeLinePath(_ startPoint:CGPoint, _ endPoint:CGPoint) -> UIBezierPath {
    let path = UIBezierPath()
    path.move(to: startPoint) // 시작점
    path.addLine(to: endPoint) // 종료점
    return path
}
```

이어서 makeLinePath()를 사용해 4개의 보조선 패스를 만듭니다. 4개의 보조선은 각 위치에 해당하는 직선을 그리는 패스인데, 모두 1개의 linePath 패스에 append()로 추가합니다.

보조선은 점선으로 잇고자 하므로 setLineDash()로 점선의 패턴을 설정한 다음 마지막으로 stroke()를 실행하면 4개의 점선이 그어집니다(점선으로 긋는다 ☞ P.518).

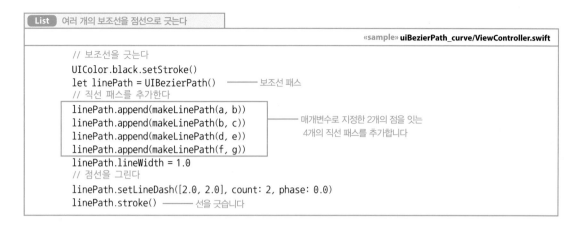

List 여러 개의 보조선을 점선으로 긋는다

«sample» **uiBezierPath_curve/ViewController.swift**

```
// 보조선을 긋는다
UIColor.black.setStroke()
let linePath = UIBezierPath()        ── 보조선 패스
// 직선 패스를 추가한다
linePath.append(makeLinePath(a, b))
linePath.append(makeLinePath(b, c))      ── 매개변수로 지정한 2개의 점을 잇는
linePath.append(makeLinePath(d, e))         4개의 직선 패스를 추가합니다
linePath.append(makeLinePath(f, g))
linePath.lineWidth = 1.0
// 점선을 그린다
linePath.setLineDash([2.0, 2.0], count: 2, phase: 0.0)
linePath.stroke()        ── 선을 긋습니다
```

완성된 ViewController 클래스

완성된 ViewController 클래스는 다음과 같습니다. 2개의 베지에 곡선과 4개의 보조선을 그립니다. 보조선은
베지에 곡선을 설명하려고 그은 것으로 실제로는 긋지 않아도 베지에 곡선은 그릴 수 있습니다.

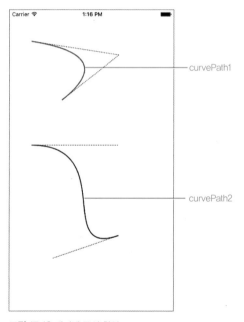

curvePath1

curvePath2

그림 17.12 베지에 곡선 확인

List | 두 종류의 베지에 곡선을 보조선과 함께 그린다

«sample» **uiBezierPath_curve/ViewController.swift**

```swift
//
//  ViewController.swift
//  uiBezierPath_curve
//

import UIKit

class ViewController: UIViewController {

    func drawLine() -> UIImage {
        // 위 그림에서 사용하는 점
        let a = CGPoint(x: 50, y: 70)
        let b = CGPoint(x: 250, y: 100)
        let c = CGPoint(x: 120, y: 200)
        // 아래 그림에서 사용하는 점
        let d = CGPoint(x: 50, y: 300)
        let e = CGPoint(x: 250, y: 300)
        let f = CGPoint(x: 250, y: 500)
        let g = CGPoint(x: 100, y: 550)

        // 이미지 처리 시작
        let size = view.bounds.size
        UIGraphicsBeginImageContextWithOptions(size, false, 1.0)

        // 보조선을 긋는다
        UIColor.black.setStroke()
        let linePath = UIBezierPath()
        // 직선 패스를 추가한다
        linePath.append(makeLinePath(a, b))
        linePath.append(makeLinePath(b, c))
        linePath.append(makeLinePath(d, e))
        linePath.append(makeLinePath(f, g))
        linePath.lineWidth = 1.0
        // 점선을 그린다
        linePath.setLineDash([2.0, 2.0], count: 2, phase: 0.0)
        linePath.stroke()

        // 베지에 곡선 1을 그린다
        UIColor.red.setStroke()
        let curvePath1 = UIBezierPath()
        // 시작점으로 이동
        curvePath1.move(to: a)
        // 컨트롤 포인트가 1개인 베지에 곡선
        curvePath1.addQuadCurve(to: c  , controlPoint: b)
        curvePath1.lineWidth = 2
        curvePath1.stroke()

        // 베지에 곡선 2 를 그린다
        UIColor.blue.setStroke()
        let curvePath2 = UIBezierPath()
        // 시작점으로 이동
        curvePath2.move(to: d)
```

— 보조선
  linePath

— 베지에 곡선1
  curvePath1

— 베지에 곡선2
  curvePath2

```
    // 컨트롤 포인트가 2개인 베지에 곡선
    curvePath2.addCurve(to: f , controlPoint1: e , controlPoint2: g)
    curvePath2.lineWidth = 2
    curvePath2.stroke()

    // 이미지 컨텍스트로부터 UIImage를 만든다
    let image = UIGraphicsGetImageFromCurrentImageContext()
    // 이미지 처리 종료
    UIGraphicsEndImageContext()
    return image!  ————— 4개의 보조선과 2개의 베지에 곡선을 그린 이미지를 반환합니다
}
```

```
// 곡선 패스를 만드는 함수
func makeLinePath(_ startPoint:CGPoint, _ endPoint:CGPoint) -> UIBezierPath {
    let path = UIBezierPath()
    path.move(to: startPoint) // 시작점
    path.addLine(to: endPoint) // 종료점
    return path
}
```

보조선 패스를 만듭니다

```
override func viewDidLoad() {
        super.viewDidLoad()
        // 도형 이미지를 만든다
        let drawImage = drawLine()
        // 이미지 뷰에 설정한다
        let drawView = UIImageView(image: drawImage)
        // 화면에 표시한다
        view.addSubview(drawView)
    }

(생략)
}
```

Part 3
Chapter 11
Chapter 12
Chapter 13
Chapter 14
Chapter 15
Chapter 16
Chapter 17
Chapter 18
Chapter 19

도형 겹쳐 그리기

여러 개의 도형이 겹쳐있는 패스를 칠할 때 겹쳐진 부분을 어떻게 채울지 지정할 수 있습니다. 이를 이용하면 도형을 칠한 모양에 구멍을 뚫거나 다른 도형의 모양대로 빼낼 수 있습니다.

도형 칠하기

패스에 fill()을 실행하면 닫힌 도형이라면 안을 채우고, 열린 도형이라면 시작점과 종료점을 연결해서 닫힌 영역을 칠합니다.

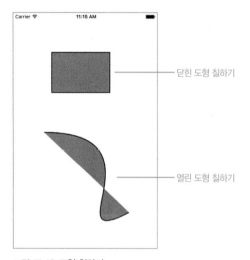

닫힌 도형 칠하기

열린 도형 칠하기

그림 17.13 도형 칠하기

List 닫힌 도형 칠하기와 열린 도형 칠하기

«sample» **uiBezierPath_fill/ViewController.swift**

```
//
// ViewController.swift
// uiBezierPath_fill
//

import UIKit

class ViewController: UIViewController {

    func drawPathImage() -> UIImage {
        // 이미지 처리 시작
        let size = view.bounds.size
```

```
        UIGraphicsBeginImageContextWithOptions(size, false, 1.0)
        UIColor.lightGray.setFill() // 칠하는 색

        // 사각형 패스(닫힌 도형)
        let boxRect = CGRect(x: 100, y: 100, width: 150, height: 100)
        let boxPath = UIBezierPath(rect: boxRect)
        boxPath.lineWidth = 2
        boxPath.fill()  // 칠한다
        boxPath.stroke()

        // 베지에 곡선 패스(닫힌 도형)
        let curvePath = UIBezierPath()
        let pt0 = CGPoint(x: 80, y: 300)
        let pt1 = CGPoint(x: 300, y: 500)
        let cPt1 = CGPoint(x: 400, y: 300)
        let cPt2 = CGPoint(x: 100, y: 600)
        curvePath.move(to: pt0)
        curvePath.addCurve(to: pt1, controlPoint1: cPt1, controlPoint2: cPt2)
        curvePath.lineWidth = 2
        curvePath.fill() // 칠한다        ——— 곡선을 닫지 않은 채로 칠합니다
        curvePath.stroke()

        // 이미지 컨텍스트로부터 UIImage를 만든다
        let image = UIGraphicsGetImageFromCurrentImageContext()
        // 이미지 처리 종료
        UIGraphicsEndImageContext()
        return image!
    }

    override func viewDidLoad() {
        super.viewDidLoad()
        // 도형 이미지를 만든다
        let drawImage = drawPathImage()
        // 이미지 뷰에 설정한다
        let drawView = UIImageView(image: drawImage)
        // 화면에 표시한다
        view.addSubview(drawView)
    }

(생략)
}
```

겹쳐진 도형을 칠한다

1개의 패스는 여러 개의 도형을 포함할 수 있습니다. 이 패스를 칠할 때 도형이 겹친 영역을 어떻게 채울지 지정할 수 있습니다. 다음 예제는 하나의 사각형과 두 개의 원이 겹쳐있습니다.

이때 도형을 칠하는 방법은 2가지입니다. 하나는 겹치는 부분을 포함해 전체를 빈틈없이 채우는 방법입니다. 나머지 하나는 홀수 번째로 겹친 영역은 칠하지 않는 방법 즉, 겹치지 않은 영역과 짝수 번째로 겹친 영역만 칠합니다. 이렇게 칠하는 방법은 패스의 usesEvenOddFillRule 프로퍼티 값으로 지정합니다

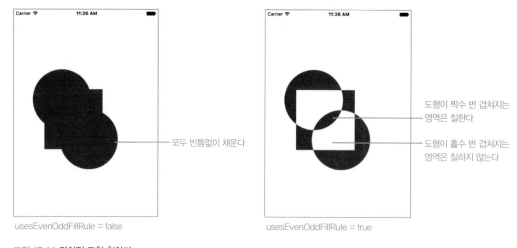

usesEvenOddFillRule = false   usesEvenOddFillRule = true

그림 17.14 겹쳐진 도형 칠하기

3개의 도형

다음 예제에서는 다음과 같이 3개의 도형을 패스로 만듭니다.

> **List** 3개 도형의 패스를 만든다
>
> «sample» **uiBezierPath_fillRule/ViewController.swift**

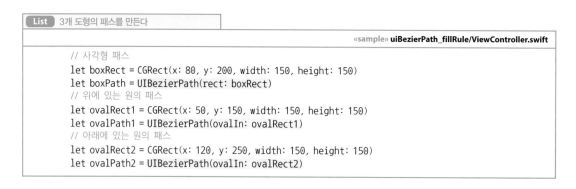

```swift
// 사각형 패스
let boxRect = CGRect(x: 80, y: 200, width: 150, height: 150)
let boxPath = UIBezierPath(rect: boxRect)
// 위에 있는 원의 패스
let ovalRect1 = CGRect(x: 50, y: 150, width: 150, height: 150)
let ovalPath1 = UIBezierPath(ovalIn: ovalRect1)
// 아래에 있는 원의 패스
let ovalRect2 = CGRect(x: 120, y: 250, width: 150, height: 150)
let ovalPath2 = UIBezierPath(ovalIn: ovalRect2)
```

패스를 1개로 묶는다

3개의 도형을 따로따로 칠하는 것이 아니라 다음과 같이 append()를 사용해 1개의 drawPath 패스로 묶어서 칠합니다.

> **List** 3개의 도형 패스를 하나의 패스로 한다
>
> «sample» **uiBezierPath_fillRule/ViewController.swift**

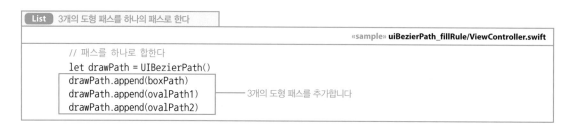

```swift
// 패스를 하나로 합한다
let drawPath = UIBezierPath()
drawPath.append(boxPath)
drawPath.append(ovalPath1)
drawPath.append(ovalPath2)
```
3개의 도형 패스를 추가합니다

도형이 겹쳐진 영역을 칠하는 방법

도형이 홀수 번 겹쳤을 때는 칠하지 않으려면 패스 usesEvenOddFillRule의 프로퍼티 값을 true로 설정합니다.

List	홀수 번 겹친 영역은 칠하지 않는다

«sample» **uiBezierPath_fillRule/ViewController.swift**

```
// 홀수 번 겹친 영역은 칠하지 않는다
drawPath.usesEvenOddFillRule = true
drawPath.fill()
```

완성된 ViewController 클래스

완성된 ViewController 클래스는 다음과 같습니다.

List	도형이 홀수 번 겹친 영역은 칠하지 않는다

«sample» **uiBezierPath_fillRule/ViewController.swift**

```
//
// ViewController.swift
// uiBezierPath_fillRule
//

import UIKit

class ViewController: UIViewController {

    func drawPathImage() -> UIImage {
        // 이미지 처리 시작
        let size = view.bounds.size
        UIGraphicsBeginImageContextWithOptions(size, false, 1.0)

        // 사각형 패스
        let boxRect = CGRect(x: 80, y: 200, width: 150, height: 150)
        let boxPath = UIBezierPath(rect: boxRect)
        // 위쪽 원의 패스
        let ovalRect1 = CGRect(x: 50, y: 150, width: 150, height: 150)
        let ovalPath1 = UIBezierPath(ovalIn: ovalRect1)
        // 아래쪽 원의 패스
        let ovalRect2 = CGRect(x: 120, y: 250, width: 150, height: 150)
        let ovalPath2 = UIBezierPath(ovalIn: ovalRect2)

        // 패스를 하나로 합한다
        let drawPath = UIBezierPath()
        drawPath.append(boxPath)           ──── 여러 개의 도형을 1개의 패스로 합니다
        drawPath.append(ovalPath1)
        drawPath.append(ovalPath2)

        UIColor.red.setFill()
        // 홀수 번 겹친 영역은 칠하지 않는다
        drawPath.usesEvenOddFillRule = true   ──── 패스를 칠합니다
        drawPath.fill()
```

Part 3
Chapter
11
Chapter
12
Chapter
13
Chapter
14
Chapter
15
Chapter
16
Chapter
17
Chapter
18
Chapter
19

```
            // 이미지 컨텍스트로부터 UIImage를 만든다
            let image = UIGraphicsGetImageFromCurrentImageContext()
            // 이미지 처리 종료
            UIGraphicsEndImageContext()
            return image!
    }

    override func viewDidLoad() {
        super.viewDidLoad()
            // 도형 이미지를 만든다
        let drawImage = drawPathImage()
            // 이미지 뷰에 설정한다
        let drawView = UIImageView(image: drawImage)
            // 화면에 표시한다
        view.addSubview(drawView)
    }

    ( 생략 )
}
```

Chapter 18

데이터 저장과 읽기

이 장에서는 앱이 이용할 수 있는 샌드 박스에 데이터를 읽고 쓰는 방법과 데이터를 텍스트 파일로 저장하고 읽어 들이는 방법을 설명합니다. 텍스트 파일의 읽고 쓰기는 do-try-catch 예외 처리가 필요하므로 예외 처리에 관해서도 살펴보고, 키보드의 출현에 맞춰서 텍스트 뷰의 크기를 조절하는 방법도 설명합니다.

유저 디폴트를 이용한다

이 절에서는 유저 디폴트(UserDefaults 클래스)의 기본적인 사용법을 설명합니다. 유저 디폴트를 사용하면 앱의 이용 상태를 저장할 수 있으며, 씬을 이동할 때 각 씬 사이에 편리하게 데이터를 주고받을 수 있습니다.

앱마다 샌드 박스를 사용한다

UserDefaults 클래스의 standard 프로퍼티로 얻을 수 있는 오브젝트로 앱마다 있는 샌드 박스 영역에 데이터를 읽고 쓸 수 있습니다. 샌드 박스에 저장되는 데이터는 다른 앱에서는 접근할 수 없습니다.

데이터형에 따른 메서드

데이터는 딕셔너리 오브젝트와 같이 키와 값을 짝으로 저장하고, 저장했을 때의 키를 지정해 값을 읽습니다. 데이터 저장은 형과 관계없이 set(_:forKey:)로 할 수 있지만, 읽기는 형에 맞춰 다음 메서드를 이용합니다.

읽기에 사용하는 메서드	삭제하는 메서드
object(forKey:) -> Any? string(forKey:) -> String? array(forKey:) -> [Any]? dictionary(forKey:) -> [String: Any]? data(forKey:) -> Data? stringArray(forKey:) -> [String]? integer(forKey:) -> Int? float(forKey:) -> Float? double(forKey:) -> Double? bool(forKey:) -> Bool url(forKey:) -> URL?	removeObject(forKey:)

논리값(Bool) 저장하기/읽기

다음 예제에서는 스위치 mySwitch1의 온/오프 상태를 save 버튼으로 저장합니다. 그다음 read 버튼으로 저장한 값을 읽고 스위치 mySwitch2를 그 값으로 설정합니다.

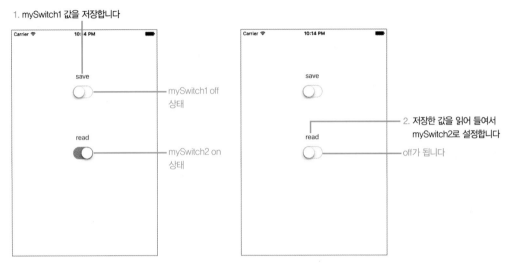

그림 18.1 스위치의 온/오프 상태 지정

샌드 박스의 유저 디폴트를 참조한다

샌드 박스에는 UserDefaults.standard로 얻을 수 있는 딕셔너리 오브젝트를 통해서 접근합니다. 이 딕셔너리 오브젝트는 앱에서 공통으로 1개만 만들 수 있습니다.

List 유저 디폴트의 오브젝트
«sample» **userDefaults_Bool/ViewController.swift**
`let defaults = UserDefaults.standard`

Bool 형의 값 읽고 쓰기

스위치 on 프로퍼티는 Bool 형입니다. Bool 형의 값은 set(_:forKey:)으로 쓰고, bool(forKey:)로 읽습니다. 유저 디폴트에는 여러 개의 값을 저장할 수 있으므로 각 값을 구별하기 위해 키를 붙입니다. 키를 이름으로 저장하고 같은 키로 읽어 들이는 것입니다. 여기에서는 "switchOn" 키로 스위치 값을 저장합니다.

Part 3
Chapter 12
Chapter 12
Chapter 13
Chapter 14
Chapter 15
Chapter 16
Chapter 17
Chapter **18**
Chapter 19

저장한 값을 "switchOn" 키로 읽어 mySwitch2에 설정합니다. Bool 형의 값이므로 값을 꺼낼 때 bool(foreKey:)을 사용합니다.

List 키가 "switchOn"인 값을 Bool로 읽어 mySwitch2에 설정한다

«sample» **userDefaults_Bool/ViewController.swift**

```
mySwitch2.isOn = defaults.bool(forKey: "switchOn")
```
———— 저장된 키로 읽습니다

완성된 ViewController 클래스

완성된 ViewController 클래스는 다음과 같습니다. save 버튼으로 saveStatus(), read 버튼으로 readStatus()를 실행합니다.

List 스위치 값을 유저 디폴트에 저장해 읽는다

«sample» **userDefaults_Bool/ViewController.swift**

```
//
//  ViewController.swift
//  userDefaults_Bool
//

import UIKit

class ViewController: UIViewController {

    // 스위치를 아울렛 연결하다
    @IBOutlet weak var mySwitch1: UISwitch!
    @IBOutlet weak var mySwitch2: UISwitch!

    // 유저 디폴트에 저장한다
    @IBAction func saveStatus(sender: Any) {
        // 유저 디폴트를 참조한다
        let defaults = UserDefaults.standard
        // mySwitch1의 값을 "switchOn"을 키로 지정해 저장한다
        defaults.set(mySwitch1.isOn, forKey: "switchOn")        ———— 저장합니다
    }

    // 유저 디폴트로부터 읽어 들인다
    @IBAction func readStatus(_ sender: Any) {
        // 유저 디폴트를 참조한다
        let defaults = UserDefaults.standard
        // 키가 "switchOn"인 값을 Bool 형으로 읽어 mySwitch2에 설정한다
        mySwitch2.isOn = defaults.bool(forKey: "switchOn")      ———— 읽습니다
    }                           └─ Bool 형의 값을 읽는다
    ( 생략 )
}
```

수치(Float) 저장하기/읽기

다음 예제는 슬라이더의 값을 유저 디폴트에 저장하고, 읽은 값은 프로그래스 바에 설정합니다. 읽고 쓰는 값을 확인할 수 있게 라벨에 숫자로도 표시합니다.

그림 18.2 슬라이더 읽고 쓰기

Float 형의 값 읽고 쓰기

슬라이더 값은 Float 형입니다. Float 형 값은 set(_:forKey:)으로 저장하고, float(forKey:)으로 읽습니다.

> **List** mySlider의 Float 형 값을 "sliderValue"를 키로 지정해 저장한다
>
> «sample» **userDefaults_Float/ViewController.swift**

```swift
defaults.set(value, forKey: "sliderValue")
```

> **List** 키가 "sliderValue"인 값을 Float 형으로 읽어 라벨과 프로그래스 바에 설정한다
>
> «sample» **userDefaults_Float/ViewController.swift**

```swift
// 키가 "sliderValue"인 값을 Float 형으로 읽는다
let value = defaults.float(forKey: "sliderValue")
// 라벨에 값을 표시한다
progressLabel.text = String(value)
// 프로그래스 바에 값을 설정한다
myProgress.progress = value
```

Part 3
Chapter 12
Chapter 12
Chapter 13
Chapter 14
Chapter 15
Chapter 16
Chapter 17
Chapter 18
Chapter 19

535

완성된 ViewController 클래스

완성된 ViewController 클래스는 다음과 같습니다. save 버튼으로 saveValue(), read 버튼으로 readValue() 를 실행합니다.

List 슬라이드의 값을 저장하고 값을 읽어 프로그래스바에 설정한다

«sample» **userDefaults_Float/ViewController.swift**

```swift
//
//  ViewController.swift
//  userDefaults_Float
//

import UIKit

class ViewController: UIViewController {

    // 슬라이더와 라벨을 아울렛 연결한다
    @IBOutlet weak var mySlider: UISlider!
    @IBOutlet weak var sliderLabel: UILabel!
    // 프로그래스 바와 라벨을 아울렛 연결한다
    @IBOutlet weak var myProgress: UIProgressView!
    @IBOutlet weak var progressLabel: UILabel!

    // 유저 디폴트에 저장한다
    @IBAction func saveValue(_ sender: Any) {
        // 유저 디폴트를 참조한다
        let defaults = UserDefaults.standard
        let value = mySlider.value
        // 라벨에 값을 표시한다
        sliderLabel.text = String(value)
        // mySlider의 Float 형 값을 "sliderValue"를 키로 지정해 저장한다
        defaults.set(value, forKey: "sliderValue")
    }

    // 유저 디폴트로부터 읽어 들인다
    @IBAction func readValue(_ sender: Any) {
        // 유저 디폴트를 참조한다
        let defaults = UserDefaults.standard
        // 키가 "sliderValue"인 값을 Float 형으로 읽는다
        let value = defaults.float(forKey: "sliderValue")        ────── float형으로 읽어 들입니다
        // 라벨에 값을 표시한다
        progressLabel.text = String(value)
        // 프로그래스 바에 값을 설정한다
        myProgress.progress = value
    }

( 생략 )
}
```

배열(Array) 저장하기/읽기

배열(Array)의 값은 set(_:forKey:)으로 저장하고 array(forKey:)로 읽습니다. 읽어온 배열의 형은 [Any]가 됩니다.

다음 예제는 배열 list를 키 "myList"로 지정해 저장하고, 이를 read 버튼으로 읽어 출력하는 간단한 코드입니다. 저장하는 위치는 viewDidLoad()이므로 앱이 동작하면 자동으로 값이 저장됩니다.

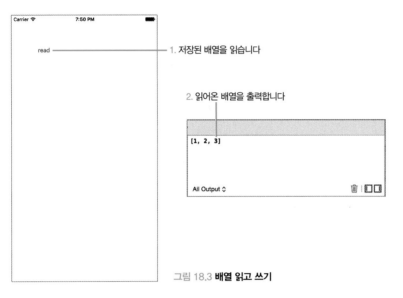

그림 18.3 **배열 읽고 쓰기**

List 배열 값을 저장하고, 버튼으로 읽습니다

«sample» **userDefaults_Array/ViewController.swift**

```
//
//  ViewController.swift
//  userDefaults_Array
//

import UIKit

class ViewController: UIViewController {

    @IBAction func getList(_ sender: Any) {
        // 유저 디폴트를 참조한다
        let defaults = UserDefaults.standard
        // 키가 "myList"인 값을 배열로 읽어 들인다
        if let theList = defaults.array(forKey: "myList"){
            print(theList)
        }                        배열로써 읽어 들입니다
    }

    override func viewDidLoad() {
        super.viewDidLoad()
```

Part 3
Chapter
12
Chapter
12
Chapter
13
Chapter
14
Chapter
15
Chapter
16
Chapter
17
Chapter
18
Chapter
19

537

```
        // 배열을 만든다
        let list = [1,2,3]
        // 유저 디폴트를 참조한다
        let defaults = UserDefaults.standard
        // 배열 list를 "myList"를 키로 지정해 저장한다
        defaults.set(list, forKey: "myList")
    }
                        배열을 저장합니다
  ( 생략 )
  }
```

텍스트 파일 저장과 읽기

앞 절에서는 텍스트 데이터를 유저 디폴트로 저장했는데, 이번 절에서는 텍스트 데이터 정보를 텍스트 파일에 저장합니다. 반대로 텍스트 파일로부터 읽는 방법도 설명합니다.

텍스트 파일의 저장과 읽기

텍스트 뷰 등에 써넣은 긴 문장을 텍스트 파일에 저장하거나 반대로 텍스트 파일로부터 읽을 수 있습니다. 다음 예제는 [저장] 버튼을 누르면 텍스트 뷰에 입력한 문장을 텍스트 파일로 저장하고 [읽기] 버튼을 누르면 저장한 텍스트 파일을 읽어 아래에 있는 텍스트 뷰에 표시합니다.

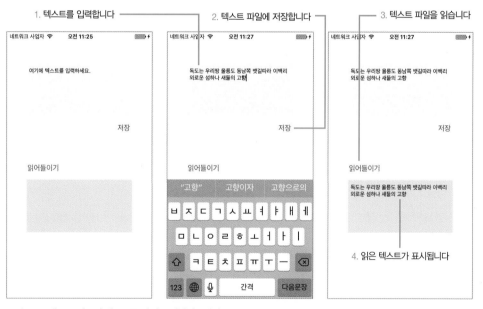

그림 18.4 텍스트 필드의 텍스트를 파일로 저장하고읽기

텍스트 파일에 저장한다

텍스트 데이터를 텍스트 파일로 저장하려면 먼저 텍스트 파일의 경로를 만듭니다. NSHomeDirectory()로 앱이 이용할 수 있는 홈 디렉터리를 구한 다음 그 아래에 저장에 사용할 파일 경로를 연결합니다. 앱이 이용할 수 있는 파일 경로에는 몇 가지 종류가 있으며, 유저 도큐먼트나 데이터 파일은 Documents 폴더에 만듭니다.

Part 3

Chapter 12

Chapter 12

Chapter 13

Chapter 14

Chapter 15

Chapter 16

Chapter 17

Chapter 18

Chapter 19

iOS 앱을 설치하면 앱마다 홈 디렉터리가 만들어집니다. 각 앱이 이용할 수 있는 것은 자신의 홈 디렉터리뿐입니다. 홈 디렉터리는 다시 서브 디렉터리로 나뉘고 접근 제한이나 아이튠즈(iTunes)에 백업할지를 결정합니다. iOS 앱은 Documents, Library, tmp 등의 아래에 추가로 디렉터리를 생성할 수 있고, 이를 사용합니다.

● iOS 표준 디렉터리 : 파일 저장 장소

주요 디렉터리	사용법	아이튠즈에 백업된다
~/ (홈 디렉터리)	사용해서는 안 된다(번들 디렉터리)	NO
~/Documents/	유저 도큐먼트, 데이터 파일을 저장한다	YES
~/Documents/Inbox/	읽기, 삭제만(외부 앱에서 배치된다)	YES
~/Library/	사용자에게 공개하지 않는 파일을 관리한다	YES(Caches 폴더를 제외)
~/Library/Caches/	언제든지 다시 만들 수 있는 파일. 시스템이 삭제할 때가 있다	NO
~/Library/Application Support/	설정 파일, 템플릿 등 앱 고유의 데이터 파일을 저장한다	YES
~/tmp/	일시적으로 보관하는 데 사용. 불필요하게 되면 삭제한다. 시스템이 삭제할 때가 있다	NO

다음 예제는 홈 디렉터리의 Documents 폴더에 myTextfile.txt 파일을 만들고, 텍스트 데이터를 저장합니다. 홈 디렉터리까지의 경로는 NSHomeDirectory()로 구할 수 있습니다.

List   파일의 경로를 만든다

«sample» **string_writeToFile/ViewController.swift**

```
let thePath = NSHomeDirectory()+"/Documents/myTextfile.txt"
```

텍스트 데이터의 저장을 시도한다

textView1 텍스트 필드의 텍스트를 꺼내 textData에 넣습니다. 꺼낸 텍스트는 String 형 데이터입니다. String 에는 write(toFile:atomically:encoding:)라는 파일 메서드가 있으므로 이 메서드를 사용해 저장합니다.

파일 저장은 실패할 수 있으므로 do-try-catch를 이용해 오류 처리(예외 처리)를 해야 합니다. 또한 두 번째 매개변수인 atomically를 true로 하면 데이터를 넣는 중에 비정상적으로 종료되더라도 파일이 깨지지 않게 임시 파일을 사용해 데이터를 저장합니다.

List   텍스트 필드에 저장한다

«sample» **string_writeToFile/ViewController.swift**

```
        // 저장할 텍스트 데이터
        let textData = textView1.text
        // 텍스트 데이터의 저장을 시도한다
        do {
            try textData?.write(toFile: thePath, atomically: true, encoding: String.Encoding.utf8)
        } catch let error as NSError {
            print("저장에 실패 \n \(error)")      ——— try가 실패했을 때 실행됩니다
        }
```

텍스트 파일로부터 읽기

이번에는 저장한 텍스트 파일에서 텍스트 데이터를 가져옵니다. 텍스트를 읽을 때는 String(contentsOfFile: encoding:)을 사용합니다. 읽는 파일의 경로는 저장한 경로와 같습니다. 저장할 때와 마찬가지로 읽는 처리를 할 때도 do-try-catch 예외 처리를 해야 합니다.

List　텍스트 데이터 읽기를 시도한다

《sample》 **string_writeToFile/ViewController.swift**

```
// 텍스트 데이터 읽기를 시도한다
do {
    let textData = try String(contentsOfFile: thePath, encoding: String.Encoding.utf8)
    // 읽기에 성공하면 표시한다
    textView2.text = textData
} catch let error as NSError {
    textView2.text = "읽기 실패 \n \(error)"
}                                        ───── 개행 코드입니다
```

완성된 ViewController 클래스

완성된 ViewController 클래스는 다음과 같습니다.

List　텍스트를 텍스트 파일에 저장하고 읽는다

《sample》 **string_writeToFile/ViewController.swift**

```
//
// ViewController.swift
// string_writeToFile
//

import UIKit

class ViewController: UIViewController {

    // 텍스트 뷰를 아울렛 연결한다
    @IBOutlet weak var textView1: UITextView!
    @IBOutlet weak var textView2: UITextView!

    // 텍스트 파일의 경로
    let thePath = NSHomeDirectory()+"/Documents/myTextfile.txt"
                  └──── 홈 디렉터리까지의 경로
    // 파일로 저장
    @IBAction func saveToFile(sender: Any) {
        // 키보드를 내린다
        view.endEditing(true)
        // 저장할 텍스트 데이터
        let textData = textView1.text
        // 텍스트 데이터의 저장을 시도한다        텍스트 파일에 저장합니다
        do {                                        │
            try textData?.write(toFile: thePath, atomically: true, encoding: String.Encoding.utf8)
        } catch let error as NSError {
```

Part 3
Chapter
12
Chapter
12
Chapter
13
Chapter
14
Chapter
15
Chapter
16
Chapter
17
Chapter
18
Chapter
19

```
                print("저장에 실패 \n \(error)")
            }
        }

        // 파일로부터 읽는다
        @IBAction func readFromFile(_ sender: Any) {
            //  텍스트 데이터 읽기를 시도한다
            do {
                let textData = try String(contentsOfFile: thePath, encoding: String.Encoding.utf8)
                // 읽기에 성공하면 표시한다
                textView2.text = textData
            } catch let error as NSError {
                textView2.text = "읽기 실패 \n \(error)"
            }
        }

    ( 생략 )
    }
```

텍스트 파일로부터 읽습니다

---

❶ NOTE

파일이 존재하는지 확인한다

FileManager를 사용해 파일이 존재하는지 확인할 수 있습니다.

| List | 특정 파일이 있는지 확인한다 |

«sample» **fileManager_fileExists/ViewController.swift**

```
        // 파일 매니저를 만든다
        let fileManager = FileManager.default
        // 특정 파일이 없으면 중단한다
        guard (fileManager.fileExists(atPath: thePath)==true) else {
            return
        }
```

Section 18-3

텍스트 뷰를 키보드 크기에 맞춘다

텍스트 뷰를 입력하기 위해 텍스트 뷰를 탭하면 키보드가 나와서 입력 중인 텍스트 뷰가 가려질 때가 있습니다. 앞 절에서 살펴본 예제에서 텍스트 뷰가 가려지지 않게 설정하는 방법을 설명합니다.

텍스트 뷰의 크기를 키보드 등장에 맞춘다

텍스트 입력을 위해 키보드가 나오면 정작 텍스트 뷰가 키보드 아래에 가려질 때가 있습니다. 이와 같은 문제는 텍스트 필드에서 입력할 때도 발생하곤 합니다. 이는 스크롤 뷰에서 화면을 위로 스크롤하는 방법을 Section 13-6 스크롤 뷰 – UIScrollView 클래스에서 소개했습니다(☞ P.387). 텍스트 뷰(UITextView)의 슈퍼 클래스는 UIScrollView이고 이 클래스에는 스크롤 기능이 구현돼 있습니다. 따라서 텍스트 뷰의 세로 크기를 조절하는 것만으로도 문제를 해결할 수 있습니다. 여기서는 이 방식으로 해결하는 방법을 설명합니다.

다음 예제에서는 뷰와 텍스트 뷰의 배경에 색을 입혀서 크기 변화를 알아보기 쉽게 합니다. 텍스트 뷰를 탭해서 입력 상태가 되면 키보드가 나오므로 가려지지 않게 텍스트 뷰를 작게 하고, 텍스트 뷰는 입력 위치까지 자동으로 스크롤합니다.

1. 탭해 입력 상태로 만듭니다

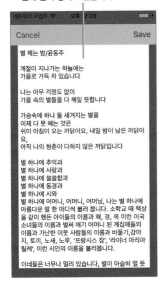

2. 키보드가 나타나고 그에 맞춰서 텍스트 뷰가 좁아집니다

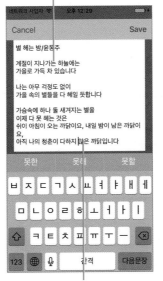

3. 탭한 입력 줄까지 스크롤합니다

4. 입력을 끝내고 키보드가 내려가면 다시 텍스트 뷰가 넓어집니다

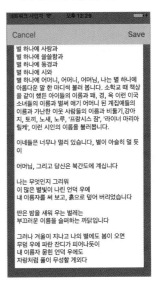

그림 18.5 텍스트 뷰의 크기를 키보드 등장에 맞추기

Part 3

Chapter 12

Chapter 12

Chapter 13

Chapter 14

Chapter 15

Chapter 16

Chapter 17

Chapter 18

Chapter 19

키보드가 나타나고 사라지는 시점을 안다

키보드가 나타나고 사라지는 시점에 맞춰서 텍스트 뷰의 크기를 조정하려면 키보드가 나타나고 사라지는 이벤트를 받아야 합니다. 키보드 이벤트는 NotificationCenter 클래스의 노티피케이션 센터를 이용해 받을 수 있습니다. 구체적으로는 다음과 같이 사용할 이벤트의 종류와 이벤트가 발생했을 때 실행할 메서드의 조합을 NotificationCenter.default로 구한 notification에 이벤트 핸들러로 등록합니다.

이는 텍스트 필드가 키보드에 가려지지 않게 스크롤할 때에도 이용합니다(☞ P.396).

| List | 키보드가 나타나거나 사라지는 이벤트가 발생하면 메서드를 호출한다 |

«sample» **nortificationCenter_keyboard/ViewController.swift**

```swift
// 노티피케이션 센터의 오브젝트를 만든다
let notification = NotificationCenter.default

// 키보드가 나타났다
notification.addObserver(self,
                    selector: #selector(ViewController.keyboardDidShow(_:)),
                    name: NSNotification.Name.UIKeyboardDidShow, object: nil)
// 키보드의 frame이 갱신됐다
notification.addObserver(self,
                    selector: #selector(ViewController.keyboardChangeFrame(_:)),
                    name: NSNotification.Name.UIKeyboardDidChangeFrame, object: nil)
// 키보드가 사라졌다
notification.addObserver(self,
                    selector: #selector(ViewController.keyboardDidHide(_:)),
                    name: NSNotification.Name.UIKeyboardDidHide, object: nil)
```

키보드 크기의 변화에 텍스트 뷰를 맞춘다

텍스트 뷰가 입력 상태가 되어 키보드가 나타나거나 변환 후보가 표시돼 크기가 변화하면 텍스트 뷰와 키보드가 겹쳐졌는지 조사해 텍스트 뷰의 높이를 조정합니다. 키보드의 높이는 통지 이벤트와 함께 보내온 Notification 오브젝트의 userInfo에서 꺼낼 수 있습니다.

| List | 키보드 크기의 변화에 텍스트 뷰를 맞춘다 |

«sample» **nortificationCenter_keyboard/ViewController.swift**

```swift
// 키보드 크기가 변화했다
func keyboardChangeFrame(_ notification: Notification) {
    // 키보드의 frame을 알아본다
    let userInfo = (notification as NSNotification).userInfo!
    let keybordFrame = (userInfo[UIKeyboardFrameEndUserInfoKey] as! NSValue).cgRectValue

    // 키보드로 가려지지 않게 텍스트 뷰의 높이를 변경한다
    var textViewFrame = myTextView.frame
    textViewFrame.size.height = keybordFrame.minY - textViewFrame.minY - 5
    myTextView.frame = textViewFrame
}
```

키보드가 사라지면 텍스트 뷰를 원래대로 되돌린다

입력이 끝나고 키보드가 퇴장하면 텍스트 뷰의 높이를 원래대로 되돌립니다. 원래의 높이는 뷰가 표시될 때 변수 originalFrame에 저장합니다.

List 키보드가 사라지면 텍스트 뷰를 원래대로 되돌린다

«sample» **nortificationCenter_keyboard/ViewController.swift**

```swift
// 키보드가 사라졌다
func keyboardDidHide(_ notification: Notification) {
    // 텍스트 뷰의 크기를 반환한다
    myTextView.frame = originalFrame!
}
```

완성된 ViewController 클래스

지금까지 키보드가 나타나고 사라질 때 키보드의 변화 이벤트를 받아 텍스트 뷰의 크기를 맞추는 방법을 살펴봤습니다. 이 예제의 원래 기능은 텍스트 뷰에 입력된 텍스트를 저장하는 것입니다. 그 부분을 구현하는 코드는 앞 절에서 살펴본 텍스트 파일을 저장하고 읽는 방법과 같습니다.

Save 버튼과 Cancel 버튼은 화면의 윗부분에 배치한 툴 바에 Bar Button Item으로 추가합니다. 툴 바와 텍스트 뷰에는 Constraints를 설정합니다. 또한, 이 코드는 화면 회전에는 대응하지 않습니다.

Part 3
Chapter 12
Chapter 12
Chapter 13
Chapter 14
Chapter 15
Chapter 16
Chapter 17
Chapter 18
Chapter 19

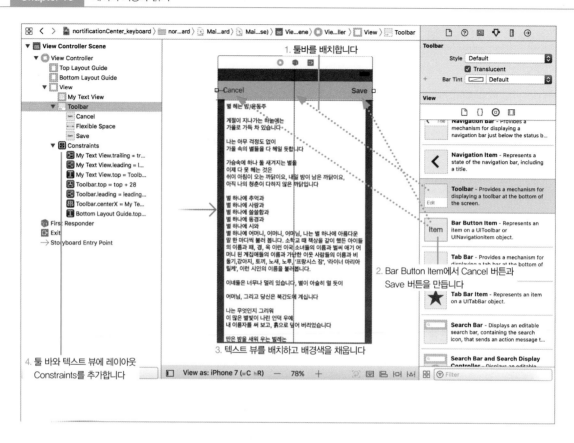

1. 툴바를 배치합니다

2. Bar Button Item에서 Cancel 버튼과
   Save 버튼을 만듭니다

3. 텍스트 뷰를 배치하고 배경색을 채웁니다

4. 툴 바와 텍스트 뷰에 레이아웃
   Constraints를 추가합니다

List 완성된 ViewController 클래스

«sample» **nortificationCenter_keyboard/ViewController.swift**

```swift
//
//  ViewController.swift
//  nortificationCenter_keyboard
//

import UIKit

class ViewController: UIViewController {

    // 텍스트 파일의 경로
    let thePath = NSHomeDirectory()+"/Documents/myTextfile.txt"
    // 텍스트 뷰의 frame
    var originalFrame:CGRect?
    // 텍스트 뷰와 아울렛 연결한다
    @IBOutlet weak var myTextView: UITextView!

    // 입력 취소 버튼
    @IBAction func cancel(_ sender: Any) {
        // 키보드를 내린다
        view.endEditing(true)
```

```
        // 파일로부터 읽는다
        readFromFile()
    }

    // 파일 저장 버튼
    @IBAction func saveToFile(_ sender: Any) {
        // 키보드를 내린다
        view.endEditing(true)
        // 저장할 텍스트 데이터
        let textData = myTextView.text
        // 텍스트 데이터 저장을 시도한다
        do {
            try textData?.write(toFile: thePath, atomically: true, encoding: String.Encoding.utf8)
        } catch let error as NSError {                                          텍스트 파일에 저장한다
            print("저장에 실패 \n \(error)")
        }
    }

    // 파일로부터 읽는다
    func readFromFile() {
        // 텍스트 데이터 읽기를 시도한다
        do {
            let textData = try String(contentsOfFile: thePath, encoding: String.Encoding.utf8)
            // 읽기에 성공하면 표시한다
            myTextView.text = textData               텍스트 파일로부터 읽습니다
        } catch let error as NSError {
            // 오류 메시지를 써 넣습니다
            print("읽기 실패 \n \(error)")
        }
    }

    override func viewDidAppear(_ animated: Bool) {
        // 텍스트 뷰의 원래 frame을 저장한다
        originalFrame = myTextView.frame
    }


    override func viewDidLoad() {
        super.viewDidLoad()
        // 파일로부터 읽는다
        readFromFile()

        // 노티피케이션 센터의 오브젝트를 만든다
        let notification = NotificationCenter.default          ─── 노티피케이션 센터를 만듭니다

        // 키보드가 나타났다
        notification.addObserver(self,
                        selector: #selector(ViewController.keyboardDidShow(_:)),
                        name: NSNotification.Name.UIKeyboardDidShow, object: nil)
        // 키보드의 frame이 갱신됐다
        notification.addObserver(self,
                        selector: #selector(ViewController.keyboardChangeFrame(_:)),
                        name: NSNotification.Name.UIKeyboardDidChangeFrame, object: nil)
                                        └── 변환 후보 영역의 표시나 화면 회전으로 통지됩니다
```

Part 3

Chapter
12

Chapter
12

Chapter
13

Chapter
14

Chapter
15

Chapter
16

Chapter
17

Chapter
18

Chapter
19

```
        // 키보드가 사라졌다
        notification.addObserver(self,
                            selector: #selector(ViewController.keyboardDidHide(_:)),
                            name: NSNotification.Name.UIKeyboardDidHide, object: nil)
    }

    // 키보드가 나타났을 때 실행
    func keyboardDidShow(_ notification: Notification) {
        // keyboardChangeFrame도 발생하므로 그쪽에서 처리한다
    }

    // 키보드 크기가 변화했다
    func keyboardChangeFrame(_ notification: Notification) {
        // 키보드 frame을 알아본다
        let userInfo = (notification as NSNotification).userInfo!
        let keybordFrame = (userInfo[UIKeyboardFrameEndUserInfoKey] as! NSValue).cgRectValue
                                                        ├── 키보드 프레임 정보를 알아본다
        // 키보드로 가려지지 않게 텍스트 뷰의 높이를 변경한다
        var textViewFrame = myTextView.frame
        textViewFrame.size.height = keybordFrame.minY - textViewFrame.minY - 5
        myTextView.frame = textViewFrame
    }
                                        ├── 키보드 크기에 맞춰서 텍스트 뷰 크기를 조정합니다
    // 키보드가 사라졌다
    func keyboardDidHide(_ notification: Notification) {
        // 텍스트 뷰의 크기를 반환한다
        myTextView.frame = originalFrame!
    }

    override func didReceiveMemoryWarning() {
        super.didReceiveMemoryWarning()
        // Dispose of any resources that can be recreated.
    }

}
```

Chapter 19

디바이스 기능

이 장에서는 디바이스 회전, 카메라, 위치 정보, 방위, 지도 표시, 현재 장소 추적, 모션 센서와 같은 디바이스의 기능을 활용하는 방법을 설명합니다. 일부 기능은 iOS 시뮬레이터에서도 유사하게 테스트할 수 있지만, 실제 동작은 기기를 사용해 확인하세요.

자동 회전과 화면 회전 제한

프로젝트 설정에서는 디바이스의 방향에 맞게 화면을 회전시킬 것인지 설정할 수 있습니다. 이 설정은 모든 씬에서 공통으로 적용되지만, 코드를 사용해 씬에 따라서 화면 방향을 제한할 수도 있습니다.

자동 회전 설정

디바이스가 회전할 때 화면을 자동으로 회전시킬 것인지는 프로젝트의 TARGETS 〉 General 〉 Deployment Info에서 Device Orientation으로 설정할 수 있습니다.

그림 19.1 **화면 회전 선택**

세로(Portrait) 방향 고정

Portrait만 체크하고 기타 다른 방향은 체크하지 않으면 앱 화면은 세로 방향만 사용합니다. 디바이스를 가로로 회전시키더라도 화면은 회전하지 않습니다.

> **❶ NOTE**
>
> 상하 반대(Upside Down) 방향 회전
>
> Upside Down을 체크해도 화면이 상하 반대로 회전하지는 않습니다. 상하 반대로 회전하려면 반대 방향 회전을 허용하는 코드를 작성해야 합니다(☞ P.552).

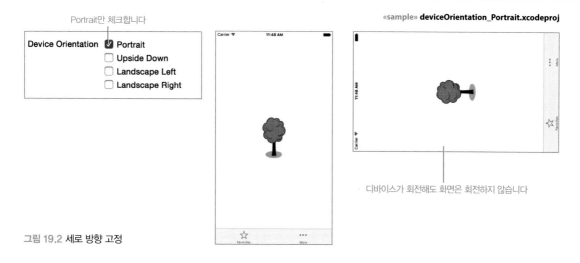

Portrait만 체크합니다

«sample» **deviceOrientation_Portrait.xcodeproj**

디바이스가 회전해도 화면은 회전하지 않습니다

그림 19.2 세로 방향 고정

가로(Landscape) 방향 고정

Landscape Right와 Landscape Left에 체크하고 다른 방향은 체크하지 않으면 앱 화면은 가로 방향만 사용합니다.

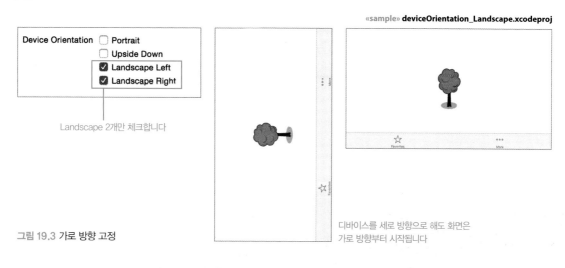

«sample» **deviceOrientation_Landscape.xcodeproj**

Landscape 2개만 체크합니다

그림 19.3 가로 방향 고정

디바이스를 세로 방향으로 해도 화면은 가로 방향부터 시작됩니다

씬에 따라 화면의 방향을 제한한다

Deployment Info에서 자동 회전 설정을 하면 앱의 모든 씬이 설정한 대로 제한됩니다. 따라서 특정 씬만 화면을 회전하지 않게 하려면 화면 회전을 코드로 제한해야 합니다.

예를 들어 다음 예제의 첫 번째 ViewController 씬은 화면을 가로, 세로 모든 방향으로 회전할 수 있습니다. 그러나 DetailViewController 씬에서는 세로 방향으로만 화면을 표시합니다. ViewController 씬이 가로 상태에서 DetailViewController 씬을 열면 세로 방향으로 화면이 바뀌고 씬을 닫으면 다시 가로 방향으로 돌아옵니다.

Part 3

Chapter 12

Chapter 12

Chapter 13

Chapter 14

Chapter 15

Chapter 16

Chapter 17

Chapter 18

Chapter 19

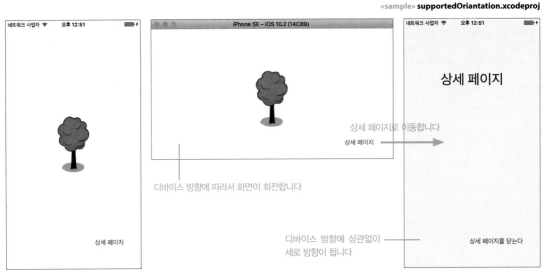

그림 19.4 씬에 따라 화면의 방향 제한

자동 회전을 코드로 제한한다

자동 회전을 코드로 제한하려면 2단계에 걸쳐서 회전의 방향을 허가합니다. 먼저 자동 회전 허가 여부를 shouldAutorotate()로 제한합니다. 자동 회전을 허가하면 true를 반환하고, 현재 방향에서 화면의 회전을 허가하지 않으면 false를 반환합니다.

List 자동 회전을 허가한다

«sample» **supportedOriantation/DetailViewController.swift**

```
override var shouldAutorotate() -> Bool {
    // 자동 회전을 허가한다
    return true
}
```

shouldAutorotate()에서 true를 반환하면 계속해서 Computed 프로퍼티의 supportedInterfaceOrientations를 참조할 수 있습니다(☞ P.200). supportedInterfaceOrientations는 허가하는 회전 방향을 반환합니다. 세로 방향만 허가한다면 다음과 같이 .portrait가 반환됩니다.

List 세로 방향만 화면 회전을 허가한다

«sample» **supportedOriantation/DetailViewController.swift**

```
override var supportedInterfaceOrientations : UIInterfaceOrientationMask
    // 세로 방향만 허가한다
    return UIInterfaceOrientationMask.portrait
}
```

화면 회전을 허가하는 UIInterfaceOrientationMask 값	
portrait	세로 방향만 허가
landscapeLeft	왼쪽으로 회전한 가로 방향만 허가
landscapeRight	오른쪽으로 회전한 가로 방향만 허가
portraitUpsideDown	상하 반대만 허가
landscape	가로 방향만 허가
all	모두 허용
allButUpsideDown	상하 반대를 제외하고 모두 허용

상세 페이지만 회전을 제한하는 앱

Single View Application 템플릿으로 프로젝트를 생성하고, Device Orientation은 Portrait, Landscape Left, Landscape Right가 체크된 초깃값 그대로 설정합니다(☞ P.550).

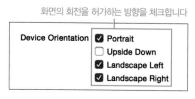

화면의 회전을 허가하는 방향을 체크합니다

그림 19.5 **상세 페이지만 회전을 제한**

상세 페이지를 추가해 표시한다

뷰 컨트롤러를 추가해 2개의 씬을 만듭니다. UIViewController 클래스를 상속받은 DetailViewController 클래스 파일을 작성하고 추가한 씬의 커스텀 클래스로 연동합니다.

2개의 씬에 이동 버튼을 추가해 처음 ViewController 씬에서 상세 페이지 버튼을 누르면 DetailView Controller 씬이 열리도록 세그웨이로 연결합니다. DetailViewController 씬 버튼에는 씬을 닫는 goBack() 메서드와 액션 연결해 2개의 씬을 오갈 수 있게 합니다(☞ P.406, P.411).

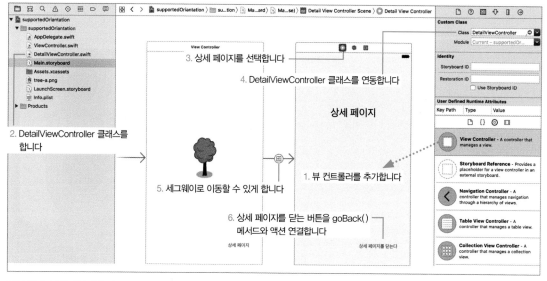

그림 19.6 상세 페이지 추가

DetailViewController 클래스에는 세로 방향만 허용하는 shouldAutorotate()와 supportedInterface Orientations()을 추가하고, 돌아오는 버튼과 연결된 goBack() 메서드에 DetailViewController 씬을 닫는 코드를 작성합니다.

List　상세 페이지의 커스텀 클래스 파일

«sample» **supportedOriantation/DetailViewController.swift**

```
//
// DetailViewController.swift
// supportedOriantation
//

import UIKit
                              ──── 상세 페이지에 연동되는 커스텀 클래스
class DetailViewController: UIViewController {

    override var shouldAutorotate() -> Bool {
        // 자동 회전을 허가한다
        return true                          ──────── 디바이스가 회전하면 호출됩니다
    }

    // 회전을 허가하는 방향을 반환한다
    override var supportedInterfaceOrientations : UIInterfaceOrientationMask
        // 세로 방향만 허가한다
        return UIInterfaceOrientationMask.portrait
    }
                    └──── 세로 방향으로만 고정합니다
    // 씬을 닫는다
    @IBAction func goBack(_ sender: Any) {   ──────── 닫는 버튼과 액션 연결합니다
        self.dismiss(animated: true, completion: nil)
    }

( 생략 )
}
```

디바이스 회전과 표면/후면 이벤트 통지

화면 회전과는 관계없이 디바이스를 회전시키거나 화면이 뒤집혔을 때 이벤트를 받을 수 있습니다. 이 이벤트를 이용하면 화면은 회전하지 않고 문자 위치만 변경해 표시 내용을 표시하고자 할 때 이용할 수 있습니다.

화면은 회전하지 않고 라벨만 디바이스의 회전에 맞춘다

화면이 자동 회전으로 회전하는 여부와 관계없이 디바이스를 회전시키거나 뒤집히면 이벤트가 발생합니다. 이 이벤트를 이용하면 다음 예제처럼 화면은 회전시키지 않고 문자만 회전시킬 수 있습니다. 이 프로젝트에서는 화면이 회전하지 않게 세로 방향만 허가합니다.

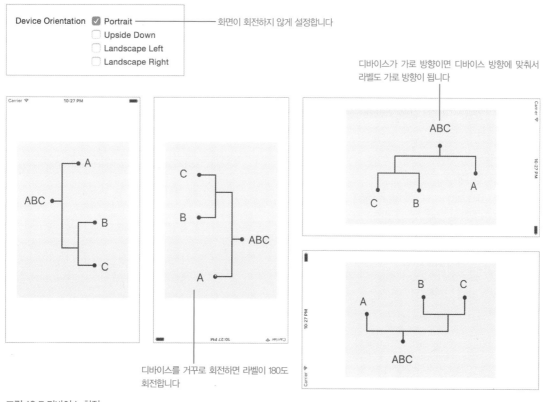

그림 19.7 디바이스 회전

Part 3

Chapter
12

Chapter
12

Chapter
13

Chapter
14

Chapter
15

Chapter
16

Chapter
17

Chapter
18

Chapter
19

555

디바이스 방향이 변화했을 때 발생하는 이벤트

디바이스 방향의 변화를 알려주는 이벤트의 처리는 키보드가 나타나거나 사라지는 이벤트의 처리에서도 이용한(☞ P.395) 노티피케이션 센터에 이벤트 핸들러를 등록하는 방법으로 처리합니다. 디바이스의 방향이 변화할 때 발생하는 이벤트는 NSNotification.Name.UIDeviceOrientationDidChange입니다. 이 이벤트가 발생했을 때 실행할 메서는 다음과 같이 매개변수 selector에 지정합니다.

> **List** 디바이스 방향이 변화하면 changedDeviceOrientation()을 실행한다
>
> «sample» **nortificationCenter_orientation/ViewController.swift**

```swift
// 노티피케이션 센터 오브젝트를 만든다
let notification = NotificationCenter.default
// 디바이스 방향이 바뀌었다
notification.addObserver(self,           ── 디바이스가 회전하면 이 메서드를 호출합니다
    selector: #selector(self.changedDeviceOrientation(_:)),
    name: NSNotification.Name.UIDeviceOrientationDidChange, object: nil)
```

디바이스 방향을 알아본다

디바이스 방향이 변화해 changedDeviceOrientation()이 호출됐다면 그 시점의 디바이스 방향을 확인합니다. 우선 UIDevice.current로 사용 중인 디바이스를 얻은 다음 orientation 프로퍼티를 알아보면 디바이스 방향을 알 수 있습니다. 이 값을 switch 문으로 분기해 처리합니다.

> **List** 디바이스 방향을 알아내 라벨을 회전시킨다
>
> «sample» **nortificationCenter_orientation/ViewController.swift**

```swift
// 디바이스를 구한다
let device = UIDevice.current
// 디바이스 방향을 알아본다
switch device.orientation {
case .portrait: // 세로
    // 라벨을 0도로 회전
    rotateLabel(0)
case .portraitUpsideDown: // 거꾸로 됨
    // 라벨을 180도로 회전
    rotateLabel(CGFloat(M_PI))
case .landscapeLeft: // 디바이스는 왼쪽 회전
    // 라벨을 90도로 회전
    rotateLabel(CGFloat(M_PI_2))
case .landscapeRight: // 디바이스는 오른쪽 회전
    // 라벨을 -90도로 회전
    rotateLabel(CGFloat(-M_PI_2))
default:
    break
}
```

디바이스 방향은 UIDeviceOrientation에 정의돼 있습니다. 다만 iOS 시뮬레이터에서는 디바이스를 뒤집어 볼 수 없으므로 faceUp과 faceDown은 테스트할 수 없습니다.

UIDeviceOrientation에서 정의하는 디바이스의 방향	
portrait	세로
landscapeLeft	왼쪽으로 회전한 가로
landscapeRight	오른쪽으로 회전한 가로
portraitUpsideDown	상하 반대
faceUp	표면
faceDown	후면

라벨을 회전시킨다

디바이스 방향을 알았다면 디바이스 회전과는 반대 방향으로 라벨을 회전시킵니다. 라벨을 회전시키려면 transform 프로퍼티에 회전시킨 트랜스폼을 설정합니다(☞ P.472).

List 라벨을 회전시킨다

«sample» **nortificationCenter_orientation/ViewController.swift**

```
func rotateLabel(_ radian :CGFloat) {
    let transform = CGAffineTransform(rotationAngle: radian)  ——— 회전 트랜스폼을 만듭니다
    labelABC.transform = transform
    labelA.transform = transform
    labelB.transform = transform
    labelC.transform = transform
}
```

완성된 ViewController 클래스

디바이스 회전에 맞춰서 라벨을 회전시키는 ViewController 클래스의 코드는 다음과 같습니다.

List 디바이스 회전에 맞춰서 라벨을 회전시킨다

«sample» **nortificationCenter_orientation/ViewController.swift**

```
//
//  ViewController.swift
//  nortificationCenter_orientation
//

import UIKit

class ViewController: UIViewController {

    @IBOutlet weak var labelABC: UILabel!
    @IBOutlet weak var labelA: UILabel!       ——— 각 문자와 아울렛 연결합니다
    @IBOutlet weak var labelB: UILabel!
    @IBOutlet weak var labelC: UILabel!
```

Part 3
Chapter 12
Chapter 12
Chapter 13
Chapter 14
Chapter 15
Chapter 16
Chapter 17
Chapter 18
Chapter 19

```swift
override func viewDidLoad() {
    super.viewDidLoad()
    // 노티피케이션 센터 오브젝트를 만든다
    let notification = NotificationCenter.default
    // 디바이스 방향이 바뀌었다
    notification.addObserver(self,
        selector: #selector(self.changedDeviceOrientation(_:)),
        name: NSNotification.Name.UIDeviceOrientationDidChange, object: nil)
}
```

통지 이벤트를 설정합니다

```swift
// 이벤트로 호출되는 메서드
func changedDeviceOrientation(_ notification :Notification) {
    // 디바이스를 구한다
    let device = UIDevice.current
    // 디바이스 방향을 알아본다
    switch device.orientation {                ——— 통지 이벤트를 설정합니다
    case .portrait: // 세로
        // 라벨을 0도로 회전
        rotateLabel(0)
    case .portraitUpsideDown: // 거꾸로 됨
        // 라벨을 180도로 회전
        rotateLabel(CGFloat(M_PI))
    case .landscapeLeft: // 디바이스는 왼쪽으로 회전
        // 라벨을 90도로 회전
        rotateLabel(CGFloat(M_PI_2))
    case .landscapeRight: // 디바이스는 오른쪽으로 회전
        // 라벨을 -90도로 회전
        rotateLabel(CGFloat(-M_PI_2))
    default:
        break
    }
}

// 라벨을 회전시킨다
func rotateLabel(_ radian :CGFloat) {
    let transform = CGAffineTransform(rotationAngle: radian)
    labelABC.transform = transform
    labelA.transform = transform
    labelB.transform = transform
    labelC.transform = transform
}
```

디바이스 방향에 맞춰서 라벨을
회전시킵니다

(생략)

Section 19-3

카메라로 사진을 촬영한다

카메라로 촬영하고 촬영한 이미지를 카메라 롤에 저장하는 방법을 설명합니다. UIImagePickerController 클래스에서 카메라로부터 영상을 입력하는 방법도 있지만, 고해상도 촬영을 할 수 있는 AVFoundation 프레임워크를 이용해 비디오 영상을 정지 화면으로 캡쳐합니다. 또한 카메라 촬영은 iOS 시뮬레이터에서 테스트할 수 없습니다.

간단한 카메라 앱을 만든다

이 절에서는 카메라 촬영을 하는 셔터 버튼이 있고, 셔터 버튼을 탭하면 사진을 찍은 다음 카메라 롤에 저장하는 간단한 카메라 앱을 만듭니다.

1. 셔터 버튼을 탭해 촬영합니다

그림 19.8 간단한 카메라 앱

2. 카메라 롤에 사진이 저장됩니다

3. 저장된 사진

셔터 버튼을 배치한다

셔터 버튼은 화면에 버튼을 드래그 앤 드롭한 다음 background에 이미지를 설정해 만듭니다. Constraints를 추가해 화면에서의 위치를 정하고, 탭하면 takePhoto()가 실행되게 액션 연결합니다.

Part 3

Chapter
19

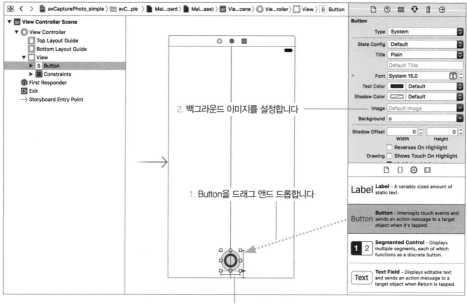

그림 19.9 버튼 배치

미리보기용 뷰를 배치한다

사진을 촬영하려면 카메라가 어디를 촬영하고 있는지 알 수 있게 입력 이미지를 보여줘야 합니다. 따라서 프리뷰용 뷰를 배치하고, Constraints에서 위치를 고정합니다. 노큐먼트 아웃라인에서 배치 순시를 변경해 비튼보다 뒤쪽으로 배치합니다. 미리보기용 뷰는 아울렛 연결하고 프로퍼티명은 previewView로 선언합니다.

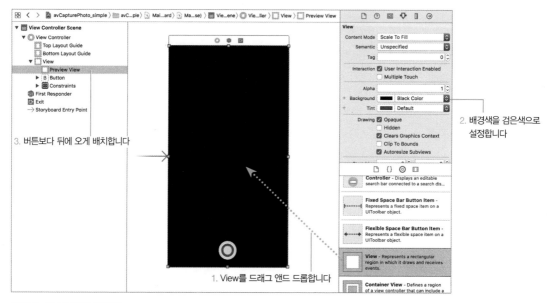

그림 19.10 프리뷰용 뷰 배치

디바이스가 회전해도 화면이 회전하지 않게끔 프로젝트의 TARGETS 〉 General에 있는 Device Orientation 을 Portrait으로만 설정합니다.

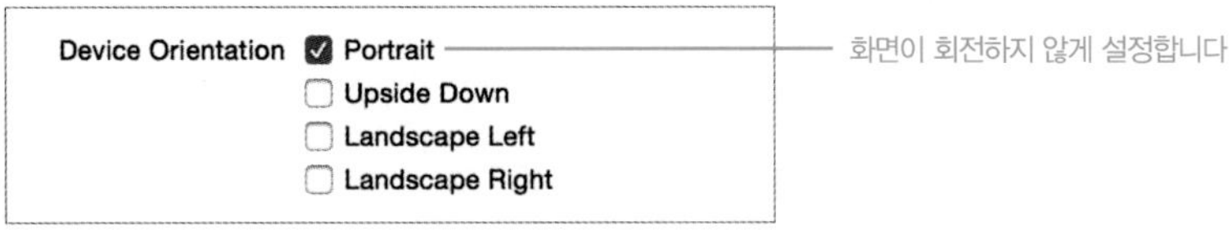

Device Orientation ☑ Portrait ──────────────── 화면이 회전하지 않게 설정합니다
                    ☐ Upside Down
                    ☐ Landscape Left
                    ☐ Landscape Right

그림 19.11 세로 모드로 고정

카메라와 사진의 개인 정보 보호 인증

앱을 설치하고 처음으로 카메라와 사진을 이용하면 자동으로 개인 정보 보호 인증 경보가 표시됩니다. 이 대화 상자에 표시할 설명문을 프로젝트의 Info.plist에 설정해야 합니다. 내비게이션 영역에서 Info.plist를 선택하고 Key에 [Privacy−Camera Usage Description]과 [Privacy−Photo Library Usage Description]을 추가한 다음 Value에 카메라와 사진을 사용하는 이유를 입력합니다.

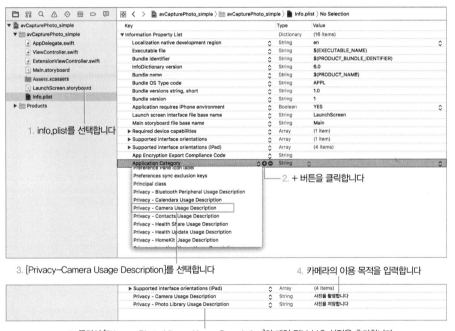

그림 19.12 카메라와 사진의 개인 정보 보호 인증

이렇게 설정하면 처음에 다음과 같은 대화상자가 표시됩니다. 표시 내용을 다시 확인하려면 앱을 삭제하고 다시 설치하세요.

그림 19.13 카메라 접근 인증

이 대화상자가 표시되어 인증하면 설정에 이 앱의 이름이 추가되고, 개인 정보 보호 인증을 바꾸는 스위치가 표시됩니다.

그림 19.14 카메라 접근 인증 스위치

카메라로 촬영하는 처리의 흐름

카메라로 촬영하는 처리는 몇 가지 흐름으로 나눌 수 있습니다. 앱이 동작하면 입출력 설정과 프리뷰 레이어를 설정하고, 계속해서 세션을 시작합니다. 세션을 시작하면 카메라 입력이 프리뷰 레이어에 비치며 셔터 버튼을 탭하면 영상을 캡처하고 저장합니다.

List 앱이 동작하면 각종 설정 후에 세션을 시작한다

《sample》 **avCapturePhoto_simple/ViewController.swift**

```
override func viewDidLoad() {
    super.viewDidLoad()
    // 세션이 실행 중이라면 중단한다
    if session.isRunning {
        return
    }
    // 입출력 설정
    setupInputOutput()
    // 프리뷰 레이어 설정
    setPreviewLayer()
    // 세션 시작
    session.startRunning()
}
```

준비
시작

입출력 작성과 설정

입출력 설정은 입력과 출력을 생성해 세션에 추가합니다. 세션인 session은 AVCaptureSession()으로 만듭니다. 입력은 디바이스를 취득한 다음 AVCaptureDeviceInput()으로 작성하고, 사진으로의 출력은 AVCapturePhotoOutput()으로 작성합니다. session과 photoOutput은 여러 개의 메서드에서 공유하므로 프로퍼티 변수로 보관합니다.

List 입출력 작성과 설정

«sample» **avCapturePhoto_simple/ViewController.swiftt**

```swift
    // 인스턴스 작성
    var session = AVCaptureSession()            ——— 세션을 만듭니다
    var photoOutput = AVCapturePhotoOutput()        ——— 출력 장소를 만듭니다
    . . .

    // 입출력 설정
    func setupInputOutput(){
        // 해상도 지정
        session.sessionPreset = AVCaptureSessionPresetPhoto

        // 입력 설정
        do {
            // 디바이스 구하기
            let device = AVCaptureDevice.defaultDevice(
                withDeviceType: AVCaptureDeviceType.builtInWideAngleCamera,
                mediaType: AVMediaTypeVideo,
                position: .back)   ——— 후방 카메라

            // 입력원
            let input = try AVCaptureDeviceInput(device: device)
            if session.canAddInput(input){
                session.addInput(input)   ——— 세션에 입력 장소를 추가합니다
            } else {
                print("세션에 입력을 추가할 수 없습니다")
                return
            }
        } catch  let error as NSError {
            print("카메라가 없습니다 \(error)")
            return
        }

        // 출력 설정
        if session.canAddOutput(photoOutput) {
            session.addOutput(photoOutput)   ——— 세션에 출력 장소를 추가합니다
        } else {
            print("세션에 출력을 추가할 수 없습니다")
            return
        }
    }
```

Part 3
Chapter
12
Chapter
12
Chapter
13
Chapter
14
Chapter
15
Chapter
16
Chapter
17
Chapter
18
Chapter
19

563

입력 장소 작성과 세션으로 추가

입력은 후방 카메라로 받습니다. AVCaptureDevice.defaultDevice() 메서드로 후방 카메라를 device에 대입하고, AVCaptureDeviceInput(device:device)으로 input을 합니다. session.canAddInput(input)으로 input을 세션에 추가할 수 있는지 확인한 다음 추가할 수 있다면 session.addInput(input)으로 세션에 추가합니다. 이때 디바이스 얻기는 실패할 수 있으므로 do-try-catch 예외 처리 구문으로 감쌉니다.

출력 장소 작성과 세션으로 추가

출력 photoOutput은 AVCapturePhotoOutput()으로 작성합니다. photoOutput을 세션에 추가할 수 있는지 canAddOutput()으로 확인한 다음 추가할 수 있다면 session.addOutput(photoOutput)으로 추가합니다.

프리뷰 레이어 설정

AVCaptureVideoPreviewLayer(session:session)를 실행하면 카메라로부터 입력된 이미지의 프리뷰 레이어를 작성할 수 있습니다. 이 레이어를 배치해 둔 previewView 뷰의 레이어에 previewView.layer. addSublayer (videoLayer) 메서드로 추가합니다.

> List   카메라 입력 프리뷰 레이어를 만들어서 뷰 레이어에 추가한다

«sample» **avCapturePhoto_simple/ViewController.swift**

```
// 프리뷰 레이어 설정
func setPreviewLayer(){
    // 프리뷰 레이어를 만든다
    let previewLayer = AVCaptureVideoPreviewLayer(session: session)
    guard let videoLayer = previewLayer else {
        print("프리뷰 레이어를 만들 수 없습니다")
        return
    }
    videoLayer.frame = view.bounds
    videoLayer.masksToBounds = true
    videoLayer.videoGravity = AVLayerVideoGravityResizeAspectFill
    // previewView에 추가한다
    previewView.layer.addSublayer(videoLayer)
}
```

셔터 버튼

셔터 버튼에는 다음 코드를 작성합니다. 셔터 버튼과 연결된 capturePhoto()를 실행하면 현재 입력된 이미지가 캡처되지만 캡처된 이미지의 처리는 capturePhoto()에서 지정한 델리게이트에서 합니다.

«sample» **avCapturePhoto_simple/ViewController.swift**

```
// 캡처 버튼으로 실행한다
@IBAction func takePhoto(_ sender: Any) {
    let captureSetting = AVCapturePhotoSettings()
    captureSetting.flashMode = .auto
    captureSetting.isAutoStillImageStabilizationEnabled = true
    captureSetting.isHighResolutionPhotoEnabled = false
    // 캡처 이미지 처리는 델리게이트에 맡긴다
    photoOutput.capturePhoto(with: captureSetting, delegate: self)
}
```

캡처된 이미지 데이터를 저장하는 델리게이트 처리를 확장한다

셔터 버튼으로 실행한 photoOutput.capturePhoto(with:captureSetting, delegate:self)에 따라서 캡처된 이미지는 델리게이트에 맡깁니다. 여기에서는 self로 지정하므로 ViewController 클래스의 인스턴스 자신이 처리합니다.

즉, ViewController 클래스에 델리게이트 메서드를 작성하면 되지만 여기에서는 ExtensionViewController. swift 파일을 만들어 extension으로 ViewController 클래스를 확장하고 델리게이트 메서드를 추가했습니다. Photos 프레임워크도 임포트합니다(extension☞ P.214).

List　ViewController 클래스에 캡처 이미시의 델리게이트 처리를 extension으로 확장한다

«sample» **avCapturePhoto_simple/ExtensionViewController.swift**

```
//
// ExtensionViewController.swift
// avCapturePhoto_simple
//

import Photos
                               델리게이트 프로토콜을 사용합니다
// 델리게이트 부분을 확장한다
extension ViewController:AVCapturePhotoCaptureDelegate {
    // 영상을 캡처한다
    func capture(_ captureOutput: AVCapturePhotoOutput,
                didFinishProcessingPhotoSampleBuffer photoSampleBuffer: CMSampleBuffer?,
                previewPhotoSampleBuffer: CMSampleBuffer?,
                resolvedSettings: AVCaptureResolvedPhotoSettings,
                bracketSettings: AVCaptureBracketedStillImageSettings?,
                error: Error?) {

        // 버퍼에서 jpeg 데이터를 꺼낸다
        let photoData = AVCapturePhotoOutput.jpegPhotoDataRepresentation(
            forJPEGSampleBuffer: photoSampleBuffer!,
            previewPhotoSampleBuffer: previewPhotoSampleBuffer)
        // photoData가 nil이 아니면 UIImage로 변환한다
        if let data = photoData {
```

Part 3

Chapter 12

Chapter 12

Chapter 13

Chapter 14

Chapter 15

Chapter 16

Chapter 17

Chapter 18

Chapter 19

```
        if let data = photoData {
            if let stillImage = UIImage(data: data) {
                // 앨범에 추가한다
                UIImageWriteToSavedPhotosAlbum(stillImage, self, nil, nil)
            }
        }
    }
}
```

버퍼에서 사진 이미지를 만들어 저장한다

캡처한 이미지는 버퍼에서 꺼내서 사진 데이터로 변환합니다. AVCapturePhotoOutput 클래스의 jpegPhoto DataRepresentation()은 버퍼에 있는 사진 데이터를 Data 형으로 반환하므로 이 값을 UIImage(data:)를 사용해 UIImage로 변환한 다음 앨범에 저장합니다. 앨범에는 UIImageWriteToSavedPhotosAlbum() 메서드로 저장할 수 있습니다.

또한, 중첩된 if 문은 스위프트3의 새로운 구문을 사용해 다음과 같이 쓸 수 있습니다

List   photoData가 nil이 아닐 때 UIImage로 변환한다

```
        if let data = photoData, let stillImage = UIImage(data: data) {
            // 앨범에 추가한다
            UIImageWriteToSavedPhotosAlbum(stillImage, self, nil, nil)
        }
```

디바이스 회전에 이미지 방향을 맞춘다

지금까지 카메라로 촬영하고 사진을 저장할 수 있는 간단한 카메라 앱을 완성했습니다. 하지만 이대로는 디바이스를 수평 방향이나 반대로 뒤집어 촬영했을 때 이미지 방향이 맞지 않습니다. 따라서 디바이스가 회전하면 이미지도 회전시켜 방향을 맞추는 기능을 추가합니다.

디바이스를 가로 방향으로 촬영합니다

이미지를 회전시키는 기능을 추가하지 않으면
이미지가 세로 방향으로 유지됩니다

그림 19.15 가로 방향으로 촬영

디바이스 회전을 통지하는 이벤트 핸들러를 등록한다

앞 절의 디바이스 회전에서 설명했듯이 여기에서도 노티피케이션 센터를 사용해 회전에 대응하는 이벤트 핸들러를 만듭니다. viewDidLoad()의 마지막에 changedDeviceOrientation() 이벤트 핸들러를 등록하는 코드를 추가합니다.

List 디바이스 회전을 통지하는 이벤트 핸들러를 등록한다

«sample» **avCapturePhoto_simple/ViewController.swift**

```swift
// 노티피케이션 센터를 만든다
let notification = NotificationCenter.default

override func viewDidLoad() {
    super.viewDidLoad()
    . . .
    // 디바이스가 회전했을 때에 통지하는 이벤트 핸들러를 설정한다
    notification.addObserver(self,
                       selector: #selector(self.changedDeviceOrientation(_:)),
                       name: NSNotification.Name.UIDeviceOrientationDidChange, object: nil)
}
```

이 메서드를 호출합니다

디바이스 회전에 이미지 방향을 맞춘다

디바이스가 회전하면 UIDevice.current.orientation로 현재 디바이스의 방향을 알아보고 그 방향에 맞게 photoOutput.connection의 videoOrientation 방향을 설정합니다. 디바이스가 위쪽으로 회전하면 이미지는 회전 방향과 반대되는 오른쪽으로 회전시키고, 디바이스가 오른쪽으로 회전하면 이미지를 왼쪽으로 회전시킵니다.

List 디바이스 회전에 이미지의 방향을 맞춘다

«sample» **avCapturePhoto_simple/ViewController.swift**

```swift
// 디바이스 방향이 변경되면 호출되는 메서드
func changedDeviceOrientation(_ notification :Notification) {
    // photoOutput.connection 회전 방향을 디바이스와 맞춘다
    if let photoOutputConnection = self.photoOutput.connection(withMediaType: AVMediaTypeVideo) {
        switch UIDevice.current.orientation {
        case .portrait:
            photoOutputConnection.videoOrientation = .portrait
        case .portraitUpsideDown:
            photoOutputConnection.videoOrientation = .portraitUpsideDown
        case .landscapeLeft:
            photoOutputConnection.videoOrientation = .landscapeRight
        case .landscapeRight:
            photoOutputConnection.videoOrientation = .landscapeLeft
        default:
            break
        }
    }
}
```

Part 3
Chapter 12
Chapter 12
Chapter 13
Chapter 14
Chapter 15
Chapter 16
Chapter 17
Chapter 18
Chapter 19

디바이스 회전에 대응한 ViewController.swift

디바이스의 회전에 대응하는 ViewController.swift 코드는 다음과 같습니다. 코드가 길어지므로 앞서 설명했듯이 ViewController 클래스에서 캡처 부분의 델리게이트 처리를 별도 파일로 나누어 extension으로 확장합니다(☞ P.565). AVFoundation 프레임워크도 잊지 말고 임포트하세요.

List 디바이스 회전에 대응한 ViewController 클래스

«sample» **avCapturePhoto_simple/ViewController.swift**

```
//
//  ViewController.swift
//  avCapturePhoto_simple
//

import UIKit
import AVFoundation

class ViewController: UIViewController{
    // 프리뷰 용의 뷰와 아울렛 연결해 둔다
    @IBOutlet weak var previewView: UIView!
    // 인스턴스 작성
    var session = AVCaptureSession()
    var photoOutput = AVCapturePhotoOutput()
    // 노티피케이션 센터를 만든다
    let notification = NotificationCenter.default

    override func viewDidLoad() {
        super.viewDidLoad()
        // 세션이 실행 중이라면 중단한다
        if session.isRunning {
            return
        }
        // 입출력 설정
        setupInputOutput()
        // 프리뷰 레이어 설정
        setPreviewLayer()
        // 세션 시작
        session.startRunning()
        // 디바이스가 회전했을 때 통지하는 이벤트 핸들러를 설정한다
        notification.addObserver(self,
                        selector: #selector(self.changedDeviceOrientation(_:)),
                        name: NSNotification.Name.UIDeviceOrientationDidChange, object: nil)
    }

    // 캡처 버튼으로 실행한다
    @IBAction func takePhoto(_ sender: Any) {
        let captureSetting = AVCapturePhotoSettings()
        captureSetting.flashMode = .auto
        captureSetting.isAutoStillImageStabilizationEnabled = true
        captureSetting.isHighResolutionPhotoEnabled = false
```

```
        // 캡쳐 이미지 처리는 델리게이트에 맡긴다
        photoOutput.capturePhoto(with: captureSetting, delegate: self)
}
```

다른 파일의 extention으로 델리게이트
메서드가 확장돼 있습니다

```
// 입출력 설정
func setupInputOutput(){
    // 해상도 지정
    session.sessionPreset = AVCaptureSessionPresetPhoto

    // 입력 설정
    do {
        // 디바이스 구하기
        let device = AVCaptureDevice.defaultDevice(
            withDeviceType: AVCaptureDeviceType.builtInWideAngleCamera,
            mediaType: AVMediaTypeVideo,
            position: .back)

        // 입력 설정
        let input = try AVCaptureDeviceInput(device: device)
        if session.canAddInput(input){
            session.addInput(input)
        } else {
            print("세션에 입력을 추가할 수 없습니다")
            return
        }
    } catch  let error as NSError {
        print("카메라가 없습니다 \(error)")
        return
    }

    // 출력 설정
    if session.canAddOutput(photoOutput) {
        session.addOutput(photoOutput)
    } else {
        print("세션에 출력을 추가할 수 없습니다")
        return
    }
}

// 프리뷰 레이어 설정
func setPreviewLayer(){
    // 프리뷰 레이어를 만든다
    let previewLayer = AVCaptureVideoPreviewLayer(session: session)
    guard let videoLayer = previewLayer else {
        print("프리뷰 레이어를 만들 수 없습니다")
        return
    }
    videoLayer.frame = view.bounds
    videoLayer.masksToBounds = true
    videoLayer.videoGravity = AVLayerVideoGravityResizeAspectFill
    // previewView에 추가한다
    previewView.layer.addSublayer(videoLayer)
}
```

Part 3

Chapter
12

Chapter
12

Chapter
13

Chapter
14

Chapter
15

Chapter
16

Chapter
17

Chapter
18

Chapter
19

```swift
    // 디바이스 방향이 변경되면 호출되는 메서드
    func changedDeviceOrientation(_ notification :Notification) {
        // photoOutput.connection 회전 방향을 디바이스와 맞춘다
        if let photoOutputConnection = self.photoOutput.connection(withMediaType: AVMediaTypeVideo) {
            switch UIDevice.current.orientation {
            case .portrait:
                photoOutputConnection.videoOrientation = .portrait
            case .portraitUpsideDown:
                photoOutputConnection.videoOrientation = .portraitUpsideDown
            case .landscapeLeft:
                photoOutputConnection.videoOrientation = .landscapeRight
            case .landscapeRight:
                photoOutputConnection.videoOrientation = .landscapeLeft
            default:
                break
            }
        }
    }

    override func didReceiveMemoryWarning() {
        super.didReceiveMemoryWarning()
        // Dispose of any resources that can be recreated.
    }

}
```

카메라 개인 정보 보호 인증 확인

카메라나 사진의 개인 정보 보호 인증이 [허가하지 않음]으로 설정돼 있으면 앱에서 인증이 필요한 기능을 이용할 수 없습니다. 따라서 앱을 열었을 때 개인 정보 보호 인증을 확인하고 [허가하지 않음]으로 설정돼 있다면 알림을 표시해 사용자에게 허가를 재촉합니다.

이용할 때 카메라의 개인 정보 보호 인증을 확인한다

카메라나 사진 기능을 앱에서 처음 이용하면 개인 정보 보호 인증을 확인하는 알림이 표시되지만, 두 번째 이용부터는 경고가 표시되지 않습니다.

그래서 앱을 실행할 때 개인 정보 보호 인증을 확인하고, 만약 이용을 허가하지 않았다면 알람을 표시하도록 앞서 작성한 카메라 앱에 기능을 추가합니다.

그림 19.16 개인 정보 보호 인증

앱이 열리면 개인 정보 보호 인증을 확인한다

우선 viewDidLoad()에 작성한 초기 설정에 관한 코드를 viewDidAppear()로 옮기고, cameraAuth()를 실행해 카메라의 개인 정보 보호 인증을 확인합니다. 카메라 이용이 허가됐다면 authStatus를 authorized로 설정하고, 마찬가지로 입출력 설정에서도 준비를 완료했다면 inOutStatus를 ready로 설정합니다.

양쪽 모두 확인을 통과하면 프리뷰 레이어를 설정해 세션을 시작하고, 준비가 되지 않았다면 셔터 버튼의 isEnabled를 false로 설정해 이용할 수 없게 설정한 다음 카메라 이용을 요구하는 알림을 표시합니다. viewDidLoad()에 있던 코드를 viewDidAppear()로 옮긴 이유는 뷰가 표시된 후의 타이밍이 아니면 이 알림을 표시할 수 없기 때문입니다.

Part 3
Chapter 12
Chapter 12
Chapter 13
Chapter 14
Chapter 15
Chapter 16
Chapter 17
Chapter 18
Chapter 19

571

List 앱이 열리면 개인 정보 보호 인증을 확인한다

«sample» **avCapture_photo/ViewController.swift**

```swift
// 뷰가 표시된 직후에 실행
override func viewDidAppear(_ animated: Bool) {
    super.viewDidAppear(animated)
    // 세션 실행 중이라면 중단한다
    if session.isRunning {
        return
    }
    // 카메라의 개인 정보 보호 인증 확인
    cameraAuth()  ──────────── 개인 정보 보호 인증을 체크합니다
    // 입출력 설정
    setupInputOutput()
    // 카메라가 준비돼 있는지 여부
    if (authStatus == .authorized)&&(inOutStatus == .ready){
        // 프리뷰 레이어 설정
        setPreviewLayer()
        // 세션 시작
        session.startRunning()  ──────── 준비를 마쳤으므로 세션을 시작합니다
        shutterButton.isEnabled = true
    } else {
        // 카메라 이용이 허가되지 않을 때(처음 실행 때는 무효)
        shutterButton.isEnabled = false
        // 알림을 표시한다
        showAlert(appName: "카메라")  ──────── 알림을 표시합니다
    }
    . . .
}
```

인증 상태인 authStatus와 입출력 상태인 inOutStatus에 대입할 상태 값은 enum으로 정의합니다. 각 초깃값은 authorized와 ready로 합니다.

List 상태값 정의

«sample» **avCapturePhoto/ViewController.swift**

```swift
// 개인 정보 보호와 입출력 상태
var authStatus:AuthorizedStatus = .authorized
var inOutStatus:InputOutputStatus = .ready
// 인증 상태
enum AuthorizedStatus {
    case authorized
    case notAuthorized
    case failed
}
// 입출력 상태
enum InputOutputStatus {
    case ready
    case notReady
    case failed
}
```

카메라의 개인 정보 보호 확인

카메라의 개인 정보 보호 인증은 AVCaptureDevice의 authorizationStatus()로 확인할 수 있습니다. 확인한 결과 notDetermined가 반환됐다면 최초로 실행한 것이므로 자동으로 표시되는 대화상자에서 completionHandler로 응답 결과를 받습니다. 이용이 허가되면 authStatus 값을 authorized로 설정하고, 허가되지 않았으면 notAuthorized로 설정합니다.

앱을 처음 실행한 게 아닐 때 결과가 restricted나 denied라면 이용이 허용되지 않은 것이므로 notAuthorized 로 설정하고, 결과가 authorized라면 이용이 허가된 것이므로 authStatus를 authorized로 설정합니다.

List 카메라의 개인 정보 보호 확인

«sample» **avCapture_photo/ViewController.swift**

```
// 카메라의 개인 정보 보호 인증 확인
func cameraAuth(){
    let status = AVCaptureDevice.authorizationStatus(forMediaType: AVMediaTypeVideo)
    switch status {                                              개인 정보 보호 인증 설정을 알아본다
    case .notDetermined:        ──── 설정이 존재하지 않으면
        // 처음 실행 했을 때
        AVCaptureDevice.requestAccess(forMediaType: AVMediaTypeVideo,
                            completionHandler: { [unowned self] authorized in
                              print("첫 회", authorized.description)
                              if authorized {
                                  self.authStatus = .authorized
                              } else {
                                  self.authStatus = .notAuthorized
                              }})
    case .restricted, .denied:                  처음에 표시되는 알림 선택 결과로 처리
        authStatus = .notAuthorized
    case .authorized:           ──── 허가돼 있으면
        authStatus = .authorized
    }
}
```

허가되지 않으면

개인 정보 보호 설정을 여는 버튼이 있는 알림을 표시한다

카메라가 준비돼 있지 않으면 개인 정보 보호 인증을 확인하는 알림을 만들어 표시합니다. 알림에는 앱의 개인 정보 보호 설정을 여는 버튼을 표시합니다. 설정을 열려면 UIApplication.shared.open()에서 URL(string:UIApplicationOpenSettingsURLString)을 호출합니다(알림을 표시한다 ☞ P.447)

Part 3
Chapter 12
Chapter 12
Chapter 13
Chapter 14
Chapter 15
Chapter 16
Chapter 17
Chapter 18
Chapter 19

> **List** 개인 정보 보호 설정을 여는 버튼이 있는 알림을 표시한다

«sample» **avCapture_photo/ViewController.swift**

```swift
// 개인 정보 보호 인증 알림을 표시한다
func showAlert(appName:String){
    let aTitle = appName + "개인 정보 보호 인증"
    let aMessage = "설정 > 개인 정보 보호 >" + appName + " 이용을 허가해주세요."
    let alert = UIAlertController(title: aTitle, message: aMessage, preferredStyle: .alert)
    // OK 버튼(아무것도 실행하지 않는다)
    alert.addAction(
        UIAlertAction(title: "OK",style: .default,handler: nil)
    )
    // 설정을 여는 버튼
    alert.addAction(
        UIAlertAction(
            title: "설정을 연다",style: .default,
            handler: { action in
                UIApplication.shared.open(URL(string: UIApplicationOpenSettingsURLString)!,
                options: [:], completionHandler: nil)  ———— 앱 설정을 엽니다
        })
    )
    // 알림을 표시한다
    self.present(alert, animated: false, completion:nil)
}
```

셔터 버튼으로 카메라의 개인 정보 보호 인증을 다시 확인한다

셔터 버튼을 누르면 카메라이 개인 정보 보호 인증과 입출력이 준비됐는지 사전에 다시 한번 확인합니다. 준비가 되지 않았으면 카메라의 개인 정보 보호 설정을 열 수 있는 알림을 표시합니다.

> **List** 셔터 버튼으로 카메라의 개인 정보 보호 인증을 다시 확인한다

«sample» **avCapture_photo/ViewController.swift**

```swift
// 셔터 버튼으로 실행한다
@IBAction func takePhoto(_ sender: Any) {
    if (authStatus == .authorized)&&(inOutStatus == .ready){
        . . .
        // 캡처 이미지 처리는 델리게이트에 맡긴다
        photoOutput.capturePhoto(with: captureSetting, delegate: self)
    } else {
        // 카메라 이용을 허가하지 않았어도 변함없이 카메라를 탭했다(첫 실행일 때만)
        showAlert(appName: "카메라")
    }
}
```

개인 정보 보호 인증 기능을 넣은 ViewController 클래스

개인 정보 보호 인증 기능을 넣은 완성된 ViewController 클래스의 코드는 다음과 같습니다.

List 개인 정보 보호 인증 기능을 넣은 ViewController 클래스

«sample» **avCapture_photo/ViewController.swift**

```swift
//
// ViewController.swift
// avCapturePhoto
//

import UIKit
import AVFoundation

class ViewController: UIViewController{
    // 프리뷰 용의 뷰와 셔터 버튼을 아울렛 연결해 둔다
    @IBOutlet weak var previewView: UIView!
    @IBOutlet weak var shutterButton: UIButton!
    // 인스턴스 작성
    var session = AVCaptureSession()
    var photoOutput = AVCapturePhotoOutput()
    // 노티피케이션 센터를 만든다
    let notification = NotificationCenter.default
    // 개인 정보 보호와 입출력 스테이터스
    var authStatus:AuthorizedStatus = .authorized
    var inOutStatus:InputOutputStatus = .ready
    // 인증 스테이터스
    enum AuthorizedStatus {        ──────── 상태는 enum으로 정의합니다
        case authorized
        case notAuthorized
        case failed
    }
    // 입출력 스테이터스
    enum InputOutputStatus {
        case ready
        case notReady
        case failed
    }

    // 뷰가 표시된 직후에 실행
    override func viewDidAppear(_ animated: Bool) {
        super.viewDidAppear(animated)
        // 세션이 실행 중이라면 중단한다
        if session.isRunning {
            return
        }
        // 카메라 개인 정보 보호 인증 확인
        cameraAuth()
        // 입출력 설정
        setupInputOutput()
        // 카메라가 준비돼 있는지 여부
        if (authStatus == .authorized)&&(inOutStatus == .ready){
```

Part 3
Chapter 12
Chapter 12
Chapter 13
Chapter 14
Chapter 15
Chapter 16
Chapter 17
Chapter 18
Chapter 19

```
                // 프리뷰 레이어 설정
                setPreviewLayer()
                // 세션 시작
                session.startRunning()
                shutterButton.isEnabled = true
            } else {
                // 카메라 이용이 허가되지 않았을 때(처음 실행 때는 무효)
                shutterButton.isEnabled = false
                // 알림을 표시한다
                showAlert(appName: "카메라")
            }
            // 디바이스가 회전했을 때 통지되는 이벤트 핸들러를 설정한다
            notification.addObserver(self,
                                selector: #selector(self.changedDeviceOrientation(_:)),
                                name: NSNotification.Name.UIDeviceOrientationDidChange, object: nil)
    }

    // 셔터 버튼을 누르면 실행한다
    @IBAction func takePhoto(_ sender: Any) {
        if (authStatus == .authorized)&&(inOutStatus == .ready){
            let captureSetting = AVCapturePhotoSettings()
            captureSetting.flashMode = .auto
            captureSetting.isAutoStillImageStabilizationEnabled = true
            captureSetting.isHighResolutionPhotoEnabled = false
            // 캡처 이미지 처리는 델리게이트에 맡긴다
            photoOutput.capturePhoto(with: captureSetting, delegate: self)
        } else {
            // 카메라 이용을 허가하지 않았어도 변함없이 카메라를 탭했다(첫 실행일 때만)
            showAlert(appName: "카메라")
        }
    }
```

개인 정보 보호 설정 확인

```
    // 카메라 개인 정보 보호 인증 확인
    func cameraAuth(){
        let status = AVCaptureDevice.authorizationStatus(forMediaType: AVMediaTypeVideo)
        switch status {
        case .notDetermined:
            // 처음 실행 시
            AVCaptureDevice.requestAccess(forMediaType: AVMediaTypeVideo,
                                completionHandler: { [unowned self] authorized in
                                  print(" ", authorized.description)
                                  if authorized {
                                      self.authStatus = .authorized
                                  } else {
                                      self.authStatus = .notAuthorized
                                  }})
        case .restricted, .denied:
            authStatus = .notAuthorized
        case .authorized:
            authStatus = .authorized
        }
    }
    // 입출력 설정
    func setupInputOutput(){
```

```swift
    // 해상도 지정
    session.sessionPreset = AVCaptureSessionPresetPhoto
    // 입출력
    do {
        // 디바이스 구하기
        let device = AVCaptureDevice.defaultDevice(
            withDeviceType: AVCaptureDeviceType.builtInWideAngleCamera,
            mediaType: AVMediaTypeVideo,
            position: .back)

        // 입력 장소
        let input = try AVCaptureDeviceInput(device: device)
        if session.canAddInput(input){
            session.addInput(input)
        } else {
            inOutStatus = .notReady
            print("세션에 입력을 추가할 수 없습니다")
            return
        }
    } catch  let error as NSError {
        inOutStatus = .notReady
        print("카메라가 없습니다 \(error)")
        return
    }

    // 출력 장소
    if session.canAddOutput(photoOutput) {
        session.addOutput(photoOutput)
    } else {
        inOutStatus = .notReady
        print("세션에 출력을 추가할 수 없습니다")
        return
    }
}

// 프리뷰 레이어 설정
func setPreviewLayer(){
    // 프리뷰 레이어를 만든다
    let previewLayer = AVCaptureVideoPreviewLayer(session: session)
    guard let videoLayer = previewLayer else {
        print("프리뷰 레이어를 만들 수 없습니다")
        shutterButton.isEnabled = false
        return
    }
    videoLayer.frame = view.bounds
    videoLayer.masksToBounds = true
    videoLayer.videoGravity = AVLayerVideoGravityResizeAspectFill
    // previewView에 추가한다
    previewView.layer.addSublayer(videoLayer)
}

// 디바이스 방향이 바뀌었을 때 호출되는 메서드
func changedDeviceOrientation(_ notification :Notification) {
    // photoOutput.connection 회전 방향을 디바이스에 맞춘다
    if let photoOutputConnection = self.photoOutput.connection(withMediaType: AVMediaTypeVideo) {
```

Part 3
Chapter
12
Chapter
12
Chapter
13
Chapter
14
Chapter
15
Chapter
16
Chapter
17
Chapter
18
Chapter
19

577

```
                switch UIDevice.current.orientation {
                case .portrait:
                    photoOutputConnection.videoOrientation = .portrait
                case .portraitUpsideDown:
                    photoOutputConnection.videoOrientation = .portraitUpsideDown
                case .landscapeLeft:
                    photoOutputConnection.videoOrientation = .landscapeRight
                case .landscapeRight:
                    photoOutputConnection.videoOrientation = .landscapeLeft
                default:
                    break
                }
            }
        }
```

개인 정보 보호 설정을 여는 알림을 표시합니다

```
// 개인 정보 보호 인증 알림을 표시한다
func showAlert(appName:String){
    let aTitle = appName + "개인 정보 보호 인증"
    let aMessage = "설정 > 개인 정보 보호 >" + appName + "" 이용을 허가해주세요."
    let alert = UIAlertController(title: aTitle, message: aMessage, preferredStyle: .alert)
    // OK 버튼(아무것도 실행하지 않는다)
    alert.addAction(
        UIAlertAction(title: "OK",style: .default,handler: nil)
    )
    // 설정을 여는 버튼
    alert.addAction(
        UIAlertAction(
            title: "설정을 연다",style: .default,
            handler:  { action in
                UIApplication.shared.open(URL(string: UIApplicationOpenSettingsURLString)!,
                options: [:], completionHandler: nil)    ——— 앱 설정을 엽니다
        })
    )
    // 알림을 표시한다
    self.present(alert, animated: false, completion:nil)
}
```

```
override func viewDidLoad() {
    super.viewDidLoad()
    // Do any additional setup after loading the view, typically from a nib.
}

override func didReceiveMemoryWarning() {
    super.didReceiveMemoryWarning()
    // Dispose of any resources that can be recreated.
}

}
```

Section 19-5

촬영한 사진을 공유한다

이 장에서는 카메라로 촬영한 사진을 페이스북, 트위터, 메일 등으로 공유할 수 있는 카메라 앱을 만듭니다. 공유는 액티비티 컨트롤러를 이용하므로 AirDrop이나 AirPrint 등도 지원됩니다.

카메라로 촬영한 사진을 공유할 수 있는 카메라 앱

이 절에서 만든 카메라 앱은 Section 19-4에서 작성한 카메라 앱(☞ P.571)에 공유 버튼을 추가한 것입니다. 카메라 기능은 바뀌지 않지만 촬영한 사진을 페이스북, 트위터, 메일 등으로 공유할 수 있습니다.

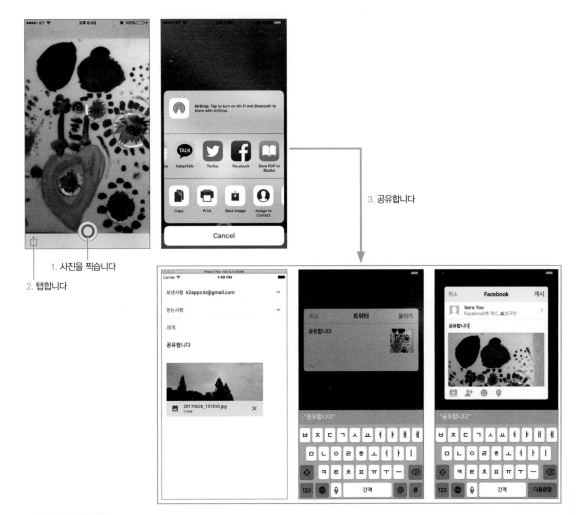

1. 사진을 찍습니다
2. 탭합니다
3. 공유합니다

그림 19.17 사진 공유

Part 3
Chapter 12
Chapter 12
Chapter 13
Chapter 14
Chapter 15
Chapter 16
Chapter 17
Chapter 18
Chapter 19

툴 바에 공유 버튼을 둔다

화면 아래에 툴 바를 배치하고 바 아이템의 아이콘은 Action을 선택해 공유 버튼으로 사용합니다. 도큐먼트 아웃라인에서 연결선을 당겨서 액션 연결한 다음 공유를 실행하는 share() 코드를 작성합니다.

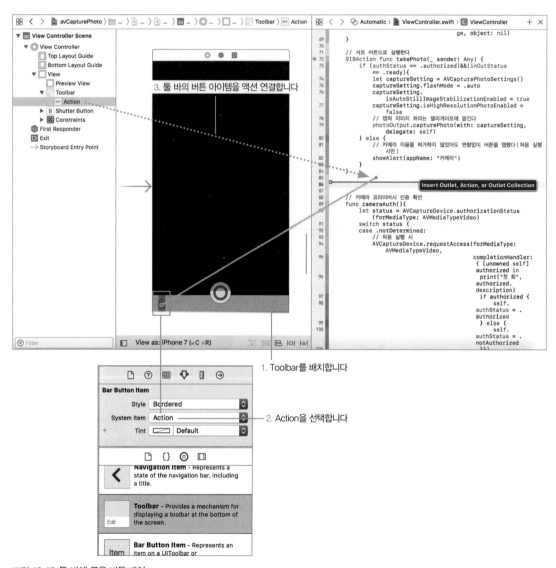

그림 19.18 툴 바에 공유 버튼 배치

액티비티 컨트롤러를 이용한다

공유를 하려면 액티비티 컨트롤러(UIActivityViewController)를 이용합니다. 액티비티 컨트롤러에는 디바이스에서 이용하고 있는 SNS 서비스나 앱으로의 공유 버튼이 표시되며, 각 공유에 대한 처리를 기술할 필요 없이 간편하게 이용할 수 있습니다.

List   액티비티 컨트롤러에서 사진을 공유한다

«sample» **avCapturePhoto_share/ViewController.swift**

```swift
class ViewController: UIViewController{
    . . .
    // 공유할 이미지
    var shareImage:UIImage?

    . . .

    // 공유 버튼을 투르면 실행한다
    @IBAction func shareAction(_ sender: Any) {
        guard let shareImage = shareImage else {
            return
        }
        // 공유할 내용을 만든다
        let sharedText = "공유합니다."
        let activities = [sharedText as Any, shareImage]
        let appActivities = [UIActivity()]
        // 액티비티 컨트롤러를 표시한다
        let activityVC = UIActivityViewController(activityItems: activities,
                                    applicationActivities: appActivities)
        self.present(activityVC, animated: true, completion: nil)
    }

    . . .

}
```

Part 3
Chapter 12
Chapter 12
Chapter 13
Chapter 14
Chapter 15
Chapter 16
Chapter 17
Chapter 18
Chapter 19

공유할 이미지

공유할 이미지는 캡쳐 델리게이트 메서드에서 사진을 저장할 때 변수 shareImage에도 저장해둡니다(캡쳐한 이미지를 앨범에 저장한다 ☞ P.566).

List 공유할 이미지를 shareImage에 저장한다

«sample» **avCapturePhoto_share/ExtensionViewController.swift**

```swift
extension ViewController:AVCapturePhotoCaptureDelegate {
    // 영상을 캡쳐한다
    func capture(_ captureOutput: AVCapturePhotoOutput,
                 didFinishProcessingPhotoSampleBuffer photoSampleBuffer: CMSampleBuffer?,
                 previewPhotoSampleBuffer: CMSampleBuffer?,
                 resolvedSettings: AVCaptureResolvedPhotoSettings,
                 bracketSettings: AVCaptureBracketedStillImageSettings?,
                 error: Error?) {

        . . .

        // photoData가 nil이 아닐 때 UIImage로 변환한다
        if let data = photoData, let stillImage = UIImage(data: data) {
            // 앨범에 추가한다
            UIImageWriteToSavedPhotosAlbum(stillImage, self, nil, nil)
            // 공유할 이미지를 대입한다
            shareImage = stillImage          ———— 사진을 캡쳐했다면 공유할 이미지를
        }                                            shareImage에 대입합니다
    }
}
```

위치 정보와 나침반

CoreLocation 프레임워크를 사용해 현재 장소의 위도, 경도, 해발과 같은 위치 정보를 실시간으로 표시하면서 북쪽 방향을 가리키는 나침반을 만듭니다. 현재 장소의 위치 정보를 얻으려면 개인 정보 보호 설정에서 허가가 필요합니다.

위치 정보와 방향을 나타내는 나침반을 만든다

현재 장소의 위도, 경도, 고도 값과 북쪽을 가리키는 나침반(방위계)을 만듭니다. 각 값은 실시간으로 변경됩니다.

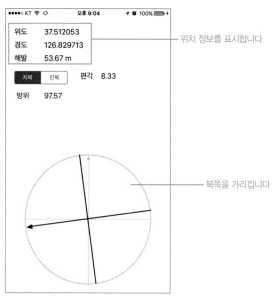

그림 19.19 위치 정보와 나침반

프레임워크 추가와 화면 준비

먼저 프레임워크를 추가하고 위치 정보를 표시하는 라벨과 나침반 화면을 준비합니다.

CoreLocation 프레임워크를 추가한다

위치 정보는 CoreLocation 프레임워크로 구합니다. CoreLocation 프레임워크는 표준 프레임워크가 아니므로 General 패널의 Linked Frameworks and Libraries에 추가합니다.

Part 3
Chapter
12
Chapter
12
Chapter
13
Chapter
14
Chapter
15
Chapter
16
Chapter
17
Chapter
18
Chapter
19

4. 프레임워크가 추가됩니다   1. 클릭합니다

2. CoreLocation.framework를 추가합니다

그림 19.20 CoreLocation 프레임워크 추가

3. 클릭합니다

화면이 회전하지 않게 설정한다

컴퍼스를 만들 것이므로 화면이 회전하지 않게 Device Orientation에서 Portrait만 체크합니다.

화면이 회전하지 않게 설정합니다

그림 19.21 세로 방향으로 고정

라벨과 회전하는 자침을 배치한다

위도, 경도, 해발, 편각, 방위 값을 표시하는 라벨과 자북과 정북을 선택하는 세그먼티드 컨트롤, 북쪽을 가리키는 나침반을 화면에 배치합니다. 나침반은 십자가 모양을 그린 원을 배경으로 배치하고, 그 위에 십자 모양의 자침을 겹쳐서 배치합니다. 나침반 배경과 자침은 Constraints를 추가해 위치를 결정합니다.

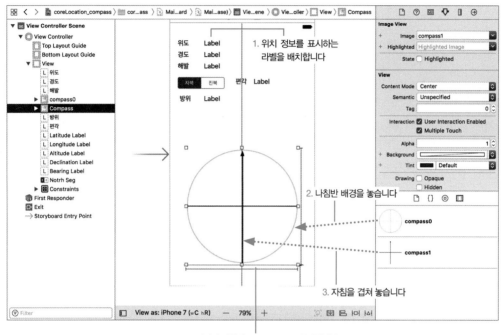

그림 19.22 화면 배치

전부 배치했다면 각각 아울렛 연결합니다. 세그먼티드 컨트롤도 아울렛 연결만하고 액션 연결은 하지 않습니다.

List 라벨, 세그먼티드 컨트롤, 자침을 아울렛 연결한다

«sample» coreLocation_compass/ViewController.swift

```
// 라벨
@IBOutlet weak var latitudeLabel: UILabel!     // 위도 latitude
@IBOutlet weak var longitudeLabel: UILabel!    // 경도 longitude
@IBOutlet weak var altitudeLabel: UILabel!     // 고도 altitude
@IBOutlet weak var declinationLabel: UILabel!  // 편각 declination
@IBOutlet weak var bearingLabel: UILabel!      // 방위 bearing
// 자북 | 정북을 선택하는 세그먼티트 컨트롤
@IBOutlet weak var notrhSeg: UISegmentedControl!
// 자침
@IBOutlet weak var compass: UIImageView!
```

CLLocationManagerDelegate 프로토콜을 사용한다

위치 정보와 방위는 CLLocationManager 클래스로 만드는 로케이션 매니저를 사용해 얻습니다. CLLocation Manager 클래스를 사용하기 위해 코드에서 CoreLocation 프레임워크를 임포트합니다. 또한 위치 정보가 변화하거나 디바이스 방향이 변화할 때 이벤트를 받으려면 CLLocationManagerDelegate 프로토콜을 사용합니다.

List 로케이션 매니저를 만든다

«sample» **coreLocation_compass/ViewController.swift**

```
import UIKit
import CoreLocation ——— 프레임워크를 임포트합니다

class ViewController: UIViewController, CLLocationManagerDelegate {
                                        델리게이트 프로토콜을 추가합니다
    // 로케이션 매니저를 만든다
    var locationManager = CLLocationManager()
```

위치 정보 서비스의 이용 허가를 받는다

위치 정보를 얻으려면 개인 정보 보호 설정에서 위치 정보를 이용할 수 있게 허가를 받아야 합니다.

Info.plist에 설명문을 추가한다

Info.plist를 선택한 다음 Key에 Privacy - Location When In Use Usage Description을 추가하고, Value 에 이용 목적을 입력합니다(개인 정보 보호 인증의 추가 예 ☞ P.561).

1. 선택합니다   2. [Privacy - Location When In Use Usage Description]을 선택해서 추가합니다   3. 이용 목적을 기재합니다

그림 19.23 Info.plist 에 설명문 추가

requestWhenInUseAuthorization()을 실행한다

위치 정보의 이용을 시작하기 전에 로케이션 매니저가 requestWhenInUseAuthorization()을 실행하면 이용 허가를 확인하는 대화상자가 나옵니다. 다만 이 대화상자는 앱을 처음 이용할 때에만 나옵니다. 다시 동작을 확인하려면 앱을 삭제한 다음 재설치해야 합니다.

List 앱 이용 중에 위치 정보를 이용하기 위해 허가를 받는다

«sample» **coreLocation_compass/ViewController.swift**

```
locationManager.requestWhenInUseAuthorization()
```

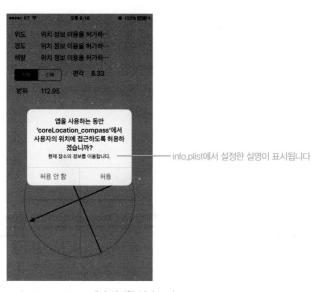

info.plist에서 설정한 설명이 표시됩니다

그림 19.24 info.plist 에서 설정한 설명 표시

위치 정보의 이용을 허가받기 위해 설정에 대응한다

위치 정보의 이용을 허가받기 위한 대화상자는 처음 1번만 나타나지만 설정 〉 개인 정보 보호 〉 위치 정보 서비스에 앱 별로 설정이 있습니다. 여기에서 위치 정보 허용 여부를 바꿀 수 있습니다.

Part 3
Chapter 12
Chapter 12
Chapter 13
Chapter 14
Chapter 15
Chapter 16
Chapter 17
Chapter 18
Chapter 19

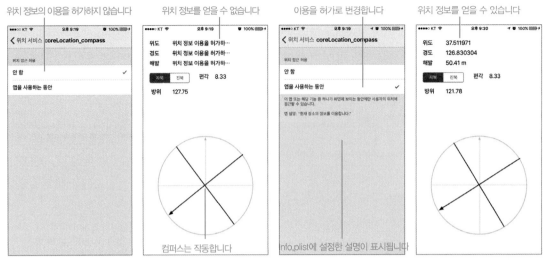

그림 19.25 위치 정보 이용 허가받기

이 설정을 변경하면 CLLocationManagerDelegate 프로토콜의 locationManager(manager:status:) 델리게이트 메서드가 실행됩니다. 상태값이 authorizedAlways나 authorizedWhenInUse라면 위치를 얻는 갱신이 시작되고 notDetermined 등의 상태가 되면 위치를 얻는 갱신이 정지됩니다.

위치 서비스의 시작은 startUpdatingLocation(), 정지는 stopUpdatingLocation() 메서드를 실행합니다.

List 위치 정보 이용 허가의 정보가 변경됐을 때 실행되는 델리게이트 메서드

«sample» **coreLocation_compass/ViewController.swift**

```swift
// 위치 정보 이용 허가 상태가 변경됐다
func locationManager(_ manager: CLLocationManager, didChangeAuthorizationStatus status:
                     CLAuthorizationStatus) {
    switch status {
    case .authorizedAlways, .authorizedWhenInUse :        ——— 이용을 허가했다
        // 위치 갱신을 시작한다
        locationManager.startUpdatingLocation()
    case .notDetermined:                ——————— 이용을 허가하지 않았다
        // 위치 갱신을 중지한다
        locationManager.stopUpdatingLocation()
        disabledLocationLabel()
    default:
        // 위치 갱신을 중지한다
        locationManager.stopUpdatingLocation()
        disabledLocationLabel()
    }
}
```

정지 후에 실행하는 disabledLocationLabel()은 위치 정보를 표시하는 라벨에 위치 정보의 이용이 허가되지 않았음을 표시합니다.

List 라벨에 위치 서비스 이용 허가 메시지를 표시한다

«sample» **coreLocation_compass/ViewController.swift**

```swift
// 로케이션 서비스 이용 불가 메시지
func disabledLocationLabel() {
    let msg = "위치 정보 이용을 허가하지 않습니다."
    latitudeLabel.text = msg
    longitudeLabel.text = msg
    altitudeLabel.text = msg
}
```

위치 정보의 갱신을 알리는 델리게이트 메서드

위도, 경도, 고도와 같은 위치 정보는 CLLocationManagerDelegate 프로토콜의 locationManager(manager:locations:) 델리게이트 메서드를 이용해 구합니다. 매개변수 locations 값은 배열이므로 마지막 값을 locationData로 꺼냅니다. 위도는 locationData의 coordinate.latitude, 경도는 coordinate.longitude, 고도는 locationData.altitude입니다. 위치 정보의 각 라벨에 표시할 때는 적당한 자릿수로 반올림해서 표시합니다.

List 위치 정보를 갱신하는 델리게이트 메서드

«sample» **coreLocation_compass/ViewController.swift**

```swift
// 위치를 이동했다
func locationManager(_ manager: CLLocationManager, didUpdateLocations locations: [CLLocation]) {
    // locations의 마지막 값을 꺼낸다
    let locationData = locations.last
    // 위도
    if var latitude = locationData?.coordinate.latitude {
        latitude = round(latitude*1000000)/1000000     ——— 소수점 아래 여섯 번째 자릿수에서 반올림합니다
        latitudeLabel.text = String(latitude)
    }
    // 경도
    if var longitude = locationData?.coordinate.longitude {
        longitude = round(longitude*1000000)/1000000
        longitudeLabel.text = String(longitude)
    }
    // 고도
    if var altitude = locationData?.altitude {
        altitude = round(altitude*100)/100     ——— 소수점 아래 두 번째 자릿수에서 반올림합니다
        altitudeLabel.text = String(altitude) + " m"
    }
}
```

Part 3
Chapter 12
Chapter 12
Chapter 13
Chapter 14
Chapter 15
Chapter 16
Chapter 17
Chapter 18
Chapter 19

위치 정보의 정밀도와 이벤트 발생 타이밍을 정하는 갱신 거리는 다음과 같이 설정합니다.

List 위치 정보 정밀도와 갱신 거리

«sample» **coreLocation_compass/ViewController.swift**

```
// 위치 정밀도를 설정한다(최상)
locationManager.desiredAccuracy = kCLLocationAccuracyBest
// 갱신 거리(미터)
locationManager.distanceFilter = 1
```

나침반의 초깃값을 설정해 헤딩을 시작한다

나침반의 헤딩 기능이란 자신의 방향이 북쪽에서 몇 도나 어긋나 있는지 나타내는 기능입니다. 헤딩을 시작하기 전에 기본적인 설정을 합니다.

우선 북쪽 방향을 자북으로 할지 정북으로 할지 정합니다. 이 앱에서는 세그먼티드 컨트롤을 사용해 자북과 정북을 선택합니다. 초깃값은 자북을 가리키게 하겠습니다. 다음으로 headingOrientation 값을 portrait로 설정하고 디바이스의 세로 방향을 자신이 향하고 있는 방향으로 합니다.

헤딩 기능은 startUpdatingHeading()으로 시작하며, 헤딩을 시작하면 자신의 방향이 바뀔 때마다 델리게이트 메서드가 호출됩니다. 이때 방향이 몇 도 바뀌면 델리게이트 메서드를 호출할지 즉, 갱신 각도를 결정하는 값이 headingFilter입니다.

List 컴퍼스 초깃값 설정과 헤딩 시작

«sample» **coreLocation_compass/ViewController.swift**

```
// 나침반 기능
func startHeadingService() {
    // 세그먼티드 컨트롤러로 자북을 선택한다
    notrhSeg.selectedSegmentIndex = 0
    // 자신이 가리키고 있는 방향을 디바이스의 포트레이트 방향으로 한다
    locationManager.headingOrientation = .portrait
    // 헤딩 갱신 각도(degree)
    locationManager.headingFilter = 1
    // 헤딩 갱신을 시작한다
    locationManager.startUpdatingHeading()
}
```

나침반 설정

❶ NOTE

자북과 정북

북쪽을 가리키는 각도에는 자석을 사용하는 나침반이 가리키는 자기의 자북과 지도상의 정북 두 종류가 있습니다. 자북은 위도에 따라 각도가 다르며, 자북에서 정북을 뺀 차이를 편각이라고 부릅니다. 편각은 자석의 나침반으로 지도를 보는 경우에 방위를 보정하기 위해 이용합니다.

바라보는 방향이 바뀌면 실행되는 델리게이트 메서드

locationManager(manager:newHeading:) 델리게이트 메서드는 향하고 있는 방향이 달라졌음을 알립니다. 이 메서드를 이용해 나침반으로 북쪽을 가리킵니다.

디바이스가 향하고 있는 방위(북을 0도로 했을 때의 디바이스 각도)는 매개변수 newHeading에서 조사합니다. 정북을 0도로 하면 각도는 newHeading.trueHeading로 구하고, 자북을 0도로 하면 각도는 newHeading.magneticHeading으로 얻을 수 있습니다. 편각은 자북과 정북의 차입니다. 북의 방위를 정북으로 할지 자북으로 할지는 셀렉티드 세그먼티드에서 선택된 값을 조사해서 정합니다.

나침반의 자침으로 북쪽을 가리키려면 자침의 이미지 뷰를 CGAffineTransform(rotationAngle:)으로 회전시킵니다. 이때 자침의 각도는 디바이스의 북향의 각도에 대해 반대로 회전하므로 주의하세요.

List 바라보는 방위가 변하면 자침 방향을 갱신한다

«sample» **coreLocation_compass/ViewController.swift**

```swift
// 바라보고 있는 방향의 각도가 바뀌었다
func locationManager(_ manager: CLLocationManager, didUpdateHeading newHeading: CLHeading) {
    // 정북 true north
    let trueNorth = newHeading.trueHeading
    // 자북 magnetic north
    let magneticNorth = newHeading.magneticHeading
    // 편각
    var declination = magneticNorth - trueNorth
    if declination<0 {
        declination = declination + 360
    }
    declination = round(declination*100)/100
    declinationLabel.text = String(declination)
    // 북의 각도 facing north
    var facingNorth:CLLocationDirection!
    if notrhSeg.selectedSegmentIndex == 0 {
        facingNorth = magneticNorth          ———— 북향을 자북으로 한다
    } else {
        facingNorth = trueNorth   ———— 북향을 진북으로 한다
    }
    // 자침으로 북쪽을 가리킨다
    compass.transform = CGAffineTransform(rotationAngle: CGFloat(-facingNorth * M_PI/180))
    // 디바이스가 향하고 있는 방위 각도                              라디안으로 변환합니다
    let bearing = round(facingNorth*100)/100
    bearingLabel.text = String(bearing)      회전 트랜스폼을 만듭니다
}
```

Part 3
Chapter 12
Chapter 12
Chapter 13
Chapter 14
Chapter 15
Chapter 16
Chapter 17
Chapter 18
Chapter 19

완성된 ViewController 클래스

완성된 ViewController 클래스는 다음과 같습니다. 현재 장소의 위치 정보를 표시하고 나침반을 구현합니다.

List　위치 정보 표시와 나침반 기능

«sample» **coreLocation_compass/ViewController.swift**

```
//
// ViewController.swift
// coreLocation_compass
//

import UIKit
import CoreLocation ——————— 프레임워크를 임포트합니다

class ViewController: UIViewController, CLLocationManagerDelegate {
                                                            └——————— 델리게이트 프로토콜을 추가합니다
    // 위치 매니저를 만든다
    var locationManager = CLLocationManager()
    // 라벨
    @IBOutlet weak var latitudeLabel: UILabel!    // 위도 latitude
    @IBOutlet weak var longitudeLabel: UILabel!   // 경도 longitude
    @IBOutlet weak var altitudeLabel: UILabel!    // 고도 altitude
    @IBOutlet weak var declinationLabel: UILabel! // 편각 declination
    @IBOutlet weak var bearingLabel: UILabel!     // 방위 bearing
    // 자북과 진북을 선택하는 세그먼티트 컨트롤
    @IBOutlet weak var notrhSeg: UISegmentedControl!
    // 자침
    @IBOutlet weak var compass: UIImageView!


    override func viewDidLoad() {
        super.viewDidLoad()
        // 라벨 초기화
        disabledLocationLabel()
        // 앱 이용 중 위치 정보의 이용을 허가받는다
        locationManager.requestWhenInUseAuthorization() ——————— 시큐리티 설정을 확인합니다
        // 위치 매니져 delegete가 된다
        locationManager.delegate = self ——————— CoreLocation 매니져 델리게이트가 됩니다
        // 위치 기능 설정
        setupLocationService()
        // 나침반 기능을 시작한다
        startHeadingService()
    }

    // 위치 기능 설정
    func setupLocationService() {
        // 위치 정밀도를 설정한다(최상)
        locationManager.desiredAccuracy = kCLLocationAccuracyBest
        // 갱신 거리(미터)
        locationManager.distanceFilter = 1
    }
```

```
// 위치 서비스 이용 불가 메시지
func disabledLocationLabel() {
    let msg = "위치 정보 이용을 허가하지 않습니다."
    latitudeLabel.text = msg
    longitudeLabel.text = msg
    altitudeLabel.text = msg
}

// 나침반 기능
func startHeadingService() {
    // 세그먼티드 컨트롤러로 자북을 선택한다
    notrhSeg.selectedSegmentIndex = 0
    // 자신이 가리키고 있는 방향을 디바이스의 세로 방향으로 한다
    locationManager.headingOrientation = .portrait
    // 헤딩 갱신 각도(degree)
    locationManager.headingFilter = 1
    // 헤딩 갱신을 시작한다
    locationManager.startUpdatingHeading()  ——————— 나침반을 시작합니다
}                                        위치 정보 이용 허가 설정 변경에 대응합니다
```

```
// 위치 정보 이용 허가 스테이터스가 바뀌었다
func locationManager(_ manager: CLLocationManager, didChangeAuthorizationStatus status:
                CLAuthorizationStatus) {
    switch status {
    case .authorizedAlways, .authorizedWhenInUse :  ——————— 이용 허가로 변경됐다
        // 위치 갱신을 시작한다
        locationManager.startUpdatingLocation()
    case .notDetermined:       ——————— 이용 불가로 변경됩니다
        // 위치 갱신을 중지한다
        locationManager.stopUpdatingLocation()
        disabledLocationLabel()
    default:
        // 위치 갱신을 중지한다
        locationManager.stopUpdatingLocation()
        disabledLocationLabel()
    }
}
```

```
// 위치를 이동했다
func locationManager(_ manager: CLLocationManager, didUpdateLocations locations: [CLLocation]) {
    // locations의 마지막 값을 꺼낸다
    let locationData = locations.last
    // 위도
    if var latitude = locationData?.coordinate.latitude {     위치 정보 표시를 갱신합니다 ———
        latitude = round(latitude*1000000)/1000000
        latitudeLabel.text = String(latitude)
    }
    // 경도
    if var longitude = locationData?.coordinate.longitude {
        longitude = round(longitude*1000000)/1000000
        longitudeLabel.text = String(longitude)
    }
    // 고도
    if var altitude = locationData?.altitude {
```

```
            altitude = round(altitude*100)/100
            altitudeLabel.text = String(altitude) + " m"
        }
    }

    // 바라보고 있는 방위 각도가 바뀌었다
    func locationManager(_ manager: CLLocationManager, didUpdateHeading newHeading: CLHeading) {
        // 진북 true north
        let trueNorth = newHeading.trueHeading
        // 자북 magnetic north                                     ──── 디바이스가 향하고 있는 방위 각도
        let magneticNorth = newHeading.magneticHeading
        // 편각
        var declination = magneticNorth - trueNorth
        if declination<0 {
            declination = declination + 360
        }
        declination = round(declination*100)/100
        declinationLabel.text = String(declination)
        // 북의 각도 facing north
        var facingNorth:CLLocationDirection!
        if notrhSeg.selectedSegmentIndex == 0 {
            facingNorth = magneticNorth
        } else {
            facingNorth = trueNorth
        }
        // 자침으로 북을 가리킨다
        compass.transform = CGAffineTransform(rotationAngle: CGFloat(-facingNorth * M_PI/180))
        // 디바이스가 향하고 있는 방위각도
        let bearing = round(facingNorth*100)/100
        bearingLabel.text = String(bearing)
    }

    ( 생략 )
                          나침반 표시를 갱신합니다
}
```

---

❶ NOTE

CoreLocation 프레임워크의 위치 정보 서비스

CoreLocation 프레임워크로는 다음과 같은 형태의 위치 정보도 얻을 수 있습니다.

휴대 전화 기지국을 이용해 위치 정보를 얻는다

```
startMonitoringSignificantLocationChanges()
stopMonitoringSignificantLocationChanges()
```

특정 영역의 출입을 모니터링한다

```
startMonitoring(for region: CLRegion)
stopMonitoring(for region: CLRegion)
```

비콘으로 정보를 얻는다

```
startRangingBeacons(in region: CLBeaconRegion)
func stopRangingBeacons(in region: CLBeaconRegion)
```

Section 19-7

지도를 표시한다

이 절에서는 지도를 표시하는 기본적인 기능을 소개합니다. 지도는 Map Kit View를 붙이는 것만으로도 표시할 수 있지만, 위도 경도로 가리키는 지점을 표시하거나 위성 사진과 3D 조감 지도로 바꾸는 방법 등을 설명합니다.

지도 앱의 기능

이 절에서 만드는 지도 앱은 크게 두 가지 기능이 있습니다. 첫 번째는 위도 경도로 가리키는 지점을 표시하는 기능입니다. [에펠탑을 탭하면 에펠탑 주변으로 지도가 이동하고 지도를 확대해 표시합니다. 두 번째는 지도의 형태를 전환하는 기능입니다. 표준 지도, 위성 사진, 위성 사진과 지도의 하이브리드, 그리고 3D 조감 4가지 종류로 표시합니다. 지도의 왼쪽 위에는 스케일을 표시합니다.

또한, 핀치인/아웃, 손가락 두 개를 비틀어 회전하기, 더블 탭으로 줌 인하기, 손가락 두 개로 터블 탭해 줌 아웃하기, 스와이프 등 기본 기능도 이용할 수 있습니다. 추가로 지도를 회전하면 오른쪽 위에는 지도의 북쪽을 가리키는 나침반이 표시됩니다.

스케일을 표시합니다

지도를 회전시키면 지도의 북쪽 방향을 가리키는 나침반이 표시됩니다

에펠탑을 표시합니다

위성 사진으로 표시합니다

위성 사진에 지도 정보를 겹쳐서 표시합니다

3D 조감으로 표시합니다

그림 19.26 지도 앱

지도 앱을 만든다

지도 표시에는 MapKit 프레임워크를 사용합니다. 우선 MapKit 프레임워크를 프로젝트에 추가합니다.

▼ Linked Frameworks and Libraries

Name	Status
MapKit.framework	Required ↕

＋ ─ ── MapKit 프레임워크를 추가합니다

그림 19.27 MapKit 프레임워크

맵 뷰와 툴 바

Object 라이브러리의 Map Kit View를 드래그 앤드 드롭해 맵 뷰(UIMapView)를 화면 전체로 넓힙니다. Constraints는 상하좌우에 추가해 뷰가 화면 전체 영역을 차지하게 합니다.

화면 아래에 툴 바를 배치하고 아이템 이름을 [에펠탑]으로 변경합니다. 툴 바는 지도 위로 겹쳐서 배치합니다. 툴 바의 중앙에는 세그먼티드 컨트롤을 배치하고 [지도, 사진, 지도+사진, 3D]처럼 선택 사항을 4개로 설정합니다. 툴 바에 세그먼티드 컨트롤을 배치하면 자동으로 Bar Button Item에 들어간 구조가 됩니다.

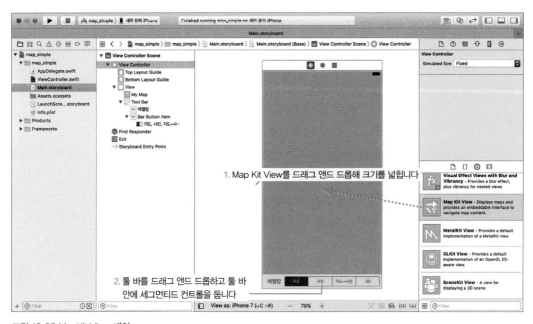

그림 19.28 MapKit View 배치

어시스턴트 에디터에서 연동한다

어시스턴트 에디터를 연 다음 맵 뷰, 툴 바를 아울렛 연결하고 [에펠탑] 버튼, 세그먼티드 컨트롤을 액션 연결합니다. 툴 바의 아이템은 도큐먼트 아웃라인에서 연결선을 늘립니다.

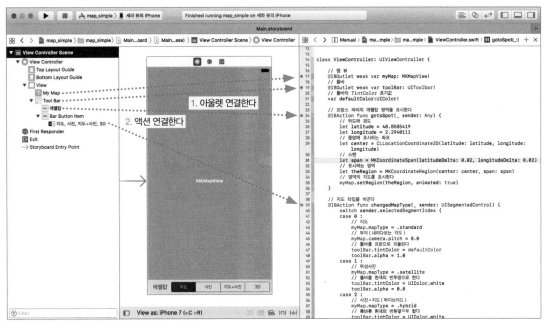

그림 19.29 아울렛 연결

위도와 경도로 지도를 표시한다

[에펠탑] 버튼을 탭해 에펠탑 주변을 표시하려면 표시할 지도의 영역(MKCoordinateRegion)을 지정합니다. 영역은 지도의 중심 좌표가 되는 위도 경도(CLLocationCoordinate2D)로 표시하는 지도의 스팬(범위, MKCoordinateSpan)으로 지정합니다. 스팬은 표시할 지도의 스케일을 정합니다. 표시할 영역이 정해졌다면 setRegion()으로 지도를 표시합니다.

Part 3
Chapter 12
Chapter 12
Chapter 13
Chapter 14
Chapter 15
Chapter 16
Chapter 17
Chapter 18
Chapter 19

List   위도와 경도로 지도를 표시한다

«sample» **map_simple/ViewController.swift**

```swift
// 프랑스 파리의 에펠탑 영역을 표시한다
@IBAction func gotoSpot(_ sender: Any) {
    // 위도와 경도
    let latitude = 48.8585419      ── 에펠탑 주변
    let longitude = 2.2940111
    // 중앙에 표시할 좌표
    let center = CLLocationCoordinate2D(latitude: latitude, longitude: longitude)
    // 스팬
    let span = MKCoordinateSpan(latitudeDelta: 0.02, longitudeDelta: 0.02)
    // 표시할 영역
    let theRegion = MKCoordinateRegion(center: center, span: span)
    // 영역의 지도를 표시한다
    myMap.setRegion(theRegion, animated: true)   ──── 지정한 영역이 표시됩니다
}
```

지도의 형태를 바꾼다

맵 뷰로 표시하는 지도에는 표준 지도, 위성 사진, 하이브리드(사진+지도) 3종류의 타입(MKMapType)이 있으며, 지도의 형태는 mapType 프로퍼티로 바꿀 수 있습니다.

List   지도의 형태를 바꾼다

«sample» **map_simple/ViewController.swift**

```swift
// 지도의 형태를 바꾼다
@IBAction func changedMapType(_ sender: UISegmentedControl) {
    switch sender.selectedSegmentIndex {
    case 0 :
        // 지도
        myMap.mapType = .standard
        . . . .
    case 1 :
        // 위성 사진
        myMap.mapType = .satellite
        . . . .
    case 2 :
        // 사진＋지도(하이브리드)
        myMap.mapType = .hybrid
        . . . .
    case 3:
        . . . .        ──── 3D 표시에는 mapType 외의 설정이 있습니다
    }
}
```

3D를 표시한다

지도 표시에는 지도를 비딱하게 상공에서 조감해 보는 3D 표시가 있습니다. 3D 표시는 지역에 따라서 빌딩이 입체로 표시됩니다.

3D 표시는 지도 유형의 종류가 아니라 표준형(standard)일 때 pitch 속성으로 내림 각을 설정하면 3D 표시가 됩니다. pitch의 값이 0도라면 통상 지도에서 70도처럼 각도를 붙이면 3D 표시가 된다는 것입니다. 3D 표시에서는 표고(고도)를 altitude 속성으로 지정합니다.

List 　3D를 내림 각으로 표시한다

《sample》 **map_mapType/ViewController.swift**

```
case 3:
    // 지도
    myMap.mapType = .standard
    ( 생략 )
    // 3D 뷰
    myMap.camera.pitch = 70 // 내림 각도(내려다보는 각도)
    myMap.camera.altitude = 700 // 해발(표고)
```

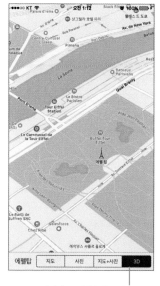

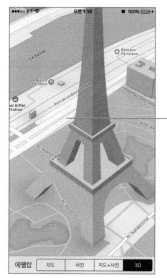

고도를 낮추면 빌딩이 입체로 표시됩니다

3D 표시에서도 내림각이 높다고 모든
건물이 입체로 보이지는 않습니다

❶ NOTE

내림 각도를 핑거 액션으로 변경한다

지도를 표준형(standard)로 표시할 때 손가락 두 개로 화면 위를 드래그하면 내림 각도가 변화해 3D로 표시됩니다. 내림 각도를 0도로 설정하면 표준으로 돌아옵니다.

Part 3
Chapter
12
Chapter
12
Chapter
13
Chapter
14
Chapter
15
Chapter
16
Chapter
17
Chapter
18
Chapter
19

툴 바를 흰색으로 한다

지도 타입을 사진이나 하이브리드로 표시할 때 툴바 아래로 지도가 비쳐 보이게 툴 바를 반투명한 흰색으로 설정합니다. 툴 바의 색은 tintColor로 설정하며, 표준 타입으로 표시할 때 원래의 tintColor로 되돌리려면 초깃값 색을 저장합니다.

List   툴 바를 반투명한 흰색으로 설정한다

«sample» **map_simple/ViewController.swift**

```swift
toolBar.tintColor = UIColor.white
toolBar.alpha = 0.8
```

초깃값 TintColor로 표시합니다

TintColor를 반투명한 흰색으로 설정합니다

그림 19.30 **툴 바를 반투명으로 설정**

스케일을 표시한다

지도의 왼쪽 위에 스케일을 나타내는 거리 표시를 하려면 showsScale 프로퍼티 값을 true로 합니다.

List   스케일을 표시한다

«sample» **map_simple/ViewController.swift**

```swift
myMap.showsScale = true
```

— 스케일이 표시됩니다

그림 19.31 완성된 지도

완성된 ViewController 클래스

완성된 ViewController 클래스는 다음과 같습니다.

> **List** 지도 형태를 바꿔 표시한다
>
> «sample» **map_simple/ViewController.swift**

```swift
//
//  ViewController.swift
//  map_simple
//

import UIKit
import MapKit
import CoreLocation

class ViewController: UIViewController {
    // 맵 뷰
    @IBOutlet weak var myMap: MKMapView!
    // 툴 바
    @IBOutlet weak var toolBar: UIToolbar!
    // 툴 바의 TintColor 초깃값
    var defaultColor:UIColor!

    // 프랑스 파리의 에펠탑 영역을 표시한다
    @IBAction func gotoSpot(_ sender: Any) {
        // 위도와 경도
        let latitude = 48.8585419
        let longitude = 2.2940111
        // 중앙에 표시하는 좌표
        let center = CLLocationCoordinate2D(latitude: latitude, longitude: longitude)
```

표시할 영역을 만듭니다

Part 3
Chapter 12
Chapter 12
Chapter 13
Chapter 14
Chapter 15
Chapter 16
Chapter 17
Chapter 18
Chapter 19

```
            // 스팬
            let span = MKCoordinateSpan(latitudeDelta: 0.02, longitudeDelta: 0.02)
            // 표시하는 영역
            let theRegion = MKCoordinateRegion(center: center, span: span)
        // 영역의 지도를 표시한다
        myMap.setRegion(theRegion, animated: true)    ———— 맵뷰에 영역을 표시합니다
    }

    // 지도 타입을 바꾼다
    @IBAction func changedMapType(_ sender: UISegmentedControl) {
        switch sender.selectedSegmentIndex {
        case 0 :
            // 지도
            myMap.mapType = .standard    ———— 표준 지도 타입
            // 부각(내려다보는 각도)
            myMap.camera.pitch = 0.0
            // 툴 바를 표준으로 되돌린다
            toolBar.tintColor = defaultColor
            toolBar.alpha = 1.0
        case 1 :
            // 위성 사진
            myMap.mapType = .satellite    ———— 위성 사진 타입
            // 툴 바를 반투명한 흰색으로 설정한다
            toolBar.tintColor = UIColor.white    ———— 툴 바를 흰색으로 설정합니다
            toolBar.alpha = 0.8
        case 2 :
            // 사진 + 지도(하이브리드)
            myMap.mapType = .hybrid    ———— 위성 사진과 지도 정보 타입
            // 툴 바를 반투명한 흰색으로 설정 한다
            toolBar.tintColor = UIColor.white
            toolBar.alpha = 0.8
        case 3:
            // 지도
            myMap.mapType = .standard    ———— 3D 뷰는 표준 지도 타입입니다
            // 툴 바를 표준으로 되돌린다
            toolBar.tintColor = defaultColor
            toolBar.alpha = 1.0
            // 3D 뷰
            myMap.camera.pitch = 70 // 부각(내려다보는 각도)    ———— 부각이 0보다 클 때 3D로 표시됩니다
            myMap.camera.altitude = 700 // 고도    ———— 고도가 낮으면 빌딩이 입체로 됩니다
        default:
            break
        }
    }

    override func viewDidLoad() {
        super.viewDidLoad()
        // 툴 바의 초기 컬러
        defaultColor = toolBar.tintColor
        // 스케일을 표시한다
        myMap.showsScale = true    ———— 지도 스케일을 표시합니다
    }

    ( 생략 )
}
```

Section 19-8

지도에서 현재 장소를 트래킹한다

위치 정보 서비스를 이용해 현재 장소를 구하고 지도에서 트래킹(위치를 추적)하거나 지도를 헤딩(방위에 맞춰서 회전)할 수 있습니다. 이 절에서는 현재 장소를 표시하고 트래킹, 헤딩하는 지도 앱을 만듭니다.

트래킹할 수 있는 지도 앱

이 절에서 만드는 지도 앱에는 하나의 버튼이 있습니다. 이 버튼을 탭하면 현재 장소, 현재 장소를 추적하는 트래킹, 디바이스가 향하는 방향에 맞춰서 지도를 북향으로 회전하는 헤딩이 바뀝니다. 왼쪽 위의 스케일 표시는 코드로 설정하지만, 지도를 조작하는 기능은 맵 뷰에 표준으로 포함돼 있습니다.

트래킹은 위치 정보 서비스를 이용하므로 위치 정보의 사용을 허가받아야 합니다. 위치 정보 사용의 허가에 관해서는 이미 [19-6 위치 정보와 나침반]에서 설명했습니다(☞ P.586).

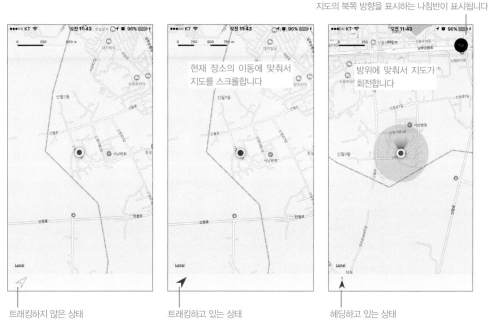

그림 19.32 지도에서 현재 장소를 트래킹, 헤딩

Part 3

Chapter 12
Chapter 12
Chapter 13
Chapter 14
Chapter 15
Chapter 16
Chapter 17
Chapter 18
Chapter 19

603

지도 앱을 만든다

기능이 간단하므로 만드는 방법은 간단합니다. 위치 정보 서비스에는 CoreLocation 프레임워크, 지도 표시에는 MapKit 프레임워크를 사용합니다. 헤딩을 하므로 화면이 회전하지 않게 Device Orientation에서 Portrait만 체크합니다.

그림 19.33 CoreLocation 프레임워크 추가

그림 19.34 세로 방향으로 고정

위치 정보 서비스의 이용을 허가하는 대화상자 설정

Info.plist를 선택하고 [Privacy − Location When In Use Usage Description]를 추가합니다. 그 값에는 이용 목적을 입력합니다(☞ P.586).

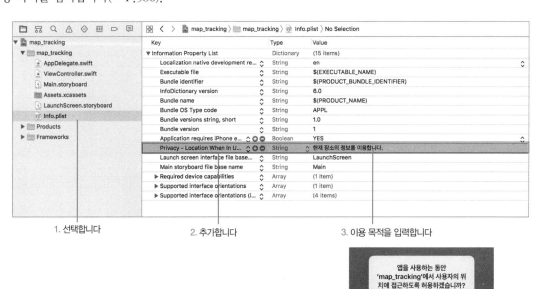

그림 19.35 Privacy−Location When In Use Usage Description 추가

맵 뷰와 툴 바

앞 절의 지도 앱과 마찬가지로 Map Kit View를 드래그 앤드 드롭해 맵 뷰(UIMapView)를 화면 전체로 넓히고 아래에는 툴 바를 겹쳐서 배치합니다.

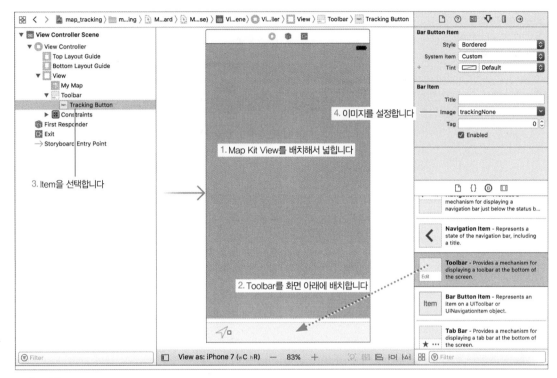

그림 19.36 맵 뷰와 툴 바

트래킹 버튼

툴 바의 아이템 버튼은 트래킹 모드를 전환하는 버튼으로 이용합니다. 현재 장소의 표시, 트래킹, 헤딩 3개의 모드를 나타내는 버튼 이미지를 준비하고, 현재 장소의 표시 이미지를 초깃값의 이미지로 설정합니다.

trackingNone@2x.png

trackingFollow@2x.png

trackingHeading@2x.png

어시스턴트 에디터에서 연동한다

어시스턴트 에디터를 연 다음 맵 뷰와 툴 바에 있는 트래킹 버튼을 아울렛 연결합니다. 또한 트래킹 버튼은 트래킹 모드를 바꾸는 메서드와 액션 연결합니다. 트래킹 버튼은 도큐먼트 아웃라인에서 연결선을 늘려 연결합니다.

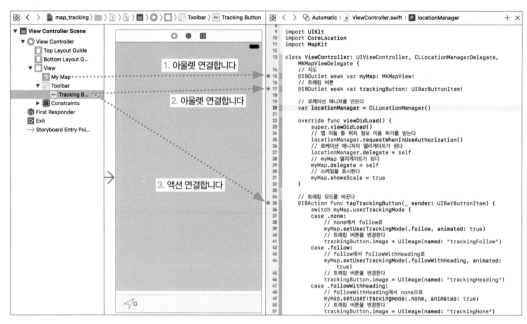

그림 19.38 아울렛과 액션 연결

트래킹 모드를 전환한다

앞서 설명한 것처럼 툴 바의 트래킹 버튼에서는 현재 위치 표시, 트래킹, 헤딩 3가지 모드를 변경합니다. 이 3가지 모드는 UIMapView의 userTrackingMode 프로퍼티로 변경할 수 있습니다.

다만 followWithHeading은 follow 상태에서 전환되는 순서가 정해져 있습니다. 따라서 1개의 전환 버튼으로 none→ follow→ followWithHeading→ none으로 모드를 순환하게 합니다.

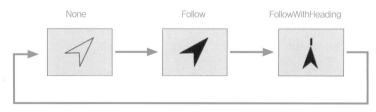

그림 19.39 트래킹 모드를 전환

List 3개의 트래킹 모드를 순환하게 바꾼다

«sample» **map_tracking/ViewController.swift**

```swift
    // 트래킹 모드를 바꾼다
@IBAction func tapTrackingButton(_ sender: UIBarButtonItem) {
    switch myMap.userTrackingMode {
    case .none:
        // None에서 Follow로
        myMap.setUserTrackingMode(.follow, animated: true)
        // 트래킹 버튼을 변경한다
        trackingButton.image = UIImage(named: "trackingFollow")
    case .follow:
        // Follow에서 FollowWithHeading으로
        myMap.setUserTrackingMode(.followWithHeading, animated: true)
        // 트래킹 버튼을 변경한다
        trackingButton.image = UIImage(named: "trackingHeading")
    case .followWithHeading:
        // FollowWithHeading에서 None으로
        myMap.setUserTrackingMode(.none, animated: true)
        // 트래킹 버튼을 변경한다
        trackingButton.image = UIImage(named: "trackingNone")
    }
}
```

사용자 트래킹의 자동 해제에 대응한다

트래킹 중이거나 헤딩 중일 때 지도를 드래그, 회전, 줌하는 조작을 하거나 프로그램으로 표시 위치를 변경하면 트래킹 모드가 자동으로 해제되어 none 상태가 됩니다. 이 해제 이벤트는 mapView(mapView:didChange: animated:) 델리게이트 메서드로 받아 트래킹 버튼을 "trackingNone" 이미지로 변경합니다.

List 사용자 트래킹의 자동 해제에 대응한다

«sample» **map_tracking/ViewController.swift**

```swift
    // 트래킹이 자동 해제됐다
func mapView(_ mapView: MKMapView, didChange mode: MKUserTrackingMode, animated: Bool) {
    // 트래킹 버튼을 변경한다
    trackingButton.image = UIImage(named: "trackingNone")
}
```

Part 3
Chapter 12
Chapter 12
Chapter 13
Chapter 14
Chapter 15
Chapter 16
Chapter 17
Chapter 18
Chapter 19

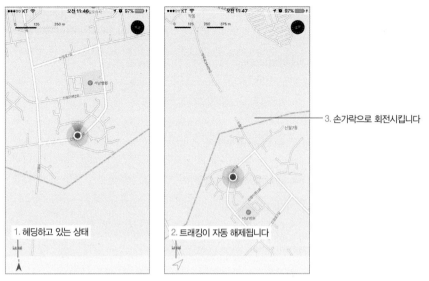

그림 19.40 사용자 트래킹의 자동 해제에 대응

위치 정보를 이용할 수 없으면 트래킹 버튼을 무효로 한다

위치 정보 서비스의 이용 허가는 설정 앱에서 언제든지 변경할 수 있습니다. 이용 허가의 설정 변화는 locationManager(manager:didChangeAuthorization:) 델리게이트 메서드로 받을 수 있으며, 위치 정보를 이용할 수 있으면 트래킹 버튼을 활성화하고 이용할 수 없으면 버튼을 비활성화합니다. 현재 장소를 표시하는 마크 표시는 자동으로 바뀝니다.

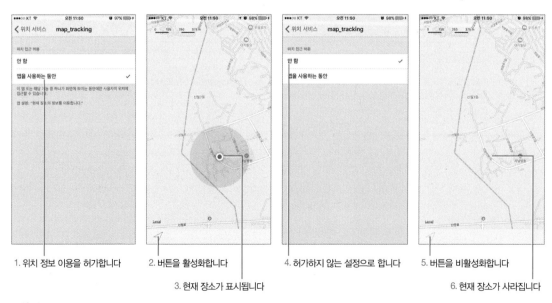

그림 19.41 위치 정보를 이용할 수 없을 때

List 트래킹 버튼을 활성화/비활성화하고, 현재 장소의 마크를 보이거나 숨긴다

«sample» **map_tracking/ViewController.swift**

```swift
// 위치 정보 이용 허가 스테이터스가 바뀌었다
func locationManager(_ manager: CLLocationManager, didChangeAuthorization status: CLAuthorizationStatus) {
    switch status {
    case .authorizedAlways, .authorizedWhenInUse :
        // 위치 갱신을 시작한다
        locationManager.startUpdatingLocation()
        // 트래킹 버튼을 활성화한다
        trackingButton.isEnabled = true
    default:
        // 위치 갱신을 중지한다
        locationManager.stopUpdatingLocation()
        // 트래킹 모드를 none으로 한다
        myMap.setUserTrackingMode(.none, animated: true)
        // 트래킹 버튼을 변경한다
        trackingButton.image = UIImage(named: "trackingNone")
        // 트래킹 버튼을 비활성화한다
        trackingButton.isEnabled = false
    }
}
```

⊙ NOTE

iOS 시뮬레이터에서 트래킹 테스트

iOS 시뮬레이터에서도 지도를 표시하고 트래킹을 테스트 할 수 있습니다. 그림과 같이 Debug 〉 Location에 몇 가지 테스트 항목이 있습니다. Apple을 선택하면 현재 장소가 Apple로 이동합니다. City Bicycle Ride, City Run, Freeway Drive는 각각 이동 스피드가 다른 케이스로 트래킹을 시뮬레이션할 수 있습니다.

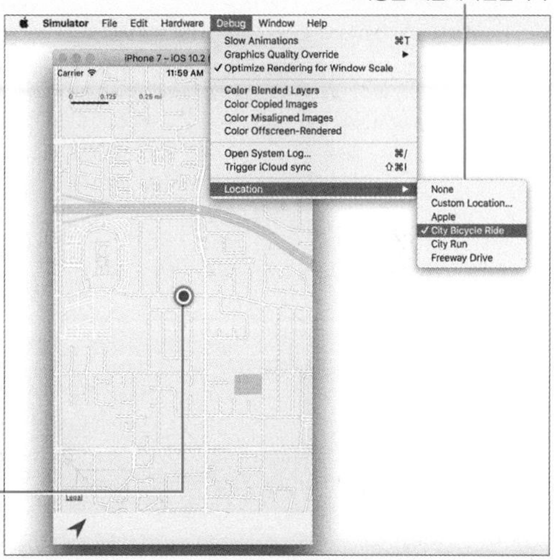

1. 이동을 시뮬레이션합니다

2. 트래킹 테스트를 할 수 있습니다

그림 **19.42** iOS 시뮬레이터에서 트래킹 테스트

Part 3

Chapter
12

Chapter
12

Chapter
13

Chapter
14

Chapter
15

Chapter
16

Chapter
17

Chapter
18

Chapter
19

완성된 ViewController 클래스

이상으로 현재 장소의 추적과 방위에 맞춰서 지도를 회전시키는 헤딩을 할 수 있는 지도 앱이 완성됐습니다. 보기에는 버튼 1개로 간단하지만, 기능적으로는 내용이 많습니다.

List 추적, 헤딩을 할 수 있는 지도 앱

«sample» **map_tracking/ViewController.swift**

```
//
//  ViewController.swift
//  map_tracking
//

import UIKit
import CoreLocation          ————— 프레임워크를 임포트합니다
import MapKit

class ViewController: UIViewController, CLLocationManagerDelegate, MKMapViewDelegate {
    // 지도
    @IBOutlet weak var myMap: MKMapView!          델리게이트 프로토콜을 추가합니다
    // 트래킹 버튼
    @IBOutlet weak var trackingButton: UIBarButtonItem!

    // 로케이션 매니저를 만든다
    var locationManager = CLLocationManager()

    override func viewDidLoad() {
        super.viewDidLoad()
        // 앱 이용 중 위치 정보 이용 허가를 받는다
        locationManager.requestWhenInUseAuthorization()
        // 로케이션 매니저의 델리게이트가 된다
        locationManager.delegate = self          ————— 2개의 델리게이트가 됩니다
        // myMap 델리게이트가 된다
        myMap.delegate = self
        // 스케일을 표시한다
        myMap.showsScale = true
    }

    // 트래킹 모드를 바꾼다
    @IBAction func tapTrackingButton(_ sender: UIBarButtonItem) {
        switch myMap.userTrackingMode {
        case .none:
            // none에서 follow로
            myMap.setUserTrackingMode(.follow, animated: true)          ——— 트래킹 모드로 변경합니다
            // 트래킹 버튼을 변경한다
            trackingButton.image = UIImage(named: "trackingFollow")     ——— 버튼 이미지를 변경합니다
        case .follow:
            // follow에서 followWithHeading로
            myMap.setUserTrackingMode(.followWithHeading, animated: true)
            // 트래킹 버튼을 변경한다
            trackingButton.image = UIImage(named: "trackingHeading")
        case .followWithHeading:
            // followWithHeading에서 none으로
```

```
            myMap.setUserTrackingMode(.none, animated: true)
            // 트래킹 버튼을 변경한다
            trackingButton.image = UIImage(named: "trackingNone")
        }
    }
```

트래킹 중인 사용자가 지도를 조작한 경우 등에 대응

```
// 트래킹이 자동 해제되었다
func mapView(_ mapView: MKMapView, didChange mode: MKUserTrackingMode, animated: Bool) {
    // 트래킹 버튼을 변경한다
    trackingButton.image = UIImage(named: "trackingNone")
}
```

```
// 위치 정보 이용 허가 스테이터스가 바뀌었다
func locationManager(_ manager: CLLocationManager, didChangeAuthorization status: CLAuthorizationStatus) {
    switch status {
    case .authorizedAlways, .authorizedWhenInUse :
        // 위치 갱신을 시작한다
        locationManager.startUpdatingLocation()
        // 트래킹 버튼을 유효로 한다
        trackingButton.isEnabled = true
    default:
        // 위치 갱신을 중지한다
        locationManager.stopUpdatingLocation()
        // 트래킹 모드를 none으로 한다
        myMap.setUserTrackingMode(.none, animated: true)
        // 트래킹 버튼을 변경한다
        trackingButton.image = UIImage(named: "trackingNone")
        // 트래킹 버튼을 무효로 한다
        trackingButton.isEnabled = false
    }
}
```

```
( 생략 )
}
```

위치 정보 이용 허가 설정이 변경된 경우에 대응합니다

Part 3
Chapter
12
Chapter
12
Chapter
13
Chapter
14
Chapter
15
Chapter
16
Chapter
17
Chapter
18
Chapter
19

611

모션 센서 측정값을 조사한다

CoreMotion 프레임워크를 이용하면 자이로스코프, 가속도, 자세, 자력의 각 센서 값을 조사할 수 있습니다. 이 절에서는 이러한 측정값을 실시간으로 표시하는 앱을 만듭니다.

모션 센서의 측정값을 표시하는 앱

여기에서 만드는 앱으로는 자이로스코프, 가속도, 중력 벡터, 자세 측정 값을 실시간으로 표시합니다. 자이로스코프는 XYZ 각 축 방향의 회전각속도(라디안/초)를 측정합니다. 중력 방향은 단위 벡터의 XYZ 각 성분의 길이를 나타냅니다. 이것만으로도 현재 가속도의 방향을 알 수 있습니다. 자세는 XYZ 축의 방향 회전 각도를 나타냅니다. 자세를 나타내는 피치, 롤, 요는 배와 비행기의 기울기나 회전을 나타내는 용어입니다.

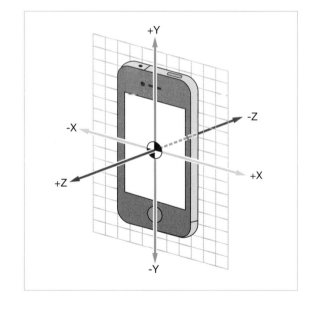

그림 19.43 모션 센서 측정값과 방향

모션 센서의 측정 앱을 만든다

앱 제작 시 준비해야 할 것은 화면이 회전하지 않게끔 설정하는 것과 측정값을 표시하는 라벨의 배치뿐입니다. 배치한 라벨은 모두 아울렛 연결합니다.

Device Orientation ☑ Portrait ———— 화면이 회전하지 않게 설정합니다
　　　　　　　　　☐ Upside Down
　　　　　　　　　☐ Landscape Left
　　　　　　　　　☐ Landscape Right　　그림 19.44 세로 화면 고정

List 측정값을 표시하는 라벨

«sample» **cmDeviceMotion/ViewController.swift**

```
// 자이로스코프 측정값
@IBOutlet weak var xGyroLabel: UILabel!
@IBOutlet weak var yGyroLabel: UILabel!
@IBOutlet weak var zGyroLabel: UILabel!
// 가속도 측정값
@IBOutlet weak var xAccelLabel: UILabel!
@IBOutlet weak var yAccelLabel: UILabel!
@IBOutlet weak var zAccelLabel: UILabel!
// 가속도 벡터
@IBOutlet weak var xGravityLabel: UILabel!
@IBOutlet weak var yGravityLabel: UILabel!
@IBOutlet weak var zGravityLabel: UILabel!
// 자세 측정값
@IBOutlet weak var pitchLabel: UILabel!
@IBOutlet weak var rollLabel: UILabel!
@IBOutlet weak var yawLabel: UILabel!
```

CoreMotion 매니저 준비와 시작

모션 센서의 측정은 CoreMotion 프레임워크 기능을 이용합니다. CoreMotion 프레임워크를 임포트하고 CoreMotion 매니저를 만듭니다.

List CoreMotion 매니저를 만든다

«sample» **cmDeviceMotion/ViewController.swift**

```
// CoreMotion 매니저를 만든다
let cmManager = CMMotionManager()
```

CoreMotion 매니저의 설정

다음으로 CoreMotion 매니저 설정합니다. 센서의 값을 정기적으로 읽기 위해면 큐를 실행하며 그 간격을 deviceMotionUpdateInterval 프로퍼티로 설정합니다.

List 센서 값을 읽는 간격을 설정한다

«sample» **cmDeviceMotion/ViewController.swift**

```
// 큐를 실행하는 간격(초 수)
cmManager.deviceMotionUpdateInterval = 0.1
```

센서의 측정값을 갱신하기 위해 정기적으로 실행할 메서드를 클로저로 정의하고, startDeviceMoti
onUpdatesToQueue()에서 큐로 등록한 다음 측정을 시작합니다. 큐로서 실행하는 클로저에서는
motionAnimation()을 호출합니다.

List 실행할 클로저를 정의해 측정을 시작한다

《sample》 **cmDeviceMotion/ViewController.swift**

```
// 큐로 실행하는 클로저
let handler:CMDeviceMotionHandler = {(motionData:CMDeviceMotion?, error:NSError?) -> Void in
    self.motionAnimation(motionData, error: error as NSError?)
}                        ———— 클로저에서 호출하므로 self가 필요합니다
// 갱신에서 실행할 큐를 등록해 모션 센서를 시작한다
cmManager.startDeviceMotionUpdates(to: OperationQueue.main, withHandler: handler)
```

센서의 값을 읽는다

측정값을 갱신하려고 정기적으로 실행하는 motionAnimation() 메서드에서는 다음 4종류 값을 조사합니
다. 큐에서 정기적으로 호출되는 것은 motionAnimation(motionData:error:)이며, 첫 번째 매개변수인
motionData에 센서의 측정값이 들어 있습니다. 이것을 옵셔널 바인딩으로 상수 motion에서 받습니다.

List 측정값을 갱신하기 위하여 정기적으로 실행하는 메서드

《sample》 **cmDeviceMotion/ViewController.swift**

```
// 디바이스 모션 센서에서 정기적으로 실행하는 메서드
func motionAnimation(_ motionData:CMDeviceMotion?, error:NSError?) {
    if let motion = motionData {

    · · · · ·    ———— 여기에서 센서 값을 읽습니다

    }
}
```

자이로스코프(회전각속도) rotationRate

자이로스코프는 XYZ 각 축 방향의 회전각속도를 조사합니다. 속도는 라디안/초입니다. 자이로스코프 값은
rotationRate로 꺼낼 수 있고 XYZ 회전 각도는 각각 rotationRate.x, rotationRate.y, rotationRate.z로 구
할 수 있습니다. 코드에서는 라벨에 표시할 때 소수점 아래 둘째 자리로 반올림합니다. 그 값은 속도이므로 회
전한 위치에서 멈추어 버리면 0이 됩니다.

List 회전각속도를 조사한다

«sample» **cmDeviceMotion/ViewController.swift**

```swift
// 자이로스코프(회전각속도)
// X축 도는 회전각속도
var gyroX = motion.rotationRate.x
gyroX = round(gyroX*100)/100
xGyroLabel.text = String(gyroX)
// Y축 도는 회전각속도
var gyroY = motion.rotationRate.y
gyroY = round(gyroY*100)/100
yGyroLabel.text = String(gyroY)
// Z축 도는 회전각속도
var gyroZ = motion.rotationRate.z
gyroZ = round(gyroZ*100)/100
zGyroLabel.text = String(gyroZ)
```

이동 가속도 userAcceleration

이동 가속도는 userAcceleration으로 꺼낼 수 있습니다. 역시 userAcceleration.x, userAcceleration.y, userAcceleration.z에서 각 축 방향의 가속도로 분해할 수 있습니다.

List 이동각속도를 조사한다

«sample» **cmDeviceMotion/ViewController.swift**

```swift
// 가속도 센서(이동가속도)
// X축 방향 가속도
var accelX = motion.userAcceleration.x
accelX = round(accelX*1000)/1000
xAccelLabel.text = String(accelX)
// Y축 방향 가속도
var accelY = motion.userAcceleration.y
accelY = round(accelY*1000)/1000
yAccelLabel.text = String(accelY)
// Z축 방향 가속도
var accelZ = motion.userAcceleration.z
accelZ = round(accelZ*1000)/1000
zAccelLabel.text = String(accelZ)
```

중력 벡터 gravity

중력의 방향은 크기가 1단위 벡터입니다. 중력 벡터는 gravity로 꺼내어 gravity.x, gravity.y, gravity.z으로 각 축 방향 성분으로 분해할 수 있습니다. 이 값에 속도(벡터의 길이)를 곱하면 디바이스의 움직임과 동기화하는 애니메이션을 만들 수 있습니다.

List 중력 벡터를 조사한다

«sample» **cmDeviceMotion/ViewController.swift**

```
// 중력 벡터
// 가속도의 X 성분
var gravityX = motion.gravity.x
gravityX = round(gravityX*100)/100
xGravityLabel.text = String(gravityX)
// 가속도의 Y 성분
var gravityY = motion.gravity.y
gravityY = round(gravityY*100)/100
yGravityLabel.text = String(gravityY)
// 가속도의 Z 성분
var gravityZ = motion.gravity.z
gravityZ = round(gravityZ*100)/100
zGravityLabel.text = String(gravityZ)
```

디바이스의 자세(피치, 롤, 요) attitude

앞에서 이야기했듯이 피치, 롤, 요는 배와 비행기의 기울기나 회전을 나타내는 용어입니다. 피치가 X 축 방향의 회전 각도, 롤이 Y 축 방향의 회전 각도, 요가 Z축 방향의 회전 각도입니다. 요는 센서가 동작을 시작한 회전 위치가 0도가 됩니다. 회전 각도의 단위는 라디안입니다.

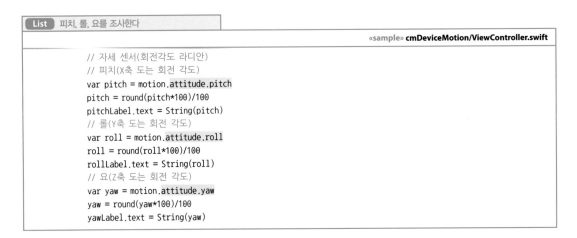

List 피치, 롤, 요를 조사한다

«sample» **cmDeviceMotion/ViewController.swift**

```
// 자세 센서(회전각도 라디안)
// 피치(X축 도는 회전 각도)
var pitch = motion.attitude.pitch
pitch = round(pitch*100)/100
pitchLabel.text = String(pitch)
// 롤(Y축 도는 회전 각도)
var roll = motion.attitude.roll
roll = round(roll*100)/100
rollLabel.text = String(roll)
// 요(Z축 도는 회전 각도)
var yaw = motion.attitude.yaw
yaw = round(yaw*100)/100
yawLabel.text = String(yaw)
```

완성된 ViewController 클래스

이상을 정리하면 완성된 ViewController 클래스는 다음과 같습니다.

List 모션 센서의 측정값을 표시한다

«sample» **cmDeviceMotion/ViewController.swift**

```swift
//
//  ViewController.swift
//  coreMotion_manager
//

import UIKit
import CoreMotion          ——————— 프레임워크를 임포트합니다

class ViewController: UIViewController {

    // 자이로스코프 측정값
    @IBOutlet weak var xGyroLabel: UILabel!
    @IBOutlet weak var yGyroLabel: UILabel!
    @IBOutlet weak var zGyroLabel: UILabel!
    // 가속도 측정값
    @IBOutlet weak var xAccelLabel: UILabel!
    @IBOutlet weak var yAccelLabel: UILabel!
    @IBOutlet weak var zAccelLabel: UILabel!
    // 가속도 벡터
    @IBOutlet weak var xGravityLabel: UILabel!
    @IBOutlet weak var yGravityLabel: UILabel!
    @IBOutlet weak var zGravityLabel: UILabel!
    // 자세 측정값
    @IBOutlet weak var pitchLabel: UILabel!
    @IBOutlet weak var rollLabel: UILabel!
    @IBOutlet weak var yawLabel: UILabel!

    // CoreMotion 매니저를 만든다
    let cmManager = CMMotionManager()          ——————— CoreMotion 매니저를 만듭니다

    override func viewDidLoad() {
        super.viewDidLoad()

        // 큐를 실행하는 간격(초수)
        cmManager.deviceMotionUpdateInterval = 0.1
        // 큐로 실행하는 클로저
        let handler:CMDeviceMotionHandler = {(motionData:CMDeviceMotion?, error:NSError?) -> Void in
            self.motionAnimation(motionData, error: error as NSError?)
        }
        // 갱신으로 실행하는 큐를 등록해 모션 센서를 시작한다
        cmManager.startDeviceMotionUpdates(to: OperationQueue.main, withHandler: handler)
    }                              └——————— 측정을 시작합니다

    // 디바이스 모션 센서에서 정기적으로 실행할 메서드
    func motionAnimation(motionData:CMDeviceMotion?, error:NSError?) {
        if let motion = motionData {
```

Part 3

Chapter
12

Chapter
12

Chapter
13

Chapter
14

Chapter
15

Chapter
16

Chapter
17

Chapter
18

Chapter
19

```
// 자이로스코프(회전각속도)
// X축 도는 회전각속도
var gyroX = motion.rotationRate.x
gyroX = round(gyroX*100)/100
xGyroLabel.text = String(gyroX)
// Y축 도는 회전각속도
var gyroY = motion.rotationRate.y
gyroY = round(gyroY*100)/100
yGyroLabel.text = String(gyroY)
// Z축 도는 회전각속도
var gyroZ = motion.rotationRate.z
gyroZ = round(gyroZ*100)/100
zGyroLabel.text = String(gyroZ)
```

— 회전각 속도 rotationRate

```
// 가속도 센서(이동가속도)
// X축 방향 가속도
var accelX = motion.userAcceleration.x
accelX = round(accelX*1000)/1000
xAccelLabel.text = String(accelX)
// Y축 방향 가속도
var accelY = motion.userAcceleration.y
accelY = round(accelY*1000)/1000
yAccelLabel.text = String(accelY)
// Z축 방향 가속도
var accelZ = motion.userAcceleration.z
accelZ = round(accelZ*1000)/1000
zAccelLabel.text = String(accelZ)
```

— 이동각 속도 userAcceleration

```
// 중력 벡터
// 가속도의 X 성분
var gravityX = motion.gravity.x
gravityX = round(gravityX*100)/100
xGravityLabel.text = String(gravityX)
// 가속도의 Y 성분
var gravityY = motion.gravity.y
gravityY = round(gravityY*100)/100
yGravityLabel.text = String(gravityY)
// 가속도의 Z 성분
var gravityZ = motion.gravity.z
gravityZ = round(gravityZ*100)/100
zGravityLabel.text = String(gravityZ)
```

— 중력 벡터 gravity

```
// 자세 센서(회전각도 라디안)
// 피치(X축 도는 회전 각도)
var pitch = motion.attitude.pitch
pitch = round(pitch*100)/100
pitchLabel.text = String(pitch)
// 롤(Y축 도는 회전 각도)
var roll = motion.attitude.roll
roll = round(roll*100)/100
rollLabel.text = String(roll)
// 요(Z축 도는 회전 각도)
```

— 자세 attitude

```
            var yaw = motion.attitude.yaw
            yaw = round(yaw*100)/100
            yawLabel.text = String(yaw)
        }
    }

( 생략 )
}
```

Part 3

Chapter
12

Chapter
12

Chapter
13

Chapter
14

Chapter
15

Chapter
16

Chapter
17

Chapter
18

Chapter
19

619